国家出版基金项目
NATIONAL PUBLICATION FOUNDATION

国家社会科学基金项目资助

骆越文化研究丛书

LUOYUE WENHUA YANJIU

骆越文化研究

覃彩銮 付广华 ——— 著

覃彩銮 总主编

广西科学技术出版社

图书在版编目（CIP）数据

骆越文化研究 / 覃彩銮，付广华著. -- 南宁：广
西科学技术出版社，2024.12. --（骆越文化研究丛书）.
ISBN 978-7-5551-1344-7

Ⅰ. K289

中国国家版本馆CIP数据核字第20259WS736号

骆越文化研究

覃彩銮　付广华　著

策　　划：卢培钊　黄敏娴	责任编辑：方振发　苏深灿　吴书丽	
责任校对：陈剑平	封面设计：韦娇林	
责任印制：陆　弟		

出 版 人：岑　刚　　　　　　　　　　出版发行：广西科学技术出版社

社　　址：广西南宁市东葛路66号　　　邮政编码：530023

网　　址：http://www.gxkjs.com

印　　刷：广西民族印刷包装集团有限公司

开　　本：787 mm×1092 mm　　1/16

字　　数：396千字　　　　　　　　　　印　　张：26

版　　次：2024年12月第1版　　　　　　印　　次：2024年12月第1次印刷

书　　号：ISBN 978-7-5551-1344-7

定　　价：98.00元

总　序

　　商周时期，我国分布着众多古老的部族，经过频繁的战争、迁徙、交融与发展，逐步形成东夷、西戎、中夏、北狄、南蛮等五大族群集团的分布格局，奠定了中华民族多元一体的基础。长江以南的广大地区，属百越分布地，"自交趾至会稽七八千里，百越杂处，各有种姓"（《汉书·地理志》）。"百越"者，支系众多，分布地域广也。从今越南北部到中国浙江绍兴会稽山一带，分布有吴越（今江浙一带）、扬越（今江苏扬州一带）、东瓯（今浙江）、于越（今浙江绍兴会稽山一带）、闽越（今福建）、赣越（今江西）、南越（今广东南部）、西瓯（今广西东北部）、骆越（今广西西南部、云南东南部至越南北部）等。因百越分布于我国长江以南地区，地理相连，自然条件基本相同，故而其生产方式、文化习俗亦大同小异。

　　骆越是百越族群中的一个重要分支，主要居住在岭南西部、云南东南部至越南北部地区。在长期的历史发展进程中，骆越人民以自己的勤劳与智慧开拓了珠江流域文明，创造了丰富多彩、特色鲜明、闪耀着人类智慧光华的稻作文化、铜鼓文化、干栏文化、歌舞文化、花山岩画艺术等，为丰富中华民族灿烂文化乃至世界文明做出了重要贡献。因而，骆越历史文化是研究华南民族历史文化的重要课题，历来为历史学和民族学界所关注。长期以来，学者们对骆越的起源、发展、地理分布、文化面貌与特征进行研究，取得了许多成果。但是，一方面，由于历史和地理方面的原因，史籍中有关骆越历史、分布及文化的记载较少，且多语焉不详，使骆越创造的丰富、灿烂文化被历史岁月所湮没，也给全面、深入研究和揭示骆越历史文化面貌带来了困难，不同学者对相关问题出现不同看法在所难免。另一方面，古代骆越分布地跨越今中国和越南两国，由于缺乏跨国开展调查、研究与合作、交流的机制，学者们在对骆越历史文化进行研究时，多注重于本国范围内的研究，未能将骆越作为一个整体进行全面、深入研究，加上两国学者的史学研究方法、目的、认知及依据资料不尽相同，因而对于骆越的来源、分布、社会发展等方面的观点截然不同。越南学界一直重视骆越相关问题的研究，20世纪60年代末至70年代，越南史学界相继组织专家、学者开展骆越历史文化的研究，召开了全国性的学术研讨会，且国家领导人出席研讨会议，鼓励学者们大力开展骆越相关问题的研究。越南出版了一系列研究著作，认为骆越集中分布在今越南北部的红河流域，是今越南民族的直接祖先；居住在越南北部的骆越早在公元前4世纪已建立"文郎国"，产生了第一代君王"雄王"；"文郎国"的范围北至今广西以及湖南洞庭湖一带。事实上，骆越属我国南方百越族群的一个分支，其文化亦属百越文化系统，其主体分布在我国岭南西部地区，秦始皇统一岭南后，骆越分布地属秦王朝统一管辖的范围，有关骆越活动的记载皆为中国史籍（注：越南在宋代以后才出现用汉字记载的史籍）。然而，中国学界对骆越历史文化的研究一直处于分散状态，研究成果也较零散，未能形成合力，出版的骆越历史文化专著也较少。而越南学界关于骆越的上述观点，并不符合历史事实，引起了我国学界的高度关注。因而，我们应组织力量，集合专家学者的智慧，以历史唯物主义的立场、观点为指导，坚持实事求是的史学态度，通过对相关史籍记载和出土考古资料的梳理与考释，全面、深入开展骆越历史文化的研究，对越南学界不符合历史事实的观点予以辨正。

为了还原骆越历史真相，揭示骆越文化的面貌与特征，阐明骆越文化是中华民族源远流长的多元一体文化的组成部分，2015年，广西民族学界组成骆越历史文化研究团队，设置系列研究专题，旨在对骆越历史文化开展全面、系统、深入和整体性的研究，形成系列性研究成果，出版系列著作。参加该课题研究的学者，都是长期从事考古学、历史学、民族学研究，对骆越历史、文化研究有相当高的学术造诣和深厚的学术积累，并且有着丰富前期成果的资深专家。其研究专题根据骆越起源、分布、文化面貌与特征的整体性、全局性等重要问题的研究需要而设置。负责各专题研究的专家从各自擅长的学科出发，通过对文献资料的梳理与考证，运用中国和越南历年来考古发现的丰富资料，从历史的纵深度、社会发展的横向度和文化的开阔视野与深掘度，对骆越起源、发展、分布、文化面貌与特征及其与中原文化的关系，骆越文化遗产的保护、传承与利用等问题，做了全面、系统、深入的研究与揭示。其成果取得了多方面的突破与创新：一是站在中华民族多元一体文化的基点上，阐明秦始皇统一岭南后，在今中国广西、广东和越南北部设置桂林郡、南海郡、象郡三郡，实行封建统治，因而，骆越及其文化是源远流长的中华民族多元一体的组成部分。二是研究方法的科学性和严谨性，即坚持历史唯物主义的立场和实事求是的科学态度，通过对史籍中有关骆越活动的记载详加梳理和考释，对骆越故地（包括中国广西和越南北部）发现的各类历史文化遗存和出土遗物进行全面收集，详加甄别与辨证，揭示了骆越的形成与发展过程，阐明了骆越的主体分布在中国广西及海南，而后逐渐向西迁移，进入今越南北部。三是对古代骆越及其文化进行整体研究，突破了以往中国学者侧重于本国境内骆越历史文化研究的局限。四是在理论和观点上有诸多创新，即运用中华民族多元一体的理论，以文献资料和考古资料为依据，阐明骆越文化与我国古代南方百越族群及中原文化的密切关系。骆越文化在发展过程中，始终受到百越文化和中原文化的深刻影响；骆越在公元前4世纪尚处于原始部落或部落联盟的发展阶段，大约到了公元前2世纪才逐渐进入前国家形态的方国发展阶段，开始出现青铜文化；宋代以前，骆越文化属中华民族文化的组成部分，权属中国；宋代以后，随着越南独立，骆越文化遗产分属中国和越南所共享，但其主体在中国。中越两国在骆越文化遗产的保护、传承和利用方面，可开展交流与合作。正是专家们科学、严谨和深入的研究，使骆越历史和文化的研究取得诸多突破性成果，显示出重要的理论价值、学术价值、应用价值和现实意义。

　　广西科学技术出版社领导慧眼识珠，决定将骆越文化研究系列成果列入出版规划，并且获得国家出版基金的资助，这将是我国迄今首次出版的骆越历史文化研究系列专著，意义重大而深远。愿该系列著作的出版，有助于还原骆越历史文化真相，有利于不断推进和深化骆越历史文化的研究。

2019年12月28日

前　　言

　　骆越文化是指先秦至东汉时期分布在我国岭南西部地区的骆越族群创造的物质文化和非物质文化。开展对骆越文化的研究，就是对骆越人在长期的社会发展进程中创造的丰富多彩、别具特色的文化进行全面、系统、深入和整体性的研究，全面揭示其文化面貌与特征。

　　骆越文化是源远流长的中华民族多元一体文化的重要组成部分，是研究古代华南民族文化的重要论题，因而很早就为我国民族学界所关注，取得了许多成果。但是，在以往的骆越文化研究中，由于资料的缺乏，学者们多是对骆越某些文化事象进行研究，而且多注重于我国境内骆越文化的研究与揭示，既缺乏全面性，也未能将骆越文化作为一个整体来进行研究与揭示。近年来，随着学科的发展、研究视野的拓展和研究方法的多样化，特别是大批骆越时期的文化遗存的发现与发掘，大量遗物的出土，为开展骆越文化的全面、深入研究创造了有利条件。

　　本书在研究中运用考古学、历史学、民族学和文化人类学的理论与方法，在对骆越文化进行全面、深入研究时，首先对骆越文化的定义与内涵进行界定，以明确研究的对象、内容与思路；继而对史籍中有关骆越文化的记载进行梳理、挖掘与诠释，对长期以来骆越故地考古发现的文化遗存和遗物进行全面收集、甄别和考证，同时收集与骆越文化有关的民族学资料。在掌握文献资料、考古资料和民族学资料的基础上，分别对骆越具有代表性的特色文化做了全面研究与揭示，包括稻作文化、干栏（居住建筑）文化、铜鼓文化、花山岩画文化、宗教文化、舞蹈文化、饮食文化、服饰文化、工艺文化、丧葬文化、语言文字等；同时分析了骆越文化赖以产生与发展的自然环境和社会人文环境，阐述了承前启后的骆越文化的深远影响，揭示了骆越文化与中原文化的关系及中原文化对骆越文化的深刻影响，阐明骆越先民创造的文化对丰富和发展中华民族灿烂文化乃至世界文明做出的重要贡献。

　　本书是对骆越文化进行全面、深入和整体性研究的一项新成果，也是迄今出版的第一部专门研究和揭示骆越文化内容与面貌的著作，无论是研究的内容还是资料的挖掘乃至学术观点，都具有诸多创新性，是对骆越文化的拓展、丰富和深化，体现出重要的理论价值、学术价值、文化价值和资料价值。

目　　录

001　**第一章　绪论**

003　第一节　研究对象、时空及内容

004　第二节　研究意义

007　第三节　学术回顾

038　第四节　研究思路与方法

040　第五节　难点与创新点

045　**第二章　骆越来源与分布**

047　第一节　骆越来源

055　第二节　骆越分布

058　第三节　骆越发展与演变

070　第四节　骆越是中华民族多元一体的组成部分

077　**第三章　骆越稻作文化**

079　第一节　自然环境决定生产方式

080　第二节　骆越地区稻作农业溯源

089　第三节　骆越稻作文化的发展

106　第四节　骆越稻作文化的深远影响

113　**第四章　骆越干栏文化**

115　第一节　自然环境决定建筑文化类型

117　第二节　骆越干栏文化溯源

121　第三节　骆越干栏文化的发展

125　第四节　骆越干栏文化的深远影响

131　**第五章　骆越铜鼓文化**

133　第一节　骆越铜鼓文化溯源

137　第二节　骆越铜鼓文化的发展

145　第三节　骆越铜鼓文化的深远影响

151　**第六章　骆越花山岩画文化**

153　第一节　左江花山岩画的发现与分布

159　第二节　左江花山岩画的图像种类及组合形式

170　第三节　左江花山岩画的文化内涵

182　第四节　左江花山岩画的艺术风格

184　第五节　左江花山岩画的独特性及其价值

193　**第七章　骆越宗教文化**

195　第一节　骆越宗教文化溯源

197　第二节　骆越宗教文化的内涵与特点

228　第三节　骆越宗教文化的发展

230　第四节　骆越宗教文化的深远影响

233　　**第八章　骆越乐舞文化**

235　　第一节　骆越音乐

243　　第二节　骆越舞蹈的起源与发展

252　　第三节　骆越舞蹈形式和动律特征

261　　第四节　骆越舞蹈的文化意蕴

266　　第五节　骆越舞蹈文化的深远影响

269　　**第九章　骆越饮食文化**

271　　第一节　骆越饮食文化溯源

273　　第二节　骆越饮食文化的发展

275　　第三节　骆越饮食文化的深远影响

277　　**第十章　骆越服饰文化**

279　　第一节　骆越服饰文化溯源

282　　第二节　骆越服饰文化的发展

286　　第三节　骆越服饰文化的深远影响

293　　**第十一章　骆越工艺文化**

295　　第一节　骆越工艺文化溯源

302　　第二节　骆越工艺文化的发展

323　　第三节　骆越工艺文化的深远影响

329　　**第十二章　骆越丧葬文化**

331　　第一节　骆越丧葬文化溯源

337　　第二节　骆越丧葬文化的发展

355   第三节   骆越丧葬文化的深远影响

359   第十三章   骆越语言文字
361   第一节   骆越语言
366   第二节   骆越文字

373   第十四章   秦汉王朝统一岭南及中原文化对骆越文化的影响
375   第一节   秦汉王朝对岭南的统一
378   第二节   中原文化对骆越稻作文化的影响
379   第三节   中原文化对骆越干栏文化的影响
381   第四节   中原文化对骆越青铜文化的影响
382   第五节   中原文化对骆越花山岩画文化的影响
383   第六节   中原文化对骆越服饰文化的影响
385   第七节   中原文化对骆越丧葬文化的影响

390   结   语
394   参考文献
400   后   记

第一章 · 绪论

　　骆越是商周至秦汉时期生活在岭南西部地区（包括今中国广西西部、云南东南部及越南北部）的一个古老族群，属我国古代南方百越族群的重要一支。在长期的社会发展进程中，骆越人民因地制宜，创造了丰富多彩、别具特色的灿烂文化，丰富了中华民族源远流长的多元一体文化。由于骆越地区山重水复，交通闭塞，史籍中对于骆越历史文化的记载极少。因而，运用考古学、民族学及文献资料，对骆越文化进行全面、深入和整体性研究，重构骆越文化体系，对于维护民族文化主权和文化安全，增强民族文化自信，促进骆越文化保护与传承，具有重要意义。

第一节　研究对象、时空及内容

　　本书是对中国历史上特定对象、特定时期、特定区域的特定族群文化进行全面、深入和整体性的研究。

　　（1）特定对象：研究的对象是我国古代南方百越族群中居住在岭南西部地区的重要一支——骆越族群。

　　（2）特定时期：即骆越族群生活的年代，从商周至秦汉时期（即公元前1600年—公元220年），前后延续1800多年。东汉以后，骆越族群及其名称消失，逐渐发展演变为乌浒人、俚人或僚人。本书主要是对商周至秦汉这一历史时期的骆越文化进行全面、深入和整体性的研究。

　　（3）特定区域：本书研究的地域空间是骆越族群分布的地区。骆越族群分布在我国岭南西部地区，其范围包括秦始皇统一岭南后设置的南海郡、桂林郡、象郡的大部地区，汉代设置的郁林、合浦、珠崖、儋耳、交趾、九真等郡大部地区，相当于今广西中部的柳江及其下游浔江以西的红水河、左江、右江、邕江—郁江流域，西江下游的广东雷州半岛、海南岛，以及中国云南东南部至越南北部的红河流域。其范围东至广西柳江及其下游浔江流域，南至广西南部、广东西部雷州半岛及海南岛，北至南盘江流域，西至云南省东南部，西南面达越南北部的红河流域。

（4）特定文化：即商周至秦汉时期岭南地区骆越人民在社会生活和生产过程中创造的文化。这里所称的文化，即通常所说的广义文化，包含物质文化、制度文化和观念文化三个方面。其内涵与特征是以骆越族群为载体，以稻作文化、花山岩画和铜鼓文化为标志，以青铜文化为代表，以蛙神、雷神、"图额（蛟龙）"、水神、生殖崇拜和天地水三界观为内核的文化系列。本书利用相关的文献资料、考古资料和民族学资料，对骆越文化及其内涵与面貌特征进行全面、深入、整体性的研究与揭示，重构其历史文化体系。

第二节　研究意义

骆越是我国古代南方百越族群中居住在岭南西部地区的重要一支，是世代居住在岭南西部地区的原住民族。古代的骆越居住地跨越今中国和越南两国，与中国壮侗语族和越南相关民族的历史渊源有着密切的关系。因而，骆越问题一直为国内外历史学界、考古学界和民族学界所关注，特别是中国和越南学者，对骆越文化进行了长期的研究，取得了多方面的成果。但由于两国学者的史学观、研究方法、依据史料及对相关史料解读的方法与视角不同，其观点也不尽相同。特别是20世纪70年代以来，越南一些学者根据神话传说，认为骆越早已在今越南建立了"文郎国""瓯雒国"，还认为"文郎国"的疆域曾包含今广西地区，骆越是越南民族的直接祖先，这是不符合历史事实的。因此，坚持马克思主义立场，运用历史唯物主义的观点和实事求是的史学研究方法，开展对骆越文化的科学研究，还原其历史面貌，其意义重大而深远。

首先，有利于掌握骆越文化话语权。历史上，骆越分布在岭南的广大地区，其主体在今中国广西西部、广东西部、海南岛和云南东南部及越南北部。骆越形成的初期（即先秦时期），其社会还处在原始社会末期的部落或部落联盟阶段，出现了若干个处于萌芽状态的国家形式的古国或方国，但远未出现真正意义上的国家，因而骆越地区也就不会有国家或政治分界，而是生活在同一区域的同一族群。在距今五六千年的新石器时代，骆越地区属于岭南文化圈。到了商周时期，骆越地区属于中国南方百越文化圈，商周文化已影响到骆越地区，并且与中原地区出现了朝贡关系。骆越按例向商周王朝贡献地方土特珍品①，与中原地区有着密切的政治联系和经济、文化交流。骆越文化深受中原文化的影响，骆越的青铜铸造技术及青铜文化就是在中原青铜文化的影响下产生和发展起来的。秦始皇统一岭南后，设置桂林郡、南海郡、象郡三郡，骆越地区处于秦王朝统一管治之下。秦末汉初，骆越地区属南越国治辖之地。汉承秦制，汉武帝平定南越政权后，重新统一岭南，将秦朝设置的三郡分设为九郡，骆越地区为汉王朝统一管辖与治理。这些在中国史籍中都有明确记载。越南史学界对于骆越史的研究，依据和使用的也多是中国史籍资料。然而，自20世纪50年代以来，特别是70年代以后，越南史学界利用后世的神话传说，对中国史料断章取义，无视史书明确记载的古代骆越分布在今中国广西、广东、海南岛、云南及越南北部，将其说成是分布在今越南北部；无视民族形成的基本规律，宣称骆越是越南民族的直接祖先；称骆越早在距今5000年前就建立了独立国家——"文郎国"，产生了第一代君主——"雄王"，并且"文郎国"的范围北面到达今中国两广地区乃至湖南洞庭湖一带。依照这一逻辑来认定：越南早在距今5000年前就建立起独立的国家，有了国王，秦始皇统一岭南骆越地区，自然就是对越南国家的"侵略"；秦末汉初赵佗统一岭南，建立南越国，以及西汉至东汉王朝对岭南骆越地区的统一，同样是对越南的"侵略"。按照越南史学家的观点，自秦汉时代以来，越南就一直遭到来自北方——中国封建王朝的"侵略"，他们把中越关系史描绘成"中国侵略史"，写入教科书中，歪曲历史事实，误导世界舆论。因此，开展对骆越文化全面、深入和整体性的科学研究，应当坚持马克思主义立场，运用历史唯物主义的观点和方法，实事求是地揭示和阐明骆越

---

①《逸周书》卷七《王会解》曰："伊尹受命，于是为四方令曰：'臣请……正南瓯邓、桂国、损子、产里、百濮、九菌，请令以珠玑、玳瑁、象齿、文犀、翠羽、菌鹤、短狗为献。'"

历史面貌，这对于辨正越南学者关于骆越历史的不实观点，还原骆越历史面貌，掌握骆越文化话语权，具有重要的战略意义。

其次，有利于丰富和深化"中华民族多元一体"理论。"中华民族多元一体"理论是我国著名人类学家费孝通先生通过对我国民族的构成、历史发展、汉族与少数民族的关系、民族交融与中华民族认同的长期考察与思考，于1988年提出的著名理论。该理论认为，"中华民族作为一个自觉的民族实体，是近百年来中国和西方列强对抗中出现的，但作为一个自在的民族实体则是几千年的历史过程所形成的"[①]。骆越是中国古代南方百越族群的重要一支，是中国古代民族的重要组成部分，其形成和发展过程，始终与中原民族保持着密切联系，与中华民族的形成与发展过程相伴随。从商周时期即骆越形成的初期，到秦始皇统一岭南、设置郡县之后，再到汉武帝重新统一岭南，骆越地区的社会经济文化始终处于中国封建王朝的统一管辖并受中原文化的影响。东汉以后，骆越逐步演变为乌浒、俚、僚民族；唐宋以后，发展演变为僮、黎、侗、傣、布依、水、仫佬、毛南、京等民族；中华人民共和国成立后，作为骆越后裔，壮、黎、侗、傣、布依、水、仫佬、毛南、京等民族成为中华民族大家庭中平等的一员。因而，在数千年的历史长河中，古代骆越逐步发展演变为壮侗语族，见证和实践了中华民族多元一体形成的过程，证明了费孝通先生的"中华民族多元一体"理论。我们应当坚持在中华民族多元一体视域下开展骆越文化研究，阐明骆越文化是中国古代民族文化的重要组成部分，驳正部分越南学者所认定的"骆越为越南民族的祖先"这种唯一性或排他性的非历史和非客观的观点。

再次，有利于骆越文化资源的保护与利用，并为之提供理论依据和学术支撑。商周至秦汉时期，骆越在岭南地区居住生活了1800多年，创造了丰富灿烂、具有鲜明地方民族特色的文化，留下了大量的历史文化遗存。例如，闻名中外的左江花山岩画，技艺精湛的铜鼓文化，特色鲜明的青铜文化、稻作文化、纺织文化、干栏文化、宗教文化等，这些丰富的历史文

---

①费孝通：《中华民族多元一体格局》，中央民族大学出版社，1999，第1页。

化不仅是骆越社会发展和骆越人民创造智慧的历史见证，更是人类文明多样性的体现。对骆越文化遗产的保护、利用和形式多样的展示，包括对重要遗址的保护，建立骆越文化保护区、骆越文化展示基地、骆越文化博物馆等，都具有重要的推动作用。一方面，通过多种保护与利用方式，可以展示骆越文化独特、璀璨的风采，展示骆越文化在我国古代文明发展中的重要地位，反映骆越先民为丰富和发展中华民族多元一体的灿烂文化做出的重要贡献；另一方面，通过对骆越文化资源的保护、开发与利用，可以为培育和发展地方民族文化产业搭建新的平台、增加新的项目、注入新的内容。这一系列展示平台将成为学者深入研究骆越历史文化、与国内外学术界开展学术交流的基地。

最后，从整体上全面揭示骆越文化面貌，拓展、深化和提升骆越历史文化的研究。古骆越分布地涉及当今中国和越南两个国家，在以往的研究中，民族或文化分界受到国家或政治分界的局限和影响，学者多注重各自国家范围内的骆越问题的研究，未能对特定历史时空条件下的骆越文化进行全面性和整体性研究，使本来处于同一区域的民族的研究无形中被分割，其成果的片面性或局限性是不言而喻的，难以揭示骆越文化的整体面貌。特别是部分越南学者，基于其国家利益或民族主义立场，对于骆越历史文化的研究，自然与中国学者的方法、观点或结论不同。因此，以历史唯物主义的立场、观点、方法和实事求是的科学态度，对特定历史时空条件下的骆越文化进行全面性和整体性研究，才能在骆越文化研究中具有突破性、拓展性、深化性与创新性。

第三节　学术回顾

骆越创造的丰富灿烂和特色鲜明的文化在源远流长的中华民族多元一体文化中占有重要地位，又因骆越分布地跨越今中国和越南两个国家，与中国壮侗语族及东南亚"台语支"诸民族有着密切的历史渊源关系，因而骆越历史和文化很早就引起了中外学者特别是中国和越南学者的关注。自20世纪20年代以来，中外学者便开始对骆越历史和文化进行研究，至今已近百年，取得了丰硕成果，出版了大量研究专著，发表了近千篇论文，涉及骆越的来源、分布、名称、社会、政治、经济、文化、宗教及民族关系等方面。现将近百年来关于骆越历史文化的研究成果做简要的梳理与评述。

一、中国学者的骆越文化研究

据史书记载，商周时期，生活在岭南地区的骆越就与商周王朝有着政治、经济和文化上的联系，中原地区的精美青铜器及青铜铸造技术已传入骆越地区。由于古骆越分布区地跨今中国、越南两国，故骆越历史文化不仅是中国古代史、民族史研究的重要对象，而且是中外史学界关注和研究的重要问题。中国一直是骆越问题研究的主体之一，无论是研究持续的时间、研究学者的团队，还是研究的广度、深度及取得的成果，都比较丰富。由于史书对骆越的记载既少且简略，学者对相关史料又有着不尽相同的理解或诠释，故其观点也不尽相同。

（一）骆越起源与分布

骆越起源与分布问题，是骆越史研究的基本问题。凡研究骆越者，几乎都会涉及骆越的起源、分布问题。因此，这方面的研究时间较早，研究的学者和成果也比较多。关于骆越的起源问题，主要有外来说、土著说和交融说三种观点。外来说又有神农之后说[1]、黄帝之后说[2]、夏族说[3]、吴越徙民说[4]、闽越徙民说[5]、交融说[6]等。

①陈重金：《越南通史》，戴可来译，商务印书馆，1992。
②何光岳：《百越源流史》，江西教育出版社，1989。
③罗香林：《越族源出于夏民族考》，载《中夏系统中之百越》，独立出版社，1943。
④白耀天：《僮族源流试探》，《史学月刊》1959年第6期。
⑤陶维英：《越南古代史》，刘统文、子钺译，商务印书馆，1976。
⑥张声震：《壮族通史》，民族出版社，1997。

　　1923年，梁启超发表《中华民族之成分》一文，述及古代南方百越支系时，介绍了分布在岭南地区的骆越，这是较早涉及骆越的一篇文章。1930年，童振藻发表《牂牁江考》一文，作者在考证牂牁江的名称、源流等问题时，还述及当地的骆越。龙潇《中国与安南》（1928年），郎攀甘《中国南方民族源流考》（1933年），罗香林《古代越族考》（1933年），王辑生《越南史述略》（1933年），潘蒱《汉初诸国越族考》（1935年），岑仲勉《秦代初平南越考》（1936年），以及罗香林《古代越族之文化》（1937年）、《古代百越分布考》（1940年）和《越族源出于夏民族考》（1943年）等文，对骆越来源、分布及其文化做了论述，认为骆越是中国南方百越族群居住在岭南地区及越南北部的重要一支，与百越民族及百越文化关系密切，属于同一族群和同一文化类型。1936年，林惠祥的《中国民族史》一书中有"百越系"一章，其中对骆越的来源及分布做了论述。1943年，罗香林著《中夏系统中之百越》一书，对百越各支系的来源、分布和社会发展等问题做了论述，这是第一部较为系统研究包括骆越在内的百越历史的专著，其中简述了百越共同的文化特征，如流行文身，使用铜钺、铜剑、铜鼓，善使舟楫等，认为南方越族起源于中原夏族。徐松石《粤江流域人民史》（1938年）、《泰族僮族粤族考》（1946年）中都有专门章节，从不同角度对骆越起源、分布及发展、演变等进行论述，特别是徐松石在《粤江流域人民史》中，利用地名、语言考证法论证壮族源于古代骆越的问题。据不完全统计，1920年—1949年，国内有关百越的研究论文有148篇，专著10多部[①]。这一时期关于包括骆越在内的百越问题研究，主要是对百越各支系的来源、分布、文化及其与中原民族的关系方面的研究，而且主要是依据相关的文献记载进行梳理、诠释和分析，但因为相关史书记载简略，同时缺乏相关的考古资料印证，所以其研究和论述多属宏观性和平面性的。然而，其重要意义在于开创了我国南方百越族群研究之先河，为后来的进一步研究奠定了资料基础，提供了可供借鉴的经验和方法。

　　[①]蒋炳钊：《百年回眸——20世纪百越民族史研究概述》，载《百越文化研究》，厦门大学出版社，2005。

　　20世纪50年代—70年代，我国老一辈专家学者继续对包括骆越在内的百越族群诸支系的历史、源流、经济、文化及其与中原民族的关系等问题进行研究，如著名学者罗香林相继发表了《古代百越文化考》（1954年）、《古代越族方言考》（1955年），在台湾出版了集越族研究成果为一体的《百越源流与文化》（1955年）一书，对包括骆越在内的百越诸支系的源流、名称、分布、文化及语言等做了较为全面的研究。

　　进入20世纪80年代以后，随着我国实行改革开放，社会经济有了长足的发展，包括民族学在内的社会科学研究逐渐发展繁荣起来，骆越历史文化的研究进入了新的发展时期，研究队伍进一步扩大，研究学者不断增多，研究领域进一步拓展，研究视野更加开阔，研究问题也进一步深化。而多学科及其相关学科方法的应用，使骆越研究领域不断拓展，特别是大量的考古发现，为包括骆越在内的百越历史文化研究提供了丰富、翔实的资料。其中的重要标志是1980年6月在厦门大学成立的中国百越民族史研究会，会员遍及全国各省、自治区、直辖市及港澳台地区，其中以中南、华南、东南、西南地区和北京居多。学会的成立，使全国从事百越民族研究者得以汇集，便于开展学术研讨与交流，使从事百越民族研究的力量得到整合，研究队伍不断扩大，研究领域不断拓展，研究问题不断深化，学术水平不断提升，研究成果不断增多。学会每两年召开一次学术研讨会，每次研讨会都设定不同的研讨主题，至2023年已经召开了19届。每次研讨会结束后，学会都会将学者提交的论文汇编成集出版。自20世纪80年代以来，关于百越历史文化研究的主要研究成果都汇集在历次研讨会的论文集中，如1982年出版《百越民族史论集》、1985年出版《百越民族史论丛》、1986年出版《百越源流研究》、1987年出版《百越史研究》、1989年出版《百越史论集》、1990年出版《百越民族研究》、1994年出版《国际百越文化研究》、1996年出版《百越民族史研讨会论文》、1998年出版《百越民族史研究文集》、2001年出版《龙虎山崖墓与百越文化》、2004年出版《百越民族史》、2005年出版《百越文化研究》、2007年出版《百越研究》（第一辑）、2011年出版《百越研究》（第二辑）、2012年出版《百越研究》（第三辑）等。在每一次研讨会和每一册论文集中，都

有骆越历史文化的研究成果。此外，还有何光岳的《百越源流史》（1989
年），郭振铎、张笑梅主编的《越南通史》（2001年），林蔚文的《中国
百越民族经济史》（2003年）等著作，对骆越的历史、经济、文化做了多
视角、多维度的研究。王文光的《百越民族发展演变史》（2007年）一
书，从宏观上对中国南方及中南半岛的百越发展、分化、融合、演变等
进行考察。彭适凡的《中国南方考古与百越民族研究》（2009年）则利
用南方百越地区考古发现的资料，对百越历史、经济、文化的发展面貌
进行了揭示。这一时期对骆越问题的研究，揭示了骆越名称的由来、内
涵，骆越源流、分布、历史、社会、经济、文化、艺术、宗教及骆越与
其他越族的关系等问题。

　　在此期间，广西学者是骆越历史、社会、经济、文化研究的主要力
量，研究对象更加明确、具体和深入，既有综合论述也有专题研究，对骆
越的起源、发展与演变，骆越名称的缘起，骆越与西瓯的关系，骆越与中
南半岛民族的关系，骆越分布、文化特征、经济发展、语言发展、社会发
展及其性质，骆越青铜文化、骆越历史文化遗存等进行了研究，涉及骆越
历史文化、社会生活及生产方式等各个方面。

　　关于骆越起源、分布及其与西瓯以至中原秦汉王朝关系方面的研究，
一直是历史、考古和民族学者研究的重要问题。发表的论文主要有黄国安
《骆越与广西壮族及越南民族的历史渊源关系》（1980年），张一民《西
瓯骆越考》（1981年），陆明天《秦汉前后岭南百越主要支系的分布及其
族称》（1985年），范勇《骆越族源试探》（1985年），张一民、何英德
《从出土文物探骆越源流及其分布》（1986年），蒋炳钊《关于西瓯、骆
越若干历史问题的探讨》（1987年），黎之光、吴作辐《珠江流域的民
族源流初探》（1987年），何光岳《骆越的来源和迁徙》（1988年），韦
仁义《武鸣马头墓葬与古代骆越》（1988年），覃圣敏《关于马援得骆
越铜鼓地点的商榷》（1988年），叶浓新《武鸣马头古骆越墓地的发现
与窥实》（1989年），梁庭望《西瓯骆越关系考略》（1989年），土明亮
《西瓯骆越三题》（1993年），白耀天《骆越考》（1995年），邱明《西
瓯骆越族称辨析》（1995年），梁敏《论西瓯骆越的地理位置及壮族的形

成》（1996年），吴小玲《北部湾地区的古代居民探源》（2001年），覃圣敏《中国和印支半岛的瓯骆越人及其后裔》（2005年）、《中国南部和中南半岛的瓯骆越人及其后裔》（2006年）、《有关西瓯骆越的文献记载及考证》（2006年）、《西瓯骆越新考》（2007年），王文光、姜丹《从同源走向异流的越南百越系民族》（2008年），于向东、刘俊涛《"雄王"、"雒王"称谓之辩管见》（2009年），谢崇安《关于骆越族的考辨》（2011年），张应斌《博罗与骆越的起源》（2013年）等。在黄现璠等《壮族通史》（1988年）、张声震主编《壮族通史》（1997年）、郑超雄《壮族文明起源研究》（2005年）、罗世敏主编《大明山的记忆：骆越古国历史文化研究》（2006年）中，都有专门章节较为全面、深入地论述了西瓯与骆越的关系及骆越的分布问题。上述研究成果基本弄清了西瓯与骆越的关系及其分布问题。在以往的研究中，关于西瓯与骆越，学者存在不同看法：一种意见认为西瓯、骆越是百越族群居住在岭南地区的两个不同分支；另一种意见认为是同一支在不同时期的不同称谓。二者所引用的史料相同，只是理解或诠释不同而已。造成看法不同的主要原因是史书记载既简略，且语焉不详，甚至有时还互相矛盾。黄现璠等《壮族通史》（1988年）、张声震主编《壮族通史》（1997年）、罗世敏主编《大明山的记忆：骆越古国历史文化研究》（2006年）等著作，通过对相关史料记载的分析与考证，认为西瓯、骆越是百越族群居住在岭南地区的两个不同分支，西瓯主要分布在今广西中部柳江及下游浔江以北至桂江流域，即今广西东北部和东南部地区；骆越主要分布在今广西中部柳江及下游浔江或红水河流域以西，左右江流域及上游驮娘江流域，雷州半岛、海南岛及越南北部的红河流域，即今中国广西西部和西南部、广东西部、云南东南部、海南岛及越南北部地区；今广西南部是西瓯与骆越交错分布之地。

（二）骆越文化研究

骆越文化是骆越区别于百越其他分支的重要标志，也是骆越文明发展的重要标志。从文献记载和考古学资料看，骆越既有与百越共有的文化特征，也有自己的地方或民族文化特色。关于骆越与百越共有的文化特征，无论是老一辈的学者还是后来的中青年学者，都有专门的著作或文章论述。如罗香林《百越源流与文化》（1955年）、陈国强《论百越民族文化特征》（1999年）、蒋炳钊《百越文化研究》（2005年）等研究成果对骆越文化的特点做了论述：流行凿齿，种植水稻，断发文身，契臂为盟，喜食海产，喜嚼槟榔，居住干栏，行岩洞葬（也称"崖洞葬"），善使舟楫，擅铸青铜器，崇拜蛇、鸟、蛙、雷神，行鸡卜，等等。广西是骆越主要分布地区，因而百越史研究学者一直是骆越文化研究的主要力量，成果也比较多。发表的论文主要有秦钦峙《越南"东山文化"析》（1981年），覃彩銮《骆越青铜文化初探》（1986年）、《试论骆越青铜铸造工艺及其艺术特征》（1987年），这些学者认为骆越青铜文化是在中原青铜文化的影响下发展起来的，但因其自然环境和社会环境的不同，骆越青铜文化具有自己的特点，如崇尚铜鼓，流行铸造和使用扁茎短剑、环首刀、羊角钮钟、靴形钺等。覃圣敏等《广西左江流域崖壁画考察与研究》（1987年）、玉时阶《从花山崖壁画探讨骆越的文化特点》（1987年）、梁庭望《花山崖壁画：古骆越文明的画卷》（2008年）等论文，对骆越人绘制的规模宏大、风格独特、内涵丰富的左江花山崖壁画进行了全面、深入的研究，认为左江花山崖壁画是骆越文化的集中展示，是骆越人创造的艺术杰作。罗长山《骆越人创造过自己的文字》（1992年），廖国一《论西瓯、骆越文化与中原文化的关系》（1996年），刘美崧《雒越铜鼓与东山文化——驳"越南北部是铜鼓的故乡"说》（1996年），农学冠《论骆越文化孕育的灰姑娘故事》（1998年），陈国强《论百越民族文化特征》（1999年），尤建设、周伟《试论秦汉时期儒学在交趾的传播》（2002年），袁运福、尤建设《论秦汉时期汉文化对交趾的影响》（2003年），蓝日春等《浅谈骆越文化与壮医药文化的关系》（2008年），曲用心《论岭南地区先秦铜器的考古发现、分布及其社会影响》（2009年），李斯颖《骆越文化的精粹：试析布洛陀神话叙事的起源》（2011年），覃圣敏《"特掘"、广西商周文化和骆越古都》（2006年），赵明龙《骆越文化在周边国家和地区的传播及其影响》（2011年），王昭《论广西北部湾经济区文化原型——骆越文化的内涵及现代转型》（2013年），覃乃军《试论广西骆越古乐文化的形成与精粹》（2014年）等，从不同视角或不同学科，对骆越文化进行了多维研究和揭示。对于骆越文化的深入研究与全面揭示，集中于余天炽等《古南越国史》（1988年），覃圣敏等《广西左江流域崖壁画考察与研究》（1987年），黄现璠等《壮族通史》（1988年），张声震主编《壮族通史》（1997年），郭振铎、张笑梅《越南通史》（2002年），郑超雄《壮族文明起源研究》（2005年），罗世敏主编《大明山的记忆：骆越古国历史文化研究》（2006年），谢崇安《滇桂地区与越南北部上古青铜文化及其族群研究》（2010年），李昆声、陈果《中国云南与越南的青铜文明》（2013年）等著作中，学者对骆越的起源、分布、社会、文化、艺术乃至宗教信仰等，做了较为全面的研究与揭示，认为骆越文化内涵丰富，既有地方民族的鲜明特色，又吸收了中原文化元素，特别是其青铜文化是在中原文化的影响下发展起来的。张声震主编《壮族通史》（1997年）、覃彩銮《壮族史》（2002年）对骆越文化及其特征做了全面归纳与阐述，即骆越文化是以稻作文化为核心，以左江花山岩画和铜鼓文化为标志，突出地表现在青铜文化、歌谣文化、以拟蛙舞、翔鹭舞及铜鼓、羊角钮钟、竹笛等乐器为代表的音乐舞蹈文化、织锦文化、干栏文化、语言文化，以"那""板""陇"等地名为中心的地名文化，以巫麽、鸡卜、雷神、蛙神、水神、"图额"（蛟龙）、鹭鸟、牛、犬、花神、竹神、生殖崇拜、图腾崇拜及祖先崇拜为代表的宗教文化，以骆侯、骆将、骆民为标志的制度文化，以及流行文身、行岩洞葬、善使舟楫、火耕水耨、饭稻羹鱼的生活习俗等方面。谢崇安《滇桂地区与越南北部上古青铜文化及其族群研究》（2010年）和李昆声、陈果《中国云南与越南的青铜文明》（2013年），则是对中国南部和越南出土骆越青铜器的类型、种类、特征及相互关系做了全面、深入的研究与揭示。通过学者多年的研究与探索，分布于岭南地区的骆越文化得到了较为全面、系统、深入的揭示。

（三）"骆越"名称含义的诠释

关于骆越名称的由来和"骆"的含义问题，学者从语言学（古壮语）、宗教学、民俗学及地理学的视角进行了探讨，如秦钦峙《"雒田"、"雒民"、"雒王"析》（1984年），杨凌《"骆越"释名新议》（1989年），谷因《骆越之"骆"义何在》（1993年），覃晓航《"骆越"、"西瓯"语源考》（1994年），谷因《骆是夏越民族最早的名称》（1994年），白耀天《骆越考》（1995年），于向东、刘俊涛《"雄王"、"雒王"称谓之辩管见》（2009年），武忠定《"雒越"之"雒"义新考》（2012年），王柏中《"雒田"问题研究考索》（2012年）等。在黄现璠等《壮族通史》（1988年）、张声震主编《壮族通史》（1997年）、郑超雄《壮族文明起源研究》（2005年）、罗世敏主编《大明山的记忆：骆越古国历史文化研究》（2006年）等著作中，也都有关于"骆越"名称由来和含义的诠释。学者根据其语音和骆越居住生活的自然环境，结合文献记载，用壮语进行诠释。目前主要有三种解释：一是认为"骆"壮文为roeg，与壮语"鸟"的读音相近。史书中关于骆越地区有"鸟田"的记载；而骆越流行崇拜鸟之俗，在出土的铜鼓上铸有许多翔鹭、翔鹭衔鱼等图像，应是骆越鸟崇拜的形象反映，很可能与骆越奉鹭鸟为图腾有关，并以此作为族名。二是认为骆越的名称与其居住生活的地理环境有关。因"骆"与"麓"或"陇"音近，壮语称山麓或山谷为"骆"，骆越应是"居住在山麓或者山谷里的人"之意。三是认为壮语称铜鼓为 $[la^2]$，与"骆"字的古代读音很相近，意为"拥有铜鼓的越人"。多数学者赞同前两种说法，后一种说法只是个别学者的意见[①]。

（四）骆越社会经济研究

骆越社会经济的发展，是骆越社会文化发展的基础。因此，骆越社会经济发展问题，是骆越研究者关注和研究的重点。这方面的研究成果

[①]覃晓航：《"骆越"、"西瓯"语源考》，《中央民族大学学报》1994年第6期。

集中反映在余天炽等《古南越国史》（1988年），黄现璠等《壮族通史》
（1988年），张声震主编《壮族通史》（1997年），覃彩銮《壮族史》
（2002年），郭振铎、张笑梅《越南通史》（2002年），郑超雄《壮族文
明起源研究》（2005年），罗世敏主编《大明山的记忆：骆越古国历史文
化研究》（2006年），林蔚文《中国百越民族经济史》（2007年），陈国
保《两汉交州刺史部研究：以交趾三郡为中心》（2010年）等著作中，
对骆越的经济生活方式和稻作农业、手工业、商业的发展及其原因等做
了较为全面的论述与揭示。学者还从不同维度对骆越社会经济的发展及
其特点进行了研究与探讨，如玉时阶、徐继连《秦汉时期的骆越经济》
（1990年），黄汝训《秦汉时期骆越社会经济概况试述》（1990年），吕
名中《秦汉时期的岭南经济》（1990年），杨盛让《秦汉时期岭南社会经
济发展述略》（1998年），陈国保《汉代交趾地区社会经济发展之探析》
（2005年）、《周秦时期交趾与蜀、滇区域间的密切交往及其与中原联系
的发展》（2006年），程有为《先秦至秦汉时期中原与岭南地区的经济
文化交流》（2010年），李新平《马援平定交趾及对交趾的贡献》（2010
年）等。学者通过相关文献记载和考古资料，对商周到秦汉时期骆越社会
经济的发展做了分析研究，认为骆越地区社会经济的发展是在秦始皇统一
岭南，特别是汉武帝对岭南骆越地区的统治与开发之后，中原移民南迁，
汉王朝派驻郁林、合浦、交趾、九真、日南等郡的官吏重视发展农业、手
工业，推广包括牛耕、犁耕等先进的生产技术，输入先进的铁制生产工
具，引入或者培育优良稻谷品种、人工施肥、修渠引水灌溉等生产技术，
这些举措促进了骆越地区经济的发展。

（五）骆越宗教信仰研究

　　骆越宗教信仰是骆越宗教文化的重要载体和内涵，也是学者关注和研
究的重要问题。自20世纪80年代以来特别是90年代后，不断有学者进行研
究，其成果主要集中体现在覃圣敏等《广西左江流域崖壁画考察与研究》
（1987年）、黄现璠等《壮族通史》（1988年）、廖明君《壮族生殖崇拜
文化》（1994年）、张声震主编《壮族通史》（1997年）、廖明君《壮族

自然崇拜文化》（2002年）、郑超雄《壮族文明起源研究》（2005年）、罗世敏主编《大明山的记忆：骆越古国历史文化研究》（2006年）等著作中。在这些著作中，都设有专门章节，较为详细地论述了骆越源远流长的宗教信仰形式、内涵、特征等，认为骆越的宗教信仰是由前期原始先民的原始宗教发展而来的，流行巫教和鸡卜，流行自然崇拜、动植物崇拜、图腾崇拜、铜鼓崇拜、生殖崇拜、祖先崇拜、始祖崇拜等。其中的动植物崇拜及生殖崇拜、祖先崇拜和铜鼓崇拜是骆越宗教信仰的重要内涵和鲜明特征；雷神、水神、蛙神崇拜和铜鼓崇拜，又与骆越的稻作生产对雨水的依赖或需求有着密切关系。学者还从不同视角对骆越宗教信仰进行了研究探讨，如谈琪《骆越人原始宗教祭祀的历史画卷：论广西左江崖壁画的族属、年代和内容》（1988年）、于欣《骆越巫风的遗韵——试析女巫舞》（1988年）、郑超雄《武鸣先秦墓葬反映的骆越宗教意识》（1994年）、海力波《左江崖壁画与骆越人之生殖崇拜》（1995年）、覃义生《战国秦汉时期瓯骆宗教性青铜器探微》（1999年）、黄世杰《大明山下元龙坡的铜卣是西瓯骆越瘗埋——礼拜山岳留下的东西》（2008年）等。

（六）骆越与周边及现代诸民族的关系研究

随着骆越历史文化研究的不断深入，研究领域逐步拓展到骆越与周边民族乃至后裔诸民族关系的研究，包括骆越与中原华夏民族的关系、骆越与西瓯的关系、骆越与中南半岛各民族及其后裔（壮族、侗族、临高人、京族及东南亚壮侗语族）关系的研究。有学者认为，越族源出于华夏民族，是华夏民族与越族融合的结果，属华夏系统，如罗香林《越族源出于夏民族考》（1943年）、周宗贤《百越与华夏族及其他民族的关系》（1982年）等便持此观点。还有学者认为，骆越是华夏民族的最早名称，如谷因《骆是夏越民族最早的名称》（1994年）中认为："夏越是有同源关系的，即都同源于更早的骆人；而越族则是南下的夏人与其同族系的骆人融合的族群。骆是越族的别称和最早名称，也是夏族的最早名称。"①
但更多的学者则认为，骆越是壮侗语族（包括东南亚地区的越南岱依族、
泰族、侬族等，以及老挝老龙族、缅甸掸族、泰国泰族等壮侗语族）的
祖先，这些民族是由骆越发展演变形成的。如徐松石《粤江流域人民史》
（1938年）中说："至迟在周代初年，僮人已布满两粤流域。所谓百越，
所谓骆越，所谓路人，所谓俚僚，所谓乌浒，所谓土人，皆僮类。"罗香
林《海南黎族源出越族考》（1939年）及詹慈《试论海南岛临高人与骆越
的关系》（1982年）认为，海南黎族由古代骆越发展演变形成，汉武帝平
定南越国以后，部分骆越人越过琼州海峡，来到海南岛，经过不断繁衍发
展而演变成黎族；海南临高人与壮族同源，也是由古代骆越发展演化形成
的。张一民、何英德《西瓯骆越与壮族的关系》（1987年），徐杰舜《从
骆到壮——壮族起源和形成试探》（1990年），王文光《越南岱依、侬族
源流考》（1992年），张民《试议侗族为土著骆越说》（1993年），田晓
雯《交趾探源》（1994年），梁敏《论西瓯骆越的地理位置及壮族的形
成》（1996年），覃圣敏《中国和印支半岛的瓯骆越人及其后裔》（2005
年）、《中国南部和中南半岛的瓯骆越人及其后裔》（2006年），王文
光、李晓斌《百越民族发展演变史：从越、僚到壮侗语族各民族》（2007
年），王文光、姜丹《从同源走向异流的越南百越系民族》（2008年），
徐杰舜、韦小鹏《岭南民族源流研究述评》（2008年），徐芳亚《秦汉
时期中原人士移居越南析论》（2010年），以及黄现璠等《壮族通史》
（1988年），张声震主编《壮族通史》（1997年），郭振铎、张笑梅《越
南通史》（2002年）等著作中，对骆越的发展、演变及其与中国壮侗语族
和东南亚"台语支"诸民族的关系做了全面研究与阐述。多数学者认为，
我国和东南亚壮侗语族起源于骆越族群。东汉后期至南朝时期，骆越族称
演变为乌浒、俚、僚人。秦汉至南朝时期，骆越及其后裔部分乌浒或俚人
逐步向西迁移，经过滇西进入今老挝、缅甸及泰国北部地区；南朝至唐代
时期，黎、傣、侗等先民逐渐从俚僚族分化出来，分别进入今海南岛、云

---

①谷因：《骆是夏越民族最早的名称》，《贵州民族研究》1994年第3期。

南西双版纳和广西北部地区，形成单一民族共同体；宋代至元明时期，形成僮、布依、水、仫佬、毛南等民族。骆越及乌浒、俚、僚在发展、演变和重组成壮族的过程中，吸收和融合了从中原迁居广西的汉族文化。也有一些学者认为，骆越是今越南京族的祖先，如吴凤斌《百越族与京族的关系——京族族源初探》（1982年）、潘雄《骆越非我国南方诸族先民考》（1984年）、王文光《越南京族、芒族的由来与发展之我见》（1994年）。秦钦峙、赵维杨《中南半岛民族》（1990年）中认为："古代百越民族中的瓯越、骆越是今天京族的祖先。"[1]覃圣敏主编《壮泰民族传统文化比较研究》（2005年），是中泰学者历时12年，汇集了数十位专家学者对骆越后裔壮泰民族关系研究的重要成果。中泰学者认为，壮泰民族共同起源于古代骆越，后来，有一支骆越向西迁移，经过云南西双版纳进入老挝、缅甸，最后进入泰国北部，逐步发展成现代的泰族。

（七）骆越社会发展及社会性质问题的研究

骆越社会发展及其性质的研究，是近年来骆越问题研究的拓展、深化，并取得了重要的新成果。如郑超雄《壮族文明起源研究》（2005年），通过对史料记载的梳理与考证，结合考古发现的资料，对骆越社会的发展及其性质进行研究，认为商周时期的骆越地区形成了诸多部落或部落联盟，进入了古国社会发展阶段；春秋战国时期社会发展进入方国时期，骆越各地形成诸多方国，出现骆王、骆侯、骆将、骆民等阶层。今大明山西麓下的武鸣区马头镇元龙坡、安等秧发现有数量众多的周至战国时期的墓地，出土有许多青铜器及铸造青铜器的石范；截至2015年，在左江及其支流明江两岸发现有82处战国至东汉时期的岩画，从上游的龙州、江州、宁明、大新至下游的扶绥，绵延200多千米。因而，今武鸣区马头镇及左江一带应是骆越方国的中心。罗世敏主编《大明山的记忆：骆越古国历史文化研究》（2006年）、梁庭望《古骆越方国考证》（2014年）对骆越古国的相关问题做了较为全面、深入的研究，认为今大明山西麓下的武

---

①秦钦峙、赵维杨：《中南半岛民族》，云南人民出版社，1990，第242页。

鸣区马头镇一带应是骆越国的中心。2013年，中央民族大学教授梁庭望承担国家社会科学基金研究项目"古骆越方国考"，对骆越源流史、古国范围、社会面貌、经济发展、文化成果等做了全面、深入的研究与揭示，认为骆越国的范围东至今广西中部的红水河流域，南至今广东雷州半岛乃至海南岛，西至今云南东南部的广南、富宁一带，西南至今越南北部乃至南海诸岛。

（八）中国学者对越南境内骆越文化的研究

在秦汉王朝的统一开发和中原文化的影响下，分布于今越南北部的骆越社会经济文化特别是青铜文化有了长足发展，其中以东山文化和铜鼓文化最具代表性，因而许多中国学者对之进行了研究。陈修和《越南古史及其民族文化之研究》（1943年）对越南北部骆越时期的历史和文化进行了研究与论述。尤建设、周伟《试论秦汉时期儒学在交趾的传播》（2002年），袁运福、尤建设《论秦汉时期汉文化对交趾的影响》（2003年），陈国保相继发表《周秦时期交趾与蜀、滇区域间的密切交往及其与中原联系的发展》（2006年）、《恩抚与制约：汉初的南部边疆政策》（2007年）、《汉代交趾地区的内地移民考》（2007年）、《两汉交州刺史部研究——以交趾三郡为中心》（2010年）等论著，对骆越居住的交趾地区与中原、蜀、滇地区的关系和汉王朝的统治政策、开发措施及交趾地区社会经济文化的发展做了较为深入的研究。吴春明《红河下游史前史与骆越文化的发展》（2008年）一文，通过考古学资料，对红河下游地区史前社会发展历史和骆越文化的发展及其特点做了简要论述。谢崇安《滇桂地区与越南北部上古青铜文化及其族群研究》（2010年），李昆声、陈果《中国云南与越南的青铜文明》（2013年）两部专著，通过对中国广西、云南及越南出土的青铜器的种类、器型和纹饰特征做了全面梳理和比较研究，揭示了三地青铜文化的发展及密切关系，认为三地青铜文化属于同一文化类型，其产生与发展受到中原青铜文化的深刻影响。王超超《越南东山文化及其起源的有关问题概述》（1992年）一文，对越南东山遗址的发现、分布、发掘和出土的青铜器做了简要介绍，认为广义的东山文化分布在越南原义静省以北至中越边境这一广阔的地域内。1924年—1979年，在朱江、马江和兰江的三角洲地区共发现90处东山遗址，先后出土遗物2800余件，其中青铜器有1500余件（河内东英县古螺城发现的10000多件铜镞未计入）。典型的东山遗址位于清化省的马江畔。东山文化的年代约从公元前5世纪到公元前1世纪。就越南来说，东山文化代表了广布于越南北方的青铜文化和早期铁器文化，并且是青铜文化发展的鼎盛时期。该文归纳了学术界对越南东山文化起源问题的看法：①东山文化源于中国或深受中国影响说；②东山文化源于西方说；③东山文化土著说；④东山文化源于本地但深受中国文化影响说。[1]陈果、胡习珍《简论越南的东山文化》（2012年）一文，对越南东山遗址的发现、分布和东山文化类型诸遗址的发掘、出土遗物、文化内涵、特征、年代乃至研究状况等做了全面介绍与论述。黄丽英《越南青铜文化研究初探》（2013年）一文，通过对越南发现的青铜器资料的收集，分别对越南青铜文化艺术的起源，青铜器的类别、铸造技术、文化艺术内容、纹饰纹样艺术特征，中越民族的文化交流与融合，青铜器纹饰中蕴藏的社会生活和民俗意象等进行了研究与论述，认为越南青铜器既有鲜明的特色，也表现出与其他外来文化之间的渗透与交融。

（九）中国学者对越南学者关于骆越研究的辨正

自20世纪70年代以来，中国学者针对部分越南学者在骆越历史文化研究中，对中国古籍记载采取断章取义、歪曲编造、以今论古的方法，把5000年前还处在原始部落时代的骆越就建立了所谓"文郎国""瓯雒国"和国君"雄王""安阳王"的神话传说当作信史进行了辨正。事实上，20世纪70年代以前，越南及中国、法国、日本的学者对于所谓的"文郎国""雄王"问题，一直存在不同看法。但从70年代以后，越南组织一批学者重新编纂《越南历史》（第一集）、《雄王时代》等书，"反抗来自北方（中国）的侵略"成为贯穿《越南历史》全书的主线，宣称公元前3世纪后半叶至公元前2世纪初，存在过一个强大的"瓯雒国"，其疆域

---

①王超超：《越南东山文化及其起源的有关问题概述》，《东南亚》1992年第2期。

北起今中国广西的左江南岸，南至今越南中部，地域相当辽阔，经济、文化亦相当发达，是一个完整独立的国家实体①；同时还宣称秦始皇统一岭南，建立桂林郡、南海郡、象郡（一部分在今越南北部），就是中国对"瓯雒国"的"侵略"，这也是中国在历史上对越南的"第一次大规模""有系统"的"入侵"②；声称"雄王时期，我国开始建国，从那个时候起，就要抵御外族封建国家或强悍部落对我国的侵略和吞并"。此外，还在教科书中渲染"来自北方（中国）的侵略"等。《越南历史》一书中时常出现相互矛盾的表述，时而称"越南古时的首个国家形式出现萌芽——文郎国"，时而又称"雄王时期，我国开始建国"，完全混淆了"萌芽国家"与"国家"的定义，而且内容空泛。中国学者坚持马克思主义的立场，运用历史唯物主义的方法和基本观点，以历史事实为依据，对一些越南学者的不经之说进行了辨正，如黄铮《论马援征交趾》（1980年）、《越南李朝的对外侵略和扩张》（1981年），范宏贵《关于越南民族起源问题的论争》（1982年），李延凌《"瓯雒国"辨》（1983年），陈玉龙《略论中越历史关系的几个问题》（1983年），杨立冰《评越南史学界对越南古代史的"研究"》（1983年）、《评越南史学界歪曲中越关系史的几个谬论》（1985年），刘美崧《雒越铜鼓与东山文化——驳"越南北部是铜鼓的故乡"说》（1996年）等。而郭振铎、张笑梅《越南通史》（2002年），对越南古代历史做了客观的论述，同时对越南社会科学委员会编著、北京大学东盟语系越南语教研室译的《越南历史》（1977年）中关于骆越历史及所谓的"文郎国""瓯雒国"之说一一做了辨正。叶少飞、田志勇《越南古史起源略论》（2013年），对越南古代骆越历史做了梳理，对越南学者关于越南古代史，特别是骆越的起源、传说中的"文郎国""雄王""瓯雒国""安阳王"及"骆越是越南民族的直接祖先"等观点进行了辨正。

---

①越南社会科学委员会：《越南历史》第一集第2章《瓯雒国》，以及《雄王时代》第五部分《安阳王的瓯雒国——雄王时代的结束》，1971。

②越南社会科学委员会：《越南历史》第一集，第49页。该书提到越南在更早受"殷"的侵略，但规模不大。

总之，中国学者对骆越相关问题做了多视角、多维度的深入研究与揭示，内容涉及骆越名称、源流、分布、历史、社会、经济、文化、艺术、宗教等方面，在骆越起源、分布、文化及其与壮侗语族的历史渊源关系、与百越各支系及中原文化的关系等方面取得了共识。

二、越南学者关于骆越历史文化的研究

今越南是古代骆越分布的重要地区，因而越南学者与中国学者一样，是研究骆越问题的主体，不仅研究的学者人数多，投入的力量大，其中既有学者个人的研究，也有官方研究机构组织进行的研究，而且研究领域广，持续时间长，取得的成果也较多。

需要说明的是，秦汉至唐宋时期，今越南属于中国历代封建王朝统一管辖，并在其地设置郡、县或部、府、州；宋代以后直至明清时期，越南虽建立了独立政权，但仍属中国的"藩属"，一直流行使用汉字，深受中国文化的影响。因此，越南学者研究骆越史所依据的史料主要是中国史籍资料。越南官修的典籍最早成书时间是13世纪—15世纪，如用汉文编纂的《大越史记》（1272年）、《越史略》（1377年）、《大越史记全书》（1479年）、《岭南摭怪》（1492年）等；而《越史通鉴纲目》《大南实录》《大南列传》等则是19世纪才刊印问世。这些官修典籍中关于骆越的记载，也多是转录中国史籍中的记载。

20世纪初，越南已有学者对骆越史进行研究。如1917年，在河内师范学校任教的历史学家陈重金出版《初学安南史略》，1918年修订为《越南史略》再版，此后连续5次修订再版（1992年由戴可来译成中文并由商务印书馆出版时更名为《越南通史》）。1954年越南（北方）解放后，历史学、考古学在越南正式诞生，后来便相继建立了历史学、考古学、民族学、艺术学等研究机构，加上各大学从事历史教学的教授，形成了一支包含历史学、考古学、民族学、文学、艺术学的研究队伍，包括骆越在内的越南历史研究逐渐发展起来。到了20世纪七八十年代，随着越南全国的统一，越南历史研究进入了繁荣发展的新时期。由于当时越南实行亲苏反华

政策，其历史研究被烙上了深深的政治印记，"越南民族英勇抗击北方侵略""中国侵略论"贯穿于各类史著中。骆越史研究亦然。

纵观越南学界对骆越的研究，主要集中在骆越起源与分布，骆越建立所谓的初级国家"文郎国""瓯雒国"及君主"雄王""安阳王"，骆越青铜文化，骆越与现代越南民族关系等四个方面。

（一）骆越的起源与分布

关于骆越的起源与分布问题，同样是越南史学界研究的重要问题。在陈重金《越南通史》，明铮《越南史略》（1958年中译本），陶维英《越南民族的起源》（1950年）、《越南历史》（1955年）、《越南古代史》（1957年）及越南教育部《越南历史概要》（1955年）等史著中，都认为骆越始祖为炎帝、神农氏，"炎帝、神农氏之后才有骆越、雄王"。20世纪70年代以前，这一观点被许多越南学者所认同。越南学者在论述越南民族先祖骆越的来源时，多引用《大越史记全书》（1479年）外纪卷一中所云："初，炎帝神农氏三世孙帝明，生帝宜。既而南巡至五岭，接得婺仙女，生［泾阳］王……［雄王］建国号文郎国，分国为十五部：曰交趾、曰朱鸢、曰武宁、曰福禄、曰越裳、曰宁海、曰阳泉、曰陆海、曰武定、曰怀欢、曰九真、曰平文、曰新兴、曰九德。以臣属焉。其曰文郎，王所都也……鸿庞氏，自泾阳王壬戌受封，与帝宜同时，传至雄王季世。"认为越南境内的骆越先民是由北面（即中国）长江的扬子江流域或东南沿海一带迁徙过来的。陶维英在《越南民族的起源》（1950年）中认为，越南北部的骆越属百越的一支，应是福建一带的闽越渔民从海路迁徙而来。陶维英在后来出版的《越南古代史》（1976年中译本）中言："西瓯是由陆路从北方来到这里的（指越南北方——译者），骆越是从海路来到这里的。这两支不是亲属关系，而是邻居关系。"

关于骆越的分布，包括陈重金、陶维英在内的多数越南学者认为，古代骆越集中分布在今越南北部地区，而分布在今中国广西地区的是西瓯。陶维英在《越南历史》（1955年）中认为："骆越族是在今越南北部……骆越的祖先是远古时代分布在扬子江流域的越族，聚集在荆州和扬州。"

多数越南学者认为生活在今越南北部地区的是骆越，也有部分瓯越（即西瓯），故时常称为瓯骆。1971年越南社会科学委员会编著的《越南历史》认为，瓯越居住在今越南北部山区，骆越则生活在今越南北部平原地区。陶维英在《越南民族的起源》（1950年）中认为，生活在今越南境内的是骆越族群；在《越南古代史》（1976年中译本）中认为："《交州外域史》（由《水经注》引）与《广州记》（由《史记索隐》引）中有关交阯的雒将、雒侯、雒民、雒田的记载，直到越南民族的貉龙君传说，都有助于证明雒越是相当于今日越南北部地区。"[①]1955年越南教育部出版的《越南历史概要》中关于骆越的起源与分布问题持陶维英的观点，认为"今天越南人的祖先是骆越族，这是百越中人口最多的一个种族，分布在现在的越南北方偏北地区到中国南方扬子江右岸的地区"。1971年越南社会科学委员会编著的《越南历史》中则说："从青铜文化初期开始，一些越族部落已经在北部和中部以北地区定居下来。那时大约有十五个雒越部落，他们主要生活在越北平原和丘陵地区。有几十个瓯越部落，他们主要是居住在越北山区。在很多地方，雒越人和其他部落杂居在一起。"[②]

（二）关于"文郎国""雄王"问题

关于骆越建立的初级国家"文郎国"，产生了第一代君主"雄王"的问题，是越南史学界重点研究的问题，不仅研究学者多，而且成果也多。在诸多越南历史著作中，如明铮《越南史略》（1958年中译本），陈重金《越南通史》（1992年中译本），陶维英《越南民族的起源》（1955年中译本）、《越南历代疆域》（1973年中译本）、《越南古代史》（1976年中译本），以及越南社会科学委员会《越南历史》（1971年）等都设有专门章节进行论述。

越南学者主要是根据《大越史记全书》（1479年）、《岭南摭怪》（1492年）等史籍中相关的神话传说，认为越南祖先为神农氏（即中国传

---

①陶维英：《越南古代史》，刘流文、子钺译，商务印书馆，1976，第129页。
②越南社会科学委员会：《越南历史》，北京大学东语系越南语教研室译，人民出版社，1977，第22页。"交阯"即交趾。本书中除部分引文保留"交阯"称谓外，其余均用"交趾"。

说中的神农氏）第三代孙帝明，他开创了鸿庞氏时代，其子孙先后创立了"赤鬼国"和"文郎国"，其地域广阔，由越南北部至洞庭湖，包括中国湖南及两广地区。其中，最有名的是貉龙君的传说：貉龙君娶妪姬，生百子，五十子从母归山，五十子从父归海。鸿庞氏时代，越南国王先后称泾阳王和雄王，传十八世，共计2622年，君王二十易，平均每位君王在位约150年。越南学者以此为据，认为越南历史为上下五千年。

然而，对于骆越建立的早期形态的国家"文郎国"、第一代君王"雄王"的问题，越南史学界一直存在不同看法。但有一点则是共同的，无论是老一代历史学家（如陈重金、陶维英），还是20世纪60年代后的史学研究者，其共性都是站在民族主义、偏袒越南国家利益和"抗击中国侵略"的立场上，认为"文郎国"是越南历史上最早建立的国家，产生了第一代君主——"雄王"，从此时开始就要时刻抗击来自北方（中国）的"侵略"。如1971年越南社会科学委员会编著的《越南历史》中称："反抗外来侵略的需要变成了促进文郎社会迅速成长壮大的一个重要因素。雄王时期的越南人刚刚摆脱了密林、池沼、暴风、洪水、野兽等自然灾害所带来的困苦，立刻又要奋起抵抗外来的侵略者。"[①]基于这样的思维定式及既定观点，越南学者对秦始皇统一岭南，秦末汉初赵佗统一岭南、建立南越国，以及汉武帝平定南越国、重新统一包括今越南北部的岭南地区等行动，统统都视为是对越南"文郎国""瓯雒国"的"侵略"。

20世纪60年代以前，越南学者对于骆越问题的研究表现得较为客观。如陈重金《越南史略》及后来修订的《越南通史》中，对一些学者津津乐道的"骆越建立的文郎国"和国君"雄王"的真实性进行质疑，认为骆越时期建立的"文郎国：貉龙君封其长子为文郎王，称雄王，定都于峰州……纵观从泾阳王至雄王十八世，君王凡二十易，而从壬戌年（公元前2878年）计起至癸卯年（公元前257年），前后2622年。若取长补短平均计算，每位君王在位时间约150年。虽系上古时代之人，也难有这么多人如此长寿。观此则足可知道，庞鸿时代之事，不一定是确实可信的"；又进一步

---

①越南社会科学委员会：《越南历史》，北京大学东语系越南语教研室译，人民出版社，1977，第32-33页。

说，"我们应该知道，任何一个国家都是如此，在混沌初期，谁都希望从神话之中寻找自己的根源来光耀自己的民族"①，一语道破了关于"文郎国"和"雄王"神话传说及越南学者认定的早期国家和第一代君主"雄王"的真谛。

陶维英是越南著名历史学家，熟知中国史籍、中国古代史和越南历史，对骆越和越南古代史有很深的研究，成果颇多。自1950年以来，先后出版《越南民族的起源》《越南历史》《越南古代史》《越南历代疆域》等著作。陶维英在《越南古代史》中说："吴士连是第一个将《庞鸿纪》载入我国历史的人。吴士连对庞鸿氏的记载是根据中国载籍中关于交阯与越裳氏的记述，以及后来又依据《岭南摭怪》一书中有关庞鸿氏的传说而写成的。"陶维英根据中国史书记载及徐松石的观点，认为骆越属百越的一支，"骆越来源于福建一带的越人……分布在现在的越南北部到中国南方的扬子江右岸地区……骆越是越南民族的直接祖先……壮族乃旧越人"②。1955年越南教育部出版的《越南历史概要》中，认同并沿用了陶维英的观点。1971年越南社会科学委员会编著的《越南历史》中也认为"雄王传十八世，这个数字不一定准确"③。

20世纪60年代以来特别是70年代后，越南史学界加强了骆越史的研究，1968年12月在河内召开的"雄王历史时期研讨会"，把"雄王"研究推向高潮。越南历史学、考古学、民族学、语言学的专家学者代表出席了这次研讨会，时任越南总理范文同出席会议并致辞称，"研究雄王这段历史是一项有重要意义的工作，而对其即将取得的成果，无论怎么估计也是不会过高的"④，使出席研讨会的学者大受鼓舞。学者从各自学科的视角，对骆越的起源，越南早期国家的建立、形态、性质、作用及"雄王"信仰的相关问题进行了广泛探讨，会后出版了论文集⑤。与会学者认为，"骆越的主体在越南北部"，"骆越是越南民族的直接祖先"，"骆

---

①陈重金：《越南通史》，戴可来译，商务印书馆，1992，第14、17页。

②陶维英：《越南古代史》，刘流文、子钺译，商务印书馆，1976，第129页。

③越南社会科学委员会：《越南历史》，北京大学东语系越南语教研室译，人民出版社，1977，第36页。

④杨立冰：《评越南史学界对越南古代史的"研究"》，《学术论坛》1983年第2期。

⑤范辉通等：《雄王立国：越南研究会议论文集》，（越南）社会科学出版社，1973。

越在四五千年前建立文郎国，其北境至洞庭湖；雄王是越南民族始祖"，"越南同中国一样，是世界文明古国、东南亚文明的中心"等。此次会议后，越南学术界掀起了研究骆越历史、"文郎国"和"雄王"的热潮。越南社会历史研究所还组织力量，研究和撰写"雄王"时代历史。1970年，由文新、阮灵、黎文兰、阮董之、黄兴五人组成课题组，分工写出《雄王时代》一书，1976年由越南社会科学出版社出版。全书有六大部分："文郎国"的疆域、国名和居民；经济状况；手工业；社会和政治体制；文化生活；安阳王的骆越国——"雄王"时代的结束。作者根据《岭南摭怪》《大越史记全书》等史籍中记述的神怪故事，勾画出"文郎国"的疆域：①疆域狭小的峰州地区——雄王50个兄弟的居住地。"雄王"是长子而被推崇为王，在此地建国。②疆域宽广的"文郎国"，"北至洞庭湖、南至胡孙国（即古代占城国）"。③疆域范围较小的"文郎国"，即由"雄王"兄弟分别管辖的15个部落合并而成，只包括现在中国广西的一部分和越南的北部和中部北面。此后，又相继出版了吴文富等《雄王与雄王庙会》（1996年）、刘雄章《雄王时代》（2005年）、阮克昌《雄王传说》（2008年）、孟黎《雄王时代：诗歌》（2008年）、文新《雄王时代：历史、经济、政治、文化、社会》（2008年）、阮维形《骆越文明》（2013年）等。1971年越南社会科学委员会编著的《越南历史》中称"在青铜器发展的时代，越南的历史进入了雄王时期——文郎国时代"；又说"文郎部落的首领在历史上起到了重要作用，他挺身而出统一了雒越部落，建立起文郎国。他自称皇帝，史称'雄王'"；"越南古时的首个国家形式出现萌芽——文郎国……雄王是越南开始立国时的首领。我们祖先首先居住的地方是越南北部，地盘不很大，人数也不多，但已经具有立国的条件，具有足够的生存和发展的力量"；"雄王时期，我国开始建国，从那时起就要抵制外族封建国家（指中国）对我国的侵略和吞并"。越南学者无视越南自秦朝以来一直受中国封建王朝统一管辖的历史事实，把中越关系史渲染成"中国侵略史"，声称"在四五千年前建立文郎国"以后，就遭受北方（中国）强大的封建王朝的"侵略"；把本来是东汉封建王朝统一管辖下的反抗与平定的性质说成"反抗外来侵略"（即东汉时交趾征侧、征贰姐妹率众反抗封建统治的斗争和东汉王朝派马援率兵前往镇压的事件），"二征"也被越南誉为反抗中国"侵略"的民族英雄；无视越南封建统治者多次派兵侵略中国南境的事实，声称"在整个封建时期一直到今天，从未发生过越南对中国的侵略战争"，然而据史籍记载，仅995年—1214年的200多年间，越南前黎朝、李朝和陈朝三代先后派兵侵犯中国宋朝南境就达12次之多，其中以1075年李朝侵犯宋朝钦、廉、邕三州（今广西境内）的规模最大，杀害十多万中国军民（绝大部分是平民），掠夺了七八万妇女和儿童。一些学者还把越南出土的骆越时期铜鼓的年代向前推至早于中国出土的铜鼓的年代，进而断言越南是铜鼓的发源地，中国云南、广西、四川等地的铜鼓是由越南传入的。在越南各类历史教科书中，渲染中国对越南的"侵略"，极力颂扬越南抗击"中国侵略"的"光荣历史"和"英雄气概"。

（三）越南青铜文化、东山铜鼓的研究

越南学者认为，东山文化[①]和铜鼓是越南境内骆越时期青铜文化繁荣发展的代表。其青铜器不仅数量众多，形式多样，而且纹饰精美，铸造工艺精湛，风格独特，堪称骆越灿烂文化的重要标志，其中的东山型铜鼓则是越南青铜文化的精粹。因而，东山文化和铜鼓一直是越南历史学界，特别是考古学界着力研究的重要对象。自20世纪20年代东山遗址被发现并进行发掘以来，引起了学术界的关注，越南及国外历史学界、考古学界和民族学界便开始对东山文化进行研究。随着东山文化类型遗址的不断发现、发掘和出土遗物尤其是铜鼓的不断增多，研究也随之深入，特别是越南历史学界、考古学界不断组织专家学者开展研究，取得了大量成果，不仅刊发了一系列论文（集）和发掘报告，还出版了许多专著。如陈文甲《铜鼓与越南的奴隶占有制》（1956年），陶维英《东山文化与骆越文化》（1957年）、《铜器文化与骆越铜鼓》（1957年），黎文兰《关于古代铜

---

①1932年，R. 海涅·革尔登（R. Heine Geldern）在《远东印度支那地区金属鼓的来历及意义》一书中首先提出并提议以"东山文化"来称呼印度和印度尼西亚以外的东南亚全部青铜时代文化。

鼓起源的探讨》（1962年），黎文兰、范文耿、阮灵等《越南青铜时代的第一批遗址》（1963年），黄春征、褚文晋《东山文化的内容、类型和年代》（1969年），阮文煊、黄荣《越南发现的东山铜鼓》（1975年），范明玄、阮文煊、邓生《东山铜鼓》（1987年），范明玄、阮文好、赖文德《越南的东山铜鼓》（1990年），黄春征《越南东山文化》（1994年），范明玄《东山文化的一致性与多样性》（1996年），赖文德《古螺城遗址出土的东山文化青铜器》（2006年）等。在越南出版的各种版本的通史中，如陈重金《越南通史》、陶维英《越南古代史》、越南社会科学委员会《越南历史》等，也都设有专门章节对东山文化、铜鼓文化及铜鼓进行论述。学者对东山遗址出土的青铜器的种类、形制、纹饰、风格特征及其起源、族属，以及对东南亚乃至中国西南地区青铜文化的影响等进行了广泛、深入的研究与探讨，其基本观点是，东山青铜文化是越南祖先骆越族群创造的灿烂文化，对北部（中国）的滇桂川地区青铜文化产生影响；东山铜鼓是越南民族祖先最早发明铸造的，而后从越南传播到北方的滇地（云南）、桂地（广西）、蜀地（四川），向南传播到马来西亚、印度尼西亚；历史上，越南祖先骆越创造"红河—湄公河"文化；越南与中国一样，都是世界文明古国。

（四）越南民族与骆越关系研究

关于越南民族与骆越的关系，一直是越南历史学界和民族学界重点研究的问题。自20世纪50年代以来，相关学者一直在进行研究，70年代达到高潮，其中不仅有广大学者的研究和撰写的文章，而且有由越南社会科学委员会及历史、考古和民族研究机构组织开展的研究。其成果和基本观点集中体现在几部重要的越南通史中，如前述的明铮《越南史略》，陈重金《越南通史》，陶维英《越南民族的起源》《越南古代史》及越南社会科学委员会《越南历史》。其基本观点是骆越或瓯雒是今越南民族的直接祖先，与中国的壮族及壮侗语族其他民族无关。

（五）对越南学者研究的评述

综观越南学者关于骆越文化的研究情况，有几个重要的基本历史事实需要辨正。

（1）越南学者所勾画或构建的骆越时期建立的"独立国家"（也有说是"首个国家形式出现萌芽"）、"文郎国"（公元前2878年—公元前257年）、"瓯雒国"（公元前257年—公元208年），开国国君"雄王""安阳王"，而且把建国年代的上下限及历代国君的在位时间勾画得如同信史，其主要是依据成书于14世纪后的《越史略》《大越史记全书》《岭南摭怪》等越南古籍中的神话传说（如《金龟传》《鸿庞氏》《泾阳王》《貉龙君》《安阳王》等）来推定。按照历史学的常识，作为古代民族历史的研究，应以翔实的文献史料和明确的考古资料为依据，并对之进行客观、科学、严谨的考证，以揭示历史的真相。因而，在历史研究中，神话传说只能作为间接的旁证资料，起到辅助印证文献史料和考古资料的作用。如果仅仅依据神话传说来推断、认定民族历史，并且将之当作信史，这是不严谨、不科学的。神话传说只能是一种推断，而仅仅依靠推断是不能作为信史的，这是历史研究的基本常识，也是研究者应有的科学、严谨态度与学术精神。因此，对于越南一些学者构建的"文郎国""瓯雒国"及其国君，越南老一代著名史学家陈重金早就质疑，认为是无稽之论，认为"雄王共十八世系平均不可能活到150岁"。就连代表越南官方观点的《越南历史》一书中也坦承：《越史略》中的记载"雄王传十八代世，这个数字不一定准确"。尽管如此，越南学术界依然津津乐道，并以所谓的如此悠久的建国历史而自豪。撇开政治因素，就历史研究的方法、原则和学术态度而言，仅仅根据神话传说便认定"文郎国""瓯雒国"及"雄王"的真实存在，本身就是不科学、不严谨、不可信的。

（2）关于骆越的分布问题，中国和越南学者的意见不尽相同。中国学者根据史书较为明确的记载，认为骆越属中国南方百越族群居住在岭南的重要一支，分布于今中国广西红水河流域以西至越南北部，南至今广西郁江流域、广东雷州半岛及海南岛，西至云南东南部，地理上相连成片；

今广西柳江与浔江流域，为骆越与西瓯交错区域；今越南东北部和东南部为西瓯分布地。越南老一辈的历史学家如陈重金、陶维英等，大体也持这种观点。但是，后来的研究者则认为骆越分布在今越南北部地区，并且有西瓯人南迁至越南北部山区，故统称为瓯雒。这种观点显然是不符合历史事实的。

（3）关于越南学者所称的"文郎国"（公元前2878年—公元前257年）、"瓯雒国"（公元前257年—公元208年）的形态与性质问题。近年来，中国学者关于中国古代社会历史分期和国家形态、性质的研究，出现了新的理论和新的分期法，如著名考古学家苏秉琦根据中国考古学及文献资料，提出了古国、方国、帝国的分期模式，这是一种新的分期法。他提出的"古国指高于部落以上的、稳定的、独立的政治实体"；在原始社会后期、距今四五千年前的若干个地点就已涌现出来。像距今5000年前的辽西红山文化，有祭坛、女神、积石冢和成批套的玉质礼器为标志，已是古国的形态，即原始国家形态。距今5000年前后，在古文化得到系统发展的各地，古城、古国纷纷出现，中华大地社会发展普遍跨入古国行列。古国时代之后是方国时代，大约距今4000年。与古国是原始的国家相比，方国已是比较成熟、比较发达、比较高级的国家。夏以前的良渚文化、夏家店下层文化分别代表了中国南北早期方国的典型例子。方国之后是帝国……壮族学者郑超雄在《壮族文明起源研究》（2005年）一书中认为，方国的出现有如下标志：①人口增多，社会分工明显，有稳定的聚落群；②大型墓地出现，有贫富分化的埋葬制度；③开始铸造青铜器，形成具有鲜明特色的青铜文化；④有象征权威身份、地位的文物出土，如铜鼓和各种青铜礼器；⑤有复杂的宗教祭祀仪式；⑥有远程文化交往。比照以上的划分标准，"文郎国"（公元前2878年—公元前257年）的年代，相当于中国的新石器时代晚期至战国晚期。越南学者根据神话传说推定的"文郎国"建立时间为公元前2878年，距今约5000年，此时尚处在新石器时代晚期，人们还在制作和使用石制工具，由此可以判定，即使当时出现"国"（"文郎国"早期），也实属古国性质，距离严格意义上的"国家"（帝国）尚远。到了"文郎国"后期至"瓯雒国"时期，距今2200多年，相当于中国的战国晚期，此时出现了青铜器，而且数量众多，器型多样，纹饰精美，工艺精湛；出现了城池（螺城），其国家的性质当为方国，相当于中国商周或春秋战国时期的地方方国类型，绝非越南学者想象的"国家"（帝国）。无论是古国还是方国，都是原始社会的氏族向部落再向部落联盟发展的必然结果，属于萌芽状态的国家性质。当时在骆越及其先民分布地区部落众多，后来随着部落兼并战争的加剧，一些弱小部落被强大的部落兼并，形成势力日趋强大、范围也日趋扩大的部落，古国或方国便应运而生。因而，当时在同一区域的族群内，相互间的战争或兼并、以强并弱乃正常现象，并不存在现代意义上的"侵略"或"被侵略"的问题。越南历史上所谓的"文郎国""瓯雒国"，即使出现过，也是地方的方国性质，距离真正意义上的国家尚远。正如越南著名历史学家陶维英在其所著的《越南古代史》中所言，"安阳王是瓯雒国的奠基人，他所创立的国家是我国历史上首次出现的胚胎国家形式"[1]；"雄王（雒王）所统辖之地是否能称为一个国家？中国的'国'字，在以前中国的史籍中，通常用来指诸侯而言，而在诸侯中，多数也只是部落而已，譬如，黄帝建万国。我们不必拘泥于国字而就认为雄王所辖治的地方是一个具有今天国家含义的国家"[2]。何况这还只是一种推测，并没有直接证据。即便如此，将其作为追溯一个国家的历史，以构建其历史和社会发展体系，倒还可以理解。若是把神话传说当作信史，以此来杜撰或认定所谓"独立国家"悠久历史，并且借此作为越南建立"独立国家"的起点，凡是后来攻伐其地的行动便一概称之为"外来侵略"，由此将自秦朝以来对交趾地区的统一或平定其反抗斗争行为作为"中国侵略论"的历史依据，既不符合历史事实，也经不起考究。

（4）关于秦始皇派兵南征与"秦瓯之战"的地点问题。根据中国史籍《史记》《淮南子》等记载，公元前219年，秦始皇派遣50万大军，兵分五路，发起了统一岭南的战争。当秦军一路军翻越越城岭，进入西瓯聚居地（今广西兴安县境）时，即遭到西瓯部族的顽强抵抗。初时，面对秦军的凌厉攻击，西瓯首领译吁宋战殁，其部族退入山林，重新集结，推选

---

①陶维英：《越南古代史》，刘流文、子钺译，商务印书馆，1976，第9页。
②同上书，第188页。

出新的首领，化整为零，采用游击战术，昼伏夜出，四处袭击秦军，使之损失惨重，其统帅屠睢战死，秦军处于进退维谷的困境，被迫固守待援。由于秦军进攻受阻，秦始皇急令史禄主持开凿灵渠工程，以打通珠江与长江的水路交通。灵渠修通后，秦军援兵和战争物资便可通过灵渠，源源不断运抵前线。得到兵员和物资补充的秦军重新组织进攻，很快就击败西瓯的抵抗，然后长驱直入，很快就抵达今广州，完成了统一岭南大业。也就是说，"秦瓯之战"在灵渠南面附近进行，即今广西北部的兴安县北境，这是明确的历史事实。对此，许多中外史学家已做了考证和认定，基本形成了共识。法国著名历史学家司马帛洛认为，秦军并未进入骆越之地①。另外，没有资料证明秦军曾深入今越南境内的骆越地，在今越南境内也未出现过秦军与骆越的战争。秦军占领今广州一带后，便标志着统一岭南之战已完成。秦始皇在今越南设置的象郡，只是象征性地宣示主权羁縻而已，其势力并未深入其地。然而，代表越南官方观点的《越南历史》（越南社会科学委员会编著，1971年）一书中，却把这场"秦瓯之战"移至今越南境内，而且含糊其词地说"秦朝军队侵占了长江以南各族人民的一些领土，设立了闽中郡（福建）、南海郡（广东）、桂林郡（广西北部）和象郡（广西西部和贵州南部）。但是，当秦朝军队越深入到越族地区，它就越遭到瓯越和雒越人民的英勇抵抗。瓯雒人和其他各民族暂时撤退到深山密林中去。他们组织抗战力量，推选杰出才俊为将领，趁夜伏击秦军。越族人坚持长期抗战达十年之久，消灭秦军十余万。秦军的主将屠睢也被击毙"；"一支庞大的秦朝侵略军被打败和后来赵佗多次侵犯都被我国人民击退，这一切都充分证明了我国人民具有坚忍不拔、不屈不挠的战斗精神，同时也说明我国人民已经掌握了抵抗外寇的本领"。按照该书的表述或逻辑关系，似是暗示秦始皇统一岭南、设置郡县之后，秦军继而深入瓯雒地区，并与瓯雒人作战。这场本是发生在今中国广西北部兴安县境内的"秦瓯之战"，被越南学者移到千里之外的今越南北部，以此来彰显越南民族反抗外来侵略的精神。显而易见，这是不符合历史事实的。

（5）关于骆越是越南民族直接祖先的问题。在越南学者出版的诸通

①陶维英：《越南古代史》，刘流文、子钺译，商务印书馆，1976，第203页。

史中，都声称骆越是今越南民族的直接祖先。众所周知，民族的形成和发展是一个动态的、不断发展演变的过程，古代民族与现代民族存在一定的历史渊源关系，但古代民族不等同于现代民族，古代民族发展成现代民族要经过长期的演变、分化、重组、交融的复杂过程。这是现代民族形成的基本规律，也是民族学的基本常识。

此外，越南学者所论述的以东山文化为代表的越南青铜文化和铜鼓文化的起源、传播问题，认为越南是铜鼓的起源地，而后北传至中国云南、广西、四川，向南传播到马来西亚、印度尼西亚。对于这些观点，中国学者已用大量实证资料与研究成果进行了辨正，认为越南东山青铜文化及铜鼓文化是在中国中原地区青铜文化的影响下发展起来的，在器物种类、形制与纹饰特征方面，与滇桂川地区的青铜器基本相同，属滇桂青铜文化系统；同时也有一些器物造型及花纹装饰具有自己的地方特色，表明了当时交趾一带的青铜铸造业的发展。越南青铜文化一方面深受中原及滇桂川地区青铜文化的影响，另一方面在学习和吸收中原或滇桂川地区青铜文化的基础上，发展出了自身的地方特点。

三、其他国家学者关于骆越文化的研究

自20世纪20年代西方学者在越南发现东山遗址并进行发掘以来，特别是越南发现的东山型铜鼓及青铜器，引起了法国、德国、日本等国家学者的关注。20世纪初，西方学者就开始对骆越文化进行研究，其中以骆越来源和骆越时期的东山文化、青铜文化，特别是东山铜鼓的研究及成果居多。

法国学者沙畹、鄂卢梭等依据中国古文献资料，对骆越和越南民族起源问题进行了研究。沙畹认为，越南民族起源于中国浙江省中北部的越国。鄂卢梭在《安南民族之起源》一文中，进一步拓展了沙畹的观点，认为"广西南部和越南中北部的部落，最古的名称，在周时名骆越，在秦时名西瓯，一名西骆越，或名骆越。可以说，他们代表公元3世纪安南封建部落的全部，分布在广西的南部到越南的广南。安南人起源于百越或雒

民。这些越人是从浙江、福建迁徙到广西南端、广东西南境和越南中北部，是越族中的西瓯，或骆民，也就是安南人的祖先。……如此看来，我敢断言今日的安南人，直接系出纪元前333年灭亡的越国之遗民。而其祖先在纪元前6世纪时，立国于今日浙水流域之浙江省"①。

日本学者对骆越文化的研究，始于20世纪30年代。如松本信广《越人考》（1943年）、山本达郎《安南史研究》（1950年）、河源正博《秦始皇对岭南的经略》（1954年）、藤源利一郎《安阳王与西瓯——越南古代史小考》（1967年）等，主要也是依据中国古代文献资料和考古资料进行研究，其观点与法国学者的观点大同小异。

关于越南东山文化、东山铜鼓的研究，最早开始研究且成果突出者，首推奥地利学者弗朗茨·黑格尔（Franz Heger）。他于1902年在莱比锡出版的《东南亚古代金属鼓》（上、下册）一书中，运用丰富的器物学知识，把当时所见的165面铜鼓按照形制、花纹的不同，分为4个基本类型和3个过渡类型，分别探讨了它们的分布范围、铸造年代及其反映的文化内涵。他对铜鼓实体的测量，花纹图像的传拓和临摹，金属成分的测定，都做了开创性的工作。因而，该书成了20世纪铜鼓研究的集大成之作，影响极大。此后一个多世纪以来，不少学者研究铜鼓都是遵循他的观点，并用自己的研究成果不断加以充实和阐发的。

第一次世界大战后，法属越南河内的法国远东博物学院成了世界研究铜鼓的重要基地，学者对亚洲远东出土的各类铜鼓做了大量研究。1918年，法国学者巴门特（H. Parmentier）在河内《远东博物学院集刊》发表了《古代青铜鼓》，在黑格尔著作收录的铜鼓之外，新增加了23面铜鼓，进一步充实了黑格尔关于铜鼓的研究。20世纪30年代初期，法国学者戈鹭波（V. Goloubew）发表了《北圻和北中圻的铜器时代》《金属鼓的起源和传播》等论文，根据越南东山遗址出土的汉代遗物，确定东山铜鼓的年代为公元1世纪中后期，并对铜鼓的铸造工艺及其来源做了新的解释。1932年，以研究东南亚石器时代而著名的澳大利亚学者海涅戈尔登（Rodert

---

① 鄂卢梭、马伯乐：《秦代初平南越考·占婆史》，冯承钧译，上海古籍出版社，2014。

Heien-Geldern）发表了《后印度最古金属鼓的来历和意义》，介绍法国学者戈鹭波关于越南北部的青铜器时代的论文并加以评论。西方学者出版了一系列研究东山铜鼓的专著，如巴门特的《一些新铜鼓》（1932年）、高本汗（B. Karlgren）的《早期东山文化的时代》（1942年）、盖勒尔（U. Gueler）的《关于金属鼓的研究》（1944年）、莱维（Paul Levy）的《第1类型铜鼓鼓式的起源》（1948年）等，同时还发表了不少研究越南东山铜鼓的文章。虽然西方学者对铜鼓研究了一个多世纪，但是对铜鼓的起因、功能等问题都未能做出明确的解释[1]。

　　综观以往中外学者对骆越文化的研究，虽然取得了大量成果，而且涉及骆越历史、社会、经济、文化和生活的各个方面，但也存在诸多不足，留下诸多有待进一步深入研究的空间。一是缺乏系统性、整体性的研究与成果，目前尚未有全面、深入研究骆越文化的成果；二是中国和越南学者主要是对本国境内的骆越文化进行研究，因受国家分界的影响或制约，未能将历史上分布在岭南地区的骆越文化作为一个整体（即按照民族分界区域）进行研究，造成了骆越历史文化因现代的国家分界的局限而被分割，导致骆越文化研究的不完整性；三是未能对特定历史时空和特定对象，即骆越地区自秦代以来就属于中国统一管辖，深受中原文化影响，站在中华民族文化主权的维度进行全面、深入的研究与阐述；四是缺乏站在中华民族多元一体文化的基点上，对骆越文化属于中华民族多元一体文化的组成部分、中原文化对骆越文化产生深刻影响进行全面、深入的研究与揭示；五是中国学者缺乏对越南学术界编造骆越时期建立的所谓"文郎国""瓯雒国""雄王"，编造或渲染"中国侵略论"，抢占骆越文化话语权等谬误进行系统的批驳或辨正；六是尚缺乏对骆越历史文化资源的深入发掘，缺乏对骆越历史文化遗产保护、开发与利用的对策性研究。所有这些，需要在今后的研究中予以加强。

---

①蒋廷瑜：《铜鼓研究一世纪》，《民族研究》2000年第1期。

第四节　研究思路与方法

一、研究思路

　　本书研究的总体思路：对特定历史时空和特定对象，以文献资料和考古资料为依据，以重构骆越文化体系为目标，从纵向和横向两个维度，深入研究和全面揭示商周至秦汉时期生活在岭南地区的骆越的起源、形成、发展、分布、社会形态、经济生活方式及文化面貌。民族形成和发展的规律表明，一个有着悠久历史的民族，总会经历起源、形成、发展和变迁的过程；其所分布的区域，当国家产生特别是强大的封建帝国建立以后，其统一的区域会逐步扩大，周边地区及民族相继纳入其统一的版图或治理之下，并建立相应的地方政权组织进行统治、治理和开发。在统一的版图或区域里，中央王朝的政治制度和统治政策对各民族的政治、经济和文化产生深刻的影响，各民族的关系、经济交往与文化交流也会日益密切，并且受到主体民族文化的深刻影响，民族或国家认同日趋增强，各民族文化逐步成为统一的多元一体文化的组成部分。骆越及其文化正是在这样的社会背景下产生和发展起来的，特别是秦汉王朝的统一及其对骆越地区实行的统治和开发，极大地促进了骆越社会、经济和文化的发展，使之成为中华民族多元一体文化中的重要组成部分。从中华民族多元一体文化的维度，对骆越民族历史文化进行研究和揭示，无疑是客观的、科学的、全面的。

二、研究视角

　　针对古骆越分布区域广、历史时间长、环境差异较大、民族关系复杂、民族边界跨越当今国家边界的特点，以特定的历史时空为基点，站在中华民族统一的多民族国家的视角下，以骆越历史、分布、发展和文化特点为切入点，追溯其民族及其文化的起源、形成、发展规律与特点，揭示骆越文化与中原文化的关系，以及在秦汉王朝的统一治理和开发下，骆越社会、政治、经济、文化的发展，进而阐明居住在今越南境内的骆越及其文化自秦统一以后属于中华民族及其文化的组成部分。

三、研究路径

以时间为主线，分不同时期，考察骆越的起源、形成、发展、分布、文化面貌及其属性，分析骆越所处的自然环境及中原地区政治、经济、文化和社会环境对其产生的重大影响，在揭示骆越社会发展及其文化面貌与特点的同时，阐明骆越与秦汉王朝及中原文化的关系，即骆越与秦汉封建王朝的关系是一个统一国家内地方与中央的关系。

基于上述的研究思路、视角和路径，一方面，通过对我国史籍中有关骆越记载的资料和骆越地区考古资料的全面搜集与考证，坚持历史唯物主义的观点和科学的研究方法，借鉴和吸收以往有关骆越的研究成果，全面揭示骆越历史文化的面貌；另一方面，收集（翻译）越南学术界自20世纪50年代以来关于骆越历史文化的研究成果（越南文），重点是搜集和翻译越南学者编造和歪曲骆越历史的相关论著，并对之进行梳理、归纳、分类和重点剖析，同时运用历史学和法理学的理论和方法，对越南编造"文郎国""瓯雒国"及"雄王"的政治目的进行剖析和揭露，对越南学者把中越关系史渲染成"中国侵略史"，制造反华或"去中国化"的舆论进行辨正，提出应对的策略。

四、研究方法

（1）多学科研究方法。本书研究内容涉及民族学、人类学、历史学、考古学、文献学、政治学和国际关系学等多个学科，将综合上述各学科的特点和优势，运用相关学科的理论和方法，对骆越文化进行多视角、多维度的全面、整体性研究。

（2）文献史料与考古资料相结合的方法。一方面，全面搜集史籍中有关骆越的资料和考古资料，并在深入分析考证的基础上，借鉴和吸收前人的研究成果，对骆越文化进行历时性、共时性、整体性研究，全面揭示骆越文化面貌、内涵、特点及其与中原文化的关系；另一方面，针对越南学者对骆越历史的歪曲或编造，选取其中有代表性的重大谬误或观点，采用历史唯物主义的历史学研究的原则，借鉴英国历史学家巴特菲尔德（H. Butterfield）的"历史的辉格解释"理论，对之进行剖析和辨正。

（3）理论阐述与实证分析相结合的方法。在运用历史学、考古学、民族学、人类学和国际关系学的相关理论，坚持马克思主义立场和历史唯物主义的观点，立足于统一的多民族国家和中华民族多元一体文化的基点上，对骆越文化进行全面、整体性的研究与揭示；同时对越南学者歪曲或编造骆越历史的谬误与政治图谋进行剖析和辨正，为开展骆越文化保护与利用提供学术支持。

本书拟采用的研究手段：鉴于骆越分布的广泛性、社会发展的特殊性、族群关系的复杂性，我们将根据研究内容涉及的相关学科，通过史料考订、论证求实、如实叙述、解构诠释、比较研究等多种手段的灵活运用，考察和阐述骆越社会发展的具体过程及其规律，揭示在秦汉王朝对岭南的统一下中原文化对骆越文化发展的影响。

第五节　难点与创新点

一、难点

骆越文化研究的最大难点是史料的缺乏。如前所述，骆越是我国历史上特定时期、生活在特定区域的一个古老族群，即商周至秦汉时期生活在我国岭南西部地区百越族群的一个支系。骆越居住的岭南西部地区，因地方偏僻、远离中原，而且在岭南东北面，五岭巍峨横亘，阻隔了岭南与中原内地的交通。先秦时期，虽然岭南与中原内地已开始有了经济和文化上的交往，但由于往来人员尚少，且多是那些不畏艰难险阻的商人，少有文人涉足，因此有关岭南骆越社会和文化方面的记载极少，即使偶有记载，也较为零散、简略，且多语焉不详。秦始皇统一岭南、设置郡县后，开始有大批中原人进入岭南，其中主要是军队和各级官吏，各类商贩和文人也随之而来。特别是汉武帝平定南越国、重新统一岭南后，史籍中对于岭南地区的行政建置、统治措施、自然物产、风土人情等方面的记载渐多，但对于骆越历史地理、经济文化或民风民俗的记载依然少而简略。

难点之二是对越南历史学界、考古学界、民族学界的研究成果掌握不全。因其研究成果多由越南的出版社或刊物用越南文出版或发表，目前掌握的多是20世纪70年代以前翻译出版的几部重要著作，其他的著作和论文只知其目录，翻译成中文的较少。也有一些中国学者对越南古代史及考古文化进行了研究，或对越南史学界的研究进行过综述，并发表于我国相关刊物上，为我们了解和掌握越南学术界关于骆越历史文化的研究概况和主要观点及论据提供了帮助。尽管我们极尽努力，通过多种途径对越南发现的骆越时期的考古资料尽可能搜集，掌握了主要方面的资料，但仍不够全面、系统和深入，这就给开展骆越文化全面性、整体性和深入性的研究带来了困难。

二、创新点

本书将在借鉴或吸收前人研究成果和学术积累的基础上，对骆越文化进行全面、深入和整体的研究。因此，无论是在学科理论和研究方法上，还是在研究的视野、维度和观点上，都会有新的突破和进一步的深化与提升。

（1）理论创新。在本书中，坚持历史唯物主义史学观，运用中华民族多元一体格局理论和历史学、文化人类学、民族学的前沿理论和方法，站在中华民族多元一体格局的基点上，对特定历史时空条件下的骆越文化面貌、内涵、特质与传承，民族与国家的关系，民族形成、发展及演变规律等进行理论阐述。

（2）方法创新。本书采用史学辨正、文献考证、考古实证和文化比较研究、"历史的辉格解释"等方法，针对以往骆越文化研究中取得的成果及其局限性，站在中华民族多元一体格局的基点上，从整体上对骆越历史文化进行历时性和共时性的全面、深入研究与揭示，阐明古代骆越及其文化是特定历史时空条件下的产物，与近现代民族及其文化并非等同关系；通过对骆越文化与中原文化的比较研究，揭示骆越文化与中原文化的密切关系，阐明骆越文化是中华民族多元一体文化的重要组成部分，骆越文化是在中原文化的影响下发展起来的。

（3）研究视野的拓展、研究维度的深化与创新。本书将基于特定的历史时空，站在秦汉封建王朝对骆越的统一和中华民族多元一体格局的基点上，跨越当代国界，对骆越文化进行全面和整体的研究，深入揭示骆越历史文化的面貌及其与中原文化的密切关系。

（4）观点上的创新。在研究中应用相关学科的理论和方法，通过研究视野的拓展、研究维度的创新，在研究中形成一系列新的观点，即骆越是中国历史上统一的多元一体的重要组成部分；骆越文化是中华民族多元一体、源远流长的灿烂文化的重要组成部分；骆越文化特别是青铜文化，是在中原青铜文化的深刻影响下发展起来的；中国乃至东南亚的壮侗语族起源于骆越，是骆越后裔。

（5）应用性、对策性研究的创新。本书坚持以历史唯物主义为指导，以科学研究为基础，同时具有明确的指向性、现实性、应用性和决策参考性，即运用历史唯物主义的观点和方法对骆越文化进行科学研究，还原历史真相，基于骆越及其分布地区自秦朝以来隶属中央王朝统一辖治，证明骆越文化是中华民族源远流长的多元一体文化的重要组成部分；应用历史学、民族学和法理学的理论和方法，对越南史学界抢占骆越文化话语权，编造或歪曲骆越历史、渲染"中国侵略论"进行辨正，复原历史的本来面目，为广大读者了解骆越历史真相提供参考依据和学术支持。

第二章　·　骆越来源与分布

古代骆越的来源与分布地问题，是骆越历史文化研究的重要问题，也是骆越历史文化研究中首先需要弄清的问题。关于骆越的分布地及其范围，我国历代史籍中有简略记载。通过对这些文献记载的分析和考证，佐以考古学资料，可以大致确定其分布范围。但中国学者和越南学者对于骆越的来源与分布问题的看法不尽相同。中国学者（主要是广西学者）进行了多年研究，基本取得了共识。

第一节　骆越来源

骆越是历史上居住在我国岭南西部地区（包括今中国广西西部至越南北部）的一个古老族群。分布地如此广阔、人口如此众多的骆越，不可能全部是外来的。因而，其来源自然应从当地的前期原始居民中去追寻，即首先考察骆越地区先秦乃至史前历史，考察该地区前骆越时期古人类活动情况，分析骆越与当地史前人类及其文化的关联性，进而考察骆越时期该地区相关族群的迁徙与交融情况，最后通过对上述问题的综合分析与考证，便可以判定骆越的来源。

根据考古发现，骆越地区的历史可以追溯到史前时期的新石器时代乃至旧石器时代。早在距今10多万年前，骆越地区就已经有古人类活动。目前，在骆越地区的今中国广西中西部、南部，广东西南部，海南岛，云南东南部，以及越南北部地区，都发现有古人类化石。如柳江流域发现有柳江人、甘前人、都乐人、九头山人、白莲洞人化石；红水河流域发现有来宾麒麟山人、都安干淹洞人、九楞山人化石；左右江流域发现有田东定模洞人、扶绥姑辽洞人、南山洞人、靖西宾山人、江州木榄山人、隆林老磨槽洞人、那来洞人和龙洞人化石；广西南部地区发现有灵山人化石。其中，年代最早的是广西崇左市江州区木榄山发现的古人类头骨化石，经测定为距今11.2万年；柳江人化石的年代距今约5万年，属早期智人；其他地点发现的人类化石距今约2万年，属晚期智人类型。而柳江人化石经过体质人类学的测定，与现代壮族的体质形态有诸多相同或相似特征[1]。

在骆越地区各大江河流域和海滨台地，发现了许多旧石器时代文化遗存。如中国广西柳江、浔江、红水河、郁江及其上游左江、右江诸流域，广东雷州半岛，海南岛，以及越南北部的红河流域，均发现有旧石器时代文化遗存。其遗存主要发现于石灰岩洞穴中或江河两畔的台地上，一些洞穴遗址（如桂林宝积岩、柳州白莲洞、田东定模洞等）不仅出土打制石器，还有古人类化石和哺乳动物化石。其中以百色盆地的右江两岸发现的遗存最多，从上游的百色上宋村至下游的田东县及平果市，共发现83处，采集的各类打制石器数千件[2]。在中国广西南宁、崇左、柳州、来宾、钦州、玉林，广东雷州半岛，海南岛、云南文山壮族苗族自治州，以及越南红河流域，都发现有旧石器时代文化遗存。越南北部也是发现旧石器时代遗址较多的地区，因其遗址最早发现于和平省境内，而且数量多，出土有大量打制石器，所以被考古学界命名为"和平文化"[3]。这些发现说明，在旧石器时代，骆越地区的各大江河流域，都已有古人类活动。

进入新石器时代，骆越地区原始人类的活动范围进一步扩大，遗址数量增多，分布也更为密集，遗址文化层及内含物更加丰富。除了山洞、江河两畔外，在海滨及远离江河的丘陵地区也发现有大量遗址。其中，既有与旧石器时代相衔接的新石器时代早期遗址，也有新石器时代中期和晚期遗址，表明当地的原始人类历史发展的连续性和衔接性。广西西南部骆越分布地的新石器时代早期遗址以邕宁顶蛳山遗址为代表，被考古学界命名为"顶蛳山文化"；新石器时代晚期遗址以出土大量大石铲的隆安县大龙潭遗址为代表，广西考古学界称之为"大龙潭文化"。越南北部地区也发现有大量的新石器时代遗址，至20世纪60年代，在越南北部谅山一带发现的遗址有四五十处；在清化、和平、宁平、广安、义安、广平、鸿基、高平等地，都发现有新石器时代遗址，其中以北山遗址为代表，其遗址群被

①李富强、朱芳武：《壮族体质人类学研究》，广西人民出版社，1993。
②广西壮族自治区博物馆：《百色旧石器》，文物出版社，2003。
③陶维英：《越南古代史》，刘流文、子钺译，商务印书馆，1976，第15页。

称为"北山文化"①。

新石器时代早期遗址以分布于江河两畔或海滨台地及石灰岩洞穴中含大量贝壳的遗址为代表，在骆越地区今中国广西中西部、南部，广东雷州半岛，海南岛，以及越南红河流域，都发现有新石器时代早中期的贝丘遗址，其中以郁江及其上游邕江两畔数量最多，分布最密集，多数遗址规模也较大。如邕宁顶蛳山、南宁豹子头、横州西津和秋江、扶绥敢造等遗址，出土遗物丰富多样，不仅出土大量石器、陶器、骨器、蚌器、动物骨骼，还发现有数量众多的墓葬。另外，在滨海一带也发现有新石器时代早期的贝丘遗址，如广西东兴市江山镇沿海一带的较杯山、亚菩山、兰咀山、交东、社山等遗址，遗址堆积中含有密集的海产蚝蚌壳及石器、陶器等。在骆越分布地的广西西南部、广东西部的新石器时代遗址的墓葬中，流行一种奇特的葬式——屈肢蹲葬；陶器则流行夹砂绳纹陶。这些遗存和遗物，反映了在新石器时代早期，骆越地区的原始居民已形成具有地方特色的文化与习俗。

新石器时代中期遗址主要分布于远离江河的丘陵坡地上，如中国广西钦州独料、百色革新桥及越南谅山北山遗址等。百色革新桥遗址面积达5000平方米，在已发掘的1600平方米中，出土各种石器、陶器数万件，石器器型丰富多样，主要有砍砸器、刮削器、切割器、研磨器、斧、锛、锤、凿、璜、砧、砺石及大量石器半成品或石片等，证明该遗址原是一处石器制作场②。这一时期开始出现具有地方特色的有段或有肩石器，包括有段石锛、有肩石斧等。此类石器集中发现于越族分布地区，其中又以骆越分布地区的发现最多，分布也较为普遍，在各处遗址里都有发现。

新石器时代晚期遗址主要有两类：一类分布于江河两畔及其附近的丘陵地带，另一类分布于各地的石灰岩洞穴里。坡地遗址以内含大量磨制精致的大石铲为主要特征，集中分布于骆越分布地区，东到广西玉林、北流、容县、贺州及广东封开、郁南、德庆、高要、兴宁，南到广西宁明、合浦，海南岛及越南北部，西到广西德保、靖西、凌云，北到广西柳州、

①陶维英：《越南古代史》，刘流文、子钺译，商务印书馆，1976，第17—26页。
②广西文物考古研究所：《百色革新桥》，文物出版社，2012。

河池等地。截至2015年，已发现的大石铲遗存共140处，其中广西116处，广东15处，海南6处，越南广宁3处，形成一个大石铲文化圈。其中，以左右江交汇一带的隆安、扶绥、南宁西郊及武鸣发现的遗址数量最多，分布最密集，类型最为丰富，应为大石铲文化圈的中心。在已经发掘的隆安大龙潭和扶绥那淋、中东、韦关等遗址中，出土遗物绝大部分均为各种形制的大石铲。如隆安大龙潭遗址，出土遗物共334件，除了锛、凿和陶器各1件外，其余的331件皆为各种形制的大石铲[①]。这类大石铲形体硕大，已发现最大的大石铲长达70厘米，宽30厘米，重10多千克，一般以长30厘米、宽20厘米的大石铲数量居多。其形如同铁铲或铁锹，上方有一凸起的方形小短柄，两侧有双宽肩，肩角及腰部有3种形式：一是方折形肩角，直腰，圆弧形刃；二是尖形肩角，两侧腰部略内弧，圆弧形刃；三是呈锯齿状叉肩，两侧腰部略内弧，圆弧形刃。据研究，大石铲是一种木石复合型的耕作工具，需要在顶部的小柄上加绑一根木柄，可用于翻土、挖沟或碎土。大石铲造型美观，形制规整，厚薄均匀，左右对称，棱角分明，通体打磨平整光滑，制作工艺精细。大石铲是一种具有鲜明地方特色的农业生产工具，是为适应农业发展的需要，在前期的有肩石斧的基础上发展形成的，应是骆越文化产生的母体与萌芽。

骆越分布地属喀斯特地区，喀斯特地貌发育，区域内群山绵延，奇峰耸峙，洞穴众多。在旧石器时代，该地区的原始人类就懂得选择适合居住的岩洞栖息。到了新石器时代，原始居民仍然选择适合栖身的岩洞居住，因此留下了许多保存较好的文化遗存。例如，广西那坡县城北面的感驮岩新石器时代遗址，不仅保存较好，而且出土遗物丰富。该岩洞洞口朝西，洞内遗址面积约1200平方米，前后经过3次发掘，发掘面积380平方米，共发现墓葬3座、灰坑1个、用火痕迹多处，完整的石器、陶器、骨器、蚌器1000多件。根据遗址堆积及出土遗物特征，可分为三期：第一期出土的陶器均为手制的夹砂陶，烧制温度较高，部分胎壁火候不均，器表颜色斑驳不一，陶色以灰色、灰黑色为主，部分红褐色。陶器器型流行圈足、

---

①陈远璋、覃彩銮、梁旭达：《广西隆安大龙潭新石器时代遗址发掘简报》，《考古》1982年第1期。

三足和圜底器，主要有罐、釜、杯、杯形鼎等。器表纹饰丰富多样，美观别致，以绳纹为主，还有篮纹、网格纹、弦纹、水波纹、曲折纹、乳钉纹、锯齿状附加堆纹、复线水波纹、短线纹、S形纹、戳印篦点纹和菱形镂空等。绳纹以细绳纹为主，大部分为滚压而成，显得比较凌乱，部分器物交错拍印绳纹。有的器物上有多种纹饰共存。石器均为磨制，主要器型有斧、锛、杵、有肩石斧，有少量有段石器。出土竹质编织物残片1件，经纬交错编织，结构简单。遗址里还发现1座墓葬，葬式为仰身直肢葬，胸部压1块不规则的小石板，随葬2件石杵。其文化特征与广西平南石脚山遗址、大新歌寿岩遗址及邕宁顶蛳山遗址第4期文化相似，其年代相当于新石器时代晚期。第二期出土遗物包括石器、玉器、骨器、陶器等。陶器仍为手制夹砂陶，部分器物烧制温度很高。陶色以灰色、灰黑色为主，还有红褐色。陶器造型仍流行圈足、圜底，但不见三足器。器型增多，包括罐、釜、杯、盆、壶、簋、尊等，还有数量较多的饰刻同心圆纹的陶纺轮。纹饰仍以绳纹为主，戳印篦点纹增多，附加堆纹少见，表面磨光的陶器大量出现，保留在绳纹上饰刻画纹的风格，新出现彩绘和戳印、刻画组合纹。绳纹以交错拍印为主，滚压绳纹依然存在。玉器、石器磨制精细，刃部锋利，器类丰富，包括斧、锛、凿、杵、拍、镞、戈、钺、玦、璜、T形环、镯、管等，有肩、有段石器基本消失，出现石范。骨器数量丰富，包括铲、锥、匕、簪和1件牙璋，同时还发现炭化稻谷、炭化粟等农作物种子。遗址里还发现1座墓葬，葬式为仰身直肢葬，未见随葬品。遗址出土的陶壶与南宁武鸣岜马山岩洞葬的基本相同，有些陶器、玉石器与越南冯原文化的同类器物相似。采集的炭屑标本经碳-14年代测定，结果为距今3800～2800年，相当于中原地区的商周时期。第三期出现了蚌器和铁器，表明已进入铁器时代，即战国时期。其中第一、第二期文化是感驮岩遗址的主体文化，出土文化遗物特点鲜明、风格独特，代表了桂西地区新石器时代晚期一种新类型的原始文化面貌。从石器制作技术和陶器的胎质、制作工艺来看，其显然要比桂林甑皮岩、柳州鲤鱼嘴的先进，表明感驮岩先民应以农业生产为主，兼狩猎，且出现了原始的纺织。那坡感驮岩遗址的发现与发掘，为研究和揭示骆越地区新石器时代晚期的文化特征及其向青铜时代的发展演变提供了重要的实物资料。①

　　进入商周时期，骆越的名称开始在汉文古籍中出现，初时称为"路"。《逸周书》卷七《王会解》②有云："东越海蛤，欧人蝉蛇，蝉蛇顺食之美。遇越纳□。姑妹珍，且瓯文蜃，其人玄贝，海阳大蟹。……路人大竹，长沙鳖。其西鱼复，鼓钟，钟牛。蛮杨之翟。仓吾翡翠，翡翠者，所以取羽。其余皆可知。自古之政，南人至，众皆北向。""伊殷受命，于是为四方令曰：'臣请正东，符娄、仇州、伊虑、沤深、十蛮、越沤，剪发文身，请令以鱼皮之鞞，乌鰂之酱，鲛鯮利剑为献。正南，瓯邓、桂国、损子、产里、百濮、九菌，请令以珠玑、玳瑁、象齿、文犀、翠羽、菌鹤、短狗为献。'"该书中所言的"瓯"即西瓯，"路人"即骆人。这是今岭南地区"瓯""路人"见诸史籍的最早记载。

　　到了春秋战国至秦汉时期，史籍中关于岭南地区西瓯、骆越的记载渐多，且日趋明确。特别是秦始皇统一岭南以后，随着进入岭南地区的中原人日益增多，彼此的交往也日趋密切，中原人对骆越的认知或了解不断加深，因而其史籍对骆越的记载也逐渐增多。

　　《吕氏春秋》卷十四《本味篇》云："和之美者：阳朴之姜，招摇之桂，越骆之菌，鳝鲔之醢，大夏之盐，宰揭之露，其色如玉，长泽之卵。"

　　《史记·建元以来侯者年表第八》载："以南越桂林监闻汉兵破番禺，谕骆越兵四十余万降侯。"《汉书·西南夷两粤朝鲜传》载："故瓯骆将左黄同斩西于王，封为下鄜侯。"

　　《交州外域记》说："交趾昔未有郡县之时，土地有雒田，其田从潮水上下，民垦食其田，因名为雒民。设雒王、雒侯，主诸郡县，县多为雒将，雒将铜印青绶。"《史记索引》转引《广州记》也说："交趾

---

① 广西壮族自治区文物工作队：《广西那坡县感驮岩遗址发掘简报》，《考古》2003年第10期。

② 《逸周书》系先秦史籍，本名《周书》，隋唐以后亦称《汲冢周书》。该书之来历，汉刘向《隋书·经籍志》及刘知幾《史通》皆以为是孔子删削《尚书》之余篇。今人多不信从，而以为是战国人所编；各篇写成时代或可早至西周，或晚至战国，另有个别篇章可能还经汉代人改易或增附。

有骆田，仰潮水上下，人食其田，名为骆人。有骆王、骆侯。诸县自名为骆将，铜印青绶，即今之令长也。后蜀王子将兵讨骆侯，自称为安阳王，治封溪县。后南越王尉他攻破安阳王，令二使典主交阯、九真二郡人。"

《史记·南越列传》云："佗因此以兵威边，财物赂遗闽越、西瓯、骆，役属焉，东西万余里。乃乘黄屋左纛，称制，与中国侔"，"且南方卑湿，蛮夷中间，其东闽越千人众号称王；其西瓯骆裸国亦称王"。汉武帝派遣20万大军平定南越时，"骆越三十余万口降汉"。西汉扬雄所撰、晋人郭璞加注的《方言》谓："西瓯，骆越之别种也。"

《水经注》卷三十七《叶榆河》引《交州外域记》言："交阯昔未有郡县之时，土地有雒田。其田从潮水上下，民垦食其田，因名为雒民。设雒王、雒侯，主诸郡县。县多为雒将，雒将铜印青绶。后蜀王子将兵三万，来讨雒王、雒侯，服诸雒将，蜀王子因称为安阳王。"

《汉书·西南夷两粤朝鲜传》云："佗因此以兵威边，财物赂遗闽粤、西瓯、骆，役属焉"，"粤桂林监居翁谕告瓯骆四十余万口降，为湘城侯"。

《汉书·景武昭宣元成功臣表》云："湘成侯监居翁，以南越桂林监闻汉兵破番禺，谕瓯骆民四十余万降侯，八百三十户"，"下郦侯左将黄同，以故骆越左将斩西于王公侯，七百户"。

《汉书·严朱吾丘主父徐严终王贾传》云："骆越之人，父子同川而浴，相习以鼻饮。"

《后汉书·马援列传》云："条奏越律与汉律驳者十余事，与越人申明旧制以约束之，自后骆越奉行马将军故事"，"援好骑，善别名马，于交阯得骆越铜鼓，乃铸为马式，还上之"。

《后汉书·循吏列传》言："又骆越之民无嫁娶礼法，各因淫好，无适对匹，不识父子之性，夫妇之道。"

从以上史书记载可知，在商周时期，中原汉文史籍中已有骆越或雒越之称谓，标志着骆越开始出现。春秋战国至秦汉时期，史籍里有关骆越的记载增多，而且对骆越的分布、人口、人物、社会、文化、战争及婚姻、生产、生活习俗等，都有具体、明确的记载，标志着骆越的形成与发展。

综上可以判定，骆越是世代居住在岭南地区的原住民族，其主体源于当地的史前先民，由岭南地区新石器时代晚期人类发展而来，年代上相互衔接，在岭南地区民族发展史上具有承前启后的作用。

另外，据史书记载，商周到秦汉时期，在今中国江浙、两湖、赣闽、两广、海南、云南西部、台湾，以及越南北部、琉球群岛、中南半岛、印度南部阿萨姆邦等地区，生活着人数和支系众多、分布地域广阔的百越族。正如《汉书·地理志》注引臣瓒所言："自交趾至会稽七八千里，百越杂处，各有种姓。"越族历史悠久，源远流长。据研究，夏朝称"于越"；商朝称"蛮越"或"南越"；周朝称"扬越""荆越"；战国称"百越"，包括分布于今苏南浙北一带的"吴越"，分布于今江西、湖南一带的"扬越"，分布于今福建一带的"闽越"，分布于今广东一带的"南越"，分布于今广西东北部的"西瓯"，分布于今广西西南部和越南北部的"骆越"，等等。此外，还有"干越""东越""滇越""骠越""越裳""越嶲"等。因地理相连，各地越人交往便利，而且有着相同或相似的文化特征，彼此关系密切。在漫长的历史时期里，各地越人因战争、灾害、经商或谋生，不断迁徙流动，其中有一部分人从不同途径进入岭南，与当地的骆人杂居，久之便与骆越交融，成为骆越的来源之一。据文献记载，从不同途径进入岭南骆越地区的有吴越和闽越人。如公元前333年，越国为楚国所灭，其民四处逃散，有一部分人通过海路辗转进入岭南地区。《史记·越王勾践世家》云，越帝无强被楚所杀，越国亡，"而越以此散，诸族子争立，或为王，或为君，滨于江南海上，服朝于楚"。生活在我国东南沿海的一些闽越渔民，时常因沿海捕鱼而进入岭南骆越地区。

秦始皇统一岭南后，推行郡县制，留军戍守，并且应赵佗请求，征召中原妇女15000人到岭南为戍守的将士"衣补"；同时把大批中原人迁徙到岭南"与越杂处"。秦末汉初，中原战乱，驻守岭南南海郡龙川县的秦旧将赵佗并岭南三郡，划岭而治，建立南越国。为了争取岭南越人的支

持，巩固南越国政权，赵佗采取了一系列有利于缓和民族矛盾、维护岭南社会稳定的措施，包括遵从越人习俗，吸收当地越人酋首为官以参与南越国政权管理，鼓励汉越通婚等。通过汉越之间的通婚，不仅解决了大批滞留岭南的中原男子的婚配问题，而且有利于汉越民族间的和谐与融合。汉武帝派兵平定南越国赵氏政权后，继续留兵戍守，移民南居。中原移民久居岭南与越杂处，特别是汉越间的通婚，进一步加速了汉越民族的融合，有一部分南迁的中原人融入骆越之中。

　　综上所言，骆越来源的主体是由一直生活在当地的新石器时代晚期的先民发展而来的。在骆越形成和发展过程中，吸收和融合了来自两湖地区的越人、东南沿海地区的闽越人及中原地区迁移至岭南的移民。骆越形成的规律与民族形成和发展的规律一样，属于地缘民族，而非血缘民族，即在具有血缘关系的氏族或部落的基础上，经过发展、分化、重组和交融而形成的民族。

第二节　骆越分布

　　关于骆越的地理分布问题，一直是学者关注和研究的重要问题。学者通过研究我国历代文献记载及大量的考古资料和民族学资料，基本弄清了骆越的分布情况，并且勾勒出了古代骆越的地理分布范围，但中国学者和越南学者的看法却不尽相同。

　　关于骆越的分布区域或范围，我国历代文献都有记载。

　　《交州外域记》云："交趾昔未有郡县之时，土地有雒田，其田从潮水上下，民垦食其田，因名为雒民。设雒王、雒侯，主诸郡县，县多为雒将，雒将铜印青绶。"

　　《史记索引》转引《广州记》亦云："交趾有骆田，仰潮水上下，人食其田，名为骆人……后蜀王子将兵讨骆侯。"①

《太平寰宇记》转引《南越志》亦云："交趾……人称其地曰雄地，其民为雄民，旧有君长曰雄王，其佐曰雄侯，其地分封名雄将。"

南朝顾野王《舆地志》云："贵州，故西瓯骆越之地，秦属桂林郡，仍有骆越之名"，又云"交阯，周时为骆越，秦时曰西瓯"②。

后晋刘昫《旧唐书·地理志》云，邕州宣化县（今广西南宁）"骦水在县北，本牂牁河，俗呼郁林江，即骆越水也，亦名温水，古骆越地也"。唐代邕州治所在今广西南宁，领宣化、武缘、晋兴、朗宁、横山五县，相当于今广西西南部和西北部；宣化即今南宁。"骦水在县北"，就是指南宁北面是右江。"骦水"当是右江，即骆越水，骆越水当是因骆越族群在此居住而得名。

《旧唐书·地理志》又云："郁平，汉广郁县地，属郁林郡，古西瓯、骆越所居"，"茂名，州所治。古西瓯、骆越地，秦属桂林郡，汉为合浦郡之地"。

唐李吉甫《元和郡县志·岭南道五》云："贵州郁林县，本西瓯、骆越之地，秦并天下置桂林郡"；贵州郁平县"古西瓯、骆越所居"；潘州茂名（今广东茂名市）"古西瓯、骆越所居"；邕州宣化县（今广西南宁）"古骆越地"。

唐杜佑《通典》卷十四《州郡》条云："贵州，古西瓯、骆越之地。"

宋乐史《太平寰宇记》卷十六《贵州》条云："郁平县，汉广郁地，属郁林郡，古西瓯、骆越所居。"

明欧大任《百越先贤志·自序》云："译吁宋旧址湘漓而南，故西越

①公元前111年，汉武帝派兵灭南越国，在今越南北部设立交趾、九真、日南三郡，实施直接的行政管理；交趾郡治及交趾县位于今越南河内。后来武帝在全国设立十三刺史部时，将包括交趾在内的7个郡分为交趾刺史部，后世称为交州。汉武帝时期设置的交趾郡，地在今越南北部；后来设置的交趾刺史部，辖地广阔，包括今中国广东和广西西南部及越南北部。因此，《交州外域记》《广州记》中所说的交趾，当指交趾刺史部辖地，即今中国广东和广西西南部及越南北部地区。

②《史记》卷四十三《赵世家第十三》，中华书局，1963，第1809页。

地也；牂牁西下邕、容、绥、建，故骆越地也。"

根据《旧唐书·地理志》"邕州"条下所云之骥水，即牂牁河，也叫郁林江，亦即骆越水，又名温水。而顺这条河下的邕、容、绥、建等地皆为骆越地。邕即邕州，今南宁一带；绥即绥宁县，治所在今宾阳县黎塘一带，皆处于郁江上游地区。

清顾炎武《天下郡国利病书》说："今邕州与思明府凭祥县接界入交趾海，皆骆越也。"

《后汉书·马援列传》载：马援"于交趾得骆越铜鼓"。交趾古代泛指五岭以南，东汉交趾郡治所在龙编，即今越南河内东天德江北岸，辖境相当于今越南北部红河三角洲一带。

《后汉书·循吏列传·任延》云："九真俗以射猎为业，不知牛耕，民常告籴交趾，每致困乏。延乃令铸作田器，教之垦辟。田畴岁岁开广，百姓充给。又骆越之民无嫁娶礼法。延乃移书属县，皆以年齿相匹其产子者，始知种姓。"东汉九真郡，辖境相当于今越南清化、河静两省及义安省东部地区。

从以上文献记载中可以看出古代骆越的分布区域范围，即以广西红水河流域为界，集中分布在今广西西部地区，西至云南东部，北至贵州南部，南至广西玉林、贵港、梧州直至广东雷州半岛乃至海南岛，西南至今越南中北部；柳江流域及其下游浔江一带的桂平、郁江中游的贵港，是西瓯与骆越交错居住之地，这是中国多数学者的观点。我国著名历史学家罗香林早在20世纪50年代就指出："盖西瓯与骆越，似以今日柳江西岸区域为界，柳江东南区域则称西瓯，柳江西岸区域以西，则称骆越。而此西岸区域之接连地带，则称西瓯骆越。"西瓯"其居地似在今柳江以东，湖南衡阳西南，下至今苍梧、封川，北达今黔桂界上"；而骆越居地，"殆东自南宁西南，下及广东雷州半岛及海南岛，以达安南东北部、中部"[①]。

①罗香林：《古代百越分布考》，载中南民族学院民族研究所编印《南方民族史论文选集》第一辑，1982。

第三节　骆越发展与演变

　　骆越的名称，在东汉以后的史籍中逐渐少见，取而代之的是"乌浒""俚""僚""蛮""僮""峒"等称谓。这些出现在汉文古籍里的族称，多数是他称，即汉族文人根据岭南地区的骆越后裔的自称之音来记录其族名，因而存在诸多局限性：一是不够准确。从学者对骆越语言的研究成果来看，越语（含骆越后裔之壮侗语族）声调多于汉语，缺乏同源词。例如，著名的《越人歌》，就是因为借用汉字标注越语音，所以千百年来人们一直无法准确解释或破译《越人歌》的词义。二是汉文史籍记载的族名出现骆越及其后裔之名称，并非专门记述该族群，多数是中原文人见闻该族群的奇风异俗，或记述其反抗斗争时而称其族名，因而不可能全面，而且时常重合出现，如东汉同时出现"骆越""乌浒""俚人"之称谓……因此，后人通过这些记载，很难准确了解骆越的活动或分布信息。

　　如前所述，东汉以后，骆越名称虽然在史籍中逐渐消失，但这并不意味着这支分布广阔、人口众多的骆越族群的消失或外迁。随着骆越族群的发展与演变，其名称也随之演变，这是古代民族及其名称发展、演变的规律，这在中国历史上是屡见不鲜的。文献资料和考古资料证明，东汉至南北朝乃至隋唐、宋元、明清时期，原骆越分布地人口增多，特别是因中原动乱，大批人迁移岭南，促进了当地社会经济的发展，史籍中开始出现"乌浒""俚人""僚人"族称，而后又出现"蛮""僮""峒"等族称。

（一）乌浒

　　"乌浒"名称出现于东汉后期。《后汉书·南蛮西南夷列传》云："《礼记》称'南方曰蛮，雕题交阯'。其俗男女同川而浴，故曰交阯。其西有啖人国……今乌浒人是也。"又云，汉"灵帝建宁三年，郁林太守

谷永以恩信招降乌浒人十余万内属，皆受冠带，开置七县"；汉"光和元年，交阯、合浦乌浒蛮反叛，招诱九真、日南，合数万人，攻没郡县。四年，刺史朱儁击破之"。光和四年，"交阯乌浒蛮久为乱，牧守不能禁"①。范晔《后汉书·灵帝纪》云"玉林乌浒民相率内属"，李贤注曰"乌浒，南方夷号也"。可见乌浒人的力量十分强大。

关于"乌浒"名称的含义、由来及分布地，三国时期万震《南州异物志》云："乌浒，地名也，在广州之南，交州之北。"《读史方舆纪要》认为，乌浒人得名于横州之乌浒山。《郡国志》云："阳朔县有夷人，名乌浒，在深山洞内，能织文布，以射翠取羽、割蚌取珠为业。"②《资治通鉴》云："万震曰：乌浒之地，在广州之南，交州之北。贤曰：乌浒，南方夷号也。……刘昫曰：贵州郁平县，汉郁林广郁县地，古西瓯骆越所居，谷永招降乌浒，开置七县，即此也。杜佑曰：乌浒地在今南海郡之西南，安南府北朔宁郡管。"③三国以后，乌浒之称在史籍中消失，但唐代又偶有提及。今广西横州至今还保留有乌蛮滩、乌蛮驿的地名。

以上史籍中关于乌浒人分布及活动的地名有合浦、郁林、南海、广州、交州、交阯、九真、日南等郡及郁平、广郁、横州、阳朔、朔宁等县。南海郡在今广东广州一带；合浦郡在今广西合浦一带；郁林郡在今广西贵港一带；交阯郡、九真郡、日南郡在今越南北部和中部。郁平县、广郁县均在今广西玉林境内；朔宁县即今越南北宁一带。万震《南州异物志》所说的"乌浒，地名也，在广州之南，交州之北"，其中的"广州之南"似欠准确，应当是"广州之西南"。正如杜佑《通典》所说"乌浒地在今南海郡之西南"，即今广东西南、广西至越南北部地区。乌浒地北达广西桂林市阳朔县，南至广西玉林、合浦及贵港一带，西至广西南宁，西南到越南北部和中部，东抵广东雷州半岛地区。这说明骆越后裔乌浒人的分布范围，除与前期的骆越分布范围重合外，还有了进一步的扩大，即扩大到昔日西瓯人分布的今广西桂林一带，人口也明显增多，

①《资治通鉴》卷五十八《汉纪五十》，中华书局，1956，第1859页。

②《太平寰宇记》卷一百六十二，中华书局，2007，第3104页。

③《资治通鉴》卷五十六《汉纪四十八》，中华书局，1956，第1824页。

参加反抗封建压迫统治的斗争或反抗斗争平息后的归附者动辄数万至十余万人。

（二）俚人

"俚人"称谓始出现于东汉时期，与"乌浒人"的称谓一同见于《后汉书·南蛮西南夷列传》中，最初写作"里"，从三国开始，加"亻"偏旁，写成"俚"，一直沿用到宋代。

《后汉书·南蛮西南夷列传》云："建武十二年，九真徼外蛮里张游，率种人慕化内属，封为归汉里君……至十六年，交阯女子征侧及其妹貳反，攻郡……于是九真、日南、合浦蛮里皆应之，凡略六十五城，自立为王。"

三国万震《南州异物志》载："广州南有俚贼，在苍梧、郁林、合浦、宁浦、高凉五郡中央，地方数千里，往往别村各有常帅，无君主，恃在山险，自古及今，弥历年纪。"[1]

《隋书·南蛮传》载："南蛮杂类，与华人错居，曰蜒，曰獽[2]，曰俚，曰獠[3]，曰笆，俱无君长，随山洞而居，古先所谓百越是也。"又云："俚人率直，尚信，勇敢自立，重贿轻死，巢居崖处，尽力农事。"

南朝宋沈怀远《南越志》载："桂州丰水县，古终藤，俚人以为布。"

《资治通鉴》载，隋开皇十年（590年），"番州总管赵讷贪虐，诸俚獠多亡叛……夫人亲载诏书，自称使者，历十余州，宣述上意，谕诸俚獠，所至皆降"[4]；隋开皇十七年（597年），"桂州俚帅李光仕作乱"[5]；隋仁寿二年（602年），"交州俚帅李佛子作乱，据越王故城，遣

---

①《粤西丛载》卷二十四，广西民族出版社，2007，第1021页。
②"獽"是中国古代对今四川部分少数民族的歧视性称谓。
③"獠"是中国古代对岭南和今云南、贵州、四川部分少数民族的歧视性称谓。为与目前的政策、形势相适应，本书除引文忠实原著而使用"獠"字外，其他地方使用偏中性且字形相近的"僚"字替代。
④《资治通鉴》卷一百七十七《隋纪一》，中华书局，1956，第5534页。
⑤《资治通鉴》卷一百七十八《隋纪二》，中华书局，1956，第5552页。

其兄子大权据龙编城"①。

《册府元龟》载唐武德五年（622年）正月己酉，"岭南俚首杨世略以循、潮二州来降"。②

《太平御览》云，"《十道志》曰：'费州，涪川郡，《禹贡》荆州之域，春秋时属楚。汉武帝元鼎六年，通牂牁道，置牂牁郡，其地属焉。江山阻远，为俚獠所居，多不臣附'"③；"浔州……《郡国志》曰：'大宾县，汉布山县地，有糖牛与蛇同穴，牛嗜盐。俚人以皮裹手涂盐，入穴探之，牛舐之出外，则不得入'"④。

南宋时，"钦（州）民有五种，一曰土人，自昔骆越种类也……三曰俚人，史称俚獠者是也"⑤。

以上史书记载述及俚人的地理分布计有九真（汉武帝平定南越后设置，郡治在今越南境内），交趾（汉武帝平定南越后设置，郡治在今越南境内），日南（汉武帝平定南越后设置，郡治在今越南境内），合浦（汉武帝平定南越后设置，郡治在今广西合浦），广州南之苍梧（今广西梧州一带），郁林（今广西贵港一带），宁浦（今广西横州一带），高凉（今广东阳江一带），桂州丰水县（今广西荔浦），番州（今广东广州），桂州（今广西桂林一带），交州龙编城（今越南河内），费州（今贵州思南），浔州大宾县（今广西桂平），布山县（今广西贵港），钦（今广西钦州）等地。由此可知，东汉至宋代俚人的分布范围与乌浒人的分布范围基本相同，广西是其分布的中心地区，东南面至广东广州以南，北面抵广西桂林地区，西南面至今越南北部，西北面到广西与贵州相邻地区。俚人作为骆越后裔，其分布范围要比骆越的分布进一步扩大，人口也明显增多。

①《资治通鉴》卷一百七十九《隋纪三》，中华书局，1956，第5598页。

②《册府元龟》卷一百二十六《帝王部·纳降》，中华书局，1960，第1513页。

③《太平御览》卷一百七十一《州郡部十七》。

④《太平御览》卷一百七十二《州郡部十八》。

⑤杨武泉：《岭外代答校注》，中华书局，1999，第144页。

（三）僚人

僚人，史书中多写作"獠"，出现于南朝至唐宋时期的史籍中。初时是指分布在中国南方乃至越南北部地区的少数民族。其称谓最早见于晋张华《博物志》："荆州极西南界至蜀，诸民曰獠子。"后来主要是指居住在岭南地区的少数民族，初时是"俚""獠"并称。晋裴渊《广州记》云："俚獠贵铜鼓，唯高大为贵，面阔丈余，方以为奇。"①《隋书·地理志》云，"俚獠贵铜鼓，岭南二十五郡，处处有之"，"五岭之南，人杂夷獠"。②后来出现"夷獠""蛮獠""洞獠""山獠"等称谓。

唐代，在今广西、云南、四川、贵州及中越交界等地，都有僚人分布。而分布在广西、广东西部、滇桂交界、黔桂交界及中越交界的僚人，有"罗窦生獠""春泷州獠""东西玉洞獠""智州獠""乌武獠""瀼州獠""邕州獠""严州獠""桂州山獠""古州獠""明州山獠""钧州獠"等因地方不同而出现的不同名称。

《新唐书·南蛮传》载："乌武獠，地多瘴毒……武德初，以宁越、郁林之地降……高祖授（宁）长真钦州都督。宁宣亦遣使请降，未报而卒，以其子纯为廉州刺史，族人道明为南越州刺史。"

《新唐书·南蛮传》载，贞观七年（633年），"东、西玉洞獠反，以右屯卫大将军张士贵为龚州道行军总管平之"。

《旧唐书·地理志》载，贞观十二年（638年），李弘节遣钦州首领宁师京"开拓夷獠，置瀼州"。

《新唐书·南蛮传》载，贞观十二年（638年），"钧州獠叛，桂州都督张宝德讨平之"。

《新唐书·地理志》载，贞观十二年（638年），"李弘节开夷獠，置古州"。

《新唐书·南蛮传》载，贞观十二年（638年），"明州山獠又叛，交州都督李道彦击走之"。

---

① 《太平御览》卷七百八十五《四夷部六·南蛮一》。
② 杜佑：《通典》卷一百八十四《州郡十四》。

《新唐书·南蛮传》载，贞观十四年（640年），"罗、窦诸獠叛，以广州都督党仁弘为窦州道行军总管击之，虏男女七千余人"。显庆三年（658年），"罗、窦生獠酋领多胡桑率众内附"。

龙朔三年（663年），智州（今广西玉林南）刺史谢法成"招慰生獠"七千余落。

《旧唐书·地理志》载："乾封元年，招致生獠，置严州及三县。"

《旧唐书·玄宗纪》载，开元十四年（726年）二月，"邕州獠首领梁大海、周光等据宾、横等州叛，遣骠骑大将军兼内侍杨思勖讨之"。

《旧唐书·玄宗纪》载，开元十六年（728年）正月庚子，"春、泷等州獠首领泷州刺史陈行范、广州首领冯仁智、何游鲁叛，遣骠骑大将军杨思勖讨之"。

《新唐书·南蛮传》载："大历二年，桂州山獠叛，陷州，刺史李良遁去。"

《旧唐书·王翃传》载："西原贼率覃问复招合夷獠曰：'容州兵马尽赴广州，郡可图也。'"《韩昌黎集·黄家贼事宜状》称"黄洞蛮"人，"并是夷獠"。

此外，有关岭南僚人的记载还有许多。《新唐书·则天皇后纪》载，延载元年（694年）十月壬申，"岭南獠寇边，容州都督张玄遇为桂、永等州经略大使"。《新唐书·周利贞传》载，先天元年（712年），周利贞为广州都督，"颛事剥割，夷獠苦其残虐，皆起为寇"。杜佑《通典》卷一百八十四载："五岭之南，人杂夷獠。"

广西左江流域的黄少卿、黄少度领导的西原州人民反抗唐王朝的斗争，声势浩大，攻占州城，朝廷震惊，兵部侍郎韩愈建言："黄贼皆洞獠，无城郭，依山险各治生业，急则屯聚畏死。前日邕管经略使德不能绥怀，威不能临制，侵诈系缚，以致憾恨。"[1]宋代"蛮獠侬智高，闭形穴中，积年蓄锐兵，一日乘虚捣十余州"[2]；"邕州獠户缘逋负没，妇女为佣者一千余人，悉奏还其家"①。元代时，英宗至治三年（1323年）"静江、邕、柳诸郡獠为寇，命湖广行省督兵捕之"②。元泰定三年（1326年），"岑世兴及镇安路岑修文合山獠、角蛮六万余人为寇，命湖广、云南行省诏谕之"③。明洪武九年（1376年），"广西宾州迁江县，象州武仙县、古逢等洞蛮獠作乱，诏发柳州、南宁、桂林等卫兵讨平之"④。

　　从以上引述可知，"僚人"称谓从晋代开始见于史籍，后一直延续至明清时期。晋代至南朝时，僚人分布于长江流域以南的广大地区，其中的四川、广西是僚人集中分布之地。隋代以后直到唐宋时期，僚人集中分布在岭南西部地区，与前期的乌浒、俚人的分布地大抵相同。也就是说，僚人是继前期的乌浒、俚人之后出现的族称，地理分布上也与乌浒、俚人大抵相同，说明了僚人与前期的乌浒、俚人的传承关系。

　　宋代以后，随着社会的发展，民族的迁徙、交往与交融，骆越地区的僚人逐渐发展、分化和演变，出现"獞（僮）""侗""狼（俍）""土""侬""沙""伶"等诸多称谓。

　　"僮"这个称谓最初写为"撞"，南宋绍兴二年（1132年）闰四月，岳飞率领军队到贺州，与反宋的杨再兴军队发生激战，最初失利，"（岳）飞怒，尽诛亲随兵，责其副将王某擒再兴以赎罪。会张宪与撞军统制王经皆至，再兴屡战，又杀飞之弟翻"⑤。广南西路经略安抚使李曾伯，于南宋淳祐年间（1241年—1252年），在上理宗赵昀《帅广条陈五事奏》中说："如宜、融两州，则淳祐五年亦有团结旧籍：在宜州则有土丁、民丁、保丁、义丁、义效、撞丁共九千余人，其猗撞一项可用。"⑥其书中所称的"撞丁"，指的是武装组织及其所属土兵。到了元代，"撞"的含义发生了变化，已不是指特定的武装编伍组织和土兵，而是指

①《宋史》卷三百三《列传第六十二·魏瓘》，中华书局，1977，第10035页。
②《续资治通鉴》卷二百一。
③《元史》卷三十《本纪第三十·泰定帝二》，中华书局，1976，第670页。
④《明太祖实录》卷一百九。
⑤《续资治通鉴》卷一百十。
⑥李曾伯：《可斋杂稿》卷十七。

特定的人群，称为"撞人"。元代"成宗大德二年，黄圣（胜）许叛，逃之交趾，遗弃水田五百四十五顷七亩，部民有吕瑛者，言募牧兰等处及融庆溪洞徭、撞民丁，于上浪、忠州诸处开屯耕种"[1]；"……诸路皆有……撞兵，臣等谨按此止见兵志屯田数内，在广西两江道都元帅管下，以猺獞民丁令之屯田也，余无可考。盖止此一处用以为屯耳。摇撞似当即猺獞"[2]。

洪武二年（1369年），"广西行省言：靖江、平乐、南宁等府，象、宾、郁林等州，地接猺獞，其关隘冲要之处，宜设巡司以警奸盗"[3]。洪武二十六年（1393年）正月，"罢广西荔波县儒学。时本县言：自洪武十七年，诏置县治。其地界于云南，因蛮寇作乱，焚毁学舍，其后大军克复，虽已重建，然生员皆苗蛮、猺獞"[4]。值得注意的是，在同一著作中，多数写为"獞"，偶尔写为双人旁的"㣎"，如永乐元年（1403年）闰十一月，"兵部主事论奏曰：臣往广西抚谕桂林诸郡蛮寇，皆已归化。窃谓此辈多是徭㣎，已尝作乱"[5]。"僮"这个称谓的使用范围逐渐扩大，已见于广西的桂林、古田（今永福县境）、龙胜、古化（今永福县境）、石龙（今象州县境）、柳州、上林、罗城、洛容（今鹿寨县境）、柳城、宜山、忻城、平乐、荔浦、修仁（今荔浦县境）、永安（今蒙山县境）、岑溪、浔江（今桂平市境）、武宣、象县（今象州县境）、平南、藤县、马平（今柳州市境）、阳朔、苍梧、怀远（今三江侗族自治县境）、迁江（今来宾市境）、来宾、贺县（今贺州）、容县、北流等地，广东的连山、化州、德庆、泷水（今罗定市）、封川（今封开县）、怀集，湖南的城步（今武岗县），贵州的荔波，约40个县。

到清代，"僮"的称谓进一步扩大使用范围，左江一带也使用此称

①《元史》卷一百《志第四十八·兵三》，中华书局，1976，第2578-2579页。
②《续文献通考》卷一百二十八《兵八》。"猺"是中国古代对瑶族的歧视性称谓；"獞"是中国古代对壮族的歧视性称谓。为与目前的政策、形势相适应，本书除引文忠实原著而使用"猺""獞"外，其他地方使用"瑶""僮"代替。
③《明太祖实录》卷四十五。
④《明太祖实录》卷二百二十四。
⑤《明太宗实录》卷二十五。

谓。康熙"二十一年……疏言："臣昔任思南副将，深知左江为滇、黔门户，接壤交南，环以僮、瑶，土司不时反复"①；"从桂林以南至昆化关，猺獞错居，十居八九"②。"僮"的称谓，除了明代使用的范围，进一步扩大到广西的富川、天河（今罗城仫佬族自治县）、宾州（今宾阳县）、东兰、西延司（今资源县）、永宁州（今永福县境）、横州、苍梧、上思、养利（今大新县境）、左州（今崇左市）、崇善（今崇左市）、宁明、武缘（今南宁市武鸣区）、西林、灵川、贵县（今贵港市）、永淳（今横州境）、南丹、那地（今南丹县境）。有的记载则笼统地说，太平、镇安、泗城、思恩、庆远、柳州、郁林、浔州等府州皆有瑶族、僮族杂居其间。

僮族自称为"tɕuːŋ"或"ɕuːŋ"的有广西的柳江、来宾市区、象州、龙胜、三江、宾阳、横州、贵港、都安、罗城、平乐、恭城、荔浦、阳朔、上林、武鸣、河池市区、南丹、鹿寨、武宣、马山、上思，云南的富宁、马关、广南等20多个市（县、区）。

"沙人"或"沙蛮"，系他称，最早见于元代。大德九年（1305年），"广南酋沙奴素强悍，宋时尝赐以金印，云南诸部悉平，独此梗化。忽辛遣使诱致，待之以礼，留数月不遣，酋请还"③。可见宋代他们已居住在云南广南一带。又"世传此辈原籍粤之西东，元初入罗（平）充实地方，年远相沿，遂化为彝"④。这表明他们在元代还有从广西、广东迁徙入云南的现象。

"沙人"之称，明代仍沿用。明万历三十年（1602年），"云南沙、侬攻杀土司，逼近临安郡县"⑤。

清代，"沙人"这一称谓的使用范围更为广泛，很多史籍都有记载，如康熙年间修的《罗平州志》《阿迷州志》，雍正年间编的《师宗州志》

①《清史稿》卷二百五十七《列传四十四·赵应奎传》，中华书局，1977，第9814页。
②《钦定古今图书集成·方舆汇编·职方典》卷一千四百十。
③《元史》卷一百二十五《列传第十二·赛典赤赡思丁传附忽辛传》，中华书局，1976，第3069页。
④清康熙年间修《罗平州志》。
⑤《明神宗实录》卷三百七十二。

《阿迷州志》，乾隆年间撰的《开化府志》。

"侬人"的称谓来源。在唐代，侬氏为大姓，已是桂西地区比较活跃的势力之一。北宋时，侬智高率众崛起，震动中国广西、广东、云南及越南。事后，《宋史》称他们为"侬蛮""侬徭"。如杨遂"又从征侬蛮，数挑战，手杀数十人，众乘之而捷"①；"自侬徭定后，交人浸骄，守帅常姑息"②。宋代时，这一称谓的使用还不广泛；到了明代，称为"侬人""侬蛮"渐多。明景泰年间（1450年—1457年）的《云南图经志书》载："其地多侬人，世世为侬智高之后。"明万历二十七年（1599年），"云南土夷沙、侬等称兵焚掠，抚臣陈用宾调集汉土官兵，遣道府臣刘庭蕙等相机抚剿"③；"侬人，其种在广南，习俗大略与百夷同。其酋乃侬智高裔"④。清雍正五年（1727年），"思恩府属之西隆州西林县僻处西北，距府一千里之外，界接滇、黔，僮、侬顽梗，知府耳目难周，请改西隆州为直隶州"⑤；雍正"六年……广西（西隆州）八达寨侬颜光色等为乱，提督田畯不能讨。鄂尔泰遣兵往，侬杀光色以降……七年七月，招安顺、高耀等寨生苗及侬、仲诸种人内附"⑥；雍正"十三年……又粤西侬人王阿耳为寨长王文甲所执，窜入苗寨，诬文甲将纠合册亨诸寨版"⑦；"侬苗，在贞丰、罗斛、册亨等处，原隶广西，雍正五年，改辖黔省，勤耕力作"⑧；"侬在思州，与猺狼杂处，风俗亦相同"⑨。此外，柳城、忻城、宜山、南丹也有分布。

他们自称"布侬"，即"侬人"的意思。至今，民间仍习惯用此称谓。他们分布在广西武鸣、平果、靖西、那坡、隆林等县（市、区）。广西百色、田东、田阳等地的壮族习惯称德保县及其以南地区的壮族为"讲

①《宋史》卷三百四十九《列传第一百八·杨遂传》，中华书局，1977，11062页。

②《宋史》卷三百三十二《列传第九十一·陆诜传》，中华书局，1977，10680页。

③《明神宗实录》卷三百三十二。

④《滇志》卷三十。

⑤《清世宗实录》卷六十。

⑥《清史稿》卷二百八十八《列传七十五·鄂尔泰传》，中华书局，1997，第10232–10233页。

⑦《清史稿》卷三百三十六《列传一百二十三·介锡周传》，中华书局，1977，第11035页。

⑧《黔记》卷三。

⑨《嘉庆重修一统志·太平府部》。

侬话的人"。云南文山、马关、西畴、麻栗坡、砚山、泸西、师宗、弥勒、开远、蒙自、屏边、红河、元阳、金平等州（县）也有不少人以"侬人"自称。

"俍"的称谓，系他称，出现于明代，"狼兵鸷悍，天下称最"①；"以其出自土司，故曰土兵，以其有头目管之，曰目兵；又以多狼人，亦曰狼兵"②。明代，大藤峡瑶壮农民起义如火如荼，历久不衰，明王朝采取"以夷治夷"的手段，征调俍兵前往镇压，之后便分布在桂平、平南、武宣等地。此后，俍人的分布范围逐渐扩大，从广东西部的东安（今云浮市）、西宁（今郁南县）、泷水（今罗定市），广西东部的博白、陆川，到广西西部的泗城（今凌云县）；从广西北部的荔浦，至南部的凭祥、养利（今大新县境）和茗盈、全茗、龙英、结安、都结、上映（均在今天等县）都有俍人，而以田州、东兰、那地（今南丹县境）、南丹等地为聚居。明世宗嘉靖"二十五年六月，巡按广西御史冯彬言……部议广西一省，狼人居其半，其三猺人，其二居民（即汉人——引者）"③。前人对俍与僮的关系已有所知，如"俍语与僮同，而声音略劲"④；"僮歌与俍颇相类，可长可短"⑤；"俍在迁江（今广西来宾市兴宾区境内）者，与瑶僮杂居，风俗亦相似"⑥；"柳州一府二州十县，东西八百里，南北九百里，重山迭嶂，僮七民三。其南尤远自柳州至南宁五百余里"⑦。

综上所述，东汉以后，骆越名称虽然在史籍记载中逐渐消失了，但并不意味着其族体顷刻消失或向外迁移，而是依然在故地上生息、繁衍和发展着，只是名称演变为"乌浒""俚人"。从文献记载可知，乌浒、俚人的分布地与前期的骆越分布地基本重合，说明乌浒、俚人与骆越具有密切的传承与发展关系。南朝时期，继"俚人"之后称为"僚人"。关于"僚

①《赤雅》卷上，商务印书馆，1936（民国二十五年），第2页。
②顾炎武：《天下郡国利病书》卷一百五。
③《广西通志》。
④林光棣等纂修《天河县志》。
⑤李调元：《南越笔记》卷一，商务印书馆，1936（民国二十五年），第12页。
⑥《嘉庆重修一统志·思恩部》。
⑦黄诚沅：《上林县志》卷十三。

人"的称谓及其来源问题，情况较为复杂。南朝至隋唐时期，今桂、川、
黔、滇、粤等地都有僚人居住，其中以桂地居多，依次为川、黔、滇、
粤。可以肯定的是，分布在今广西地区的僚人其主体应是由当地前期的原
住民族乌浒、俚人发展而来的。一方面，自东汉以降，中原战争纷起，
灾害不断，社会动乱，而岭南地区社会较为安定，于是大量中原人纷纷
举家南迁，进入骆越地区，与当地的乌浒、俚人杂居。久之，一部分中原
人与当地原住居民相互通婚与交融，并持续至唐宋乃至明清时期。在长期
的相互交融过程中，不断有南迁的中原人融入当地的原住民族，也有一部
分原住民族融入汉族中。民族的发展总是随着时代的前进、社会的发展而
发展，并且不断地演变、分化与重组的，形成新的人群后，族名也随之更
新。但就主体而言，骆越地区的原住民族的发展、演变脉络是清晰的，即
由骆越发展演变为乌浒、俚人、僚人，后逐渐分化成壮族、侗族、仫佬
族、毛南族、水族、布依族、黎族等。这些民族都含有古代骆越的基因。
这在文化习俗方面都有较为明显的反映，如宗教信仰上流行崇拜雷神、蛙
神、水神、犬神、花神、牛神、鸟神等；在经济生活与生产方式上，保持
和传承着稻作农业生产方式和以稻米为主食之俗；在居住习俗上，一直保
持或传承着修建木结构干栏和离地而居之俗；在生活习俗上，保持和传承
着铸造、使用和崇尚铜鼓之俗……

　　另一方面，自秦汉以来，随着中央王朝统一岭南地区，并在岭南骆越
聚居地设置郡县，留下大批军队聚居戍守各地的险关要塞，并徙民南迁。
另外，自东汉至唐宋时期，包括骆越地区在内的岭南各地原住民族为反抗
封建压迫，不断进行起义斗争，中央王朝便派遣大军进行镇压围剿，一部
分骆越人及其后裔被迫向西迁移，经过云南进入今越南、老挝、缅甸、泰
国等地，开辟新的家园，世代繁衍生息。直到现在，越南的侬族、岱依
族，老挝的老龙族，缅甸的掸族，泰国的泰族，仍然保留着与中国壮侗语
族相同的语言，国外学界称之为"台语支"，中国学者则称之为"壮侗语
族"，彼此之间具有相同的历史渊源关系，即共同源于古代骆越。后来，
东南亚诸"台语支"民族由于受到印度佛教的深刻影响，而中国的壮侗语
族受到汉族文化的影响，彼此之间在文化上出现了差异。因而，学者们认

为东南亚的"台语支"民族和中国的壮侗语族是"同源异流关系"①。

第四节　骆越是中华民族多元一体的组成部分

　　自古以来，中国就是一个多民族国家。中华民族的形成，是在漫长的历史发展过程中，经过不断发展、演变、分化、交融或重组的结果。骆越是中华民族多元一体的组成部分。

　　骆越是我国古代南方百越族群众多支系中分布在岭南地区的重要一支，与百越族群有着密切的关系。因而，要阐明骆越是中华民族多元一体的重要组成部分，则需简要回顾中华民族的起源、南方越族的来源及其与中原地区华夏或汉族的关系。

一、中华民族多元一体溯源

　　中华民族多元一体格局的形成，经历了漫长的历史发展过程。自新石器时代晚期以来，生活在各大江河流域的原始居民因地制宜，创造了丰富多彩、各具特色的文化。如黄河上游的齐家文化、马家窑文化，中游的仰韶文化，下游的大汶口文化、龙山文化；长江中游的大溪文化、屈家岭文化，下游的河姆渡文化、良渚文化、北阴阳营文化、马家浜文化、青莲岗文化；辽河流域的红山文化；珠江流域的顶蛳山文化、石峡文化、咸头岭文化、大石铲文化等。这些丰富多彩、各具特色的文化，是生活在特定区域或范围的原始先民开创的，而且各有渊源，各有特点，自成系统，反映了大江南北新石器时代文化繁荣发展的面貌。从各地遗址出土遗物的种类、质料及器物类型、造型、花纹装饰和制作工艺来看，不同区域特别是相近区域的文化已出现了相同或相似的元素，反映了相互间的文化交流、

①覃圣敏：《壮泰民族传统文化比较研究》，广西人民出版社，2003。

影响和吸收。这种交流与影响呈现出从中原向四周辐射的趋势。正是这些丰富多彩的新石器文化开启了中华文明的先河，为后来各区域古老族群的形成奠定了基础。

距今三四千年前，在中华大地上出现了诸多古老的族群，故有"东夷、西戎、南蛮、北狄、中夏"之说。《礼记·王制》云："中国戎夷，五方之民，皆有性也，不可推移。东方曰夷，南方曰蛮，西方曰戎，北方曰狄。""蛮"，因居地在南方，故称"南蛮"，又因其地主要为越族群（百越）分布地，故也称"蛮越"，这是古代中原人对南方民族的泛称。而"夏"（又称"华夏"）居四夷中心，在黄河中游一带，上古时期这里居住着诸多古老部族，经过不断发展与交融，形成夏族。春秋战国以来，以黄河中游的夏族及其文化为核心，逐步向四周扩展，并以很强的包容性、聚合力和交融力，不断吸收、融合其他部族及其文化，包括东夷、西戎及长江流域和南方地区的蛮夷或越族，形成了汉族及其文化的骨干。秦汉以来特别是南北朝时期，是汉族形成的重要时期。随着秦汉王朝的建立和统治区域的不断扩大，汉族及其文化以滚雪球之态势向中原周边地区滚动，加快了汉族与其他民族的交融，许多周边古老民族融入了汉族中，使得汉族不断壮大。随着各民族及其文化交融的加快，经济的相互依存和文化认同也随之增强，形成了"你中有我、我中有你"的密切关系，逐步形成中华民族及其文化多元一体的格局。唐宋以后，中华民族及其文化多元一体格局不断增强。

二、越族来源

商周至秦汉时期，在长江以南的广大地区，生活着一个人口多、分布广的古老族群——越族，史称"南蛮"或"南越"，故有"北方胡，南方越"之称。越（族）之名，出现于商周时期。《吕氏春秋·恃君》篇云："扬汉之南，百越之际。"因其支系众多，故称"百越"。《汉书·地理志》注引臣瓒曰："自交趾至会稽七八千里，百越杂处，各有种姓。"这是中原人对长江中下游及以南地区各支越族族群的总称，系指分布于今中国苏、浙、沪、皖、鄂、湘、赣、闽、粤、港、澳、桂、琼及越南等地的越族。随着越族社会的发展，部落之间兼并战争的加剧，逐步形成了几个势力较为强盛的越人部落，包括于越、扬越、闽越、南越、东瓯、骆越、西瓯等。于越分布于今浙江北部及太湖一带，春秋晚期至战国前期，曾在今江浙一带建立了强大的越国，并定都在会稽山（今浙江绍兴市境会稽山一带），历时160多年，作为一方"霸主"，与当时中原国家会盟，雄视江淮地区；东瓯分布于今浙江一带；扬越分布于今江淮及以南地区；闽越分布于今福建福州一带；南越分布于今广东省境；西瓯（也称瓯越）分布于今广东西部、广西东北部；骆越分布于今中国广西西部、广东西南部、海南岛及越南北部地区。此外，还有分布于中国云南的滇越和分布于越南顺化一带的越裳。从诸越族支系的分布区域范围来看，以骆越分布区域最为广阔，从今中国广西红水河以西的整个西部地区到广西西南部、广东西南部至海南岛直到越南中北部地区，皆为骆越分布地。

百越来源与骆越来源密切相关，因而有必要对百越来源做一简要的叙述。关于百越来源问题，很早就为史家所关注。然其分布范围广，且支系众多，各有种姓，来源十分复杂，因此无论是史籍记载还是当代民族学界，说法甚多，观点不尽相同，主要有夏禹说和土著说。

（一）夏禹说

关于"越为禹后"的说法，始自西汉史学家司马迁。他在《史记·越王勾践世家》中云："越王勾践，其先禹之苗裔，而夏后帝少康之庶子也。封于会稽，以奉禹之祀……后二十余世，子勾践立，是为越王。"其后诸书所言的夏禹说，多源自司马迁的上述之论，或阐发其说。如东汉史学家班固《汉书·地理志》云："其君禹后，帝少康之庶子云。"又《汉书·地理志》注引臣瓒曰："自交趾至会稽七八千里，百越杂处，各有种姓，不得尽云少康之后也。"东汉赵晔于《吴越春秋》中说，禹"崩于大越，葬于会稽，至少康，恐禹迹宗庙祭祀之绝，乃封其庶子于越，一号曰无余，越国之称此始"；又云"禹三年服毕，哀民，不得已，即天子之位。三载考功，五年政定，周行天下，归还大越"。东汉吴平《越绝

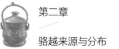

书·外传记地传》亦云：“昔者，越之先君无余。乃禹之世，别封于越，以守禹冢。”两汉史家所言的越人为“先禹之苗裔”之说，对后世影响很大，历代史家多沿承此说，使“越为禹后”之说成为古代一种主流观点。明末清初王夫之在其《读通鉴论》中认同两汉史家“越者，大禹之苗裔”之说。可见，“越为禹后”的说法对后来学者有很深影响，如吕思勉《中国民族史》（1934年）、罗香林《中夏系统中之百越》（1943年）、董楚平《吴越文化新探》（1988年）、何光岳《百越源流史》（1989年）、方杰《越国文化》（1998年）、徐中舒《夏史初曙》（2013年）等论著中，皆持“越为禹后”之说。吕思勉《中国民族史》认为：“自江以南则曰越……越跟齐、楚、燕、晋、秦一样，都是诸夏之一。”罗香林在《中夏系统中之百越》中说：“越族为夏民族所演称。”何光岳在《百越源流史》中认为：“越人来源于黄河上中游之西羌，与华夏集团炎帝族、黄帝族有亲缘关系，其中一支于越为夏禹之后……还有一些汉族也加入了百越族系。所以，百越并非来源于单一古族，而是一个组合复杂而来源众多的大区域民族群体。”①方杰在《越国文化》中力主“越为夏后说”。徐中舒《夏史初曙》认为：“夏被商灭后，其后有两支向南北迁徙，一部分向北迁为匈奴，一部分则南迁江南为越族。”还有学者提出，越之称来自“戉”，是夏朝的一个方国。

　　但对于“越为禹后”之说，古今史家一直有不同看法。持“越为禹后”说法的主要是根据禹巡狩会稽和死后葬于会稽的传说。按史学研究的原则，神话传说只能作为参考，而不可当作信史。因而，对于司马迁率先认定的“越为禹后”之说，古今史家不乏质疑者。很早就有学者提出，上古时期位于长江下游的会稽并不属于夏王朝的统治范围，夏禹怎能到会稽来会诸侯？禹被誉为圣人，圣人死后又怎能随便葬于他国的领域？②早在东汉时期，王充在《论衡·书虚》中就指出：“儒书言：舜葬于苍梧，禹葬于会稽者，巡狩年老，道死边土。圣人以天下为家，不别远近，不殊内

---

　　①何光岳：《百越源流史》，江西教育出版社，1989。
　　②蒋炳钊：《百年回眸——20世纪百越民族史研究概述》，载《百越文化研究》，厦门大学出版社，2005。

外，故遂止葬。夫言舜、禹，实也。言其巡狩，虚也。"清代梁玉绳在
《史记志疑》中则认为："禹葬会稽之妄，说在夏纪，夏商称帝；说在
殷纪，而少康封庶子一节，即缘禹葬会稽于越伪撰。盖六国时有此谈，
史公谬取入史，后人著书者，相因成实。史并谓闽越亦禹苗裔，岂不诞
哉！"还说"禹会万国诸侯，定择四方道里之中，其时建国多在西北，
不宜独偏西南。若果巡狩所至，总会东南诸侯，亦不应远来于越"；
"少康之子无考，《越绝书》《吴越春秋》始名其名无余，《水经注》
四十、《通志·氏族志》稽氏注，并以季抒号无余，是后抒之弟……是知
无余、季抒，即从后抒附会耳"。言下之意，就是说历史上并不存在夏后
帝少康有庶子无余其人。因而，封庶子于会稽，以奉守禹之祀一事，
令人生疑。

　　近当代学者对"越为禹后"之说也提出诸多疑问。20世纪30年代，卫
聚贤等首先组织了"吴越史地研究会"，1937年出版了《吴越文化论丛》
一书。书中质疑"越为禹后"之说者渐多。例如，张荫麟认为："在周代
的东南诸外族中，越受诸夏化最晚……越人的语言与诸夏绝不相通。"越
人与诸夏无关。林惠祥在《中国民族史》中认为："《史记》言越王勾践
为夏禹之后，此不过越人托古之词。"卫聚贤《吴越民族》一文认为：
"夏是北方民族，越是南方民族，两不相干。"蒋炳钊《"越为禹后说"
质疑——兼论越族的来源》认为："把越族说成是夏代的后裔，从考古资
料到文献记载都还难于找到可靠的证据。从二里头文化和越文化相比较，
夏族和越族明显是两个不同的古代民族，越族不是夏族的后裔。"[①]宋蜀
华在《百越》中指出，"勾践的祖父夫镡以上至夏少康庶子无余，世系
不清楚；夏少康经商至周敬王共60余代，两者世系相差近1000年，把越王
勾践说成是夏少康的后裔，实难信服"；"夏文化和越文化截然不同"；
帝少康封庶子于会稽一事，"司马迁是根据传闻写下来的，所以他在《史
记·夏本纪》的篇末，对此事的评述使用'或言'二字，说明他的根据
是不牢靠的"[②]。近年来，还有学者提出一些新的观点，认为骆人（即骆

---

①蒋炳钊：《"越为禹后说"质疑——兼论越族的来源》，《民族研究》1981年第3期。
②宋蜀华：《百越》，吉林教育出版社，1991。

越）是夏越民族最早的名称。谷因在《骆是夏越民族最早的名称》中认为：“夏越是有同源关系的，即都同源于更早的骆人；而越族则是南下的夏人与其同族系的骆人融合而成的族群。骆是越人别称或最早名称，也是夏族的最早名称，就是夏越同源于古骆人的一个例证。”①

（二）土著说

自20世纪80年代以来，随着中国百越民族史研究会的成立，一大批中青年民族学学者，特别是百越分布地区的中南、华南、东南、西南地区的学者相继加入百越民族史研究队伍，使百越民族历史文化研究进入了一个新的发展时期，无论是研究的广度还是深度都有了很大拓展，加上大量新的考古发现，为百越民族历史文化的研究提供了丰富的资料，不断推出新的研究成果。而这一时期关于百越来源的研究中，土著说逐渐成为主流观点。蒋炳钊《“越为禹后说”质疑——兼论越族的来源》一文是这一时期的力作，代表了这一时期百越史研究学者关于百越土著说的观点。该文较为全面、系统地阐述了百越土著说的理由与论据，认为历史上夏、越活动范围不同，从文献记载看少康至勾践世系相差近千年，从夏文化与越文化迥然不同等方面，认为勾践非禹苗裔，越民族不是夏民族的后裔，而主要是由当地土著民族发展形成的②。陈桥驿《“越为禹后说”溯源》则认为：“‘越为禹后’之说最早来源并不是司马迁的《史记》，远在先秦就已存在。早期的于越，被视为‘蛮夷’，与中原夏禹毫不相关，只是在勾践迁都琅琊以后，为了称霸中原跻身于大国之列，才自我标榜‘越为禹后’。司马迁不过是游历了这种传说最为流行的于越故乡会稽，将其记录下来而已。”③陈桥驿《古代于越研究》、徐恒彬《南越族先秦史初探》及1988年出版的《百越民族文化》《百越民族史》两书，也都持百越土著说。

百越来源除禹后说和土著说外，还有源于三苗说、黄帝说、神农说及百越来源多元说等。

①谷因：《骆是夏越民族最早的名称》，《贵州民族研究》1994年第3期。
②蒋炳钊：《“越为禹后说”质疑——兼论越族的来源》，《民族研究》1981年第3期。
③陈桥驿：《“越为禹后说”溯源》，《浙江学刊》1985年第3期。

三、百越与华夏或汉族的关系

尽管学术界对于百越来源问题有多种不同观点，但一个基本事实是确定的：先秦时期，分布于长江中下游及其以南乃至岭南广大地区的越族诸支系，一方面与楚国相邻，与楚民族交错而居；另一方面，其地又与中原地区襟连，彼此之间很早就有了接触交往和文化交流，关系密切。特别是中原青铜文化、楚地青铜文化与百越青铜文化，始终相互学习，相互吸收，相互促进，共同发展。到了公元前306年，楚国乘越国内乱之机，集中兵力一举灭掉越国。于是，越国子民四处逃散，其中大批逃往东南沿海一带，有的则沿着海岸进入岭南地区，逐渐融入其他越族支系中。正如《史记·越王勾践世家》所云："楚威王兴兵而伐之，大败越，杀王无强，尽取故吴地至浙江，北破齐于徐州。而越以此散，诸族子争立，或为王，或为君，滨于江南海上，服朝于楚。"

秦始皇先后战胜韩、赵、魏、楚、燕、齐等六国，于公元前221年建立了中国历史上第一个统一的多民族中央集权封建制国家——秦朝。而后又挥师南下，先后统一长江中下游、东南沿海乃至岭南地区的百越诸地，包括岭南骆越在内的广大南方地区由秦王朝统一管辖，其地的百越各支系成为中华民族中的一员。

汉代以后，随着汉族的形成和封建王朝统治范围的不断扩大，源于黄河中上游的华夏族发展为汉族，并且不断向中原及四周拓展，不断融合周边其他古老民族，长江流域及其以南地区的楚、越民族逐步融入汉族之中，标志着中华民族多元一体格局的形成。

第三章 · 骆越稻作文化

　　骆越地区大部分处于亚热带地区，其炎热多雨、光照充足、土地湿润、水源丰富的自然环境和气候条件，适合野生稻的生长和人工栽培稻的种植。因而，骆越地区是野生稻的主要分布地区，至今在中国广西、广东、云南及越南等地还生长有野生稻。早在10000年以前，骆越先民就掌握了把野生稻驯化为人工栽培稻的技术，开始种植水稻。到了春秋战国至秦汉时期，随着青铜器特别是铁制工具在农业生产中的广泛使用和生产技术的进步，骆越地区的稻作农业无论是耕种面积还是耕种技术，都有了很大的发展，形成了以稻田为载体，以水稻耕种技术及其信仰为核心，以稻谷种植、谷物收割、饮食习俗及一系列稻作语言称谓和地名为特色的地方民族特色鲜明的稻作文化，这是骆越对中国乃至世界文明做出的重要贡献。

第一节　自然环境决定生产方式

　　人类文明产生与发展的规律表明，自然环境决定人类生产方式，而生产方式决定文明类型。就是说，人类在与大自然进行长期艰苦的斗争中，逐渐认识自然规律，并表现出顺应自然的能动性，开辟与自然环境相适应的经济生产方式和生活模式，于是衍生出与其经济生产和生活方式相应的文明类型。如我国黄河流域地势平旷、寒冷少雨、土地松软的自然环境，适合种植耐寒耐旱的粟麦作物，发展粟麦农业生产，由粟麦经济生产和生活方式衍生出相应的粟麦作文化；西北地区寒冷少雨，风沙大，河流少，但草原广袤，适合发展畜牧业，由此衍生出独具特色的游牧文化；而长江以南特别是岭南地区，气候炎热，雨量丰沛，土地湿润，水源丰富，适合种植水稻，发展稻作农业，由此形成具有鲜明地方民族特色的稻作文化。

　　古代骆越分布的今中国广西西南部、广东西部、海南岛及越南北部，东经105°～109°（越南红河三角洲至红水河），北纬21°～25°（桂黔交界处至海南岛），北回归线横跨其中部，大部分地区属亚热带湿润季风气候区（海南岛属热带岛屿季风气候区），气候炎热，光照充足，雨水丰沛，年降水量为1080～2000毫米。这里又是岩溶分布区，喀斯特地貌发育完善，到处丘陵起伏，群山绵延，山势巍峨，层峦叠嶂，植被繁茂，河网交织，水源丰富。作为珠江水系上游的红水河、左江、右江、郁江自北向南穿流而过，至广西桂平汇合成浔江，往东流经广东入南海；发源于云南大理羊子江的红河自西北向东南穿流越南北部的崇山峻岭，至海防入北部湾。在长期的水力作用下，江河两畔或山岭之间，形成了面积大小不等的冲积平原或盆地，土地肥沃、湿润。骆越聚居地炎热的气候、充足的光照、丰沛的雨水、丰富的水源和湿润肥沃的土地，非常适合种植水稻，发展稻作农业生产。

骆越先民根据当地的自然环境和气候特点，将野生稻驯化为人工栽培稻，发展水稻种植技术。到了商周特别是秦汉时期，随着铁制工具在农业生产中的广泛使用和生产技术的进步，骆越地区的稻作农业已经有了较大发展，并由稻作农业生产方式生成了相应的别具特色的稻作文明类型。

第二节　骆越地区稻作农业溯源

稻米是世界上三大主要粮食之一。目前，世界上有一半以上人口以稻米为主食。考古发现证明，水稻的重要原产地在中国南方，是珠江流域和长江流域远古先民首先将野生稻驯化成人工栽培稻的。而小麦的原产地在西亚，大约距今4000年前才从西域通过河西走廊传入中原地区。所以说，稻作农业的产生与发展，是中国南方古代先民对人类文明做出的重要贡献，对人类生活和社会发展有着重要影响。岭南地区的骆越先民是最早种植水稻的民族之一，稻作对骆越社会的发展有着重要而深远的影响，是骆越及其先民从原始社会走向文明社会的重要标志。

关于人工栽培稻或早期稻作农业的起源地问题，目前国内外学术界还

存在不同看法。多数中国学者认为人工栽培稻或早期稻作农业起源于中国
南方，其中又有云贵高原说、华南说、长江下游说、长江中游说、黄河下
游说、多元说等观点。尽管如此，学者对早期稻作农业起源地需要具备的
基本条件的认识却较为一致：①该地区发现有栽培稻的野生祖先种——普
通野生稻；②该地区当时具备野生稻生存的气候与环境条件；③该地区或
其附近有驯化栽培稻的古人类群体及稻作生产工具。[①]比照这三个条件，
骆越分布的岭南西部、海南岛和越南北部都具备。目前，骆越故地仍然是
普通野生稻的重要分布地区（图3-1）。骆越地区的自然环境和气候条件
适合野生稻的生长，是野生稻的重要分布地。骆越地区早在10多万年以前
就有古人类居住，其稻作历史一直延续下来，目前出土了大量新石器时代
的磨制石斧、石锛、石锄、石铲等生产工具及石磨盘、石杵、蚌刀等谷物
收割和加工工具（图3-2至图3-5）。

图 3-1　广西隆安生长的普通野生稻

---

①王象坤、孙传清：《中国栽培稻起源与演化研究专集》，中国农业大学出版社，1996，第
2-3页。

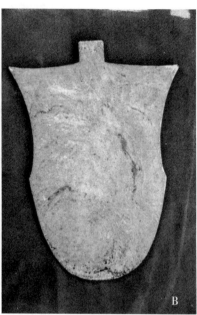

图 3-2　广西隆安出土的大石铲

图 3-3　广西钦州独料遗址出土的石磨盘

图3-4　越南发现的石磨盘

图3-5　广西南宁新石器时代贝丘遗址出土的蚌刀

　　大约在10000年以前，骆越先民在长期的采集活动过程中，逐步加深了对可食类植物的特性和生长规律的认识，逐渐学会了对一些作物进行人工栽培和种植，标志着原始农业的产生。据农史专家研究，岭南地区的气候与环境条件非常适合各种块根类植物的生长繁殖，因而块根类植物成了原始先民的重要食物来源。骆越先民的早期农业很可能是从种植芋薯类植物开始的。因为无性繁殖块根类植物的种植不像稻谷那样复杂，通过灵活利用林间空隙挖穴栽种即可生长和收获，而且这类芋薯类植物产量高，食用方便，所以它先于稻谷类被骆越先民栽种。正如我国著名农史学家游修龄教授所言："广西的块根、块茎类植物源如薯蓣、魔芋、芋等，是极其丰富的。这些植物的栽培加工要比稻作简便容易。这也是根茎类作物先于禾谷类驯化的普遍规律。"①尽管如此，这并不会影响骆越先民对水稻的驯化和种植，更不能因此而否定骆越地区是稻作农业的重要起源地。因为骆越先民在长期采集食用野生稻的过程中，认识到食用稻米要比食用植物根茎或果实对人体更加有益；从长期对鹭鸟在野生稻生长密集的沼泽地啄食谷粒的观察，逐步加深对野生稻生长环境、生长条件、生长规律的认识，从而启发骆越先民开垦耕田，栽培或种植野生稻，开展早期人工栽培稻或稻作农业的产生。

根据目前骆越地区的考古发现，大约在10000年以前，骆越先民分布地已经出现了人工栽培稻。1993年在越族先民分布地的湖南道县玉蟾岩发现了约10000年前的水稻硅质体②，1996年在广东英德牛栏洞遗址发现20多个距今10000多年的水稻硅质体③。经专家对广东英德牛栏洞遗址（二、三期）发现的水稻硅质体进行鉴定，认为其"形态有两种，一种为双峰硅质体，另一种为扇形硅质体；两种水稻硅质体的形态数据经计算机聚类分析，结果表明，属于非籼非粳的类型，在水稻的演化序列上处于一种原始状态"④。这个发现，首次将岭南地区稻作遗存的年代向前推至10000年以前，同时对探索岭南越族地区水稻起源的研究及原始农业经济的发展具有重要意义，也为揭示岭南与岭北地区原始稻作农业的相互关系提供了实物资料。而湖南道县玉蟾岩发现的水稻硅质体，是我国已发现的年代最古老的人工栽培稻遗迹，这说明骆越先民是最早将野生稻驯化为人工栽培稻的民族之一。

到了距今7000～5000年的新石器时代中期，随着社会生产力水平的提高和种植经验的积累，骆越地区的稻作农业有了一定的发展。考古工作者先后在广东曲江石峡、佛山古椰和广西那坡感驮岩等新石器时代遗址里发现了一批炭化稻谷（图3-6），一同发现的还有形制多样的磨制石斧、

①覃乃昌：《壮族稻作农业史》序，广西民族出版社，1997。

②袁家荣：《湖南旧石器时代文化与玉蟾岩遗址》，岳麓书社，2013。

③广东省珠江文化研究会岭南考古研究专业委员会：《英德牛栏洞遗址——稻作起源与环境综合研究》，科学出版社，2013。

④游修龄：《中国农业通史·原始农业卷》第三章第四节，中国农业出版社，2008。

石锛、石锄等生产工具和陶器（图3-7），反映了骆越地区稻作农业的发展。严文明教授认为："对普通野生稻的驯化栽培，是长期历尽千辛万苦的苦难历程，也是一项人类文明史、科技史、文化史上的重大发明。"①可见，人工栽培稻的种植是一项新的系统工程与新技术，由稻作农业促使一系列新知识及其文化产生，同时引起社会的一系列变化。骆越先民在种植水稻的过程中，逐步学会了观察天象和气候的变化，逐渐掌握了其中的规律，天文历法应运而生；稻作农业的发展，使人们逐渐认识到土地的重要性，进而产生了对土地的崇拜，于是有了祭祀土地的祭坛和礼器；稻作农业的发展还促进了家庭饲养业、建筑业、纺织业和手工业的发展。种植水稻成为骆越传统的稻作农业生产方式。

图 3-6　广西那坡感驮岩新石器时代遗址出土的炭化稻谷

①严文明：《中国稻作农业的起源》，《农业考古》1982年第1、2期。

图 3-7　广西大新出土的新石器时代陶罐

　　到了距今约4000年的新石器时代晚期，随着生产工具的改进即新型生产工具大石铲的制作、使用及生产经验的积累，骆越地区的稻作农业又有了新的发展，并逐步成为社会主要的经济部门。从这一时期骆越地区的考古发现来看，一是遗址的分布范围比前期进一步扩大，除了江河两岸及其附近外，在远离江河的丘陵平地也有遗址分布。二是磨制的有肩或有段石器明显增多，特别是骆越先民居住的今广西南部地区的大石铲遗址，出土了大量形体硕大、造型别致、磨制精细的新型生产工具——大石铲。这种大石铲是一种木石复合农业生产工具，在铲体上加绑一根长木柄，形如现代的铁铲或铁锹，可用于翻土、理埂和平整土地。使用时，手持木柄，脚踏铲肩，将铲刃插入土中，进而翻土耕作。伴随大石铲出土的还有石斧、石锛、石锄、石犁、石刀、蚌刀、石磨盘、石杵等工具。大石铲遗址多分

布在距离江河较远的丘陵岗坡上，遗址内少见其他工具，表明新石器时代晚期骆越地区的原始农业已有了较大的发展，耕作方法也有了一定的改进，生产规模和耕种面积进一步扩大，即由原来的江河两岸扩大延伸到紧邻湖泽水源的丘陵地带。正是大石铲、石锄和石犁等新型工具的使用，才使改进耕作方法、扩大耕种面积、提高生产效率、提高农作物的产量成为可能。郦道元《水经注》卷三十七引《交州外域记》云："交阯昔未有郡县之时，土地有雒田。其田从潮水上下，民垦食其田，因名为雒民。"从此记载可知，交阯（泛指岭南及今越南北部地区）未设置郡县之前，骆越流行开垦耕种"从潮水上下"的"雒田"，即开垦耕种临近江河的低洼地。因骆越地区雨量丰沛，每当雨季来临，山洪暴发，江河暴涨，附近的低洼地便被洪水淹没。洪水消退后，这些被洪水淹没、浸泡的低洼地便露出水面，且其土质松软肥沃，稍加开垦，围垅成田，便可种植水稻。骆越地区江河密布，每条河流两侧多有狭长的河漫滩。骆越人在长期的生活和生产活动中，逐步认识或掌握"从潮水上下"的规律，于是就在江河退潮之后，在河道两侧的河漫滩上围埂耕作，种植水稻。直到现在，骆越故地及东南亚地区的缅甸、老挝、泰国、越南等地，仍保持着"从潮水上下"围垅造田，种植水稻之俗，与古时"从潮水上下"耕种"雒田"的方式基本相同。

2012年，中国科学院国家基因研究中心课题组在英国《自然》杂志发表的论文提出，广西很可能是栽培稻的起源地。该研究中心主任、中国科学院上海生命科学研究院副院长韩斌认为，分布于中国广西的普通野生稻与栽培稻的亲缘关系最近，表明广西（珠江流域）更可能是最初的驯化地点，而非之前考古学研究长期认为的长江中下游区域。《自然》杂志评论说，这项研究对阐明早期栽培稻的驯化过程和受选择的基因做出了重要贡献。此外，在驯化过程中栽培稻丢失了许多原本存在于野生稻中的优质基因，今后可通过分子辅助育种将这些基因导入栽培稻，有望进一步提高水稻的产量和抗病、抗旱等能力，这对充分利用野生水稻资源的遗传多样性为现代水稻遗传育种改良有重要意义。

为什么得出广西（珠江流域）可能是人类栽培水稻起源地的论断？该

课题组做了系统周密的研究。课题组负责人韩斌率课题组在构建"栽培稻单倍体型图谱"的基础上，从全球不同生态区域中选取了400多份普通野生水稻进行基因组重测序和序列变异鉴定，与先前的栽培稻基因组数据一起构建出一张水稻全基因组遗传变异的精细图谱，从中发现了水稻的驯化起源。水稻驯化是从我国南方地区的普通野生稻开始的，经过漫长的人工选择形成了粳稻；通过对驯化位点的鉴定和进一步分析发现，分布于广西的普通野生稻与栽培稻的亲缘关系最近。课题组绘制出了水稻全基因组遗传变异图谱，表明广西很可能是最初的驯化地点。通过群体遗传学分析，大致可判断出栽培水稻的扩散路径：人类祖先首先在广西的珠江流域，利用当地的野生稻种，经过漫长的人工选择驯化出了粳稻，随后往北逐渐扩散；而往南扩散的则进入东南亚，在当地与野生稻种杂交，产生了籼稻。[①]

　　骆越地区稻作农业经历了从最早的块根植物种植发展到旱稻栽培、种植，最后到水稻栽培与种植的渐次发展过程。从骆越地区原始人类的经济生活与生产方式发展历史来看，在数万年的漫长岁月里，由于生产力水平低下，人们主要以采集和渔猎经济为生，这种生产活动方式的特点就是使用简单的工具或手段，获取自然界现成的生活资料。原始农业特别是稻作农业的出现，标志着原始人类从前期的对自然界现成生活资料的获取发展到对生活资料产品的人工生产，这在骆越历史上是一次革命性的巨大进步。骆越先民通过对生活资料的人工生产，收获有了相对稳定的保障，食物的供应也在增加，逐步免除了自然界现成生活资料不足的限制和威胁，加快了人类自身的增长速度。骆越先民从块根农业发展进入稻作农业时代以后，稻作农业不仅是骆越先民社会最重要的物质生产部门，而且可以说是其社会一切活动的中心，骆越地区逐步形成了以稻田为本、近稻田而居、据稻田而耕、赖稻田而食、靠稻田而衣、凭稻田而乐的生产和生活模式，逐步形成了具有鲜明地方民族特色的稻作生产习俗与生活习俗，以及有关稻作农业的信仰、语言称谓和"那"字地名，即形成了壮学学术界所

---

　　①周仕兴：《广西很可能是人类栽培水稻起源地》，《广西日报》2012年10月30日第5版。

说的"那文化"（即稻作文化）体系。稻作农业的发展，为骆越文明的发展奠定了厚实的物质基础，进而为农业与手工业的分工、社会的进步和文化艺术的发展繁荣创造了条件。因此，骆越先民是最早驯化和种植水稻的民族之一，这是骆越及其先民对中华乃至人类文明做出的重要贡献。

综上所述，骆越先民在约10000年前的新石器时代早期，已开始了人工栽培稻的驯化和种植，属于农史学家所称的稻作农业的"发轫期"。到了距今7000～4000年的新石器时代中晚期，稻作农业已有了一定的发展，进入了农史学家所称的"确立期"和"发展期"。这在骆越地区的新石器时代遗址里发现的大量炭化稻谷可资为证。所以说，骆越先民是最早发明稻作农业的民族之一，骆越地区是稻作农业的重要起源地之一。

第三节   骆越稻作文化的发展

骆越稻作文化是以稻田为载体，以水稻种植及其信仰为核心，以"那"字地名和生产工具为标志，以稻作农事活动、生产与生活习俗、耕种技术、饮食与节令习俗、灌溉设施、气象观测、选种育种、施肥防虫、稻谷储藏、稻作语言词汇为内涵的文化体系，它涵盖了广义文化的物质文化、制度或行为文化、观念文化，是骆越文化和壮族文化中文化含量最高、内涵最丰富、最具有特色的重要部分。如果说骆越地区的稻作农业源于新石器时代前，那么骆越稻作文化则萌芽于新石器时代早期，形成于新石器时代中期或晚期，到了春秋战国之后特别是秦汉时期，其稻作文化日臻丰富、完善和繁荣，形成了物质性、制度性或行为性及观念性的完整文化体系，奠定了骆越及其稻作文化的基本格局，地方民族文化特色日益鲜明。

骆越稻作文化的形成与发展，是骆越社会发展和生产力提高的结果。西周晚期至春秋战国时期，骆越社会开始从原始社会发展进入文明（阶级）社会，其主要标志是青铜器和铁器的铸造及使用。目前在骆越故地的中国广西西部、南部，广东西南部及越南北部，发现了许多春秋战国时期的遗址和墓葬，出土了大量青铜器。器物类型以兵器、礼器居多，如剑、刀、矛、钺、镞、弩、镦、匕首、柱形器、鼓、鼎、卣、匜、罍、壶、尊、羊角钮钟、盆等；也有生产工具类，如斧、凿、斤、锛、犁等。在广西南宁武鸣元龙坡战国墓、那坡感驮岩遗址里，还发现了用于铸造青铜器的铸范。出土的青铜器中，许多器物的形制和纹饰与中原地区出土的同类器物相似或相同；但也有许多器物的形制和纹饰与中原不同，具有较为明显的地方特色，如铜鼓、羊角钮钟、靴形钺（越南考古界称为斧刃）等，其中以铜鼓铸造工艺最精。这些青铜器，特别是具有明显地方民族特色青铜器的发现，表明春秋战国时期骆越工匠已经掌握了青铜铸造技术，骆越开始铸造和使用青铜器，出现了自己的青铜文化。青铜的铸造是一项工序复杂、技术含量高的手工业，从采矿、冶炼、合金、制模塑范到浇铸成器，需要有专门的技术、明确的分工和密切的合作才能完成，说明在春秋战国时期骆越地区已经出现了社会第二次大分工——农业与手工业的分工。而农业与手工业分工的前提是农业的发展、粮食的富余，使一部分人可以脱离农业生产而专门从事手工业生产。稻作农业是骆越经济的主要成分，是骆越经济活动的中心；但这一时期骆越稻作农业生产见诸文献记载的史料甚少，只有《水经注》卷三十七引《交州外域记》："交阯昔未有郡县之时，土地有雒田。其田从潮水上下，民垦食其田，因名为雒民。"该文记述的是一种原始形态的稻田，是在生产力水平较低且缺乏水利灌溉设施的条件下，人们因地制宜，掌握和巧用江河水涨落的规律，围埭垦种，这也是骆越先民认识自然、遵从自然和利用自然的结果。20世纪70年代以前，广西乃至东南亚濒水地带居民仍然流行这种耕种方法。"从潮水上下"的耕种方法，每年只能种植一季稻，产量也较低，但在地广人稀、广种薄收的古代，仍足以维持人们的生活需要。当然，这只是种植水稻的方法之一，更多的应是在水源附近的耕地上采用锄铲类工具进行耕作。总之，春秋战国时期，骆越地区的稻作农业在前期的基础上有了进一步的发展，成为骆越的主要生产方式和经济活动。正如恩格斯所说："农业是整个古代世界的决定性的生产部门。"①正是稻作农业的发展,为手工业(以青铜铸造业为代表)、绘画艺术(以左江花山岩画为代表)的繁荣发展和社会进步奠定了物质基础,也为秦汉时期骆越稻作农业及其文化的发展奠定了基础。

　　战国末年,当骆越社会正按照自身的发展规律发展之时,秦始皇派遣数十万大军来到岭南,开始了统一岭南的战争。经过近7年"不解甲驰弩"的艰苦征战,秦王朝终于击败西瓯部族的顽强抵抗,统一了岭南,并设置桂林、南海、象三郡,推行封建的政治制度。骆越居住地分属桂林郡、象郡大部分地区和南海郡部分地区。秦始皇对岭南的统一,打破了骆越社会的发展进程,使之从原来的阶级社会的初级阶段跨入了封建社会。秦末汉初,中原地区爆发声势浩大的陈胜吴广农民起义,秦朝政权分崩离析,中原陷入了群雄逐鹿的混战之中。此时,驻守岭南的秦朝旧将赵佗为防止战乱蔓延至岭南,便据关自守,兼并南海、桂林、象三郡,建立南越国割据政权,自称南越武王。南越国建立后,赵佗沿承秦朝的封建制度,致力发展生产,采取一系列旨在"和辑百越"的民族政策,保持了岭南社会的稳定与经济的发展。公元前111年,汉武帝调集20万大军,百舟竞发,从水路挺进岭南,直捣南越国都城番禺(今广东广州),南越国赵氏政权很快覆灭,岭南复归统一。汉武帝统一岭南后,把秦始皇设置的桂林、南海、象三郡分设为南海、苍梧、郁林、合浦、交趾、九真、日南、珠崖、儋耳九郡,骆越居住地分属郁林、合浦、交趾、九真、日南、珠崖、儋耳等七郡大部地区和南海郡部分地区。随着秦汉封建王朝对岭南的统一,大批中原人移居岭南骆越地区,带来了中原先进的生产工具和生产技术,极大地促进了骆越地区稻作农业及其文化的发展,标志着骆越地区完成了从原始农业到古代农业的跨越。

　　秦汉时期是骆越稻作农业及其文化进入繁荣发展的时期,主要标志是铁制生产工具的使用、牛犁耕的采用、优良稻种的选育与引进和栽种技术的进步。

---

　　①《马克思恩格斯选集》第4卷,人民出版社,1993,第145页。

一、铁制工具的使用

以铁器为代表的新型生产工具，不仅是骆越稻作文化的重要载体和文化现象，也是骆越文明的重要内涵，还是骆越社会生产力和稻作农业发展的重要标志。马克思主义政治经济学认为，生产力由生产者、生产工具与生产对象三大要素构成，代表着人类改造自然和征服自然的能力。在生产力三大要素中，最重要、最活跃的是生产者。但是，我们在研究古代生产力发展程度时，发现构成生产力的三大要素都已发生了很大变化，其中作为特定时代生产力要素中最重要、最活跃的生产者，早已随着历史的发展、岁月的流逝而逝去；又因时代变迁和自然环境的变化，生产对象——土地及生态环境也不同程度地发生了变化；而作为反映生产力发展水平的生产工具，许多还被埋藏于各类遗址中。因此，要重构两三千年前的骆越稻作文化记忆，除有限的文献记载等史料外，最主要也最宝贵的实证资料便是考古发现的铁制生产工具。这是因为生产工具是最为重要的劳动手段，其发展水平是我们判断社会生产力发展水平的重要标志，也是骆越社会生产力发展的重要指示器，更是骆越稻作文化中的重要因素。而生产工具的制作和使用，是我们认识骆越社会经济形态的重要标志。

秦汉时期，铁器生产工具在农业生产中的普遍使用，是骆越稻作农业及其文化繁荣发展的重要标志。大约在西周至春秋时期，中原地区已开始冶铸和使用铁器。先秦时期，岭南与中原已经有了人员交往和文化交流。而与岭南一山之隔的楚国素以擅长冶铸青铜器和铁器著称。楚国的势力曾跨越五岭，到达岭南地区。因此，春秋战国时期，楚国和中原地区的铁器通过湘桂走廊传入岭南地区，既开启了骆越在农业生产中使用铁器的先河，又为骆越文化注入了新的文明元素。

当秦始皇进军岭南受阻时，急令史禄组织力量开凿灵渠，沟通漓江与湘江之水，打通了中原直通岭南的水路通道，解决了受困秦军的援兵和后勤给养运输问题，加快了统一岭南战争的进程。岭南统一后，秦始皇将南征的数万军队留守岭南，同时"徙中县之民于南方三郡，使与百越杂处"①；"发诸尝逋亡人、赘婿、贾人略取陆梁地，为桂林、象郡、南海，以适遣戍"②；准许赵佗的请求，征调15000名未婚妇女到岭南"以为士卒衣补"。中原人的南迁，不仅为岭南地区带来了掌握先进生产技术的劳动力，还带来了中原地区先进的生产工具和生产技术。南越国时期，赵佗十分重视同中原的贸易交往，不断引进中原地区的"金铁田器"及"马、牛、羊"③。当时，吕后对南越国采取敌视政策，下令关闭边市，禁止向南越国输出金铁、田器和马、牛、羊等，赵佗愤而发兵攻击长沙边邑。汉高祖对南越国采取笼络政策，承认其政权，互遣使节，开放边市，恢复对南越国输入生产所需的金铁、田器和马、牛、羊等。

20世纪60年代以来，考古工作者先后在骆越分布的中国广西中西部、南部，广东西南部和越南北部的清化、万胜、山西、绍阳等地，发现和发掘了大量遗址或墓葬，出土了大量铁制生产工具，器物类型计有铧、锸、锄、铲、镰、斧、凿、锛等（图3-8至图3-10）。由于铁质材料本身的化学性质，使得埋藏在地下的古代铁器的腐蚀程度较之金、银、铜等金属更为严重，因此各种考古遗址或墓葬里出土的铁器弥足珍贵。目前考古发现的骆越时期的上述铁制工具，表明秦汉时期骆越在农业生产中已经普遍使用铁制工具。从骆越地区出土的铁器的种类和形制特征来看，大部分与中原地区同时期的铁器相同，因而当时骆越地区使用的铁器，很可能是从中原地区输入的，而非骆越工匠所铸造。1976年在广西贵县（今贵港市）罗泊湾一号汉墓中发现有5枚木牍，其中3枚书有墨字、2枚无字。书有字的木牍中，木牍1的内容为遣策，自题"从器志"（图3-11），意为随葬器物的记录；木牍2、木牍3的内容为农具记录，木牍3名为"东阳田器志"，木牍写有给死者陪葬的各种农具的名称和数量，相当于随葬农具的登记簿。木牍3背面书：桶册（四十）八具一□，鉏一百廿具，铣十五具；正面书：□县一十二具，□□铣一百二□，桶五十三，鉏一百一十六。木牍上记写的"桶"即"锸"，"鉏"即"锄"，"铣"未

①《全唐文》卷八百十六，中华书局，1983，第8592页。
②《史记》卷六《秦始皇本纪》，中华书局，1963，第253页。
③《汉书》卷九十五《西南夷两粤朝鲜传》，中华书局，1964，第3851页。

知是何种形制的工具。据查，该"东阳田器志"中的"东阳"系古地名，一说为秦置县，在今安徽省天长市；一说泛指太行山以东的广大平原地区。木牍3既名为"东阳田器志"，牍上所记录的农具应来自东阳。

图 3-8　越南出土的铜铧

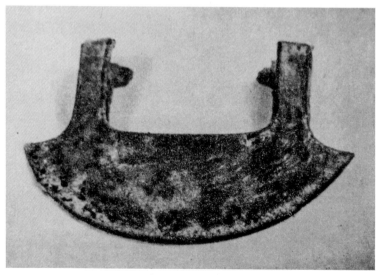

图 3-9　广西贵港罗泊湾一号汉墓出土的铁锸

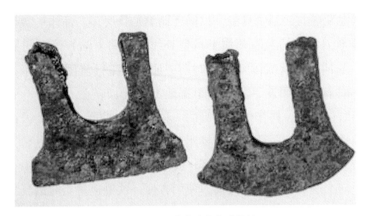

图3-10 骆越地区出土的铁锸

图3-11 广西贵港罗泊湾一号汉墓出土的记录陪葬农具的"从器志"木牍

　　在考古发现的铁制工具中，以锸、锄类工具居多。锸体形状呈"凹"字形，弧形刃，刃的左右两侧上折呈直线，中间下凹并铸有凹槽，供安装木柄。铁锸是春秋战国至秦汉时期中原地区流行使用的一种农业生产工具，它具有多种用途，主要用于掘地、翻土、碎土、挖沟、平整土地等，是当时最主要、耕作效率最高的一种工具。刘熙《释名》云："锸，插也，插地起土也。"可见其主要用于掘地、翻土。锸的特点是具有锋利的弧形刃，耕作时，双手持握木柄，脚踏锸肩，将锸体插入土中，持握锸柄的双手向上撬动，即将土翻动，使用方便。铁锄也是当时最流行且具有多种用途的生产工具，可用来锄地、翻土、挖沟、碎土、平整土地、中耕除草。刘熙《释名》云："锄者，助也，去秽助苗长也。"汉桓宽《盐铁论·申韩》云："犀铫利锄，五谷之利而闲草之害也。"由此可知，当时的锄主要用于中耕除草。根据骆越故地汉代遗址、墓葬出土的锸、锄及木牍上记载的农具种类，可知秦汉时期骆越在耕作中已较普遍使用锸、锄等使用方便且耕作效率高的铁制生产工具。

　　除常用的锸、锄两种农具外，在广西贵港罗泊湾一号汉代墓葬中出土的木牍上，还记录有"鈂""铫"两种农具。由于未发现其实物，因而不详其具体形制。关于这两种农具的功能与用途，《说文解字》云，鈂为"锸属"，其功能或用途大体与锸相同。至于铫这种工具的功用，据《战国策·秦策》记载："无把铫推耨之劳，且有积粟之实。"宋鲍彪注云："铫，耘田器，耕耨器。"由此可知，铫是田间除草、耘田的一种农具。又据徐光启《农政全书》卷二十二《农具》篇云，铫，又称钱；"《唐韵》作剌，耘器也，非锹属也。兹度其器，似锹非锹，殆与铲同"。尽管目前未能在出土文物中辨别鈂、铫这两种农具，但其名已出现在随葬的"从器志"木牍上，那么它们在当时的实际生产中应已使用。

　　铁制工具在农业生产中的广泛使用，可以从广西贵港罗泊湾一号汉墓中3号木牍上所列的农具种类和数量得到证实。木牍背面列有锸48件，锄120件，鈂15件；正面列有鈂120件，锸53件，锄116件。因该墓葬早年已经被盗，所以无法查证木牍上所登记的农具数量是实数还是虚数。但从事理而言，由于当时的铁制工具多数是从千里迢迢的中原交换引进的，得来实属不易，而且主要用于实际的农业生产中，时人可能不会用如此众多的铁制工具来给死者随葬，因而木牍上所登记的农具数量可能是虚数，以示对死者的敬重和厚葬，同时也反映了当时人们对农业生产的重视。尽管如此，动辄用成十上百件工具随葬，足以说明死者生前的富有或拥有铁制农具的数量众多。除以上所见的铁制耕作工具外，目前尚未发现用于收割稻谷的铁制镰刀，很有可能是由于铁制镰刀器小体薄，历经数千年的泥水侵蚀或氧化，即使用于随葬，也难以保存下来。因为当时中原地区使用的铁制农具已经配置成套，大凡耕作、收割等工具，应有尽有；而骆越地区已较为广泛地使用铁制耕作工具，作为收割的铁制镰刀理应在实际生产中使用。

铁器是人类的一项重大发明，是人类社会发展到一定阶段的产物，标志着人类社会生产力进入一个新的发展阶段，其意义重大而深远。骆越在农业生产中使用了一系列铁制工具，是其社会生产力提高的重要标志，亦是骆越传统稻作农业及其文化全面发展的重要标志。关于铁器的发明及其在生产中的重要意义，恩格斯曾经指出："铁已在为人类服务，它是在历史上起过革命作用的各种原料中最后的和最重要的原料……铁使更大面积的农田耕作，开垦广阔的森林地区，成为可能；它给手工业工人提供了极其坚固和锐利的非石头或当时所知道的其他金属所能抵挡的工具。"[1]由于骆越农业生产中已较为普遍使用铁制工具，不仅使翻土、碎土、平整土地、挖沟、筑埂、中耕除草等劳作提高了效率，还有利于荒地的开垦，进一步扩大耕种面积。秦始皇统一岭南以后，设置郡县，推行封建制，不仅把大批南征的军队留守岭南各地的要塞，还将中原人迁移岭南"与越杂处"。这些南迁的中原人不仅带来了中原地区先进的生产技术，同时也带来了中原先进的生产工具，对骆越地区农业的进一步发展具有重要的促进作用。随着社会的发展和人口的繁衍增多，需要拓荒造田、开垦耕地，扩大种植面积，以适应和满足不断增长的人口的生活需要；而铁制工具的广泛使用，为扩大荒地的开垦、增加耕地面积、发展稻作农业生产提供了有

---

[1]恩格斯：《家庭、私有制和国家的起源》，载《马克思恩格斯选集》第4卷，人民出版社，1995，第1—179页。

利条件。据史书记载，南越国国王赵佗在任龙川县令时，奉行重农政策，重视发展农业生产，为应对人口的增长，亲自组织带领当地军民开辟荒地，并制定"垦辟定规制"，扩大了耕种面积，满足了人口增长对耕种的需求，解决了人们的粮食供需问题。在赵佗的影响下，其部下吴坝在解甲归田时，还在浈阳（今广东清远一带）"招徕流徙开荒垦种"，使得当地"无旷原沃壤，无长溪洪水"①。

铁制工具在农业生产中的使用，对骆越稻作农业及其文化的发展具有十分重要的意义：一是提高了耕作效率，为耕种技术的改进、粮食收成的增加创造了条件；二是因为铁器具有坚硬、锐利、耐磨的优良特性，有利于林木的砍伐、荒地的开垦和耕种面积的扩大，促进了稻作农业经济、社会的分工和手工业、商业的全面发展。

二、犁耕的推行

牛（犁）耕作方式的采用，是农业生产技术的巨大进步，在农业发展史上具有划时代的意义。牛（犁）耕作是人类首次利用牲畜之力取代人力牵引犁耙进行耕作，不仅把人从繁重的体力劳动中解放出来，减轻了人的劳动强度，提高了耕作效率，还达到了精耕细作、提高粮食产量的效果。大约在春秋战国时期，中原地区已出现牛耕；秦汉时期，牛耕得到进一步推广和应用。从考古资料和文献记载来看，汉代时岭南地区已出现牛耕。

1961年，在广东佛山市郊澜石一座东汉墓中，出土1件陶质水田模型明器，有一陶俑在田间作耕作状，头戴蓑笠，一手扶犁，一手赶牛，形象而生动地再现了当时牛耕的情景②。

1974年，在广西平乐银山岭汉代墓葬中，发现2件铁口铧③。其铧前锐后钝，嘴呈三角形，底部平直，面部隆起，铸有空槽，可供插入木页。有

---

① 《寰宇通志》。
② 徐恒彬：《广东佛山市郊澜石东汉墓发掘报告》，《考古》1964年第9期。
③ 广西壮族自治区文物工作队：《平乐银山岭汉墓》，《考古学报》1978年第4期。

学者认为，这是一种可供平拉的翻土工具。

在广西贺县（今贺州市）莲塘东汉墓葬中，发现2件犁铧[①]。其形制基本相同，铧体呈三角形，底面平直，正面隆起，铸有空槽，可供插入木质犁头。

20世纪80年代以来，越南考古工作者先后在清化省东山、绍阳，富寿省万胜、山西、磊山等遗址发现了30多件犁或似犁的铁器，其中以清化省绍阳遗址发现的数量最多，共11件。按其形制，大致可分为两种类型：Ⅰ型为等边三角形，两边稍向上方展开，铸有可供插入木犁头的空銎；三角形犁头尖端锋利。Ⅱ型为蝶翼形，犁身呈四角形，刃口锋利，两翼向两边展开，一面平坦，另一面中间有鼓起的牛角形脊线，内有銎首，形似一只展翼飞翔的蝴蝶；銎口多为半月形，从上向下倾斜开口。[②]

另外，在骆越地区发现的灵山型铜鼓、冷水冲型铜鼓上，饰有立体的牛塑像，或为站立的单牛、双牛，或为牧牛，或为牛拉耧……广西桂平张凌彭村出土的一面冷水冲型铜鼓鼓面上，有一组"踏田播种"塑像，构图为牛行于前，紧贴牛尾巴的人左手拴牛绳，右手抱篓，似驱牛踏田播种状，形象逼真，反映了骆越地区使用牛耧耕的情景；还有一组塑成骑牛者双手前伸作驾驭状，构成一幅正在进行的耕种图。[③]

在相关的史书记载中，也透露出秦汉时期骆越地区牛犁耕作的信息。西汉前期，吕后采取"别异蛮夷"政策，下令关闭长沙郡与南越国贸易的边市，禁止向岭南输出"金铁田器"，"马、牛、羊即予，予牡，毋予牝"[④]（注：牡为雄性，牝为雌性，仅予牡便无法繁殖）。吕后的这一举动，引起赵佗的强烈不满，愤而发兵攻击长沙郡边邑，以示报复。由此可知，岭南地区在农业生产中对金铁、田器和马、牛、羊的迫切需要。其中，从中原引进的马、牛，应该有一部分作为耕畜使用。

---

①岳庆平：《汉代岭南农业发展的地域差异》，《史学月刊》2000年第4期。

②黎文兰、范文耿、阮灵编著《越南青铜时代的第一批遗迹》，梁志明译，中国古代铜鼓研究会，1982。

③陈文：《古代铜鼓立体塑像的艺术性》，《民族艺术》1995年第3期。

④《汉书》卷九十五《西南夷两粤朝鲜传》，中华书局，1964，第3851页。

东汉建武年间（25年—56年），光武帝刘秀诏征南阳宛县人任延任九真郡（治所在今越南清化省清化市西北）太守。任延到任后，看到"九真俗以射猎为业，不知牛耕，民常告籴交趾，每致困乏。延乃令铸作田器，教之垦辟。田畴岁岁开广，百姓充给。又骆越之民无嫁娶礼法……延乃移书属县，各使男年二十至五十，女年十五至四十，皆以年齿相配……其产子者，始知种姓"①。为了改变九真一带落后的生产方式，加快农业生产的发展，任延"乃令铸作田器，教之垦辟"。随着铁制工具和牛耕技术的推广应用，使九真一带不仅扩大了耕种面积，而且提高了粮食收成，使之"田畴岁岁开广，百姓充给"，取得了良好效果。九真一带牛耕的使用与推广和稻作农业的发展，是骆越地区牛犁耕作方式的采用和稻作农业发展的一个缩影。

综合以上资料分析，骆越地区的牛犁耕作始于西汉（包含南越国）时期，从铁制的犁具到牛耕技术，都是从中原地区传入岭南骆越地区的。而秦汉封建王朝对岭南的统一和水路及陆路交通的沟通，为牛耕技术在岭南骆越地区的推广应用创造了有利的社会条件，对骆越地区稻作农业的发展、耕种面积的扩大、耕种技术的改进、粮食产量的提高，具有极大的促进作用。

三、优良稻种的选择、引进与培育

优良稻种的引进、培育和推广应用，是稻作农业发展到一定阶段的产物，是提高稻谷产量的有效途径和重要手段，标志着骆越地区稻作农业生产技术的进步。

其实，关于选择优良稻谷品种，在原始先民将野生稻驯化成人工栽培稻的过程中就一直不断地进行着。在先民将野生稻驯化成人工栽培稻的过程中，必然会选择谷粒成熟饱满的稻穗作为稻种；在种植和收割稻谷的过程中，也会选留谷粒饱满的稻穗作为来年播种的种子。随着水稻种植实践

---

① 《后汉书》卷七十六《循吏列传·任延传》。

经验的不断积累，选择优良稻种的技术不断提高，培育经验也日益丰富。从选择优良稻谷品种到引进或培育优良稻谷品种，标志着水稻种植技术从量变到质变的跨越，对稻谷的优质高产具有十分重要的意义。1976年在广西贵县（今贵港市）罗泊湾一号汉墓中不仅发现有稻谷谷壳，而且在出土的木牍上书写有稻谷品种名称，其中一块木牍上书写有"仓种"，另两块木牍上分别写有"客籼一石"和"客籼"等字。所谓"仓种"，是一种经过选择后预留下来的粮食种子；"籼"是一种早熟的稻种，具有分蘖性强，耐热耐强光的特点，适于南方炎热地区种植。另据《农政全书》注，籼稻"其粒细长而白，味甘香，九月而熟，是谓稻之上品"。在"籼"字前冠以"客"字，表明它不是本地稻种，而是从外地引进的一种优良品种。由此可知，当时骆越地区除栽培本地的稻谷品种之外，还从外地引进了良种。选择的良种，可以适应不同的种植环境，可以增加复种指数或单位面积产量。据晋人郭义恭《广志》记载，西晋时期南方种植的水稻品种计有"虎掌稻、紫芒稻、赤芒稻、白米稻；南方有蝉鸣稻，七月熟；有盖下白稻（正月种，五月获，获讫，其茎根复生，九月熟）、青芋稻（六月熟）、累子稻、白汉稻（七月熟）……粳，有乌粳、黑禾广、青凿白夏之名"。

四、耕种技术的进步

耕种技术作为生产力的重要构成要素，是衡量农业发展水平的重要标志，也是骆越稻作文化的重要内涵及其发展的内在动力。先秦时期，骆越地区稻作农业生产技术较原始社会时期已有较大进步，一些地方已经使用铁制的锸、锄、刀类工具，出现了锸耕或锄耕农业，但还不是很普遍；许多丘陵、山区或滨水一带，仍流行着刀耕火种、火耕水耨或随潮水上下而耕种的状态。秦汉时期，骆越地区的耕种技术有了新的发展，主要表现在水稻的栽种方法、中耕施肥、引水灌溉等方面。

骆越及其先民的水稻栽培方法，经历了从简单原始到不断进步的发展过程，即经历了从点播、撒播到育秧移栽的发展过程，特别是育秧移栽，开启了水稻栽种技术的先河，标志着水稻栽种技术的进步。从考古发现来看，大约到了东汉时期，岭南越人已采用了育秧移栽技术。如广东佛山澜石东汉墓出土的一个陶制水田模型，其中有一方田里的秧苗似算子，一组一排，整齐有序，反映了当时的插秧场面，说明岭南越人在汉代已掌握了移栽技术。通过集中育秧，进行早期管理，然后分秧移栽，可以促进单株分蘖，提高产量。这种育秧移栽技术，对后世稻作农业的发展有着深远的影响。直到现代，岭南各地仍普遍采用这种水稻栽种方法。

另外，骆越还根据当地温热多雨的气候条件，充分利用肥沃的土地，种植两熟或三熟稻。唐代徐坚《初学记》引《广志》曰："南方地气暑热，一岁田三熟：冬种春熟，春种夏熟，秋种冬熟。"东晋俞益期在《与韩伯康书》中谈到九真、郁林一带，"名白田，种白谷，七月火作，十月登熟；名赤田，种赤谷，十二月作，四月登熟。所谓两熟之稻也"。

秦汉时期骆越耕种技术的进步，还表现在中耕施肥方面。在广西贵港罗泊湾一号汉墓中曾出土一块木牍，上记有称为"铫"的农具。从《战国策·秦策》"无把铫推耨之劳，且有积粟之实"及宋鲍彪所注的"铫，耘田器，耕耨器"可知，"铫"是一种耘田工具，说明当时骆越的稻作农业生产已经脱离了火耕水耨、广种薄收的原始耕种方式，逐步走向深耕细作，并重视田间管理。除耕田外，骆越还重视对水稻的施肥。在战国时期，中原地区已流行给种植的作物施肥。正如《孟子》中所云，"终年粪其田"；《氾胜之书》中有"以溷中熟粪粪之亦善"的记载，说明战国时期中原地区已经懂得将牲畜粪便堆沤发酵后施于田，以增强田地的肥力，便于作物吸收，达到增产的目的。秦汉时期，随着大批中原人迁居岭南，中原地区沤肥施田的方法传入岭南骆越地区，并为骆越所采用。当时岭南骆越流行修建"人居楼上，牛豕羊蓄其下"的干栏式建筑。这种建筑形式既有利于人们居住，又便于积蓄牲畜粪便。将牲畜粪便加以堆沤发酵后施于田，可增加土地的肥力，有利于促进稻禾生长和粮食增收。

五、粮食产量的提高与剩余粮食的储藏

　　关于骆越时期的耕地面积和粮食产量问题，因年代久远，史籍缺乏记载，故已无法确知，我们只能根据当时的人口并参考中原地区的粮食亩产量来估计。秦汉时期中原地区的粮食单位面积产量还比较低，"百亩之收不过百石"，折合现在的亩制和衡制，大约是亩[①]产70千克左右。据《汉书·地理志》记载，西汉时期岭南地区南海、苍梧、郁林、合浦、交趾、九真、日南七郡入籍的人口共1372290人（因为汉王朝在岭南实行"以其故俗治""毋赋税"政策，所以应该有许多边远山区人口未登记入籍）。另据《汉书·西南夷两粤朝鲜传》载，南越王赵佗曾言："老夫身定百邑之地，东西南北数千万里，带甲百万有余。"其所言之"带甲百万有余"，很可能是夸张之词，但不会是无限的夸张。因为秦始皇曾调遣数十万大军进攻岭南，统一岭南后，他为了巩固在岭南建立的政权，防范岭南越人的反抗，曾把南征的大批军队留守岭南；同时还命大批中原人南迁"与越杂处"。秦朝灭亡后，赵佗据关自守并建立南越国，这些留守岭南的军队将士和南迁的中原人自然难以北返。赵佗为了建立南越割据政权，派遣亲军击并南海郡、桂林郡、象郡三地，并派遣精兵强将镇守通往内地的险关要隘。因此，赵佗称其拥有数百万之众是完全可能的。汉元鼎六年（公元前111年），汉武帝派遣20万大军，乘楼船顺江而下，直捣赵氏南越国政权中心番禺（今广州市），一举扫平南越国。是时，"粤桂林监居翁谕告瓯骆四十余万口降"，可见当时骆越地区居住人口的众多。如果按照西汉末年成书的《氾胜之书》记载的数据来折算，当时人均年消费粮食大约240千克；也就是说，要耕种三四亩田地才能养活一个人。如果考虑到当地水稻的单位面积产量通常要比中原的小麦亩产略高的话，那么要供给生活在这块土地上的几十万人口的粮食，就需要种植二三百万亩，可见当时骆越地区开垦的土地面积已很大，各江河流域的平峒或河谷地带都得到了不同程度的开发。

---

　　①亩为非法定计量单位，1亩≈667平方米。

　　关于秦汉时期骆越地区水稻的产量，还可以从考古资料中得到印证。在古骆越分布的今中国广西贵港、合浦及越南河内、清远、河东等地的汉代墓葬中，出土了许多滑石、陶制或铜制的仓或囷建筑模型。这些仓或囷虽形制不同，但多属于干栏式建筑，下有立柱，底层架空，上层或呈圆形，或呈长方形，三面密封，前面开设一小门，悬山顶。如合浦县望牛岭西汉晚期墓出土的铜仓模型，悬山式垄瓦顶，左、右、后三面密封，前面中间开设一门，门前设有遮阳避雨的回廊，廊前设有栏杆；仓底下立4根圆柱，将仓体托离地面（图3-12）。[①]在梧州云盖山东汉墓出土的一件用滑石雕凿而成的粮囷模型，囷体呈圆筒形，顶盖呈斗笠形，囷体一侧设有一小门，门侧有长方形小孔，是插封门横杠的栓眼；基座为四方形，其底下有4根棱柱将囷体顶离地面（图3-13）[②]。骆越为了妥善储存粮食并留下第二年播种的谷种，以保证正常的生活与生产需要，特别注重对粮食的储藏。骆越地区发现的汉代粮仓和粮囷模型，虽然是一种明器，但显然是当时当地居民流行修建和居住干栏式建筑的真实反映。他们从居住的干栏式建筑的经验出发，将储藏粮食的仓囷也建成干栏式，用桩柱将仓体托离地面，这种仓囷结构显然是为了适应岭南多雨潮湿的气候条件，防止储存的粮食受到地面潮气或雨水的侵蚀而产生霉变。由于仓体离地悬空，且用木板构成，具有干燥通风的特征，因此有利于粮食的长久保存。此外，骆越工匠将仓体建成密封式，同样是为了有效地保存粮食，防止鼠、蚁等对粮食的损害。骆越地区出土的仓囷建筑模型不仅数量多，而且形制独特，功能优良，说明当时骆越地区生产的稻谷不仅可以满足人们日常生活需要，而且还有一定数量的剩余，并储存于专门修建的仓囷里。这些粮仓或粮囷模型的发现，从侧面反映了当时骆越地区稻作农业的发展情况。

---

①广西壮族自治区文物考古写作小组：《广西合浦西汉木椁墓》，《考古》1972年第5期。
②广西壮族自治区文物管理委员会编《广西出土文物》，文物出版社，1978。

图 3-12　广西合浦汉代墓葬出土的铜制干栏式谷仓

图 3-13　广西梧州汉代墓葬出土的滑石干栏式谷仓

　　总之，秦汉时期，骆越地区的稻作农业生产无论是耕种面积、耕作技术，还是稻谷产量，都有了前所未有的发展与进步，这是骆越和南迁的中原人辛勤劳动、共同努力的结果。稻作农业的发展，不仅为骆越社会经济和文化的发展奠定了物质基础，而且进一步充实、丰富和拓展了骆越稻作文化的内涵，无论是物质性文化、制度或行为性文化，还是观念性文化，都被赋予了新的内容、新的质态，提升了骆越稻作文化的品质。

第四节　骆越稻作文化的深远影响

商周至秦汉时期形成和发展的骆越稻作文化，是承前启后、继往开来的一种文化形态，即前承先商时期原始先民开创的稻作文化模式，后启东汉以降骆越后裔乌浒、俚、僚及壮侗语族的稻作文化，是骆越因地制宜、艰苦奋斗、勇于开拓、富于创造的结果，凝聚着骆越人民的勤劳与智慧。因此，骆越开创的稻作文化，是对世界文明做出的重要贡献，对丰富和促进中华文明的发展，促进骆越后裔稻作文化的持续发展，有着积极而深远的影响。

一、骆越地区的自然条件和社会环境促成了稻作文化的形成与发展

自古以来，中国就是一个农业大国，历代封建王朝都奉行以农为本、以农立国、以农兴国的政策，重视、鼓励发展农业生产。中国又是一个幅员辽阔、民族众多的国家，各地地理环境和气候条件差异较大，其植物种类及生长特性不尽相同，与之相适应的生产方式自然不同。如中原地区地势平旷，气候寒冷，降水量相对较少，适合种植耐旱耐寒的粟麦类作物；西北地区属高原高山高寒地区，适合种植耐旱和耐寒的青稞类作物；南方地区气候炎热，光照充足，雨量丰沛，水源丰富，适合种植稻谷类作物。居住在岭南地区的骆越先民在长期的社会生活中，逐步认识和掌握了当地自然环境与气候条件的特点，开辟了与当地自然环境相适应的稻作农业生产与生计模式，开创了独具特色、内涵丰富的稻作文化，使岭南成为世界上最早种植水稻的地区之一。商周之后特别是秦汉时期，骆越对比前期的稻作农业，无论是在耕种面积，还是在耕种技术等方面，都有了新的发展与进步。

骆越地区稻作农业的起源与发展，具有天时、地利、人和之利。天

时，是指骆越地区的气候条件适合水稻的种植，有利于发展稻作农业生
产。如前所述，骆越地区大部分处于亚热带，部分地区（海南岛）处于热
带，气候炎热，光照充足，雨量丰沛，适合野生稻的生长和水稻的种植，
适合发展稻作农业生产。在古骆越分布的今中国广西西南部、广东西部、
海南岛及越南北部，一直是野生稻分布密集之地；而野生稻是人工驯化栽
培稻的根本来源。骆越先民正是在长期的采集活动过程中，逐步认识了
野生稻的特性和生长规律，将之驯化成人工栽培稻，这标志着原始稻作农
业的萌芽与产生。地利，是指骆越地区属喀斯特地区，喀斯特地貌发达，
境内群山起伏，丘陵绵延，江河横流。在山岭之间，形成一条条狭长的河
谷或小盆地。在河谷或盆地中，由于雨量丰沛，水源充足，植被繁茂，土
地松软、湿润、肥沃，稍加开垦筑埂，就可形成水田，适合种植水稻。人
和，就是安定的社会环境。商周直至春秋战国及秦汉时期，中原地区社会
持续动荡不安，包括商周时期无休止的相互攻伐；战国时期的诸侯争霸，
相互兼并，秦始皇相继平定六国的战争，秦朝末年的陈胜吴广起义乃至群
雄逐鹿、惨烈的楚汉战争，使中原人民饱受战争蹂躏和社会动乱之苦，社
会经济遭到极大摧残。而远离中原的岭南越人社会相对较为安定。尽管秦
朝初年秦始皇调集数十万大军发动统一岭南战争时，爆发了长达六七年的
秦瓯之战，以及汉武帝派兵平定南越国的战争，但这两次战争主要不是在
骆越聚居地进行，如秦瓯之战主要发生在今桂北地区的资源、兴安和全州
一带；汉武帝平定南越国之战主要发生在番禺（今广州）一带。因而，骆
越居住的今中国广西西南部、广东西部、海南岛及越南北部地区，在西汉
以前基本上没有发生过规模较大的战争。[①]社会的安定，是社会经济和文
化发展的基本条件，为骆越地区社会经济和文化的稳定发展创造了有利的
条件。特别是到了秦汉时期，随着大批中原人的南迁，中原先进的生产工

---

①只是到了东汉建武十六年（40年），交趾郡（治所在今越南河内）因征侧之夫诗索被交
趾太守苏定处死，征侧、征贰姐妹愤而率众举行反抗斗争，攻占交趾郡治，自立为"征王"，攻
城略地，杀官劫库，岭南震动。光武帝刘秀下诏令长沙、合浦、交趾郡制造车船，修筑道路、桥
梁，储备军粮。建武十八年（42年），派伏波将军马援率领两万大军、大小楼船两千多艘，水陆
并进，前往镇压。经过近一年的艰苦征战，"二征"的反抗斗争终被平息。

具和生产技术传入并被骆越推广使用，加快了骆越稻作农业及稻作文化的进一步发展。

二、骆越稻作文化的世界意义

水稻是世界三大主要粮食作物之一。大约在10000年以前，原始人类已经懂得将普通野生稻驯化成人工栽培稻，这是人类第一次通过人工培育改变植物（即野生稻）的基因结构，使野生稻变成可栽培、种植和食用的粮食作物，是人类的一项重大发明，标志着人类不再单纯地攫取自然界中的食物资源，开始了物质生活资料的再生产，这在人类农业发展史上具有划时代的意义，对解决人类生活所需的粮食，保证人类的生存与发展，具有十分重要而深远的意义。骆越是世界上最早种植水稻的民族之一，随着历史的发展，骆越水稻及其种植技术逐步向周边地区传播，使水稻种植范围不断扩大。随着骆越及其后裔向西迁徙进入东南亚地区，水稻的种植也随之传入东南亚地区。后来，日本、朝鲜半岛、欧洲南部地中海沿岸、美国东南部、中美洲、大洋洲和非洲部分地区也开始种植水稻。也就是说，除了南极洲之外，世界上大部分地区都种植水稻，以稻米为主食的人约占世界人口总数的一半以上。大量资料证明，骆越地区是稻作农业的重要起源地，骆越是最早懂得将普通野生稻驯化成人工栽培的族群之一。骆越这一具有世界意义的开创，是人类文明的重要成果，也是骆越对人类文明做出的重要贡献。

三、骆越稻作文化在中华民族多元一体文化中的地位与作用

自古以来，我国幅员辽阔，民族众多，自然环境复杂，决定了人们生产方式的多样性，这是人类认识和顺应自然的结果。北方和南方的自然环境和气候条件不同，其经济生活方式和文化类型也不同。历史上，除西北草原民族的畜牧业、青藏高原民族的青稞农业、滨海（江或湖）民族的渔

业和山地民族的狩猎业之外，我国主要有两大农耕文化类型，即北方中原地区的粟或麦农耕类型和南方地区的稻作农耕类型。南方主要是指长江中下游及其以南至岭南地区。在距今七八千年的新石器时代，长江中下游及其以南至岭南地区就已出现了人工栽培稻的种植，这标志着原始稻作农业的产生。然而，春秋战国之后特别是秦汉时期，随着秦汉王朝相继建立统一的政权，大批中原人向南方迁徙，中原文化如同滚雪球般大举向南传播，居住在长江中下游乃至东南沿海地区的越族诸支系及其文化逐渐与中原文化融合，越族诸支系亦逐渐融入汉族之中，其原有的传统文化（包括稻作文化）逐渐被中原文化涵化而消失，唯有岭南越族（包括西瓯、骆越或南越）无论是在族体还是文化习俗上仍然较为完整地保留了下来。特别是地处岭南西部地区的骆越，由于地理位置、自然环境及秦汉封建王朝统治势力鞭长莫及而实行的"以其故俗治"羁縻政策，虽然也有中原汉族迁入并受到中原文化的影响，但相对于居地广阔、人口众多的骆越及其积淀深厚的文化而言，中原人的迁入及中原文化的传入，并未能从根本上改变骆越部族的主体结构和文化格局。因此，无论是居住在原居住地的骆越及其后裔，还是西迁进入东南亚地区的骆越及其后裔，其传统文化一直保存并传承了下来。特别是稻作文化，从其形成以来就一直保持着鲜明的地方特色和民族特色。秦汉时期，随着稻作农业的发展，其稻作文化被赋予了新的载体与内涵。春秋战国至秦汉时期，长江中下游乃至东南沿海地区百越诸支系的稻作农业已经成为其主要的生计方式，并形成了各自的稻作文化。由于地理位置、自然条件、民族及文化形态的不同，其稻作文化亦各具特色。骆越稻作文化，包括耕作方式、耕种技术、耕种习俗、灌溉方式、稻作信仰、稻谷储藏及一系列相应的稻作语言称谓、稻米饮食习惯等，都具有鲜明的地方特色和民族特色。因此，骆越不仅开创了稻作文化的先河，奠定了稻作农业发展的基本格局，在我国农业发展史上具有重要地位，而且其稻作文化在历史悠久、源远流长的中华民族多元一体文化格局中独树一帜，占有重要地位，为开创、丰富和发展中华民族的灿烂文化做出了积极贡献。

四、骆越稻作文化的深远影响

　　骆越稻作文化的形成和发展，是其民族稻作农业产生与发展的成果，是骆越先民在长期的社会生活和生产过程中，认识自然、顺应自然、充分利用自然资源，富于创造、不断积累、不断提升的文化成果，在中国乃至世界文明发展史上都占有重要地位，对后骆越时代岭南地区乃至东南亚地区壮侗语族稻作农业及其文化的发展，都产生了深远的影响（图3-14至图3-17）。

图 3-14　骆越后裔壮族耕作稻田

图 3-15　骆越后裔壮族在插秧

图 3-16　骆越后裔壮族的梯田

图 3-17　越南稻田

　　如前所述，源远流长的骆越稻作文化，是骆越在长期的社会发展过程中形成和发展起来的，不仅是骆越文化的核心，凝聚着骆越人民的勤劳、智慧和开创精神，更是骆越社会发展的物质基础和力量源泉；在骆越及其后裔的历史发展过程中，具有承前启后、继往开来、开拓创新的作用。秦汉时期，骆越的稻作农业及其文化进入了繁荣发展的新时期，特别是铁制工具、牛犁耕作方法的推广使用，优良稻种的培育与引进、中耕施肥等，以稻米为主食的饮食习惯，以及为祈求风调雨顺、稻作丰收而产生的雷神崇拜、蛙神崇拜、水神崇拜等宗教信仰，奠定了后骆越时代稻作农业发展的基本格局和文化模式。在后骆越时代长达数千年的社会经济发展过程中，骆越后裔乌浒、俚、僚及壮侗语族一直传承着其先民开创的稻作生产方式和文化模式，使其民族的社会生活主要是围绕稻作农业而进行。因为其稻作文化具有很强的稳定性、传承性、创新性，所以骆越及其后裔的其他文化，包括服饰文化、居住文化、饮食文化、宗教文化、节日文化、歌舞文化等，都与稻作文化密切相关，或可以说是由稻作文化衍生出来的。

第四章 · 骆越干栏文化

干栏为一种居住建筑类型，因此干栏文化属居住文化范畴。"干栏"一词，来源于古代壮侗语［gran^2］，直译是"房子（干栏式）"，其意是建在木构栈台上的房子。这种房子分上下两层，上层住人，下层圈养牲畜；后来又在居住层上增加半层式阁楼，用来放置粮食或杂物。现在，"干栏"已经成为中国传统建筑学中一个专用名词或建筑类型。骆越干栏文化是以干栏式建筑为载体，以构建技术、居室布局、居住习俗及其信仰观念为内涵的文化系列，它涵盖了广义文化的物质性、制度性和观念性文化，是骆越文化的重要组成部分，也是骆越最具特色的文化成就之一，并且具有独立的起源和发展历史。

第一节　自然环境决定建筑文化类型

人类建筑及其文化形成与发展的规律证明，自然环境和气候条件决定居住建筑形式及其文化类型。人们在特定的自然环境和气候条件下居住生活，自然会形成与之相适应的建筑形式及其文化类型，并且其生产方式与自然环境也有着密切的联系，这是人类认识自然、顺应自然的结果。

就我国的自然环境、气候类型及其区域而言，建筑文化可分为五类：①热带季风气候类型——海南岛、云南南部、广东雷州半岛及台湾南部；②亚热带季风气候类型——秦岭—淮河以南、青藏高原以东，包括长江中下游地区及江南、岭南、东南沿海地区；③温带季风气候类型——大兴安岭以东，包括东北、华北及黄土高原；④温带大陆性气候类型——大兴安岭以西、内蒙古高原、新疆及甘肃、宁夏等地；⑤高山气候类型——青藏高原、天山、阿尔泰山等地。而就自然地理环境而言，建筑文化又可分为平原或草原地区类型、石山丘陵地区类型和滨海地区类型三大类。不同的自然地理环境下，分别形成与之相适应的生产方式，如平原丘陵地区的农业、草原地区的畜牧业和滨海地区的海洋渔业。

　　在不同的自然环境、气候类型及生产方式下，会各自形成与之相适应的建筑形式及其文化类型。依据我国自然环境、气候类型及生产方式的显著特征，可以简单划分为北方、草原、南方和滨海四大类型。

　　北方地区：属温带季风气候类型。因地势平旷，气候寒冷，少雨干燥，风沙较大，故其修建的居住房屋相对较低矮，墙体厚实，窗户也相对较少且小，前后屋檐及屋顶皆密封，具有良好的御风雪防严寒的功能。而在北方地区发现的仰韶文化、姜寨文化类型的新石器时代中期遗址里，发现的房屋遗迹皆为半地窖式，应是原始先民为适应北方寒冷的气候而修建的。

　　草原地区：我国草原主要分布在西北地区，属温带大陆性气候类型。地势平旷，气候寒冷，少雨干燥，土质沙化，不宜耕种，但草类繁茂，适合发展畜牧业。聚落房屋与北方地区相似，普遍较为低矮和封闭，以防御风雪严寒。而广袤草原逐水草而牧的牧民，其房屋采用以竹木条为构架，以羊毛毡围裹而成的既利于防御风雪严寒、又便于随时拆迁的蒙古包，形成了西北草原游牧民族独具特色的一种建筑形式。

　　南方地区：长江以南特别是骆越分布的岭南地区，属亚热带季风气候类型。其地山重水复，气候炎热，光照充足，雨水丰沛，土地湿润，适合发展稻作农业。自古以来，南方百越民族特别是岭南乃至海南岛的骆越地区，为适应气候炎热、地面潮湿的自然环境，修建和居住的房屋普遍高敞，前后屋檐下通透，屋顶小瓦间隙透气，具有良好的通风透气性。当地流行高脚式干栏式建筑，人住上层楼，下层圈养牲畜，形成具有鲜明地方民族特色的干栏文化类型。又因南方民族主要从事稻作农业生产，为了方便生产和生活，形成了依山傍水，近田而居的生活模式。

　　滨海地区：我国自东北至东部以至南部，有近300万平方千米的海域和长达32000千米的海岸线。其中的大陆海岸线，从东北部的鸭绿江口至广西东兴的北仑河口，长达18000千米。因台风频繁，风急浪高，居住在滨海一带的居民的房屋大多较低矮窄小，屋脊多做灰沙包裹，瓦顶多使用石块垫压，以防台风吹移，形成了具有滨海特色的建筑文化类型。

　　综上所述，特定的自然环境会出现与之相适应的建筑形式，形成具有

鲜明地方特色的建筑文化,这是人类认识自然、顺应自然和创造精神的体现。世界民族及其生产方式的多样性,造就了文化的多样性;而自然环境的多样性,造就了世界建筑文化的多样性。

第二节　骆越干栏文化溯源

　　干栏式建筑及其文化的产生,是骆越社会发展到一定历史阶段的产物,并随着其民族的发展而不断发展着。由离地而居的木结构干栏式建筑及居住习俗构成的干栏文化,是骆越丰富多彩、独具特色文化的重要组成部分。骆越干栏式建筑是骆越先民在长期的社会生活中,为适应当地炎热多雨、地面潮湿、猛兽纵横的自然环境而创造的一种具有鲜明地方特色的居住建筑形式,其历史悠久,源远流长。骆越干栏式建筑及其文化经历了从无到有、从低级到高级、从原始简陋到日益规整完善、从功能单一到功能多样的发展过程。骆越干栏式建筑及其文化的早期历史,可以追溯到史前时期的新石器时代。

　　根据考古学的研究,大约在新石器时代早期阶段,随着社会生产力的逐步提高,原始农业开始产生,原始居民的生活来源有了一定的保障,其活动范围也逐步扩大。于是,骆越地区的原始居民逐步走出前期赖以栖息的天然山洞,来到河谷或临近水源的耕作区居住,逐步过上了相对稳定的定居生活。骆越先民很可能是在长期的狩猎活动中观察到鸟类在大树上筑巢栖身得到启示,于是根据当地森林遍野、古树参天的自然条件,采集树枝和阔叶类植物的枝叶,在粗大的树杈上搭建可遮风避雨的寮棚以栖身。在树杈上使用树枝构筑寮棚居住的形式和方法,与鸟类在树上筑巢栖息的方式极为相似,故史书称之为"巢居"。如《韩非子·五蠹》篇中云:"上古之世,人民少而禽兽众,人民不胜禽兽虫蛇。有圣人作,构木为巢,以避群害。"《庄子·盗跖》亦云:"古者禽兽多而人少,于是民皆巢居以避之，昼拾橡栗，暮栖木上，故命之曰'有巢氏之民'。"晋人张华《博物志》则云："南越巢居，北溯穴处，避寒暑也。"这种"巢居"的营造和居住形式，应是骆越地区早期干栏式建筑的雏形，标志着人工营造离地而居的住所的产生。这种"巢居"还不是严格意义上的干栏式建筑，它只是利用树干为依托，在树权间用木材或阔叶类植物搭起的简陋"房屋"（图4-1）。这种依树构木为巢、离地而居的方式，既可以避雨遮阳，又能防潮避瘴气，还能防止野兽的伤害。这样的"巢居"虽然原始简陋，但已显示出其良好的实用功能。有学者认为，"巢居"在建筑学上的重要意义并不亚于现代的摩天大楼，因为它是骆越先民第一次从自然空间到人为空间的跨越，第一次完全依靠自己的双手，使用草木等材料营造的可供栖息的一种实体空间——房屋，"是第一次在强大的有害的自然力与其自身之间筑起最初的一道屏障；第一次从异己的、神秘莫测的人为空间中划出一个人为的空间，属于人的空间，确立人在自然界的一种空间秩序，以满足居住生活的需要及由此而带来心理上的安全感"[①]。它向着人工营造的完全意义上的干栏迈出了具有深远意义的关键一步。

图4-1　云南佤族的"巢居"

---

①蒋高宸：《云南民族住屋文化》，云南大学出版社，1997。

到了新石器时代中晚期，随着原始农业的发展和耕种面积的逐步扩大，先民的居住形式也随之发生变化。原先依树构木为巢的居住方式已经不能适应农业发展和居住生活的需要，于是先民开始在耕作区附近的地面上埋柱架檩建造干栏式建筑居住。考古工作者先后在骆越地区的新石器时代遗址里，发现了居住建筑的遗迹——柱洞和木桩。如在中国广西钦州独料遗址、邕宁顶蛳山遗址，广东高要茅岗遗址及越南义立遗址里，均发现有与居住建筑有关的柱洞和木桩遗迹。独料遗址和顶蛳山遗址发现的柱洞，直径、深各12～15厘米，有的柱洞底部有红烧土遗迹。越南永福省永祥县义立遗址发现与房屋建筑有关的柱洞近200个。据观察，这些柱洞很可能是遗址的居民构筑离地而居的干栏式建筑时所埋的木柱腐朽后留下的。广东高要茅岗遗址则发现有干栏式木构建筑（图4-2），共三组，平面为长方形，分左右两排竖木柱，间距为1.7米。其中一组建筑残存木柱14根，左排6根，右排8根，柱距0.7～1.4米不等，两排木柱相距约1.7米。木

图4-2　广东高要茅岗新石器时代干栏式建筑遗迹

柱多有凿榫，榫眼中穿套圆木条，构成梁架和居住面，用树皮板、茅草铺垫居住面或铺盖房顶。[①] 这是骆越地区发现的资料最丰富的干栏式建筑构件遗存。从广东高要茅岗遗址发现的干栏式建筑构件遗存可知，先民在树杈上"构木为巢"的基础上，为了适应农业发展的需要，开始在耕作区附近营造定居的聚落。他们砍伐木料，立柱架楹，编竹苫茅，建成离地而居的干栏，完成了从"构木为巢"到平地上修建干栏式建筑的突破与跨越，标志着真正意义上的人工造屋的产生。

从中国西南乃至东南亚地区一些原始民族修建干栏的过程与方法，可以了解史前时期先民构建干栏式建筑的过程与方法。建造时，先在平地上挖出4~6个直径约20厘米、深约40厘米的土坑，坑底用石块支垫，以防止立柱因承载屋体的重量而下沉；然后把经过修整的直径约15厘米、长约3米的木料插立于土坑内，形成干栏的木柱，再用石片夹杂泥土填实。在木柱上端和中端，往往保留有树干的枝杈口，可以把横木直接架在杈口上，作为干栏的横梁；然后在横梁上架设纵向的竹木条，编竹苫茅以盖顶和围挡四周，再用木条并列铺楼层，屋顶为单斜坡或双斜坡，一座简约的木结构干栏便建成了。人居住在上层，下层圈养牲畜或堆放杂物。这种结构的干栏虽然简陋，但实用，可满足一家四五口人的居住需要。这种原始形态的干栏形式，在骆越地区延续了相当长的时间，从新石器时代一直延续到后骆越时代。直至近现代，骆越后裔仍保留有原始形态的干栏式建筑。中国南方地区的壮侗民族及越南岱依族、侬族、傣族，泰国泰族，老挝的老龙族和缅甸的掸族乡村中，这种结构简易、可遮阳避雨、防潮的干栏式建筑仍随处可见。

综上所述，骆越地区干栏式建筑及其文化源于史前时期的"构木为巢"，随着原始农业的产生与发展，先民开始伐木为柱，在地面上埋柱架楹，编竹苫茅，建成茅棚式的干栏。其干栏底部架空，人居上层，标志着真正意义上的干栏式住屋的诞生。

[①] 杨豪、杨耀林：《广东高要县茅岗水上木构建筑遗址》，《文物》1983年第12期。

第三节　骆越干栏文化的发展

　　骆越干栏文化是一种承前启后、继往开来的文化类型，既继承了史前先民开创的原始干栏；至秦汉时期，又随着铁制工具的使用和建筑技术的提高，干栏结构有了很大的改进与发展。干栏式建筑无论是材料的使用，还是在建筑结构和居住功能上，都为后骆越时代干栏式建筑及其文化的进一步发展奠定了良好的基础。

　　秦汉时期是骆越干栏式建筑及其文化发展的重要时期。这一时期，随着秦汉封建王朝统一了包括骆越在内的岭南地区，大批中原人进入岭南，不仅带来了先进的中原文化，也带来了包括先进生产工具和劳动力在内的生产力，有力地促进了岭南社会的发展。铁制工具的日益广泛使用，为木料的采伐和建筑构件的加工创造了条件。因此，这一时期也是岭南骆越干栏式建筑发展的重要时期，无论是营造技术还是建筑形式、建筑结构及居住功能，都有了很大的进步。目前，在中国广西梧州、贵港、合浦，广东及越南等地的汉代墓葬里，出土了许多具有鲜明地方特色的各种形式的干栏式建筑模型（图4-3至图4-4）。秦汉时期流行厚葬之风，凡帝王、官宦或贵族死后，不仅把其生前使用的各种用具随葬，而且还专门用铜或陶塑成各种模型器或俑，如车马、将士、工匠、侍女、灶井、房屋等，用来给死者随葬，意在让死者在另一个世界继续享用，以显示其显赫的权力、地位或富贵的身份。地处岭南的骆越地区也受中原厚葬之风的影响，凡达官显贵之人死后均厚葬，不仅墓穴宽大，有棺有椁，而且随葬物种类和数量众多，制作工艺精湛。骆越分布的今中国广西西南部、广东西部和越南北部地区，汉代分设郁林、合浦、南海、交趾、九真、日南等郡。在各郡治所附近，分布着数量众多、规模宏大的汉代墓葬群。墓葬里出土的各种铜、陶或滑石制成的各式房屋模型明器，便是种类繁多的模型明器中的一种。在出土的各种房屋、城堡、院落等建筑模型明器中，干栏式建筑模型特别引人注目，也最具有地方特色，为我们了解汉代骆越地区流行的干栏式建筑结构和干栏文化的发展提供了翔实的资料。

图 4-3　广西合浦汉代墓葬出土的陶制干栏模型

图 4-4　广东汉代墓葬出土的陶制干栏模型

　　在出土的干栏式建筑模型中，以居住的房屋居多，也有专门用于储藏粮食的仓或囷。如广西合浦县望牛岭汉代墓葬中出土的一件干栏式铜屋模型（图4-5），长79.3厘米，宽42.7厘米，通高37.3厘米。房屋结构为一开间一进间，底部前后各有2根高4.3厘米的柱子，立柱上构成一个平台，平台上为房屋建筑体，高33厘米，面阔69.5厘米，进深25.5厘米。前面正中开设一双扇门，门上设有门环，门下设有凸起的门槛。顶部为双斜坡悬山

图 4-5　广西合浦汉代墓葬出土的铜制干栏模型

顶，前后各有12道瓦垄。四面为封闭的墙体，墙体上有纵横凸起的"十"字形板状痕迹。前檐大门两边设有走廊，走廊前沿有二横一竖式的栏杆。合浦县黄泥岗汉代墓葬出土的一件铜制的干栏式建筑模型，通高54厘米，面阔58厘米，进深42厘米。屋体呈长方形，双斜坡悬山顶，前后各有9道瓦垄；前面中间开设一门，单扇门上设有门环；四面墙体为封闭状。底部前后各有2根粗壮的栉状立柱支撑屋体，使房屋底部悬空。合浦县风门岭四号汉墓出土有一件陶制的干栏式建筑模型，平面略呈正方形，为一开间一进间，双斜坡悬山顶，大块板瓦垄清晰可辨；前面正中开设一门，门前为与房屋面同宽的院落，外沿有透孔的半腰式围墙。底部前后各有2根粗方形短柱。梧州市云盖山一座汉代墓葬里出土了一件以滑石雕刻而成的干栏式谷囷模型，囷通高31厘米，分仓顶、仓体和基座三部分。顶部呈圆伞形；仓体为筒柱形，一侧中上部开设一个内凹的方形小门，供平时放入或取出谷物；底座呈四方形，四角各有一根粗矮的柱子。这种干栏式谷仓建筑模型构造合理，结构巧妙。根据民族学的考查，壮族先民在居室外修建谷仓用于存放粮食，主要是为了保证在住房失火时粮食不受损失。仓底以立柱架空而离开地面，可有效减少因地面潮湿或鼠类对仓内谷物造成的损害。直到现在，在壮族民间仍然保留有这种样式的谷仓（图4-6）。

图 4-6 骆越后裔壮族的谷仓

　　从骆越地区汉代墓葬中发现的以各种材质制成的干栏式建筑模型，可知秦汉时期岭南骆越地区流行修建和居住这种离地而居的干栏式房屋，也可以了解当时干栏式建筑的结构和风格特征。这些建筑模型，造型规整对称，结构合理，无论是瓦顶还是四面的墙体，结构严密，风格独特，显示出很高的工艺水平。它们虽然是一种建筑模型，而且是专门为死者陪葬而制作的，但从艺术来源于生活的创作规律来看，这些形态逼真的干栏式建筑模型的原型应来源于现实存在的或当时人们居住的干栏式建筑。这些干栏式建筑模型的发现表明：①秦汉时期，骆越地区流行修建和居住离地而居，具有干燥、通风、安全性高的干栏式建筑。人们不仅活着时居住于干栏式建筑中，而且希望死后仍然能"居住"这种传统的干栏式建筑，说明当时人们对这种适合在气候炎热、多雨潮湿和瘴气浓重的自然环境下居住的干栏式建筑有着很深的依赖和深厚的情结。②铁制工具在建筑营造中的使用，为木料的砍伐、加工和榫卯工艺的采用创造了条件。工匠们营造的干栏具有结构严密、构造合理、造型美观、规整对称的特点，特别是榫卯

工艺在建筑构件上的使用，不仅使建筑结构更加紧密、牢固，还可以有效
提升房屋的高度和跨度，这是木构建筑技术的革命性进步，反映出骆越的
干栏建造技术已达到了较高水平，无论是建筑结构、建筑工艺水平，还是
门窗、栏杆的设置等方面，都奠定了后来的干栏式建筑形式的格局。③在
建筑材料上，当时已经出现用烧制的瓦来覆盖房顶。这是一项新材料在建
筑上的使用，使房屋具有防风防雨、坚实耐用的优良功能，是建筑发展史
上的一项新突破，反映出骆越干栏式建筑已经脱离了原始干栏式建筑的模
式，无论是营造技术还是建筑结构乃至居住功能，都发生了质的变化，并
且对后来干栏式建筑的发展产生了巨大而深远的影响。

　　以干栏式建筑为载体的骆越干栏文化，随着干栏式建筑技术的进步和
新的建筑材料在干栏建筑上的使用，特别是专门制作干栏式建筑模型明
器用于随葬，为骆越文化的物质性、制度性和观念性文化增加了新的内涵
与元素，使得干栏文化更加丰富、更富有时代特征和地方民族特色，标志
着干栏文化新的发展。

第四节　骆越干栏文化的深远影响

　　衣食住行是人类生活的基本需要。在远古时代，岭南骆越聚居地自然
环境险恶，气候炎热，雨水丰沛，土地湿润，植被繁茂，不仅猛兽横行，
而且瘴气浓重，对人们的生存特别是安全和健康构成了极大威胁。离地而
居的干栏（图4-7至图4-13），是骆越先民为适应当地的自然环境、确保
自身的居住安全而修建的一种具有鲜明地方特色的居住建筑，对骆越的生
存与发展具有重要作用，同时对后骆越时代的岭南乃至东南亚地区干栏文
化的发展也产生了重要而深远的影响，丰富了中华民族建筑文化的形式和
内涵。

图 4-7   壮族干栏

图 4-8   侗族干栏

图 4-9　毛南族干栏

图 4-10　傣族干栏

图 4-11　岱依族（越南）干栏

图4-12　老龙族（老挝）干栏

图4-13　泰族（泰国）干栏

　　从新石器时代早期骆越先民的"构木为巢"，到新石器时代中晚期在地面上埋柱架楣、编竹苫茅为屋，建造成具有完整意义上的人工修建的干栏式建筑，标志着离地而居的干栏式建筑的产生，也标志着骆越先民干栏聚落区的形成。骆越先民以氏族为单位，在耕作区附近地势较高的岭坡上，修建了一座座以木柱支撑楣梁为骨架，以草帘围盖的离地而居的干栏式建筑。干栏式建筑的人工建造，使氏族成员可以集中居住在聚落里，共同劳动和生活。因此，在地面上修建干栏式建筑，对骆越先民的生存与发展具有重要意义，它不仅满足了骆越先民居住生活的需要，而且可以根据氏族人口的增长需要进行修建。氏族成员共同居住在一个聚落里，既方便

了生活，又有利于氏族成员间相互照顾，特别是对老弱病残成员的保护，避免了因居住分散而遭到猛兽或其他外力的伤害。同时，由于居住在楼上，避免了地面雨水、潮湿或瘴气的侵蚀，有利于骆越先民的健康和生命安全。

春秋战国后特别是秦汉时期，随着稻作农业的发展和铁制工具在房屋建筑中的使用，无论是建筑材料的砍伐，还是建筑构件的加工，不仅效率得到了提高，而且建筑构件的加工日益精细化、规整化，使榫卯工艺运用在建筑中成为可能。从骆越地区发现的秦汉时期的干栏式建筑模型可以看出，这一时期的干栏式建筑结构严密，造型规整，布局对称，特别是榫卯这种新的构建工艺的采用，以及瓦这种新的材料的使用，使干栏式建筑的结构更稳固、更严密，居住也更实用、更安全。骆越先民除构建居住的干栏式建筑外，还修建了专门用来储藏粮食的谷仓，由于仓底悬空，因此有效避免了地面潮湿或鼠类对粮食的损害。正是因为干栏式建筑为骆越在恶劣的自然环境中提供了安全住所，所以骆越对这种功能优良的干栏式传统建筑产生了深深的依赖和深厚的情结，以至于死后也要制作干栏式建筑模型随葬。

由于骆越对这种适合在炎热多雨、地面潮湿环境下居住，功能优良的干栏式传统建筑产生了深深的依赖和深厚的情结，因此骆越工匠不断对干栏建筑的结构和居室进行改进，使其功能日益优良与完善。秦汉时期的骆越干栏，开启了规整式干栏的新时代，奠定了汉代以后骆越后裔干栏式建筑发展的基本格局，使这种具有鲜明地方民族特色、居住功能优良的建筑形式随着其民族的不断繁衍发展而传承下来，同时也为迁居骆越地区的其他民族所效仿。经过数千年的发展与传承，干栏已成为我国独具特色的一种建筑类型，丰富和发展了中华民族多彩的建筑文化。

第五章 · 骆越铜鼓文化

　　鼓者,敲击乐器也。铜鼓者,乃是"铸铜为之,虚其一面,覆而击其上"。其庞大的体量,独特的造型,精美的纹饰,浑宏的音色,使之在种类繁多的鼓类家族中独树一帜,奇特而神秘。根据考古发现,古代骆越分布的中国广西、云南及越南是铜鼓集中分布之地,发现的铜鼓不仅数量多,而且类型丰富。据1980年统计,中国各地官方收藏的各种类型的古代铜鼓共1388面,其中广西500多面,云南150面[①];越南收藏的铜鼓有800多面。中国广西、云南及越南发现的铜鼓,占世界发现的铜鼓总数的85%以上;而民间收藏和使用的铜鼓则难计其数,仅广西河池一带壮族民间收藏和使用的铜鼓就超过2000面。这些发现表明,骆越是最早铸造和使用铜鼓的族群,骆越地区是世界铜鼓文化圈的中心。铜鼓的铸造和使用,标志着铜鼓文化的形成,即以铜鼓及其装饰图像为载体,以铜鼓铸造工艺和铜鼓崇拜为核心,以铜鼓使用习俗为事象,构成了内涵丰富、风格独特的铜鼓文化体系;它集冶炼、铸造、音乐、美术、舞蹈、宗教为一体,是骆越文化中技术含量最高、最为璀璨耀眼的一项文化,在世界文明中也占有重要地位,是研究骆越历史文化的重要实物资料。

第一节　骆越铜鼓文化溯源

　　铜鼓文化是骆越社会经济文化发展的产物,是骆越及其青铜文化的重要组成部分。它伴随着骆越青铜铸造业的出现和青铜文化的形成而产生,又随着骆越青铜文化的发展而发展,其间经历了从低级到高级、从简单到复杂的发展过程。

　　据考古发现和史籍记载,商周时期,居住在岭南地区的骆越人与中原已经有了政治联系、经济交往和文化交流。商周王朝的影响力已跨过长

---

　　①广西、云南各地发现的铜鼓系1980年统计数。此后,两省(区)又陆续发现许多铜鼓。目前中国各地发现并收藏的铜鼓超过2000面;仅云南省文山壮族苗族自治州各市(县)至2004年发现的铜鼓就有138面。

江、越过五岭，到达岭南，至于南海①。岭南骆越人时常向商周王朝贡献
地方特产珍物，如"珠玑、玳瑁、象齿、文犀、翠羽、菌鹤、短狗"②。
随着岭南与中原地区的交往与交流，中原地区的青铜器源源不断地传入岭
南地区，目前在骆越故地的中国广西、广东、云南及越南等地，都发现有
商周时期的青铜器，从礼器的鼎、卣、匜、尊、壶、爵、斝、盉、甗、
簋、罍、钟，到兵器的戈、剑、钺、戟乃至生产生活器具（图5-1至图
5-4），种类繁多，应有尽有。中原地区青铜器的传入，为骆越地区传入
了文明的信息。青铜器优美的造型、精美的纹饰、坚实耐用的品质，自然
会引起骆越人的浓厚兴趣，激发骆越人铸造、拥有和使用青铜器的热情与欲
望。到了西周晚期或春秋时期，骆越人已经掌握了冶铸青铜器的技术，开
始铸造青铜器。骆越地区的中国广西南宁武鸣、百色那坡及越南等地，发现
有春秋战国时期铸造青铜器的模范，这便是骆越人铸造青铜器的明证。在铸
造青铜器之初，主要是铸造个体较小、结构较为简单的实心类器物，如钺、
镞、斧等。随着铸造经验的积累和铸造技术的提高，骆越人开始逐步铸造体
积较大、结构较为复杂的空腔类器物。骆越早期的万家坝型铜鼓就是在春秋
晚期开始铸造而出现的。骆越青铜冶铸业的产生，标志着骆越青铜文化的形
成，铜鼓文化也随之产生。

图5-1　广西南宁武鸣出土的商代兽面铜卣　　图5-2　广西出土的商代提梁铜卣

①《诗·大雅·荡之什》："于疆于理，至于南海"。
②黄怀信、张懋镕、田旭东：《逸周书汇校集注（修订本）》卷七《王会解》，上海古籍出
版社，2007，第915页。

图 5-3 广西出土的春秋时期的神兽铜尊　　图 5-4 广西田东出土的春秋时期的铜钟

　　铜鼓的发展演变轨迹与中原地区的青铜鼎大致相同，经历了炊器—礼器—权力重器—神器的发展演变过程。因所在地域、社会发展程度、民族文化及信仰的不同，骆越铜鼓与中原铜鼎的演变略有不同，即铜鼓的祖型是陶质或铜质炊煮器——侈口圜底釜，然后演变成礼器—权力重器—神器—乐器；而作为权力象征的重器、神器、乐器，则贯穿着骆越铜鼓发展的始终。值得注意的是，汉代以降，中原地区作为礼器、重器或权力象征的铜鼎逐渐消失，而骆越铜鼓则一直伴随着其民族的发展世代传承下来，跨越数千年历史时空，至今仍在骆越后裔中作为祭器和乐器流行使用，故被称为"活着的铜鼓"。

　　骆越铜鼓文化同其他文化一样，经历了从无到有、从初级到高级、从简单到不断丰富的发展过程。大约在新石器时代中晚期，包括今广西、广东及湄公河流域等骆越故地流行烧制和使用一种称为"釜"的陶器。其器多为夹砂陶，侈口圜底，口径15～20厘米，高约20厘米，应是一种炊煮器，也可用作存储的容器。商周至战国时期，陶釜继续流行，其体积逐渐增大，同时出现了铜铸的釜（图5-5）。历史上，因陶釜腹体外弧形成空腔，叩之咚咚之声浑厚悦耳，曾被先民作为乐器使用，敲击以节奏伴歌舞，故《诗经·陈风·宛丘》有"坎其击缶，宛丘之道"之说。早期类型的铜鼓，与倒置的铜釜形状极为相似。如在云南省楚雄万家坝战国至汉代墓葬里，发现有5面早期类型的铜鼓。墓葬出土遗物经碳-14年代测定，其年代为距今2600年左右，相当于春秋早期，是迄今发现的年代最早的铜鼓。因该类型的铜鼓最早在万家坝墓葬里发现，故考古界称之为"万家坝型铜鼓"。在云南省祥云大波那一座木椁铜棺墓里，出土了一面万家坝型铜鼓和一件铜釜，二者形态相似。在中国广西田东和越南东山等地，也都发现有万家坝型铜鼓。这类铜鼓形状与铜釜相似，略为不同的是，铜鼓形体比铜釜高大，鼓面也比弧形的铜釜底面宽平，且鼓面上饰有简单的花纹图像。通过对铜釜的形态、用途与早期铜鼓（万家坝型铜鼓）的比较可以认定，早期的铜鼓应脱胎于釜并由铜釜演变而来（图5-6）。因而，"铜鼓起源于釜""釜是铜鼓的祖型"等观点，已成为许多铜鼓研究者的共识。

图 5-5　铜鼓的祖型——釜

图 5-6　铜鼓的演变

铜鼓出现以后，首先应是作为祭祀礼器或乐器使用；随着社会的发展，逐步演变成权力的象征，为部落首领或贵族所拥有，正如史书所言："有鼓者号为'都老'，群情推服。"①而后又被用于指挥作战或鼓舞士气。正是由于铜鼓的独特作用，特别是在祭祀活动中的功用，赋予了铜鼓神圣的属性，促成了骆越人对铜鼓的崇拜，最终构成了日益丰富、别具特色的铜鼓文化。

第二节　骆越铜鼓文化的发展

大约在商代至周代中期，骆越尚处在原始社会末期的部落或部落联盟时代，即相当于新的社会分期中的古国时代，"高于氏族部落的、稳定的、独立的政治实体"，"早期城邦式的原始国家"②。当时原始稻作农业有了一定发展，但总体上看，其社会生产力尚较为低下，生产工具仍以磨制石器或大石铲为主。各地分布着诸多的部落，有各自的部落酋长或首领。这些部落分布在江河谷地或山间盆地平峒之中，据险自守，各治生业。到了西周晚期至春秋战国时期，随着青铜铸造业和青铜文化的产生，骆越开始进入文明社会，属新的社会分期中的方国时代，即"已是比较成熟、比较发达、高级的国家形态"③。这一时期开始出现阶级分化，农业与手工业分工加快，出现了农业与商业分工，青铜文化及铜鼓文化开始产生。

铜鼓文化的发展，伴随着农业经济和手工业的发展而发展，是骆越社会经济、文化、艺术、宗教全面发展的结果。铜鼓的铸造，包括铜鼓铸造的组织领导、铜锡矿的开采、选矿、冶炼、合金、模范的雕塑（包括精细纹饰的雕刻）、浇铸、焊接等，技术难度大，工艺要求高，工序复杂，需

---

①《隋书》卷三十一《志第二十六·地理》，中华书局，1973，第888页。
②苏秉琦：《中国文明起源新探》，辽宁人民出版社，2009。
③同②。

要多个部门、多个领域及工匠们的通力合作、紧密配合与衔接。因而，铜鼓的铸造是一项系统工程，需要强有力的组织、完善的社会分工、精心的设计、精湛的技术、精致的工艺、精细的雕刻和精准的浇铸，才能铸造出一面面造型别致、通体圆润、结构合理、黄金分割线精准、合金比例科学、音色浑宏的铜鼓。因此，铜鼓文化是骆越文化体系中技术含量最高的一种文化，在世界古代文明之林中也是一枝风韵独具的奇葩。

早期铜鼓以万家坝型铜鼓为主，其体型与鼓面较小，表面粗糙，工艺简单。经过战国时期的发展，到了秦汉时期，骆越铜鼓文化进入了繁荣发展的时期，不仅采用了先进的失蜡法铸造工艺，铸造工艺与技术都达到了很高水平，而且铸造的铜鼓类型多样，造型圆润美观，结构合理巧妙，纹饰繁缛精美，形象生动，寓意丰富深刻。这一时期铸造的铜鼓有石寨山型、北流型、冷水冲型和灵山型等四种类型。其中的石寨山型铜鼓造型最为美观别致，纹饰最为精美；北流型铜鼓体形最为高大；而冷水冲型和灵山型铜鼓装饰的花纹图像最具民族特色。

万家坝型铜鼓：此类型铜鼓及名称源于中国考古界的铜鼓分类法，因其首先在云南省楚雄万家坝出土而得名，属铜鼓的早期类型，铸造年代约为春秋初期至战国早期（公元前8世纪—公元前5世纪）。其特点是从釜脱胎而来，仍保留着釜的形态，体形与鼓面较小，鼓胸膨胀，器表较粗糙，或通体无纹，或只有简单的花纹，反映出早期铜鼓的形态特征（图5-7至图5-9）。此类铜鼓在骆越分布的中国广西、云南及越南均有发现。

图5-7　云南万家坝出土的万家坝型铜鼓　　　图5-8　广西田东出土的万家坝型铜鼓

第五章

骆越铜鼓文化　　139

图 5-9　越南出土的万家坝型铜鼓

石寨山型铜鼓：此类型铜鼓及名称源于中国考古界的分类法，因其首先在云南省晋宁县（今昆明市晋宁区）石寨山出土而得名，属奥地利考古学家弗朗茨·黑格尔《东南亚古代金属鼓》一书中分类的Ⅰ型铜鼓；越南考古界则称之为"东山型铜鼓"，因其最早在越南清化省东山村出土而得名，主要发现于越南北部的永富、河山平、河北诸省。其特点是造型别致，鼓体圆润，曲张自然，线条流畅，铸造工艺精湛。其鼓面大于鼓腰，胸部突出，足部较高。纹饰多为写实性纹样，鼓面中心为圆饼形，周围有序地排列8～12道芒纹，形成光芒四射的太阳图样。主纹为旋飞的鹭鸟，胸部主晕饰人物或划船图像，腰部常有竖直纹带纵分成方格，内以牛或剽牛仪式及羽衣人跳舞图像为装饰（图5-10至图5-13）。此类型铜鼓在中国云南、广西及越南都有发现，在中国四川、贵州及印度尼西亚等地也有发现。其流行时代始于战国初期至东汉初期，前后延续了500多年。

图 5-10　云南石寨山出土的铜鼓

图 5-11　广西贵港出土的石寨山型铜鼓

图5-12　广西西林出土的石寨山型铜鼓　　　　图5-13　越南出土的石寨山型铜鼓

北流型铜鼓：因其首先在广西北流出土而得名，属黑格尔分类中的Ⅱ型铜鼓。其特点是体形厚重硕大，面径最大者165厘米，小的也有50多厘米，其中以70～100厘米居多。鼓面伸出鼓径外，大于鼓胸，部分鼓的鼓面沿下折形成"垂檐"。鼓胸微凸，最大径偏下，略显斜直。鼓腰呈反弧形，胸腰之际以一浅槽分界，附以耳环两对，少数鼓附偏耳，或在两对大耳环之外另附两个小耳环。鼓面和鼓腰纹饰较简朴，除鼓面中心的太阳芒纹外，通体以雷纹为主要特征（图5-14至图5-16）。此类铜鼓主要分布在中国广西东南部、广东西南部及越南北部地区，流行年代为西汉至唐代。

图5-14　广西北流出土的铜鼓

图 5-15　世界上最大的北流型铜鼓

图 5-16　越南出土的北流型铜鼓

灵山型铜鼓：因其首先发现于广西灵山而得名，属黑格尔分类中的Ⅲ型铜鼓。此类铜鼓与北流型铜鼓形制相近，鼓面大于鼓胸，鼓胸较为平直，鼓面花纹精细，多为云雷纹、线纹和鸟纹等。其突出特征是鼓面边沿饰有立体青蛙、牛拉橇、骑士等形象（图5-17至图5-19）。此类铜鼓在中国广西、广东及越南都有发现。其流行年代为公元3世纪的东汉末年至10世纪的晚唐时期。在越南还发现有多件专门用于随葬的明器类微型铜鼓，面径只有5厘米左右（图5-20）。

图5-17　广西灵山出土的铜鼓

图5-18　广西西南出土的灵山型铜鼓

图5-19　越南出土的灵山型铜鼓

图5-20　越南出土的明器类微型铜鼓

冷水冲型铜鼓：因其首先发现于广西藤县横村冷水冲而得名，属黑格尔分类中的Ⅳ型铜鼓。其特点是体形瘦高，鼓体较大，花纹密集而趋于图像化，饰有变形翔鹭、变形羽人和变形龙舟纹（图5-21）。其突出特征是鼓面四周铸有蛙饰和鸟兽、人物等立体造型，奇异多姿，是石寨山型铜鼓的继承和发展，主要分布于中国广西、云南、贵州及越南等地。其流行年代为公元前1世纪的西汉晚期，并一直延续到公元12世纪的北宋时期。

图5-21 广西藤县出土的冷水冲型铜鼓

　　此外，在铜鼓发展系列中，还有遵义型铜鼓、麻江型铜鼓和西盟型铜鼓等（图5-22至图5-24）。遵义型铜鼓以贵州省遵义市南宋播州土司杨桀夫妇墓出土的铜鼓为标准器。其特点是面沿略伸于鼓胸外，面径、胸径、足径几乎相当，腰胸无明显分界线，边沿一般无青蛙塑像，但有蛙趾装饰。纹饰简单，主纹是一种由圆圈和飘带组成的旌旗纹。此类铜鼓在中国贵州、广西、云南及越南等地均有发现；流行时代大约在宋元时期；铸造和使用的民族为骆越后裔僚人。麻江型铜鼓以贵州省麻江县出土的铜鼓为标准器。其特点是体小而扁矮，面径略小于胸径，边沿略伸出胸外，鼓身中部起凸棱而分成上下两节。主晕纹饰多见旌旗纹，有的配以十二生肖等。中晚期鼓或有明清两朝年款和吉语铭文。此类铜鼓分布范围很广，东起湘西，西到云南，南达南海及东南亚地区的越南、老挝、缅甸、泰国等。其流行时代始于南宋，历经元、明、清直到近代。铸造和使用此类铜鼓的民族主要是中国的壮族、布依族、侗族、水族、黎族等民族及东南亚的岱依族、侬族、掸族、老龙族、泰族等民族。西盟型铜鼓以云南省西盟山区佤族使用的铜鼓为代表。其特点是体形高瘦，鼓面宽大，身近直筒形，胸、腰、足无分界标志。此类铜鼓广泛分布在中国云南西南部、广西西部及泰国、老挝、缅甸等地。其流行时代始于唐代中期至清代末期。这些铜鼓的年代相互衔接或重合，主要发现于骆越后裔分布地区，属于骆越铜鼓文化的发展与传承。

图 5-22　遵义型铜鼓

图 5-23　麻江型铜鼓

图 5-24　西盟型铜鼓

　　石寨山型铜鼓、冷水冲型铜鼓、北流型铜鼓和灵山型铜鼓四类铜鼓的铸造年代，都始于秦汉时期。也就是说，在秦汉时期，基于社会经济文化发展的条件和人们日益增长的需要，骆越工匠在春秋战国时期铸造的万家坝型铜鼓的基础上，总结了经验，提高了技术，更新了工艺，扩大了铸造规模，铸造出了类型更加多样、工艺更加精湛、品质更加优良的铜鼓。这一时期的铜鼓，除造型上得到了进一步改进，使其更加合理、圆润、美观之外，在装饰的花纹图像上也有了新的突破：一是花纹图像题材的多样化；二是布局规整有序；三是刻画工艺精细；四是具有鲜明的地方民族特色和深刻的文化内涵。石寨山型铜鼓鼓面上所饰的主纹为一圈展翅飞翔的鹭鸟形象，每面铜鼓上的鹭鸟有4～20只不等，形象生动，反映了骆越对鹭鸟的崇拜。鼓腰上所饰的羽人舞组合、羽人划船图像，羽人以羽为饰，

体态婀娜，形态优美，动感强烈，精美绝伦，堪称经典，内涵丰富深刻，是了解和研究骆越宗教、习俗、服饰、美术和舞蹈的珍贵资料。在灵山型铜鼓和冷水冲型铜鼓边沿，铸有4～8组立体蹲蛙形象，呈逆时针排列，其中有单体蛙，也有累蹲蛙（即雌雄蛙作交配状），形象地反映了骆越的蛙图腾崇拜和祈求风调雨顺、稻作丰产、人丁繁衍的强烈愿望与追求。

这一时期，随着秦汉王朝对岭南的统一、设置郡县，大批中原人开始迁居岭南，中原地区的生产技术和中原文化随之传入并在岭南骆越地区广泛传播。在此背景下，骆越铜鼓文化在发展过程中受到了中原文化的影响，一方面是中原地区的青铜铸造技术、铸造工艺对骆越铜鼓铸造及其文化的影响，骆越工匠学习、吸收或采用中原地区青铜铸造所流行的模范铸造法和失蜡法，使铸造的铜鼓造型圆润完整，鼓壁薄而均匀，花纹图像清晰，线条细致流畅，确保了铜鼓铸件的高品质；另一方面是中原地区青铜器的装饰图像等文化元素对骆越铜鼓的影响，在万家坝型铜鼓、北流型铜鼓、灵山型铜鼓、冷水冲型铜鼓四大类铜鼓上所见的云雷纹、乳钉纹、锯齿纹、垂叶纹、圆圈纹、骑士纹等，都是中原地区先秦时期青铜器上常见的纹饰，这应是骆越工匠借鉴和吸收中原青铜器纹饰的结果。中原青铜文化的传入及影响，促进了骆越青铜文化的繁荣发展。

第三节　骆越铜鼓文化的深远影响

骆越铜鼓及其文化是骆越人民在中原青铜文化的影响下创造的具有鲜明地方民族特色的文化，是骆越人民智慧的结晶，极大地丰富和拓展了骆越文化体系，对骆越人民的社会生活和宗教信仰产生了深远的影响，同时也对丰富中华民族璀璨的青铜文化乃至世界文明做出了重要贡献。

骆越铜鼓文化的作用与影响，是由其精湛的铸造工艺、独特的社会功能所决定的。

一、铜鼓文化丰富和发展了骆越文化

如前所述，骆越文化是以稻作文化为核心，以铜鼓文化、干栏文化、花山岩画文化、宗教文化、舞蹈文化为特色构成的内涵丰富、特色鲜明的文化体系。如果说其他文化事项或因史料的缺乏，或因资料的单薄、抽象，或因时代的变迁已出现断裂乃至消失的话，那么，以铜鼓及其花纹装饰为载体，以铜鼓铸造技术和铜鼓信仰习俗为核心的铜鼓文化，以其多样的形式、丰富的内涵、独特的功能、鲜明的特色、翔实的实物和绵延的传承，再现了骆越铜鼓文化繁荣发展的面貌。因而，铜鼓堪称骆越文明的标志、文化成就的象征，凝聚着骆越人民的智慧和创新精神，是骆越社会经济、文化、艺术、宗教、审美的集中体现。特别是其复杂、精湛的铸造工艺，精美的花纹图像及其文化内涵，祭祀、娱乐与战争号角的功能，以及作为权力、神性、财富的象征，平添了许多神秘的属性，深受人们的珍爱与崇拜，在骆越社会生活和精神信仰中具有重要地位。因此，铜鼓是骆越文化中技术含量最高、影响最大的一项文化事项，极大地丰富了骆越文化的形式与内涵，对骆越文化的繁荣发展、骆越文化的品质提升，确立其在百越乃至中华民族多元一体文化中的地位和影响力，具有十分重要的作用。

二、铜鼓对骆越社会生活、文化艺术和宗教祭祀的影响

铜鼓及其文化对骆越社会生活、文化艺术和宗教祭祀的影响，是由铜鼓的功能与作用决定的。如前所述，铜鼓具有多种功能与属性，它既是权力和财富的象征、祭祀的神器，又是娱神、娱人的乐器或战争号令之器，受到骆越人的珍爱和崇拜。

在骆越社会中，铜鼓为权贵阶层所享有，是其权力、地位和财富的标志器。权贵者以铜鼓号令部族民众；而部族民众则视有鼓者为尊并拥戴之，即所谓"有鼓者号为都老，群情推服"。于是，铜鼓便成为树立权

威、增强内部团结、凝聚部族力量、维护部族秩序与安全的重器。

骆越素有"信鬼神、淫祭祀"之俗，凡有天灾人祸，祈求丰产，都要举行祭祀活动。自从铜鼓出现以后，骆越人便赋予铜鼓通鬼神、镇邪恶的灵性。凡举行重大祭祀仪式，都要使用铜鼓，以铜鼓为圣器，击鼓为号，开坛请神，以鼓娱神。与此同时，在盛大的祭祀活动中，骆越人为了表达对鬼神的敬畏与祈求，渲染祭祀的热烈气氛，以感化神灵，时常以歌舞敬神娱神，令铜鼓又有了统一歌舞节奏的作用。歌舞者踏着鼓声的节奏，尽情起舞，放声高歌，鼓声、歌声和舞蹈踏步声相交织，响彻山谷，震撼人心。左江花山岩画上以铜鼓为中心，众多举手半蹲的舞人环绕着铜鼓踏步起舞，这便是骆越人举行盛大祭祀仪式场景的真实反映。铜鼓在祭祀活动中的地位和作用，增强了骆越人对铜鼓的崇拜。

三、铜鼓文化丰富和发展了中国古代青铜文化

骆越铜鼓文化是伴随着骆越青铜文化的产生而产生，又随着青铜文化的发展而发展并走向繁荣的。而骆越青铜文化的产生和发展，始终受到中原青铜文化的深刻影响。在中原青铜器及其铸造工艺传入岭南骆越地区之后，逐步为骆越工匠所掌握。初时，骆越工匠先是从铸造结构较为简单的小型实心体兵器或工具类器物开始。因为铸造结构简单的小型实心体器物，只需制作铸件的外范即可，不需内模，浇铸时需要的铜液量也较少，易于操作。如中国广西南宁武鸣元龙坡和越南清化等地发现的用于铸造钺、斧、镞等的铸范，通常由两块石范组成，即分别将两块砂岩石料的其中一面镂空成铸件范式，然后合成一体，内空部分即是该器物的形体，上端留有浇铸小孔。铸造时将铜液从小孔注入范体内，待铜液冷却后，揭开石范，即可取得铸件。石范质地坚硬、耐用，可反复使用。而铸造空腔类的器物，则需要使用泥料制作内模和外范，制作或铸造工艺相对较为复杂。当骆越工匠掌握空腔体——内模外范器物的铸造方法后，根据其民族祭祀、娱乐和审美的需要，以日常使用的釜为祖型，创造性地铸造出铜鼓这一举世罕见的青铜器。随着铸造技术的提高和人们审美观的提升，铸造

的铜鼓造型与功能日益完善，铸造工艺也日益精湛。骆越工匠在学习和借鉴中原青铜器装饰花纹图像的基础上，一方面把本民族崇拜的图腾、物象或民俗舞蹈等简化成图像，精心布局于铜鼓的鼓面、鼓身作为装饰，既增加了铜鼓的美感，丰富了铜鼓的文化内涵，又增强了铜鼓的灵性与神圣性；另一方面，骆越工匠借鉴和吸收中原青铜器的花纹图像并将其融汇在铜鼓上，使得铜鼓的纹饰成为骆越文化与中原文化的结合体。因而，无论是铜鼓的造型与功能，还是鼓体上的花纹图像，皆别具一格，极大地丰富和发展了中国古代璀璨的青铜文化，在世界文明史中也占有独特而重要的地位。

四、对后骆越时代铜鼓文化发展的深远影响

骆越开创了铜鼓铸造的先河，开创了享誉中华乃至世界的铜鼓文化。其铜鼓文化产生于春秋战国时期，繁荣于秦汉时期，不仅对骆越文化乃至中国青铜文化产生了积极的影响，而且对后骆越时代铜鼓文化的发展也具有深远的影响（图5-25至图5-27）。作为骆越文化重要组成部分的铜鼓文化，自形成以后便以其独特的功能和顽强的生命力，随着骆越及其后裔的不断繁衍发展而世代传承，并且随着骆越及其后裔向西迁徙进入东南亚地区而传入当地。肇始于两汉时期的万家坝型铜鼓、北流型铜鼓、灵山型铜鼓、冷水冲型铜鼓，是骆越铜鼓文化繁荣发展的标志，其中的北流型铜鼓、灵山型铜鼓、冷水冲型铜鼓三种类型的铜鼓跨越了千余年的时空，

图5-25　骆越后裔壮族民间铸造的铜鼓

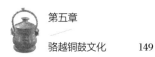

图 5-26　骆越后裔壮族民间使用铜鼓之俗

图 5-27　骆越后裔壮族民间在蚂蜗节活动中敲击铜鼓

一直持续至唐宋时期。晋裴渊《广州记》云，骆越后裔"俚獠（僚）铸铜为鼓，鼓唯高大为贵，面阔丈余"。《隋书·地理志》云："自岭以南二十余郡……铸铜为大鼓……有鼓者号为都老，群情推服。"唐杜佑《通典》云："铜鼓铸铜为之，虚其一面，覆而击其上。南夷、扶南、天竺类皆如此。岭南豪家则有之，大者广丈余"。南宋范成大《桂海虞衡志》云："铜鼓，古蛮人所用。南边土中时有掘得者。相传为马伏波所遗，其制如坐墩，而空其下，满鼓皆细花纹，极工致。四角有小蟾蜍，两人异行以手拊之，声全似革卑鼓。"南宋周去非《岭外代答》云："广西土中铜鼓，耕者屡得之。其制：正圆而平其面，曲其腰，状如烘篮，又类宣座。面有五蟾，分据其上，蟾皆累蹲，一大一小相负也。周围款识，其圆纹为古钱，其方纹如织簟，或为人形，或如琰璧，或尖如浮屠，如玉林，或斜如豕牙，如鹿耳，各以其环成章。合其众绞，大类细画圆阵之形，工巧微密，可以玩好。铜鼓大者阔七尺，小者三尺，所在神祠佛寺皆有之，州县用以为更点。交趾尝私买以归，复埋于山，未知其何义也。"这些记载表明，两汉以后直到唐宋时期，骆越及其后裔一直在铸造和使用铜鼓。在铜鼓文化的传承与发展过程中，因铸造的年代不同，铜鼓的造型和纹饰会有所不同，但使用的范围在不断扩大，使用频率也增加，且铜鼓作为权贵象征、祭神通神重器、娱乐之乐器或战争号令之器等的功能始终未变，人们对铜鼓的崇拜也未变。宋代以后直至明清时期，骆越后裔壮侗语族在使用铜鼓的过程中，又衍生出西盟型铜鼓、遵义型铜鼓、麻江型铜鼓等三种不同类型的铜鼓。这是骆越铜鼓文化的传承与发展。宋代以后，骆越后裔铸造的铜鼓，形体趋于小型化，除西盟型铜鼓外，遵义型铜鼓和麻江型铜鼓的鼓面上已无立体装饰，其花纹图像更多的是道家文化中的五行、十二生肖等。近代以来，中国广西及东南亚地区民间使用的铜鼓多属遵义型铜鼓。

综上所述，骆越铜鼓文化自春秋战国形成以后，跨越了2000多年的历史时空，随着其民族的不断发展而传承着。在传承过程中，由于时代的进步、社会的发展，铜鼓文化也在不断地发展和演变，但其传统的"形如坐墩，而空其下，满鼓皆细花纹"的形制和主体功能始终未变。

第六章 · 骆越花山岩画文化

在古骆越聚居的广西西南部，有一条名为左江的河流，从上游的龙州县上降乡蜿蜒东流，穿过绵延的高山峡谷，至上金乡与发源于十万大山的明江相汇合后，继续东流，穿越崇左江州区、扶绥县，至南宁市西郊的同江村三江口与南流的右江汇合，注入邕江，广西境内全长 300 多千米。这条名不见经传的小江，因沿江崖壁上发现有数量众多、规模宏大、意境神秘、风格独特的赭红色古岩画而闻名遐迩。特别是自 21 世纪初以来，广西开始了左江花山岩画文化景观申报世界文化遗产工作，进一步加强了对左江花山岩画的研究和宣传，引起了国内外的关注。特别可喜的是 2016 年 7 月 15 日，在土耳其伊斯坦布尔召开的第 40 届联合国教科文组织世界遗产委员会会议（简称世界遗产大会）上，左江花山岩画文化景观被列入《世界遗产名录》，再度成为国内外关注的热点。

左江花山岩画是骆越人留下的重要历史文化遗存。以左江花山岩画及其图像为载体，以岩画信仰及文化内涵为核心，以颜料采集加工、画笔制作、绘画方法等事项构成的花山岩画文化体系，是骆越文化的重要组成部分，是骆越生活、文化、艺术、宗教信仰的集中反映，具有重要的历史、文化、艺术、宗教、学术价值。

第一节　左江花山岩画的发现与分布

史籍中，关于左江花山岩画的最早记录，是南宋时期李石的《续博物志》。到了明代，随着进入左江一带的中原人的不断增多，有关左江花山岩画记录的史籍和地方志越来越多。中华人民共和国成立后，有关部门先后组织开展左江花山岩画的调查和研究，逐渐揭开了左江花山岩画的神秘面纱。截至 2015 年，左江流域共发现 82 处岩画，主要分布在左江及其支流明江、平而河、黑水河沿岸及附近的山崖上。

一、左江花山岩画的发现

左江花山岩画年代久远。历史上，因其分布在人迹罕至的僻壤深山之中而鲜有人知。大约在南朝时期，才偶尔被人发现，并被载入史籍。南宋的李石在其《续博物志》卷八中，有"二广深溪石壁上有鬼影，如澹墨画。船人行，以为其祖考，祭之不敢慢"的记载。据学者考证，该书中所说的"二广深溪"，很可能是指今广西左江。因时人不知其岩画为何物，故以"鬼影"称之。如果此说不误，这便是有关左江花山岩画的最早记载了。

南朝以降，因为外地人极少涉足左江腹地，所以左江沿岸崖壁上的岩画一直未被人发现或记载。直到明代，随着中央王朝加强对岭南地区的统治，进入左江一带的外来人逐渐增多，神秘的左江花山岩画才被人发现并记录下来。明代张穆在《异闻录》中说："广西太平府有高崖数里，现兵马持刀杖，或有无首者。舟人戒无指，有言之者，则患病。"清代末年编纂的《宁明州志》有云："花山距城五十里，峭壁中有生成赤色人形，皆裸体，或大或小，或执干戈，或骑马。未乱之先，色明亮；乱过之后，色稍黯淡。又按沿江一路两岸，崖壁如此类者多有。"

从以上史籍、地方志记载可知，时人未知左江沿岸岩画的由来，更不知其含义，故皆将岩画神秘化了。中华人民共和国成立后，国家十分重视民族历史文化遗产的保护和研究，对左江花山岩画的调查与研究工作也逐步开展起来（图6-1）。1956年8月，广西少数民族社会历史调查组成立后，由广西民族学界、历史学界和考古学界的学者及中央民族学院部分师生组成的考察队，前往宁明县明江两岸对岩画进行考察，在明江下游沿岸的崖壁上共发现7处岩画，并对部分画面进行了临摹。这是中华人民共和国成立后对左江花山岩画组织开展的第一次正式考察。考察结束后，在广西政协小礼堂做了一次小型展览，并邀请社会各界人士召开了一次报告会，向社会介绍了这次考察发现的情况，有关报纸、杂志也刊登了岩画考察与研究的成果。从此以后，左江花山岩画开始引起我国历史学、考古学、民族学、美术等学界的关注。

图 6-1 宁明花山

　　1962年7月，在广西壮族自治区人民政府有关领导的倡议下，由自治区民族事务委员会组织的包括历史学、民族学、考古学、地质学等学科专家学者参加的考察团，对左江花山岩画进行了较为全面、深入的调查。考察团从宁明县乘船下明江，经龙州上金乡进入左江，顺流而下，考察了明江和左江沿岸的岩画，历时15天，共发现43处岩画，同时还收集了有关岩画的民间传说资料。考察结束后，广西少数民族社会历史调查组将考察临摹的岩画图像及研究成果汇编成《花山崖壁画资料集》公开出版，这是第一本记录和介绍左江花山岩画的图书。

　　1980年，广西壮族自治区博物馆组织学者对左江花山岩画开展全面考察，并对发现的各处岩画图像、分期、年代、族属、性质、内容及风格等做了较为全面深入的研究，写成《广西左江岩画》一书。该书于1988年由文物出版社出版。

　　1985年4月，由广西壮族自治区民族事务委员会组织、广西民族研究所承担开展的左江花山岩画考察活动，是迄今为止规模最大的一次左江花山岩画考察，调查的广度和深度也更为全面和深入（后升格为广西壮族自治区人民政府组织）。考察队历时3个多月，从上游的龙州县平而河乘船顺江而下，经崇左江州区，而后转至宁明明江、大新黑水河，再顺流到达下游的扶绥县境，对沿江两岸的崖壁逐一进行搜索，并对距离河岸6千米范围内的山崖进行搜索，对所发现的岩画图像逐一进行临摹、拍摄和详细记录，全面、详细收集各处岩画的资料，仅对宁明花山岩画的临摹、拍摄和记录就用了整整7天时间。考察结束后，考察队对左江花山岩画的分布、年代与分期、族属、内容与社会功能、艺术风格、作画技术等进行了全面、系统、深入的研究，写成了《广西左江流域崖壁画考察与研究》一书，并于1987年由广西民族出版社出版。书中运用考古学的类型学方法，对左江花山岩画进行了分期；同时运用考古学断代方法，即将岩画上具有年代特征的图像与岭南地区出土的同类器物相比对，以考古出土的器物来断定岩画的年代，并通过采集岩画上的相关标本进行碳-14年代测定，最后进行综合分析，得出左江花山岩画的年代为战国至汉代。根据此年代，考证这一时期生活在左江流域的族群，最终得出左江花山岩画的作画族群是战国至汉代生活在左江流域的骆越。

二、左江花山岩画的分布

根据多次调查，已经基本弄清了左江花山岩画的分布。在左江及其支流明江、平而河、黑水河沿岸及附近的山崖上，已发现82处岩画。其中：宁明县8处［珠山2处、龙峡山2处、高山2处（图6-2）、花山（图6-3、图6-4）、达俊山］；龙州县21处［岩洞山、弄镜山、那邑山、洪山、紫霞洞山、沉香角、宝剑山、水岩山、对面山、楼梯山、三洲头山、三洲尾山、岩敏山、邑逢山、无名山、朝船头山、渡船山、大洲头山、三角岩、纱帽山、棉江花山（图6-5）］；江州区29处（双对山、驮角山、陇娘山、高码头红山、黄巢城山、隐士山、灯笼山、驮柏山、银山、穿窿山、邑岸灯山、马鼻山、关刀山、灵芝山、长滩山、白鸽山、将军山、大湾山、万人洞山、陇狗山、邑银山、白龟红山、白羊山、岑山、左州山、花梨山、干把山、达宁山、楞庙山）；扶绥县22处（闸口山、大山、小银瓮山、大银瓮山、七星山、岩怀山、孔驮山、蜡烛山、驮那山、合头山、敢怀山、驮坛山、镇龙山、敢造山、青龙山、邑割山、邑赖山2处、后底山、公合山、吞平山、仙人山）；大新县2处（画山、岗角山）。

图6-2　宁明高山岩画

图6-3　宁明花山岩画（局部1）

图6-4　宁明花山岩画（局部2）

图6-5　龙州棉江花山岩画

左江花山岩画的分布具有以下特点：

①岩画集中分布于左江及其支流两畔临江一面的悬崖峭壁上，从上游的龙州平而河第一个岩画点到下游的扶绥县最后一个镇龙山岩画点，其间绵延200多千米。在已调查发现的82处岩画中，有68处位于江河两畔，占岩画总数的82.9%；其中又有53处位于河流的拐弯处，占临江两畔岩画总数的77.9%。位于河流拐弯处的岩画点，对岸多有一个宽敞平坦的台地。不在江河两畔的岩画有14处，这些岩画发现于左江中下游的江州区、大新县和扶绥县内，其中龙州县1处，江州区3处，大新县2处，扶绥县8处，占左江花山岩画总数的17.1%；岩画地点距离左江2~12千米，岩画所在的山体均为独立的孤峰，画面所在的崖壁距离地面5~30米，最高的可达50米。

②凡有岩画的山崖，其颜色皆为灰黄色或灰白色，与赭红色画像形成较为强烈的色调反差，使画像显得格外醒目、鲜艳。

③作画崖壁的朝向多数朝南或基本朝南，也有一部分朝东或朝西，极少发现有朝向正北的。

④作画的崖壁多较宽大、平整、峻峭，多数崖壁上部略外凸，下部略向内倾斜或垂直；上部有凸出的岩块，形成一个檐状，下雨时，雨水飘洒

不到画面上。未见有自下往上向内倾斜（即下凸上凹）的岩画面。

⑤分布于左江上游及明江河畔的岩画，画面多较宽大，图像众多，构图严谨，形象饱满，种类丰富，组合明显；而左江下游的岩画，画面普遍较小，图像数量普遍较少且分散，组合不明显，画像构图也不够严谨。例如，画面最大、图像最多的是宁明花山岩画，其次为龙州县棉江花山，再次为宁明县高山、珠山，江州区驮柏山等，这些岩画均处在左江上游及其支流明江两岸的峭壁上；江州区岜银山以下直至扶绥县镇龙山的左江下游，岩画画面普遍较小，每处画面上的图像也普遍较少。

⑥画面上的侧身人像，集中见于江州区以上的左江及明江河段，而且有愈往上游侧身人像愈多的趋势，至明江的岩画点侧身人像最多。而在左江下游的扶绥县河段的岩画点，几乎没有见到侧身人像。

第二节　左江花山岩画的图像种类及组合形式

左江花山岩画全部使用赭红色颜料绘成。各处画面上以人物图像为主体，辅以动物和各种器物图像，构成一个个不同的组合形式，由图像组合反映特殊的寓意和文化内涵。

一、图像种类

左江花山岩画上的图像主要有人物、动物、器物等。

（一）人物图像

人物是左江花山岩画上数量最多的图像，占全部图像的85.5%。每一处岩画，皆以人物图像为主。因人物图像皆采用色块平涂法绘成，未做细部描绘，犹如影子，不见五官，故难以分辨其人物是正面或背面，只能分辨并称之为正身或侧身。

　　正身人物图像：左江花山岩画中的主体画像，每一处乃至每一组岩画上均可见到。基本形态千篇一律，高度雷同，都是双臂向两侧平伸，曲肘上举，与头部构成"山"字形；圆形头的图像手端偶尔画有五指、四指、三指或二指，但多数未画出手指。双脚叉开，屈膝下蹲，呈半蹲姿势（图6-6）。细观之，其图像的头及身躯形态不尽相同，如有的为圆头，头颈分明，身躯或呈粗柱形，或胸略宽于腰；有的头颈连成一个粗短的长方形，身躯上大下小，或似一个倒三角形，或呈束腰状；还有的头、颈、身是以同一粗细的线条一笔连成。头饰形式多样，如圆头者多为双椎髻或单椎髻形，方头者多为倒"八"字形、雉羽形或竖立的飘带形。正身人物图像的形体普遍较高大，如宁明花山和大新画山上的最大的正身图像高2.4米，一般多在1.4～1.8米之间。在各处岩画中，位于画面中心的正身人物佩饰特殊，如头上有双髻或单髻，腰间斜佩环首刀或长剑，有的还手持短剑，脚下有内带芒星的圆形铜鼓图像或犬类图像，左右两侧或四周有数量不等的形体较小的正身或侧身人图像环绕。

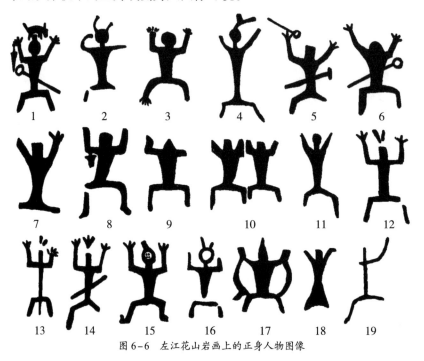

图6-6　左江花山岩画上的正身人物图像

　　侧身人物图像：有向左侧身和向右侧身两种，形态基本相同，双手屈肘上举，两脚叉开呈半蹲姿势（图6-7）。侧身人物图像排列在正身人物图像的左右两侧或四周，排列密集，动作整齐，数量众多，仅宁明花山就有1000多个。侧身人物图像个体多较细小，一般高0.6～0.8米，也有的高达1.5米。因采用色块平涂法绘成，故绝大多数图像性别特征不明显，只有少数图像可辨别性别，如宁明龙峡山画面上有2个平行站立的侧身人，右侧一人身躯粗大，脑后长辫下曳，腹部隆凸，表现的应是孕妇形象；宁明高山和花山画面上有2个图像腹下画有粗壮且勃起的生殖器，表现的应是男性。然细观之，侧身人像形态也有一定差异，有的为圆头、细颈，也有的头颈呈一个短小的长方形；头饰有二叉或三叉形，有的呈倒"八"字形。

图6-7　左江花山岩画上的侧身人物图像

（二）动物图像

左江花山岩画上的动物图像主要有四足类动物和鸟类两种。

四足类动物：在左江流域各处岩画上，共有86个四足类动物图像（图6-8）。其绘画方法同人物图像一样，皆采用色块平涂法绘成，犹如影子。图像中动物皆侧身，小三角形头，多数头上有双小耳，粗短颈，身躯颀长，四足颀长，长尾（略呈45°上翘），或奔跑状，或站立状。图像一般高约40厘米，长约90厘米。据研究，这类四足类动物图像为犬类，应与骆越及其后裔对犬类的崇拜有关。

图6-8　左江花山岩画上的动物图像

鸟类：此类图像数量较少，只在左江下游的扶绥县岜赖山、后底山和龙州县沉香角三处岩画上各发现1只。前2处的鸟类图像皆位于正身人图像的头顶上，侧身，两足作站立状，个体高15～20厘米，长20～30厘米，图像较模糊。沉香角岩画的鸟类图像形态较特别，身体作双套合菱形，曲颈回首，尾翼作扇形展开，双足并立，形态与广西合浦县望牛岭西汉晚期墓葬出土的一对铜凤灯相似。岩画上出现鸟类图像，且处在画面中心的高大

人物图像上方，应与骆越及其后裔对鸟类的崇拜有关。

（三）圆形图像

圆形图像在多数岩画上都有发现，种类多样，有单环形、双环形、三环形、圆圈形、圆饼形，还有的外为单环形，内有芒星，4～12芒不等，有的外沿有半环形或吊耳（图6-9）。分布无规律，有的处在高大正身人图像的胯下，有的3～9个成组排列，也有的在正身人图像身旁或侧身人图像手端；形体大小不一，直径大者可达1米，小的只有10厘米，一般以40厘米居多。据研究，此类图像特别是内带芒星的圆形图像，应是铜鼓；而圆圈形或圆饼形图像，可能是表示太阳，这或许与骆越人崇拜太阳之俗有关。

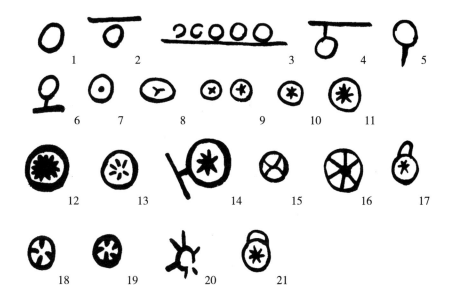

图6-9　左江花山岩画上的圆形图像

（四）器物图像

左江花山岩画上的器物图像主要有刀、剑、羊角钮钟等。刀或剑多佩挂于正身人图像腰间，也有的持于手中，其中以环首刀居多，有的环首下尚有飘带；其次为带格、带首或无首无格长剑；短剑较少。羊角钮钟（图

6-10）目前仅见于宁明高山和花山两个地点。钟分挂于两条平行的横架两端，也有的单个出现，其形制与中国广西贵港罗泊湾一号墓，浦北县、西林县普驮的铜鼓墓，以及越南等地出土的战国至西汉初期的羊角钮铜钟极为相似。这类图像的出现，对判定岩画的年代，具有十分重要的意义。

图 6-10   左江花山岩画上的羊角钮钟图像

此外，岩画上还发现有类似船形的图像（图6-11），但数量不多，目前仅见于扶绥县岜赖山、宁明县花山和龙州县岩洞山这三个岩画地点。扶绥岜赖山的船似一个新月形，上为一个动物图像，动物图像上为一个高大的正身人图像；宁明花山的船两端微翘，上有5个举手半蹲的侧身人图像，形似广西贵港罗泊湾一号墓①和西林县普驮铜鼓墓②出土的铜鼓上的

①广西壮族自治区博物馆：《广西贵县罗泊湾汉墓》，文物出版社，1988。
②王克荣、蒋廷瑜：《广西西林县普驮铜鼓墓葬》，《文物》1978年第9期。

渡船图像。在宁明花山、龙州沉香角岩画上，还发现有男女交媾图像（图6-12）。宁明花山岩画上的男女交媾图像，形态与越南陶盛出土的汉代铜缸上的男女交媾形象几乎完全相同。

图 6-11　左江花山岩画上的划船图像

图 6-12　左江花山岩画上的男女交媾图像

二、图像组合

据研究，左江花山岩画是骆越举行盛大祭祀活动的形象反映。左江及其支流两岸绵延200多千米的82处岩画，特别是宁明花山宏大的画面、多达数千个的图像，并非一次画成的，而是在一次次的祭祀活动结束以后，一处处或一组组先后画成的，经历了500多年的岁月。画面上图像众多，粗略观之，显得分布密集，散乱无章；然细观之，则是有规律可循的，图像虽多且密集，但许多是排列成行的，或呈圆圈形，形成一组组相对独立的组合单元。每一个组合中以一个高大魁伟、腰佩刀剑的正身人像为中心，其脚下有一个内有芒星的圆圈形铜鼓图像，或有一个侧身的犬类图像，其他相对矮小、动态一致的正身或侧身人图像排列在正身人图像左右或四周。例如，在宁明花山长达200多米，高约50米的山崖上，可以辨别的有70～80个组合。每一个组合都是在举行祭祀活动以后画成的。这样的组合在许多岩画地点处于同一画面的不同位置上，但布局规整，疏密得当；也有的过于密集甚至重叠，以致界线难以分辨。

根据左江各处岩画上图像的分布与排列形式，大致概括出以下五种形式：一是横向排列组合，二是纵向排列组合，三是圆圈形组合，四是散发式组合，五是个体独立型。

（一）横向排列组合

这是左江花山岩画中最常见、数量最多的一种组合形式，在左江上游的龙州县和宁明县明江两岸，中游的江州区以至下游的扶绥县域内的岩画，都有这样的组合形式。其特点是数量不等的正身或侧身人图像平行排列成一横排，其中有一个形体高大魁伟、腰佩刀剑、装束特殊、举手半蹲的正身人图像处于中心位置，左右两边有序地排列着形体较矮小的正身或侧身人图像，其间或有各种圆形图像（图6-13、图6-14）。

图 6-13　宁明花山岩画上的图像组合形式

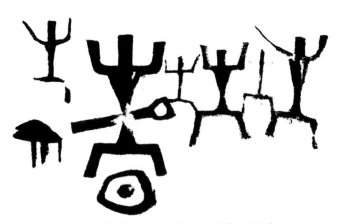

图 6-14　扶绥吞平山岩画上的图像组合形式

（二）纵向排列组合

纵向排列组合也是左江花山岩画中常见的一种组合形式。也许是当时画师在崖壁上作画只能表现出二维空间关系的缘故，因而纵向排列形式在岩画上呈现的只是上下关系，无法表现前后排列形式。在纵向组合排列形式中，既有正身人图像，也有侧身人图像，两者形态大致相同。这类图像的排列形式是自下而上依次延伸呈纵向或竖列式，人物形体和装束基本相同，没有个体高大的中心人物，且间距疏密不一，有的甚至呈叠罗汉式。这种形式的图像组合多见于面积较小、图像种类和数量较少的画面上（图6-15）。

图 6-15　宁明三洲头山岩画的图像组合形式

（三）圆圈形组合

圆圈形组合通常见于规模较大、图像较多的画面上，也是左江花山岩画最具代表性的组合形式之一。如宁明县花山、高山、珠山，龙州县棉江花山、三角岩、渡船山、三洲尾山、对面山、沉香角、洪山、岩洞山，江州区的万人洞山、驮柏山，扶绥县岜赖山、大银瓮山、吞平山，大新县画山等地的岩画，其共同特点是画面规模多较宏大，图像众多。在画面中心有一个形体高大魁伟、腰佩刀剑、脚下有犬或铜鼓图像、头饰特殊、举手

半蹲的正身人图像，数量不等的、形体较为矮小的正身或侧身人图像环绕
其四周，围成圆圈形，似众星捧月状。例如，扶绥县岜赖山第一处的岩画
画面宽4.5米，高15米，共有8个图像，中心是一个高大的正身人图像，腰
间佩挂一柄环首长刀，左手亦持有一剑形物，头上有一鸟图像，脚下有一
犬类图像，左右两侧各有2个略为矮小的正身人图像，左侧上方一人脚下
有一内带芒星的铜鼓类图像（图6-16）。整幅画面布局紧凑，结构严谨，
主次分明。宁明县高山岩画第二地点第三处第2组的画面宽约10米，高约5
米，尚可辨认的各种图像有80多个，画面中心为一个高大的正身人图像，
右手持一剑形物，左手旁有一个内带五芒星的铜鼓类图像，脚下有一作奔
跑状的犬类图像，四周由众多排列密集、形体矮小、动态一致的正身人图
像和侧身人图像所环绕或簇拥（图6-17）。这一类画面的构图形式或图像
组合总是以一个高大的正身人图像为核心，其四周矮小的人图像数量一般
没有严格限定，似是根据画面的大小灵活作画，既使画面的图像布局达到
均衡协调的艺术效果，又能完整体现画面所描绘的客体内容。因此，中心
人物形象鲜明的众星捧月式的图像组合，是左江花山岩画最具代表性的组
合形式之一。

图6-16　扶绥县岜赖山岩画的图像组合形式

图6-17 宁明高山岩画的图像组合形式

（四）散发式组合

在左江花山岩画中，散发式组合数量也较多，而且多数分布于左江中下游两岸及其附近的画面上。其特点是人物图像分散于崖壁上，既无明显的中心人物，也没有形成一定的组合或队列，图像动作姿态基本相同，人物图像大小差异较大，彼此间距远近或高低不等，呈各自独立状，画面图像较分散，各个图像的造型及大小差异也较大。这类画面中的图像多为举手半蹲的正身、侧身人图像，动物或器物等图像较少见。

（五）个体独立型

这是基于对画面上单独出现的或距离组合式人物图像较远的图像的判断。因为是单个图像分别处于画面上，各个图像之间似无关联，故不宜称之为组合。此类岩画地点数量也较多。大致有三种情形：一是在一些岩画点的画面上只见有一个人物图像；二是在宽大的画面上虽然有多个图像，但各个图像独处一隅，彼此之间相距较远，似无关联性；三是一些单个图像与数量较多且形成一定组合形式的图像处在同一画面上，但其图像独处一隅，距离组合式图像较远，且与组合式图像似乎没有直接关联。

以上是从画面上图像的分布状况进行的组合形式的划分。其实，在人们举行祭祀活动时，应是一个集体性或整体性的场景，人们在部族巫师或首领的主持或带领下，在祭祀场地中翩翩起舞以娱神、宣泄情感。在舞蹈过程中，人们自然会不断地行进或穿梭，组合会不断地发生变换，一会儿呈横向排列，一会儿呈纵向队列；当祭舞达到高潮时，领舞的巫师或首领会站在场地中心，众舞者环绕其四周而舞，于是便形成了犹如岩画上出现的圆圈形组合。画师在绘制表现盛大祭祀歌舞瞬间场景时，选择了最具代表性的舞人形象或排列形式，于是形成了不同的组合形式。

上述的几种组合形式，只是各画面上常见或易于辨别的基本形式。其实规模如此宏大、画像众多的左江花山岩画群，其图像的组合形式是复杂多变的，而且各画面的图像组合往往不是截然分离的，而是交错出现甚至相互混杂的，同一组画面往往存在着多种形式的组合。但无论是哪一种图像组合形式，都是为了使其文化能在有限的画面内得到充分的表现，这实际上也是一种空间的运用与展现，即用图形扩充画面，使之达到理想的效果。当然，作为反映人们现实生活的画面图像组合形式，也受到作画者的绘画水平及其表现能力的制约。

第三节　左江花山岩画的文化内涵

左江花山岩画是战国至汉代居住在这一地区的骆越人举行盛大祭祀活动的形象反映。岩画上呈高度程式化的举手半蹲作舞蹈状的人物图像及其组合，是骆越人举行祭祀活动时手舞足蹈姿态的瞬间造型的凝练。众多人物图像间的各种器物和动物图像，是骆越人把本部族的崇拜物或法器在祭祀仪式中进行展示，企以增加祭祀祈求的灵性。可以说，花山岩画是当地骆越人以绘画艺术的形式，寓其社会生活、宗教信仰、艺术审美、文化心

理于一体，承载着骆越厚重的历史文化底蕴和祈求生产丰收、消灾弭难、生活平安的愿望，是骆越社会经济、文化、艺术、宗教信仰的集中反映，具有丰富、深刻的文化内涵。从作画的颜料到绘画的崖壁，从各种图像形态到图像组合形式，从人物图像、动物图像到器物图像，都具有特定的寓意、内涵和功能。

一、赭红色岩画颜料的文化意蕴

左江花山岩画上的图像皆用赭红色颜料绘成，千百年过去了，岩画虽然历经风吹日晒雨淋，但许多图像至今仍鲜艳如初，令人称奇。在自然界里，有多种颜色可供选择用于绘画，骆越人为何对赭红色情有独钟，专门采集和加工赤铁矿用于绘制岩画呢？这可能与骆越人对红色的神秘观念有关。

远古时代，鬼神观念盛行和广泛传播，对人们的生活产生了深刻的影响。即使是绘画特别是宗教性画像及其使用的颜料，同样受到宗教信仰的支配，蕴含着深刻、神秘的思想观念。左江花山岩画全部使用赭红色颜料绘成，这不应是当时骆越人的审美偏爱，其中应隐含着丰富而深沉的意义。在骆越先民的观念里，血液是生命的象征，有血就有生命，无血就意味着死亡。与此同时，骆越先民还相信血具有某种既独特又神秘的功能或效用，认为血可以辟邪、驱鬼，护佑人类。正因为血是红色的，所以骆越先民认为凡是红色的东西都具有与血液一样可以驱邪除恶的功能。此外，红色除同血有关外，与火的关系也十分密切。火，烈焰赤色，在中国的传统文化中，五行中的火所对应的颜色便是红色。火给人们带来温暖和光明。骆越后裔壮侗语族历来有崇拜火神之俗，他们把火视为温暖、光明和希望的象征，赋予火以辟邪、驱鬼、逐妖的功能。因此，骆越人把红色与鲜血、火相联系，把红色视为生命与活力的象征，故而产生对红色的信仰与崇拜。在骆越地区的新石器时代遗址的墓葬里，时常发现在人的尸骨上撒着红色的赤铁矿粉，这就是火崇拜的反映。中国著名文艺理论家朱狄先生曾指出："差不多世界各地都发现过旧石器时代的原始人用红矿石涂抹死者的习俗，这种现象被推测为原始人认为人的死亡与缺乏红色（血）有关。抹上这种近似色，即使不能使死者复活，至少也能表示出生者的一种强烈的情感倾向。山顶洞人在埋葬氏族的死者时，撒上赤铁矿粉，显然意在呼唤生命……作为石器时代的文化残余以及原始巫术信仰的一种继承，现代大洋洲的土人还经常用赭石涂身，意在增强力量。"①苏联普列汉诺夫在《论艺术》一书中说道："我们知道，一些野蛮的部落在打猎成功之后，总要用被打死的动物的鲜血来涂抹身体。我们也知道，原始的战士，在出发打仗或准备跳战争舞的时候，总要把身体涂成红色。把身体涂成红色——血的颜色的习惯在战士中间之所以逐渐产生和确立起来，大概也是由于他们想取悦妇女的缘故，因为妇女在操持家务的生活方式下，是轻视那些缺乏战斗精神的男子的。……约斯特认为，原始人在亲属死后之所以涂抹自己，只是因为怕死者的阴魂如果突然想拖他到阴间时不致认出他来。"②"有些部落的士兵企图通过一种巫术的方式来取得勇气，非常向往血，想用他们认为有力量的动物的血涂抹身体或去吃刚杀掉的公牛的肉。"③由此可见，红色尽管可能有各种不同的含义，但有一点可以肯定，即它不能用单纯的审美观念来解释，而应与骆越人崇尚血观念和崇尚红色习俗有关，是骆越人守护生命、繁衍生育意识的重要体现。因此，骆越先民选择使用红色的赤铁矿粉来绘制岩画，赋予其生命与活力，以增强其灵性。

此外，在原始氏族时代，原始居民对赭红色有着特别的喜好。这是因为红色鲜艳夺目，在色谱中色性最暖，色度也最纯；艳丽的红色似火焰、太阳和鲜血，能给人以兴奋、热烈与膨胀的视觉感。因此红色比起其他色彩，更能唤起史前先民那单纯、幼稚的童心和浓烈炽热的情感。由于史前时代生产力低下，人们在艰难的生活环境下时常遭到动物或自然灾害的侵袭，流血或死亡的事件屡屡发生。尤其是在原始狩猎活动中，人们频繁地捕杀猎物，也频繁地经受动物鲜血的刺激，红色的血给人们留下了极为深

---

①朱狄：《艺术的起源》，中国社会科学院出版社，1982，第134页。
②普列汉诺夫：《论艺术》，生活·读书·新知三联书店，1973，第112-113页。
③同①，第138页。

刻的印象。于是，远古先民很自然地将红色与人的鲜血联系起来，视之为同类。大自然中的赤铁矿颜色如火似血，很容易引起人们的注意、联想和复杂的情绪变化。基于种种因素，红色越来越受到人们的重视与喜爱，渐渐地，人们对红色由过去的纯视觉的愉悦激奋发展到赋予红色特定的观念内涵，从而得到精神上的满足。这样，集物质和精神于一体的红色，在史前人类生活中的作用愈来愈大，其意义也愈来愈深刻。

人们用红色进行绘画、文身，装饰实用器具和描绘、涂染各类饰物，并且用红色涂抹死者，或往死者身上撒红色粉末等。远古时期，红色已广泛地应用于人们的日常生活、重大的宗教仪式和各种艺术创作之中，并成为一种重要的时代色彩。居住在左江流域的骆越人及其先民也不例外，他们对红色同样有着极大的兴趣与偏爱。他们在岩画的创作中，取赤铁矿为颜料，用于绘制各种图像。而在左江沿河两岸绵延不断的崖壁上众多巨大的红色画幅与画像，在碧绿的江水、青翠的丛林和铅灰色崖壁的衬托下，显得突出醒目。画师用这种单一的赭红色颜料反复描绘规模庞大、图像众多的祭祀性画幅，这不仅表现了他们对红色的钟情，而且也反映出他们赋予了红色丰富且深刻的内涵，具有鲜明的时代特征。可以想象，骆越先民有意识地选择红色颜料来绘制岩画，首先应是为了满足对红色本身的视觉感官愉悦。他们不畏艰险攀登上陡峭的悬崖，用红色颜料绘制一幅幅舞蹈或祭祀场面的红色画像，认为这样更能引起上天神灵的注意，从而达到祈求的目的。同时，人们在紧张的劳动之余，经常面对或眺望高耸崖壁上的画幅，能够感受自身的存在和对神灵的祈求，从而达到心灵上的平衡、欣慰和自信，进而积蓄力量与大自然进行斗争。此外，在骆越人的审美意识中，红色还可能被视为最美、最神圣和最具有生命力的色彩。在他们看来，用神圣、美丽的红色来绘制神圣庄严的岩画，更能表达他们对神灵的崇仰与虔诚。可见红色在当时已聚积着人们心理和精神的深刻内涵，它在原来的自然属性的基础上，又增添了新的社会内容，成为骆越艺术的重要标志。左江花山岩画鲜艳而古朴的红色画面，同样体现了原始艺术这一时代的风格特征。

二、作画崖壁的选择及其蕴含的神秘观念

　　左江花山岩画均处在沿江两岸高耸陡峭的崖壁上，一般距水面20～50米，最高者100多米。这些崖壁高耸陡峭，而且多向内倾斜，自上而下或自下而上均难攀登。骆越人为何要选择沿江两岸高耸陡峭的崖壁，并且甘冒生命危险，攀登绝壁进行绘画呢？这可能与骆越人的生活环境和对高山耸峙悬崖的神秘观念有关。

　　骆越人及其先民世代居住生活在高山绵延、层峦叠嶂、岩洞丛生的自然环境里。在石器时代，由于生产力低下，原始先民还不懂得修建房屋居住，而是选择背风向阳、冬暖夏凉的天然岩洞以栖身。岩洞成了骆越先民的天然庇护所，许多新生的生命就诞生在岩洞里，也有许多先民在岩洞里走到人生的终点。因而，骆越先民对岩洞有着深深的依赖和眷恋之情，并长久地萦绕于骆越先民的心灵深处。汉代以后，道教文化传入，其与骆越人对耸峙高山的敬仰相结合，于是耸立云端的高山便被视为通向仙境的佳途，骆越人对高山宽大的悬崖峭壁产生了敬畏与崇拜之情。因此，骆越及其后裔把逝者的尸骨殓装于特制的棺枢里，安放在形势险峻的高山绝壁上的岩洞里，并且认为"弥高者为至孝"。作为记录骆越人举行盛大祭祀活动的岩画，选择临江一面的高山绝壁来绘制，显然是骆越人对高山崖壁的神秘观念使然。

　　除此之外，左江花山岩画还多处在河流的转弯处，这同样与骆越人对江河及其转弯处的神秘观念有关。骆越人居住的左江流域，江河纵横，人们日常生产和生活都与江河有着密切联系。捕鱼业作为人们生活的重要来源，使骆越人对江河有着深深的依赖和深切的感受。"陆事寡而水事重"是骆越人生产和生活的真实写照。人们在江河里划楫荡舟，仰望耸立于江畔的险峻高崖，自然产生敬畏感和崇拜感。因高山陡崖挡住了江水的流向，使江水转弯流去，久之便形成深潭。奔腾的江水流至高崖下，往往会形成巨大的漩涡，竹排或小舟驶过时，容易颠覆，造成人员伤亡，令人畏惧，于是此处被认为是山神水怪的栖身之所。为求平安，人们对高崖深潭总是祭而拜之。此风俗及其观念在骆越后裔壮族民间至今仍存在。因

而，选择河流转弯处临江一面的高崖作画，应是受社会观念影响的结果。同时，把反映人们举行盛大祭祀活动的岩画绘于河流转弯处临江一面的高崖上，使得人们在远处就可以看到影像绰约的岩画，能够增强岩画的神秘性，增加震撼力或感召力。

三、投影式绘画方法及投影式图像所蕴含的神秘观念

左江花山岩画上的人物和动物图像皆采用投影式的色块平涂法绘制，绘出的图像呈剪影式，犹如人物或动物的影子。虽然如此，但人物、动物的形态特征却表现得准确生动，刚健传神，给人极强的视觉冲击力和艺术感染力。按照当时的绘画技巧和绘画水平，画师完全可以用线条勾勒法把人的形象描绘得生动具体，如画上脸盘和五官。因为他们已经掌握了轮廓勾勒的画法，那些圆圈中带着芒星的图形，就是用这种方法绘成的。但是，对于人物和动物形象，画师不用写实性的绘画方法，没有形象地绘出人的五官，而是绘成投影式，犹如影子（图6-18）。这样的绘画方法和图像形态，不应该是简单的绘画方法问题，其中应包含着神秘的寓意。远远望去，那崖壁上的一个个人物图像，宛如一个又一个人的影子，在史籍中皆称为"鬼影"，其奥秘就在这"影子"里。原来，对于人的影子，古人并未认识到那是对光的物理屏蔽，而是把它跟神秘的灵魂联系起来了。英国人类学家泰勒曾在《原始文化》一书中指出："要懂得蛮人对于人的灵魂之普通概念，最好注意他们所用表明灵魂的字。梦中或幻觉中所见的灵魂或幻象是没有实体的，犹如阴影所反映的像，所以蛮人便用'影'（shade）字来表明灵魂。例如塔斯马尼亚人的影子又指灵魂；亚尔贡钦人称一个人的灵魂为'奥他术'（otahcuk），意为'他的影子'；基采人以'那突不'（natub）一词兼指影与灵魂；亚拉克人的'卫喳'（ueja）一词可释为影、魂、像三者；亚毕奔人更讲经济，只用'骆亚卡尔'（loakal）一词兼指影、魂、像、回声四者。非洲沮鲁人不但用'顿奇'（tunzi）一词表明影、精灵与鬼魂，并且以为人死后他的影便离身去而成为鬼魂。巴须陀人不但叫死后存在的精灵做'塞里第'（seriti）即影子，

他们并以为人如行近河边给鳄鱼抓了他的影，便要被它拖落水去。在旧喀拉把尔（old Carabar）的地方，一个人如失去了他的影便怕有极大的危险发生，因为影和灵魂是同一的。""原始人为自己的影子担心……如果他失去了自己的影子，他就会认为自己这个人岌岌可危，难逃劫数了。对他的影子的任何侵害都意味着对他本人的侵害。……在菲吉群岛的土著民族那里以及在大多数处于同一发展阶段的民族那里，踩了谁的影子，被认为是对谁的致命的欺侮。在西非，有时候是通过用刀子或钉子扎入人的影子的办法来实现'杀人'的；当场捕获的这种犯人立即处以死刑。……格罗特指出，在中国也有这种谨慎。'在棺材快要盖上盖的那一刻，大部分在场的人，如果他们不是至亲，都要稍稍后退几步；或者甚至退到耳房里去，因为如果一个人的影子被棺材盖住了，这对他的健康是十分有害的，对他的运气也有损。'那么，影子是什么东西呢？它并不严格等于我们叫作灵魂的那种东西；但它具有灵魂的性质。在灵魂是复数的地方，影子有时就是灵魂之一。……所以格罗特得出结论说：'影子是个人的一部分，它对个人的命运有很大影响。'"①这些民族学材料表明，原始人类对影子的认识是很神秘的。因此，左江花山岩画上的投影式图像及绘画技法，应当是源自骆越人对影子的神秘观念。

图6-18　左江花山岩画使用的赭红色颜料及图像形态

①林惠祥：《人类文化学》，商务印书馆，1938，第353-354页。

四、人物图像形态寓含的文化意蕴

左江花山岩画文化是由一个个图像构成的。而图像是外显的符号，其中寓含着特定的文化意蕴。作为左江花山岩画主体的正身人和侧身人图像，其形态一律双臂张开，曲肘上举，与头部构成"山"字形；两腿叉开，小腿曲折向下呈半蹲姿态。从左江上游的龙州岩洞山，一直到下游的扶绥县龙山乡，各处岩画上的人物图像为何形态基本相同，其举手半蹲足的形态又有何寓意？

（一）花山岩画图像形态及风格相同或相似的原因

要揭示左江花山岩画人物图像形态及风格的相同性问题，可以从古骆越的分布来寻求答案。据史料记载，商周至秦汉时期，从左右江汇合处，溯左右江而上，至右江上游的今中国桂滇交界处和左江上游的龙州乃至越南北部的广大区域，是骆越人集中居住之地。商周时期，骆越大部分地区尚处于原始社会末期的部落时代。到了春秋战国时期，居住在交通较为便利、地势平坦、土地肥沃、物产丰富地区的骆越部族开始进入文明社会，出现了青铜文化。尽管如此，骆越仍保持着浓厚的部落社会的传统。先秦时期，在骆越分布的广大地区内可谓部落林立，各部落生活在一块群山环绕的平峒或河谷中，各治生业。后来，经过不断地兼并与整合，骆越形成三个势力强大、区域宽广的部落集团，一是以今武鸣为中心，范围包括左右江汇合处以下的邕州和郁江中上游的部落；二是以今宁明为中心，范围包括左江及其支流的部落，也就是左江花山岩画分布的范围；三是以今越南清化为中心，范围包括红河中下游等越南北部地区。在这三大区域里，都发现了数量众多的遗址、墓葬、遗物和岩画等遗存。其中以宁明花山为中心的左江及其支流一带属于骆越中的一个大部落，因自然环境、生计方式、生产与生活习俗及宗教信仰、图腾崇拜乃至艺术审美相同，拥有足以统领或号令部族的首领、主持部族重大祭祀仪式的巫师或绘制岩画的画师，可举族进行盛大祭祀活动。因而，岩画上的图像形态及绘画风格自然会呈现出相同或大同小异的特征。

（二）花山岩画人物图像举手半蹲姿势寓含的文化意蕴

艺术形式往往是一个民族的文化习俗与精神内涵的外在显现。左江花山岩画正身和侧身人物图像形态皆为双手高举，两腿下蹲的姿势，应是左江一带的骆越人在举行盛大祭祀活动时，集体跳娱神舞的典型舞姿的写照。而这一经典舞姿造型，酷似青蛙跳跃状，故称"拟蛙舞"。研究者认为，这是左江一带骆越人的某种具有原始性质的蛙图腾崇拜舞，是当时生活在这一地区的骆越人民对蛙神的崇拜和祭祀时集体跳拟蛙舞以祈神娱神的形象反映。画师在表现骆越部族成员在处于画面中心的巫（祭）师引领下集体跳拟蛙舞时，主要从舞者的两个不同的角度进行描绘，即舞者的正身和侧身。许多画面是正身和侧身姿态相交错的，反映出其舞蹈动作不断转体变化的律动形式，产生视觉的连续性和舞蹈的程式性变化。类似左江花山如此众多的拟蛙舞人像的岩画，在国内外古代岩画艺术中罕见，其形式和风格具有鲜明的地方民族特色。

骆越的蛙神崇拜之俗，在其铸造的铜鼓上也有生动反映。在骆越工匠铸造的灵山型铜鼓、冷水冲型铜鼓的鼓面边沿铸有立体蛙形象，有单蛙蹲坐式，也有双蛙相叠或交配状。铜鼓作为骆越人用于祭祀活动的重器，被视为具有通神的灵性，因而在举行祭祀时，人们敲击铜鼓以请神和娱神，祈求神灵的庇护。同时，鼓声既有统一舞律的作用，又能增强祭祀场面的热烈气氛，振奋人心。此外，铜鼓又是王权或显贵的象征。在骆越部族中，拥有铜鼓者，非王即贵，以鼓号令部族，"群情推服"。在如此神圣的重器上铸造青蛙图像，以期增强铜鼓的灵性，反映了骆越人对青蛙的崇拜。骆越人对青蛙的崇拜之俗，一直在骆越后裔壮侗语族中传承。因此，拟蛙舞姿势便成为左江花山岩画上动态一致的众多舞蹈人物图像的主形态。从舞蹈形体和手脚姿势来看，双手高举、双腿半蹲（俗称"马步"）姿势，全身重心落在半蹲式的双腿上，被认为是最稳健、最有力量的动作姿态。众人统一以此动作有节奏地跳跃行进，伴以铿锵的铜鼓声，热烈的场景与充满激情的气氛，可极大调动舞者激昂奋进的情绪，使人们完全沉浸在如痴如醉的祭舞之中。人们将自己的愿望、追求和对神灵的虔诚崇拜，倾注于激昂的舞蹈中；也正是激昂的舞蹈，使情感得到宣泄，精神得以超脱，进而增强了人们战胜艰难险阻的勇气，增强了信心。因而，壮观的左江花山岩画上所有人物图像的拟蛙跳跃形态，反映了当时极其神圣的宗教礼仪，体现出骆越人敬神娱神的心理。我们从画面中既具有蛙的外形特征，又颇富神秘力量感和规则程式的人物形式变化，无不感到左江地区骆越民族特殊的精神内涵，感到其民族由内在精神而显现出的独特艺术意韵。

（三）花山岩画男女性别图像蕴涵的生殖崇拜观念

如前所述，左江花山岩画采用投影式的色块平涂法绘成，人物和动物图像形态犹如其影子，绝大多数人物图像未显示出明显的性别特征，但也有少数人物图像显示出较为显著的性别特征：一是少数侧身人物图像腹部隆凸，脑后有垂至脚后跟的长辫，画师所要表现的应是孕妇；二是一些侧身人物图像腹下画有粗壮、勃起的男性生殖器，应是男性无疑（图6-19）。

图6-19 左江花山岩画上的孕妇及男性图像

另外，在宁明花山和龙州沉香角岩画里，各有一组男女交媾图像。这类图像虽然数量少，但却意义非凡，寓意深刻。画师在绘制骆越人举行盛大祭祀活动场面时，刻意绘出孕妇、男性生殖器或交媾图像，投射出骆越人生殖崇拜的文化信息。骆越同许多古老族群一样，对人类的生育繁衍，经历了一个由浅入深、由主观到客观的渐进式认知过程。

物质资料生产和人自身生产，即马克思所说的"两种生产"，是人类永恒的主题。在生产力极其低下的原始时代，人几乎是生产力的全部。人口的多少或体质的强弱，决定着一个氏族或部落的兴衰。因而，原始人类对人丁生育繁衍有着强烈的渴望。但由于原始人类不懂得男女两性交合和受孕生子之间的直接关系，便将之神秘化了，认为有一种神秘的力量主宰着人类的生育繁衍，于是产生了生殖崇拜。而对男女生殖器、繁殖力旺盛的动植物的崇拜，是生殖崇拜的重要对象或内容。因此，便出现诸如"华胥履迹而生伏羲""感神龙而生炎帝""华胥履大人迹而生庖牺""姜嫄践巨人迹而生弃""简狄吞玄鸟卵而生契""女修吞玄鸟陨卵而生大业""姆六甲感风而孕"等神话传说。与此同时，骆越人及其先民在长期的社会生活中，感知或神往自然界里生命力和生殖力旺盛的各种动植物，如青蛙、花卉、葫芦等，继而生出对这些动植物的崇拜，希冀通过对这些动植物的崇拜而获得其旺盛生命力和生殖力的灵性，从而达到生育繁衍、氏族兴旺的目的。后来，人们从直观上感知或看到婴儿是在母体中孕育，而后从产妇的阴户出生，于是便认为母体和阴户是新生命诞生之源，由此产生对妇女及其生殖器的崇拜，希冀通过对妇女及其生殖器的崇拜，达到多产和人丁繁盛、氏族兴旺的目的。进入父系氏族社会以后，随着先民对怀孕生育认知能力的提高，逐渐感知男女两性交合和受孕生子之间的直接关系，于是产生了对男女两性交媾及其象征物的崇拜。左江花山岩画上出现的孕妇和交媾图像，便是骆越人对妇女及生殖崇拜的形象反映，也是骆越进入父系氏族社会以后仍存在母系氏族社会制度及女性崇拜的遗风的形象反映。

左江花山岩画上的人物图像，虽然绝大多数未显示出性别特征，但从其岩画绘制的年代和画面中心身材魁伟高大、装束特殊的首领或祭司的正

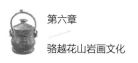
身人物形态来看，这些应主要是男性形象。也就是说，左江花山岩画上所展示的是男性活动的舞台，所表现的是男性的世界。因为在当时的骆越社会中，男性无论是在氏族、部落及社会活动，还是在农业生产、手工业生产中，都发挥着主导性的重要作用，是当时社会的主角。因而，画师倾情刻画的是男性形象，是对男性作用与生存伟力的礼赞。而在岩画上出现的侧身人腹下粗壮、勃起的男性生殖器图像，既是骆越人男性生殖器崇拜观念的反映，也是其生殖崇拜的一种表现形式。因此，这一时期对男性力量的崇拜，主要表现在对男性生殖器的崇拜，他们认为男性生殖器是生育之源，是力量的象征。因而，左江花山岩画上的侧身人物画有粗壮、勃起的男性生殖器，应是骆越人对男性生殖力崇拜的形象反映。画师在岩画上描绘其隆重祭祀活动盛况时，也将力量与生殖力象征的男性形象一并绘出，一方面反映了骆越人对人丁繁衍的渴望与追求，另一方面也希望通过神圣的岩画祈求神灵庇护，达到人丁繁衍、部落兴旺的目的。

（四）花山岩画铜鼓图像的文化意蕴

在左江花山岩画上，有许多内带芒星的圆形图像，共计200多个。此图像处于画面中心的高大正身人物图像脚下，或单独排列于一处，或处于侧身人物图像上举的手上方。学者认为，这些内带芒星的圆形图像，应是铜鼓。

那么，作为骆越举行盛大祭祀活动场景的形象反映的左江花山岩画上为何会出现如此众多的铜鼓图像呢？这应与铜鼓的功能和骆越人赋予铜鼓通神的灵性及其对铜鼓的崇拜有关。对此，在前面的第五章"骆越铜鼓文化"和后面的第七章"骆越宗教文化"中有相关论述。在骆越社会中，铜鼓是权贵的象征，同时又被赋予通神的灵性，是骆越人在祭祀仪式上用以请神、娱神的重器和统领歌舞节奏的乐器。而左江花山岩画反映的是骆越举行盛大祭祀活动的场景，说明当时骆越人在举行祭祀活动中已普遍使用铜鼓，是骆越人崇拜铜鼓的实证。

（五）花山岩画的宗教文化意蕴

如前所述，左江花山岩画是骆越举行盛大祭祀活动的真实写照，是骆越宗教文化的全面展示。其宗教文化意蕴不仅反映在左江花山岩画本身，而且还通过各种图像符号表现出来，包括正身人和侧身人图像举手半蹲的舞蹈形态、图像组合形式、画面中心高大人像的佩饰、孕妇、男性生殖器、男女交媾、犬、鸟及铜鼓等图像，以及岩画所处的位置、绘画颜料等，都寓含着特定、深刻的宗教文化意蕴。对此，在前文及第七章"骆越宗教文化"中有述及，兹不赘述。

第四节　左江花山岩画的艺术风格

左江花山岩画是骆越人创造的艺术杰作，是中国乃至世界古岩画艺术的瑰宝。在当时的社会条件下，骆越画师不畏艰险，在陡峭的悬崖上绘制出如此形象生动、壮观的岩画，着实令人惊叹，堪称千古绝笔。左江花山岩画主要采用剪影式的色块平涂法绘制，线条粗犷古朴；也有的以线条勾勒法绘成，线条纤细流畅。但由于人们当时尚未掌握透视画法，仅能在平面上表示物象的二维空间位置关系。表现手法虽然较为原始，但画师已具有较高的形体概括能力，图像布局工整、比例协调、形象生动、风格独特。如画面上的正身人、侧身人及犬等图像，均以剪影式的色块平涂法绘成，形体高大，便于远距离观赏，形态或动态生动传神，呼之欲出。尤其是众多形体高大魁伟的正身人图像，身体各部位的线条均衡对称，粗而不俗，能给人以丰富的联想和美的享受。四周众多的动态一致的侧身人图像也表现得惟妙惟肖，给人一种完美的整体感。这些岩画，无论画面多么宏大，图像的数量和种类繁多，都井然有序、繁而不乱、主次分明，充分体现了骆越先民的智慧和深厚的艺术造诣。

从图像观之，左江花山岩画首先表现出独具特色的地方民族风格。左

江花山岩画是在写实主义的基础上，描绘了骆越热烈庄严的宗教祭祀活动，同时又以夸张写意的笔调表现当时人们的精神需要和心理欲望。左江花山岩画的最大特点是作画崖壁陡峭险峻，画面宏大，图像众多，主体人物形体高大，形态与组合高度程式化，意境深邃，内容神秘。正身人和侧身人图像呈举手半蹲的姿势，是骆越人在祭祀活动中集体跳拟蛙舞的形象写照，是骆越人崇拜蛙神，祈求风调雨顺、稻作丰收和人丁兴旺的形象反映。而画面上出现的众多铜鼓和犬类图像，则是骆越人崇拜铜鼓和犬的反映。岩画采用投影式的色块平涂法绘制，画面上的人物和动物图像呈剪影式，这是基于骆越人对影子的神秘观念使然。所有这些，都是取材于特定区域骆越人的社会生活、宗教信仰和文化心理来进行的艺术创作，是骆越人生活习俗、宗教信仰和文化心理的艺术再现，因而体现出鲜明的地方民族风格，为国内外其他地方的岩画所罕见。此外，在画面中，人物身份、地位的差别表现得较为明显，高大魁伟的正身人图像腰佩刀剑，处于画面的中心位置，前有犬或铜鼓图像，显得伟岸威严，众多动态一致、形体矮小的侧身人图像环绕其四周，显得秩序井然，明确地展示了他们之间的主次或尊卑关系，反映了骆越社会的发展。富有节奏的队伍及众多的礼乐器，使整个画面呈现出一种庄重、热烈、虚幻而又理智的风格，这是一种理性精神的表现。岩画对神的虔诚崇敬及对地位的等级观念，表现得严肃谨慎。这种肃穆庄严且具有装饰性的抽象美，构成了左江花山岩画的又一特色，达到了较高的艺术境界。

其次，左江花山岩画还在一定程度上反映了时代的艺术风格。原始社会时期，艺术风格是活泼、轻松、自由而奔放的，表现了人们团结无私的集体生活和淳朴豪放的性格。奴隶社会时期，奴隶主阶级为了显示自己的高贵尊严，为了制约和恫吓奴隶，这一时期的艺术作品表现出一种僵硬、严峻、恐怖、狰狞和神秘的风格。对比之下，左江花山岩画的风格是活泼奔放而又庄严神秘的，但在一定程度上也表现出严峻和僵硬。因此，左江花山岩画既主要体现了原始社会的时代风格，又具有一些阶级社会的特征。这种双重的艺术风格与当时这一地区的社会面貌是一致的。

左江花山岩画是骆越先民留下的珍贵文化遗产，以其宏大的规模、磅礴的气势、险要的地势、高大而众多的图像、神秘的意境和独特的地方民族特色著称于世。左江花山岩画不仅是中华民族古代艺术宝库中一颗璀璨的明珠,在世界民族之林的艺术宝库中,也是一枝风韵独特、别具一格的艺术之花。

第五节　左江花山岩画的独特性及其价值

左江花山岩画是骆越创作并留下的重要历史文化遗存。与国内外的岩画相比较,左江花山岩画无论是在分布的地理环境、作画地点、绘画颜料、绘画方法,还是在画面规模、图像种类与形态、文化内涵和艺术风格等方面,都具有其独特性和创造性,表现出鲜明的地方民族特色,具有十分重要的历史价值、文化价值、艺术价值、美学价值和学术价值。

一、独特性

通过与国内外发现的岩画相比较,左江花山岩画的独特性主要表现在以下七个方面。

(一)岩画分布带的独特性

在左江及其支流已发现82处岩画,从左江上游平而河河畔的龙州县岩洞山,到中游的江州区,再到下游的扶绥县左江畔的镇龙山,绵延200多千米,形成了规模宏大的岩画艺术长廊。岩画集中分布在绵延200多千米的沿江两岸,这无论是在中国还是在世界上都是极少见的。

(二)画面宽大,图像众多

左江花山岩画以画面宏大、图像众多而闻名于世,其中以宁明花山岩

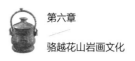
画最具代表性。在花山临江一面宽200多米、高约50米的崖壁上，密布着数千个图像，仍能看到的各种图像有1890多个（还有许多图像因长年的日晒雨淋或石钟乳的覆盖而模糊不清），约占左江花山岩画图像总数（4000个）的47%，是世界上已发现的岩画中画面最大、图像最多的一处岩画。凡左江流域各处岩画上所见的图像，在宁明花山岩画上几乎都可以看到，还有许多图像则为其所独有。其次为龙州棉江花山，宁明高山、珠山等处的岩画，图像为100～200个不等。人物图像是各处岩画的主体图像，共3000多个，占左江花山岩画图像的75%；其次为各种圆形或铜鼓图像，共376个，占左江花山岩画图像总数的9.4%；再次为犬类图像，共86个。

（三）岩画分布地点的独特性

截至2015年，左江流域已发现的82处岩画中，有70处岩画位于左江及其支流两畔临江一面的崖壁上，约占岩画地点总数的85%，其中有54处位于江河的转弯处，约占岩画地点总数的66%，约占临江岩画地点总数的77%。左江花山岩画如此有规律的分布，在世界岩画中是绝无仅有的。

（四）作画崖壁的独特性

左江流域各处岩画均位于陡峭险峻的悬崖峭壁上，石壁较宽大、平整、峻峭，多呈垂直状，或上部外凸、下部内斜。画面石壁呈垂直状者，上部多有凸出呈檐状的巨岩，可避免雨水直接飘淋画壁，起到保护画面的作用。画面距离地面或江面20～50米不等，最高者100多米，在如此高峭险峻的崖壁上作画，为国内外所罕见。

（五）绘画方法的独特性

左江花山岩画以经过加工并掺和动物或植物胶的赭红色赤铁矿粉作为颜料，采用投影式的色块平涂法绘成，图像呈剪影式，缺乏细部描绘。在绵延200多千米的82处岩画中，4000多个图像皆采用同一种方法绘制，图像形态与风格大同小异，人和动物身体各部比例协调，勾画准确、生动传神，这在世界岩画绘画艺术中是绝无仅有的，堪称是世界岩画的奇葩。

（六）人物图像形态的独特性

左江流域82处岩画上的3000多个人物图像，无论是正身人图像还是侧身人图像，皆表现为双手曲肘上举，两手端高过头顶，与圆形或方形头部略成"山"字形，两腿叉开，小腿下曲呈半蹲姿势，其折角与双手曲肘折角相对应，图像形态高度程式化、雷同化；而且形体高大，特别是正身人物图像，最高的达2.40米，以1.50米居多。组合图像画面中心的高大正身人图像身佩刀或剑，脚下有铜鼓或犬类图像，这在世界岩画绘画艺术中也是绝无仅有的。在意大利北部伦巴第区的阿尔卑斯山峡谷中的瓦尔卡莫尼卡岩画上发现有使用赭红色颜料绘成的人物图像，与左江花山岩画中的第四期正身人物图像相似，即人物图像简化成投影式，头颈及身躯由一道粗竖线构成，上举的双手和半蹲式的两腿均以一道横折线构成。不同的是，意大利瓦尔卡莫尼卡岩画上表示人物身躯的竖线向下延伸，直穿裆下，末端呈圆形。学者认为这是画师有意表现人物的生殖器。但其图像不仅个体小，而且数量少，图像分散，难以同左江花山岩画相提并论。左江花山岩画中的人物形态，与骆越崇拜蛙神并在祭祀活动中集体跳拟蛙舞以娱神、祈神有关。

（七）图像组合的独特性

左江花山岩画是骆越人举行祭祀活动的形象反映。岩画既然是表现祭祀活动的场景，那么，祭祀时必有主持祭祀仪式的祭司，有参加祭祀活动或歌舞的部族成员，有请神、娱神和统领歌舞的乐器，有祭拜的对象，这些要素构成了祭祀场景的整体形式。这一场景的整体形式反映在岩画上，便是图像的组合。因此，左江花山岩画上图像种类和数量虽多，但每一处画面都有自成单元的组合，即每一组合以一个高大魁伟、身佩刀剑的正身人图像为中心，其脚下有铜鼓或犬类图像，左右两边或四周有序地排列着众多动态一致、形体较矮小的正身人图像和侧身人图像。这样的组合或呈横向排列，或呈纵向排列，或呈圆圈形排列。组合中心的高大正身人图像，既是祭祀仪式的主持者或祭司，又是部族的首领，还是祭祀仪式上的领舞人。左右两边或四周的众多矮小人物，当是参加祭祀活动的部族成员，他们跟随领舞的祭司，踏着鼓乐的铿锵节奏起舞行进。行进中的队形不时发生变化，呈现出舞蹈队形的多样性，有圆圈式（其中又有内聚式、向外扩散式、圆形旋转式）和横列式、纵列式、交叉穿梭式，几乎包含了舞蹈展演应有的队形或组合。图像组合的多样性，反映了舞蹈组合与队形的多样性。如此多样的舞蹈组合或队列，是左江花山岩画图像组合的突出特点，为其他地方的岩画所罕见。

二、重要价值

左江花山岩画是2000多年前骆越人创作的艺术杰作，是骆越人留下的极为珍贵的历史遗迹和文化遗产。左江花山岩画是骆越人举行盛大祭祀活动瞬间造型的形象写照，储存着丰富的骆越文化信息和历史记忆，铭刻着骆越源远流长的历史印记，是骆越社会生活、宗教信仰及文化艺术的集中反映，具有十分珍贵的历史价值、文化价值、艺术价值和学术价值。

（一）历史价值

骆越历史承前启后，源远流长。骆越居住在岭南西部地区，地处僻远，其间群山绵延、沟壑纵横、江河密布，交通闭塞。汉代以前，中原人特别是中原文人极少涉足此地。即使是到了汉代在骆越地区设置了郡县统治，但因其地处僻远、交通闭塞、瘴气浓重等原因，中央王朝委派的中原官吏和驻扎的军队也多集中于郡治所附近，少有人深入腹地。因而，有关骆越的社会经济、生活习俗、宗教信仰及文化艺术等方面的记载极少。即使有所记载，也多属道听途说，或属后人的追述。由于文献史料的极度缺乏，为开展骆越社会、经济、文化、艺术等问题的研究带来了困难，更多地需要依靠考古资料进行诠释。曾经辉煌的骆越历史几乎已随着岁月的流逝而被湮没。而规模宏大、数量众多、内涵丰富、风格独特的左江花山岩画，则为骆越历史的研究提供了宝贵的形象资料。

（二）文化价值

历史上，骆越曾创造了形式多样、内涵丰富、特色鲜明的文化，特别是稻作文化、铜鼓文化、干栏文化、歌舞文化、宗教文化、鸡卜文化等，古老而璀璨，丰富而独特，在我国南方百越文化乃至中华民族古代文化中都占有重要地位，为人类文明的发展做出了贡献。由于地方偏远、年代久远和缺乏史籍记载等原因，骆越人创造的丰富璀璨的文化早已随着岁月的流逝而被历史尘埃所覆盖，其文化记忆亦已消失，鲜为人知。而壮观的左江花山岩画，则保存着骆越文化的记忆，储存着骆越厚重的文化信息，蕴含着骆越丰富而独特的文化内涵，为重构骆越宗教文化、铜鼓文化、歌舞文化提供了珍贵的形象资料。

（三）艺术价值

左江花山岩画是骆越绘画艺术的瑰宝，是2000多年前骆越人留下的绘画艺术之绝笔，十分神秘。当代人特别是美术界学者，由左江花山岩画可以看到2000多年以前的美术作品，领略到上古时代绘画艺术的风采、神韵，必定会有诸多感受，并从中获得灵感，得到启迪。因而，年代如此悠远、规模如此宏大、图像如此众多、构图如此巧妙、风格如此独特、内涵如此丰富、意境如此神秘的左江花山岩画，其本身就十分珍贵，其重要的艺术价值更不言而喻。其一是写实性的表现手法，骆越画师熟知民族的文化传统及生活习俗，他们通过细致的观察与感悟，应用自身深厚的艺术积累和娴熟的绘画技巧，将民众在盛大而神圣的祭祀活动中满怀激情、踏歌而舞的场景与气氛定格于画面中，再现于崖壁上。这种源于生活、高于生活的岩画艺术，令观者身临其境，感受到祭祀场景的神秘与热烈气氛。其二是岩画的艺术效果。画师以部族众人在祭祀活动中为敬神、娱神而跳的拟蛙舞的典型造型为素材蓝本，经过艺术的提炼，采用夸张、抽象、

变形及投影式的绘画方法，在宽大平整、陡峭险峻的崖壁上绘出一组组动态一致、举手半蹲的正身人物和侧身人物图像，表现出骆越人不畏艰险、自立自强的民族精神和生存伟力。一组组赭红色的舞人画像在青山绿水的映照下，身影绰约，呼之欲出，给人以独特的视觉冲击力和艺术感染力。其三是岩画的艺术魅力。骆越的岩画艺术，因根植于其民族深厚的生活和文化土壤里，具有鲜明的时代特征和浓郁的民族风格。其四是舞蹈艺术史价值。关于骆越及其先民舞蹈艺术的起源与发展、舞蹈类型、舞蹈性质、动律特征、舞蹈风格等，因年代久远，缺乏文字记载，人们无从知晓。而左江花山岩画上的舞蹈图像，一方面可以为我们了解骆越舞蹈的类型、组合、性质、主题、内容与舞蹈动律特征及艺术风格提供形象资料；另一方面为我们研究和揭示骆越后裔壮侗语族形式多样、风格别具的舞蹈的起源与发展提供了珍贵资料。其五是艺术审美价值。左江花山岩画是骆越创造的绘画艺术杰作，是骆越璀璨舞蹈艺术的呈现，也是骆越审美观念的集中体现。无论是岩画上的人物图像造型、舞蹈形态和场景，还是其丰富深刻的内涵与蕴含的民族精神，都具有形式美、内涵美和意境美的特性。因而，左江花山岩画人物图像及其舞蹈风格的审美价值是多方面的。左江花山岩画中的舞蹈是民族精神和创造力量美的体现，因为艺术美的本质其实是人的本质，是人的本质力量具象化的具体表现。左江花山岩画反复再现出"自我"形象，其本身就是一种自我力量和团结精神的体现、崇拜、赞美，以及舞者对自身价值的肯定。它凝聚和渗透着骆越的民族精神、灵魂和自信，激励人们坚韧不拔，战胜困难，开拓进取，创造美好生活。其六是左江花山岩画人物图像及其舞蹈的形式美。左江花山岩画上，舞蹈场面的宏大壮阔、舞蹈风格的古朴粗犷、舞蹈动作的整齐有序、舞蹈程式的规范、舞蹈组合的丰富多样，给人以形式的和谐美感。其七是对丰富中华民族乃至世界多姿多彩的舞蹈艺术方面的价值。左江花山岩画人物图像所反映的以拟蛙舞为主旋律的舞蹈艺术的独特性，是骆越稻作文化和蛙神崇拜的产物，其程式化的形态、形式多样的组合、独具特色的造型、鲜明的舞蹈主题、古朴粗犷的律动、丰富深刻的意蕴和浓郁的民族特色，在我国乃至世界岩画丰富多彩的舞蹈艺苑里，堪称是一枝光彩璀璨、风韵独具的舞蹈艺术奇葩，在中华民族乃至世界舞蹈艺术发展史上具有重要地位，具有丰富和发展中华民族乃至世界舞蹈艺术的独特作用。

（四）学术价值

左江花山岩画以其宏大的规模、独特的风格和神秘的意境而闻名于世。由于缺乏史籍记载，加上岩画图像形态及其组合的高度程式化，因此有关左江花山岩画的性质和内容等问题，众多学者经过了半个多世纪的研究，至今仍莫衷一是，使其面貌扑朔迷离，成为广西三大考古奥秘之一（另两大奥秘是铜鼓和大石铲）。然而，左江花山岩画对骆越历史、文化、艺术、宗教思想等方面的研究，具有十分重要的学术价值。各相关学科，包括历史学、考古学、民族学、民俗学、文化学、宗教学、艺术学、审美学乃至地理学、地质学、化学等，都可以从不同的学科视野、不同的角度对其进行深入研究与诠释，从而全面揭示这一千古历史之谜。因此，有关左江花山岩画需要深入研究的问题尚多，研究空间仍然很大。

（五）当代价值

左江花山岩画是骆越先民创作的艺术杰作，是骆越先民留下的宝贵历史文化遗产，是世界绘画艺术的瑰宝。其已跨越了2000多年的历史时空，至今还以鲜艳的色彩和神秘的形象展现在百里左江的高崖上；其宏大的规模、独特的风格、神秘的意境、高超的绘画技巧，依然焕发着迷人的艺术风采。2016年7月15日，左江花山岩画文化景观被列入《世界遗产名录》，填补了中国岩画在《世界遗产名录》中的空白，充分证明了左江花山岩画在世界岩画中的重要地位和独特价值，这是值得广西乃至中国人民骄傲的事。因而，左江花山岩画的当代价值，值得深入发掘、研究、梳理和弘扬。其一是岩画的认知价值。通过对岩画的绘制年代、绘画方法、岩画内容、艺术成就等问题的研究，使人们了解到2000多年前的骆越先民不畏艰险，运用自己的聪明才智创造出如此壮观精美、内涵丰富、风格独

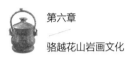

特的岩画，借以反映其生活、愿望与追求及民族生存的伟力和文化创造能力，发扬骆越先民不屈不挠、开拓进取、自强不息的民族精神。正是这种精神动力，不断推动着骆越的发展和社会的进步。当前，全国各族人民正在为国家的强盛和中华民族伟大复兴之梦而奋斗，我们要从民族传统文化和精神中汲取力量，弘扬民族优秀传统文化，振奋民族精神，增强文化自信和文化自觉。其二是岩画文化的传播价值。其实，自20世纪50年代以来，我国就开展了对左江花山岩画的调查和研究，取得了丰硕的成果，相关的媒体也做了许多宣传。然而，真正了解左江花山岩画的主要集中在学术圈，不说广西区外或国外，就是广西人也知之不多，加上一些其他因素的影响，在国外的宣传也比较少，因此影响面也小。无怪乎，作为古岩画分布大国，我国此前没有一处岩画能列入《世界遗产名录》。因此，我们要以左江花山岩画文化景观列入《世界遗产名录》为契机，采取多种形式、多种手段和多种途径，加大宣传力度，让世界上更多的人了解左江花山岩画，认识左江花山岩画，提高广西在海内外的知名度和影响力，促进地方民族文化旅游产业的发展。其三是展示价值。长期以来，左江花山岩画虽然规模宏大、风格独特，但由于其画像简单抽象、高度程式化、意境神秘，对于普通游客而言，难以认知其内涵和价值，因而缺乏吸引力。因此，应该在左江花山岩画区建立展示馆，对岩画的典型组合，图像的风格、内涵及绘画方法等进行解剖或解读，使之通俗化、知识化、形象化或具体化，争取社会效益的最大化。其四是保护与利用价值。左江花山岩画是骆越先民留下的宝贵历史文化遗产，早在1988年就被列入了国家重点文物保护单位，2016年7月又被列入《世界遗产名录》，其珍贵价值毋庸置疑，应妥善加以保护。而左江沿岸的岩画绝大多数处于裸露的崖壁上，对岩画的破坏主要来自自然力，包括地震、狂风暴雨、烈日暴晒或渗水的侵蚀，特别是近20年来，随着酸雨的增多，岩画石壁和岩画颜色受到的破坏正在加剧。为此，从国家文物局到广西各级地方政府、文物保护部门，不断加强防治破坏因素和保护技术的研究，不断加大保护经费投入，加强对重点岩画的保护。在岩画利用方面，地方政府通过左江花山岩画的知名度、美誉度及鲜明的地方民族文化特色，着力打造花山文化品牌，发展民族文化产业；而文学界、美术界、艺术界乃至民族文化界，则利用花山岩画这一独特的文化资源，汲取其文化元素进行创作，开发出新的系列艺术作品，让骆越文化艺术之光焕发出新的活力与光彩，谱写更加灿烂的新篇章。

第七章 · 骆越宗教文化

　　宗教信仰是人类社会发展到一定阶段的产物，是古代人类探索自然、认识自然和同大自然做斗争的强大思想武器。宗教文化是一个民族精神世界的反映。人类早期的口头文学、歌谣、舞蹈、美术乃至哲学，多来源于宗教信仰及祭祀仪式，因此，祭坛是孕育歌谣、音乐、舞蹈和文学艺术的母体。骆越宗教文化历史悠久、源远流长、承前启后、发展创新，具有鲜明的稻作文化特色。它跨越了漫长的历史时空，随着民族的不断发展而世代传承下来，同时又随着社会、经济和文化的发展而发展。因而，骆越宗教文化既具有稳定性和传承性，又具有创新性、演变性和地方民族性。

第一节　骆越宗教文化溯源

　　以神话和祭祀仪式为载体，以神灵信仰为核心的骆越宗教文化，源于史前时期的骆越先民。骆越先民同许多古老民族一样，曾流行自然崇拜、动植物崇拜、图腾崇拜、生殖崇拜、祖先崇拜等原始宗教信仰。

　　原始宗教是原始社会发展到一定阶段产生的以反映人和自然矛盾为主要内容的初期状态的宗教。远古人类在生产力极其低下的社会条件下，无法科学地解释宇宙起源、自然现象的变化、人类自身的由来及生老病死等，对于频繁发生的各种自然灾害，先民既无法正确认识各种自然现象及自然灾害发生的原因，又缺乏对抗各种灾害的能力。他们对变幻莫测的大自然充满好奇和敬畏，对频繁发生的自然灾害充满恐惧，并由好奇和恐惧而对自然界感到神秘，于是他们从自身经验出发，凭着想象与幻想，试图探索和解释各种自然现象的变化和自然灾害发生的原因，认为世界万物皆有其灵魂或精灵，有一种超然的神秘力量——"神灵"发挥着作用。正是这种无形且威力巨大的神灵，操控和主宰着自然的变化和灾害的发生。骆越先民认为神灵同人一样，也有喜怒哀乐，当其喜乐或人们对之顶礼膜拜时，就会运行顺畅，风调雨顺，遂人所愿，带来吉顺和福祉；当其哀怒时，便会生发灾害，给人类以惩罚。由于各种灾害既难以预测，也无法对抗，骆越先民便对之产生恐惧和敬畏，于是采取崇拜、祭祀、念咒或歌舞等方式，企图取悦那些威胁自己的自然物或神灵，祈求它们不要伤害自己，或者化害为利、逢凶化吉。原始宗教就是在这样的历史条件和认知水平下产生和发展起来的。万物有灵、鬼神信仰、自然崇拜、动植物崇拜、图腾崇拜、生殖崇拜、祖先崇拜及相应的神话传说和祭祀仪式，构成了原始宗教信仰体系；而万物有灵、鬼神信仰是原始宗教的核心，自然崇拜、动植物崇拜、图腾崇拜、生殖崇拜和祖先崇拜是原始宗教的基本内容。凡是经历过原始社会发展阶段的古老民族都产生过原始宗教，都经历过原始宗教的发展阶段。骆越先民也是如此，其历史渊源可以追溯到新石器时代早期。在以中国广西柳州大龙潭，横州西津、秋江，邕宁顶蛳山，扶绥敢造，广东佛山河宕、南海鱿鱼岗和越南义安省琼文为代表的新石器时代早中期遗址里，发现有集体丛葬的墓地和数量众多的人体骨骸，当时流行屈肢蹲式葬。如在横州西津遗址的墓葬里，发现人体骨骸上有红色赤铁矿粉，有的用牛骨或石器随葬；在邕宁顶蛳山遗址里，发现有母子合葬、截肢葬、二次葬等。实行集体丛葬、屈肢蹲葬、母子合葬、截肢葬、二次葬及墓葬里设置随葬品等现象，是在原始宗教信仰观念的支配下出现的。据研究，埋葬制度的形成和墓地的出现，是原始宗教信仰和灵魂崇拜观念的产物，而骆越地区发现的新石器时代墓葬及独特的埋葬方式，都与骆越先民的灵魂崇拜、鬼神崇拜、生殖崇拜、图腾崇拜、祖先崇拜和英雄崇拜有关。这些原始宗教信仰及其观念，随着民族的不断发展而传承下来，成为骆越时期主要的宗教信仰及其文化。

第二节　骆越宗教文化的内涵与特点

　　以神话传说和祭祀仪式为载体，以万物有灵观念和鬼神信仰为核心的骆越宗教文化，源于史前时期的骆越先民。骆越先民曾流行自然崇拜、动植物崇拜、图腾崇拜、生殖崇拜、祖先崇拜等原始宗教信仰，这些原始宗教信仰随着骆越先民的不断繁衍和发展而传承下来。关于骆越的宗教信仰，因年代久远，且缺乏文献记载，其宗教文化记忆显得较为零碎和模糊，我们只能通过史籍中的零星记载和考古学资料的分析，佐以民族学资料，对骆越宗教信仰及其文化记忆进行重构，揭示其历史面貌。

　　据史料记载和对考古学资料和民族学资料的综合分析，骆越宗教信仰及其文化是由史前时期先民的原始宗教发展而来的，并且在继承先民的自然崇拜、图腾崇拜、动植物崇拜、生殖崇拜、祖先崇拜等原始宗教信仰及其文化的基础上，产生了始祖崇拜、英雄崇拜、铜鼓崇拜等，流行巫觋和巫术等新的宗教信仰形式与内涵。

一、自然崇拜

　　自然崇拜是原始人类对世间各种自然物象的崇拜，这是原始宗教信仰中最早出现的崇拜对象。从文献资料和民俗资料可知，骆越先民也曾盛行自然崇拜，而且随着其民族的不断发展传承下来。岭南地区地处亚热带，气候炎热，雨水充沛，植被繁茂，江河纵横；同时又属喀斯特地区，群山绵延、丘陵起伏、峰峦叠嶂、沟壑纵横；加上这里又属多雨区，每到雨季，大雨倾盆、雷电交加。长期生活在岭南地区的骆越先民，对与他们生产和生活密切相关的炎热阳光、柔和月光、倾盆大雨、霹雳雷电、奔腾河水、高耸群山、林立怪石、茫茫林海和广袤大地有着深切的感受。这些变幻莫测的自然物象对先民的生产与生活有着重大影响，时而给人们带来生产与生活之利，时而又给人们带来灭顶之灾，使人们感到神秘与恐惧，进而产生敬畏与崇拜心理。他们把自然物和自然力当作具有生命和意志的神圣对象加以崇拜，认为这些自然物象具有神奇的灵性与威力，会对人类的生存及命运产生各种影响，因而对之崇拜有加，祈求得到神灵的佑护，以逢凶化吉、消灾降福。从有关的文献记载、考古资料和民俗资料来看，骆越及其先民的自然崇拜对象非常广泛，包括天上的太阳、月亮、星辰、雷电、云雾、彩虹、风雨，以及地上的高山、土地、江河、深潭、森林等，其中以太阳、雷雨、江河、森林、土地崇拜最为流行。

（一）太阳崇拜

骆越曾流行对太阳的崇拜。这是因为太阳能给人类带来光明，带来温暖，给大地万物带来阳光和生命的繁衍，但也会给人们带来黑暗、寒冷、酷热和恐怖；有时给人们带来意外的收获，有时又给人们带来难以预测的灾害。先民对太阳的升落、昼夜的更替、天气的冷热及日食等自然现象感到困惑不解，于是就将其人格化和神秘化，并凭借着想象和幻想，创造了有关太阳的种种神话，把太阳当作一种神秘力量，对它产生敬畏、感激、依赖等宗教情结并加以祭拜。正如德国古典哲学家费尔巴哈所说："自然界的变化，尤其是那些最能激起人的依赖感的现象中的变化，乃是使人觉得自然是一个有人性的、有意志的实体而虔诚地加以崇拜的原因。如果太阳老是待在天上不动，它就不会在人们心中燃起宗教热情的火焰。只有太阳从人眼中消失，把黑夜的恐怖带到人的头上，然后再度在天上出现，人这才会向太阳跪下，对于它的出乎意料的归来感到喜悦，为这喜悦所征服。所以佛罗里达的古代阿巴拉文人当太阳出山落山的时候，唱着颂歌向太阳致敬，同时祈求它准时回来，使他们能够享受它的光明……唯有自然的变易才使人变得不安定，变得谦卑，变得虔敬。"[①]这便是太阳崇拜产生的思想和认识根源。骆越先民居住地属亚热带地区，气候炎热，每当盛夏来临，烈日当空，大地上热浪升腾，晒得庄稼枯萎，田地干裂，人

---

①路德维希·费尔巴哈：《费尔巴哈哲学著作选集》下卷，荣震华、王太庆、刘磊译，生活·读书·新知三联书店出版，1962，第459–460页。

们备受烈日高温和干旱之苦。人们对太阳的升落和阳光的强弱等现象无法理解，在万物有灵观念的作用下，凭着想象和幻想，赋予太阳神性，认为有一种具有人格意志的神秘力量——太阳神在主宰着太阳的升落和阳光的强弱。为了获得阳光普照、光明永驻，骆越先民生发了对太阳神的敬畏与崇拜。在骆越后裔壮侗语族民间，流传着许多关于太阳的神话传说，如广为流传的《特康射太阳》《侯野射太阳》《妈勒访天边》等。在这些神话中，折射出骆越先民对太阳崇拜的观念，铭刻着骆越先民曾流行太阳崇拜的历史记忆。骆越对于太阳的崇拜，在考古学及民俗学资料中也有直观的反映，如在骆越铸造和使用的铜鼓的鼓面中心，皆铸有一个光芒四射的太阳纹（图7-1、图7-2）。铜鼓是祭神、娱神的乐器，骆越先民巧妙地运用艺术的手法，将诸崇拜的物象汇集于这一"通神之器"上，以期增强其神秘的威力，达到娱神、消灾的功利目的。另外，广西左江花山岩画上发现有多处表现众人舞蹈祭日的画面。北朝魏收《五日诗》中有"因想苍梧郡，兹日祀东君"之句。"东君"意指太阳，是对骆越先民祭祀太阳神之俗的记录。直到现在，骆越后裔壮侗语族民间还保留有祭日活动或太阳崇拜，而且常把日食现象与社会现象相联系。如以前天峨地区的壮族人看见日食就会恐惧不安，认为是人类触犯或得罪了蛙神，因此蛙神把太阳吞下去了，于是赶快杀鸡备酒焚香祭祀之，并击鼓鸣枪，赶跑蛙神，使大地恢复光明；若不及时盛祀，当年就会招致大灾难。如太阳出现日晕，亦被认为是天旱之兆，当年将会谷物歉收、世道纷乱。这些都是骆越及其后裔对太阳的崇拜或神秘观念的反映。

图 7-1　广西出土的骆越铜鼓上的太阳纹

图 7-2　越南出土的骆越铜鼓上的太阳纹

（二）月亮崇拜

月亮夜晚高悬于苍穹之中，与太阳交替起落。白天的炎炎烈日，使大地生烟，令人畏惧；每当夕阳西下，皎洁的明月冉冉升起，给大地洒满柔光与安宁。日月的反复交替升落，骆越先民同样以为是有一种神秘的精灵在支配或主宰着。因此，骆越在崇拜太阳的同时，也生发出对月亮的崇拜。这种崇拜观念与习俗，在骆越后裔壮侗语族民间一直保留着。在骆越故地的广西靖西、德保、那坡、大新、天等等地，一直流传着农历八月举行"祭月请神"活动。活动主要由妇女主持举行，活动时间一般从农历八月十日开始，至八月二十日结束。整个活动过程主要分为请月神、神人对歌、神算、送月神四个阶段。人们认为，月姑（神）不仅具有超凡的智慧，能替人卜算吉凶、消灾解难，而且还知卜者的过去，能预测其未来，能给人以灵性，故受人们的虔诚崇拜。每年的中秋节，各家各户都杀鸡煮肉，制作月饼，备上柚子、糖果，晚上祭拜月神。清《上林县志》有云："八月望夕，以月之明晦自卜行止。如中秋无月，即欢呼宰牛祈神，许愿畅饮终夜，以为三代出设之佳兆焉。"在人们的观念里，月亮是一位女性的善神，与中原地区汉族信奉的月神——嫦娥（女性）相似。人们赋予月亮慈善的神性，应是基于太阳的酷热（恶神）的缘故，但是其神格却没有太阳神高。

（三）雷神崇拜

在对诸多自然物象的崇拜中，由于天上的雷电威力最大，且雷电总是与雨相伴，因此人们认为雷神主宰着雨水的降落；而雨水的多与少，决定着稻作生产的丰收或歉收，与骆越的稻作农业生产关系最为密切，因而对雷神最为敬畏与崇拜。骆越后裔壮侗语族民间有"天上最大的是雷公，地上最大的是舅公"谚语，并且流传着许多有关雷神的生动的神话故事，如《雷公的故事》《布伯》《洪水淹天》《古时候的天》《盘古》《布洛陀》等。在关于布洛陀的传说中，认为天地初开时，宇宙分为三界，雷神掌管天上，布洛陀掌管地上人间，"图额"（蛟龙）掌管水界。人们还根据电闪雷鸣的景象，想象出雷公的形象——脸呈青蓝色，嘴呈鸟喙状，生就一对竹笼般的眼睛，眨起眼来闪绿光；背上长有一对翅膀，鸡脚，但整个身体却是人形；右手拿板斧，左手握凿，脚踏铜鼓；左手可以招来风，右手可以招来雨；舌像蛇信一样，吞吐皆闪火花。雷神一发怒，就擂响铜鼓，发出"隆隆"的轰鸣声；他一眨眼，就闪现出一道耀眼的蓝光。雷神神通广大，威力无比，他不仅掌管风伯、雨师，而且还掌管人间善恶，专门惩治那些不孝敬父母、不尊敬老人或长辈、糟蹋粮食或做尽坏事的人，以及作恶多端、危害地方的妖怪。

　　在骆越及其后裔的观念里，雷神具有至高无上的神威，主宰天下一切。他既是水旱灾害的制造者，也是风调雨顺的赐予者。因此，人们对雷神十分惧怕和崇敬，形成了诸多崇拜雷神的习俗。如骆越故地的江河或水潭边上修建有雷神庙，以供奉雷神。每年农历六月六日过"雷神节"，村民们筹资杀猪宰羊，祭拜雷神，祈求风调雨顺、生产丰收。神话《布伯》中有"国下四处都立庙，六月初六祭雷神"之说。若遇久旱不雨，稻田干枯，人们就杀牲备酒焚香祭拜雷神，祈求降下及时雨，以缓解旱情，保佑丰收。过去武鸣县（现南宁市武鸣区）清东一带的村民将一块人形怪石奉为雷神，设坛供奉，每逢节日就供奉祭品礼拜之；若遇天旱，祭礼更盛，不仅杀猪献酒敬祭之，而且还请道公在神坛前喃经祭天，祈求雷神降雨保苗，护佑村寨平安、生活富裕。东兰、天峨、凤山等县的壮族在春节期间举行盛大而隆重的"埋蛙婆"或"蚂蚜节"，实际上就是祭拜雷神，祈求风调雨顺、稻谷丰收。百色一带的壮族于每年农历三月十五日这一天，杀鸡献酒祭拜雷神。上思县那荡乡的壮族则于农历九月九日祭祀雷神，据说这一天雷公下凡巡视，要回天上去时需要杀牲敬祭送行，雷神上天后便会及时降下雨水。右江一带的壮族对新石器时代遗留下来的长身石斧既感神秘也很崇拜，说它是雷神手持的板斧，称之为"雷公斧"，并认为这种"雷公斧"可驱邪祛病，村民们常用之煮开水给病人饮服；当地的民间巫师则用"雷公斧"的斧楔，作为驱鬼祛病的法器。所有这些习俗，应是古代雷神崇拜的遗风。

　　雷神崇拜是骆越及其先民自然崇拜的重要组成部分，其崇拜观念的产生及其习俗的形成，与骆越先民所处的自然环境及社会生产力发展水平有

着密切关系。骆越先民聚居地属多雷雨区，年平均雷暴雨有90多天，且多集中于5月—8月，其中又以7月最多，平均有19~20天。骆越地区又是多雨区，年平均降水量为1500毫米左右，比我国年平均降水量629毫米和世界年平均降水量730毫米均高出一倍多；其中约有80%的雨水集中于夏半年（4月—9月），而6月—8月的雨水占全年降水量的40%~50%。[①]每当雷雨来临，大地被黑沉沉的乌云所笼罩，狂风大作，尘土飞扬，一道道耀眼的电光划破云层，紧接着是一阵阵震耳欲聋的雷鸣声，震得地动山摇、崖石崩塌，擎天大树也常被雷电拦腰劈断，人或牲畜也常被雷击毙命，同时雷击还会引起火灾。伴随雷电而来的是持续的倾盆大雨，造成山洪奔泻、江河猛涨，洪水泛滥成灾，淹没庄稼、冲垮房屋，人畜遭灾。但时而又久旱不雨，烈日炎炎，田地干裂，庄稼枯萎，人们备受其苦。由于生产力水平和认知能力的低下，人们无法对抗这些威力无穷的自然灾害，对突如其来或变化无常的自然现象亦迷惑不解，于是凭着想象，把雷电风雨人格化和神秘化，创造出许多有关雷神的神话传说。特别是骆越先民在生产实践中经过反复观察，发现暴雨来临之前，天空中总是先闪电，后打雷，再下雨。这一现象反复作用于人们的头脑，人们便将雷、电、风、雨四者连为一体，认为其核心是发出"隆隆"雷声的雷神，雷、电、风、雨皆由雷神掌管。这样，骆越先民把对雷电的错误认识和敬畏其威力的心理客体化，创造了雷神形象，进而修建庙宇，立雷神神位，形成祭拜雷神之俗。

　　骆越及其后裔的雷神崇拜，是远古时代自然崇拜的产物，历史源远流长。雷神崇拜观念在氏族社会时期（渔猎时代）已经萌芽，形成于氏族社会晚期的农耕时代，并随着骆越社会的发展而逐步发展与演变，其神力、神性及职能也不断被扩大，天上的雨水、地上的妖孽灾害、人间的坏人等雷神都要管治，其神性逐渐由单纯的自然属性发展到具备了社会属性与职能。在骆越聚居地发现的反映人们雷神崇拜的最早考古资料是桂东南和桂东北地区新石器时代晚期遗址出土的印纹硬陶上所饰的云雷纹。在春秋至战国时期墓葬中出土的具有骆越风格的青铜器（如钺、鼓、斧、矛、剑、

───────────

①廖文新、赵思林：《广西自然地理知识》，广西人民出版社，1978。

尊）上，亦多饰云雷纹。两汉以后，骆越用于祭神求雨的粤系铜鼓上，除遍饰云雷纹外，鼓面上亦饰以蹲蛙或累蹲蛙。据《说文》解释"雷"字云："阴阳薄动，雷雨生物者也，从雨、田，象回转形。"又说，"间有回回，雷声也"。东汉王充的《论衡·雷虚篇》云："图画之工，图雷之状，累累如连鼓之形。又图一人，若力士之容，谓之雷公，使之左手引连鼓，右手推椎，若击之状。其意以为雷声隆隆者，连鼓相扣击之意也。"铜鼓上所饰的云雷纹，形似古"雷"字中的回形，故又有"回形纹"之称。宋人蔡絛的《铁围山丛谈》卷四有云："独五岭之南，俚俗犹存也。今南人喜祀雷神者，谓之天神。"周去非的《岭外代答》云："广右敬事雷神，谓之天神，其祭曰祭天。盖雷州有雷庙，威灵甚盛，一路之民敬畏之……其祭之也，六畜必具，多至百牲。祭必三年，初年薄祭，中年稍丰，末年盛祭。每祭，则养牲三年而后克盛祭。其祭也极谨，虽同里巷，亦有惧心，一或不祭，而家偶有疾病、官事，则邻里亲戚众忧之，以为天神实为之灾。"刘锡蕃《岭表纪蛮》亦云："凡被雷殛者，蛮人以为天诛，必罪大恶极，相戒不往吊，虽至戚亦远之。"今壮族人亦视被雷殛者为凶死，是其德行不端所致，不得行丧仪葬礼，不得埋入宗族坟地。骆越先民的雷神崇拜及其历史渊源和发展轨迹，从上可窥见端倪；同时亦可看出骆越先民对雷、电、风、雨诸自然现象的神秘观念及对其无可对抗的巨大威力的恐惧和屈从，对神通广大的雷神的敬畏和崇拜，对雨水的祈求和依赖，并反映了人们希望借助雷神的力量惩治坏人，以维护传统的社会秩序、伦理道德和追求生活安定的心理。

（四）水神崇拜

水神崇拜是骆越先民流行的自然崇拜的重要部分。骆越先民生活在江河密布、鱼类资源丰富的岭南地区，在以采集和渔猎经济为主、以农业种植为辅的氏族社会时代，人们对江河湖海有着深深的依赖，可谓是傍水而居，赖水而食，形成"陆事寡而水事重"的生产习俗。在万物有灵观念的主导下，骆越先民认为自然界中的每一处水源、每一条河流都由水神司管。凡泉源、河流、深潭或水口处，都是水神的寄居之处，他主宰着

泉源的枯涌和河水的涨落，操控着鱼类的多少，对人们的生产和生活有着重要影响。由于当时社会生产力低下，骆越先民常在水中捕捞鱼、蚌、螺、蟹类食物；长期的水上劳作，使人们练就了善于捕捞和擅长划桨荡舟的本领，并形成了喜食鱼虾的饮食习惯。但人们在水中劳作也并非一帆风顺，有时获得丰收，有时又空手而归；时而风平浪静，时而江水汹涌，舟覆人溺，甚至泛滥成灾，淹没田园。骆越先民面对种种不同的遭遇感到惊惑不解、敬畏交加，于是凭着想象，认为水中有一种具有人格意志的神秘力量——水神，主宰着河水的涨落和鱼类的多少。当水神心情愉悦、舒畅时，就会风平浪静，鱼虾成群；当其烦恼、发怒时，河水就会汹涌咆哮，鱼虾也会无影无踪。为了使水神欢愉，人们在获得丰收时就敬祭之，以歌舞娱媚之，祈求水神庇护。在原始农业产生以后，骆越先民开始在临近水源的台地上建造聚落并定居，对水的依赖进一步增强，对水神的崇拜情结亦相应增强。骆越先民对水神崇拜之俗，随着民族的繁衍发展而不断传承下来，至今在骆越后裔壮侗语族民间还保留着诸多水神崇拜之俗。人们流行在水源处和河流险滩处修建水神庙，供奉水神；凡遇久旱不下雨，人们就杀猪宰羊，盛祭水神。后来，人们赋予水神的职能也发生了变化，骆越先民原来所崇拜的是水神的自然属性，即司管江河之水的涨落与鱼类多少；随后，由于受到从中原传入的龙文化和风水文化的影响，水神除司管江河的涨落、给人们带来生产和生活之利外，又被奉为一个聚落的保护神。尤其是位于村寨前的水口，既被视为涌向聚落的财气，同时又是聚落的保护神，主宰着整个聚落的吉凶祸福，并且构成了抵御外界鬼邪侵犯的总屏障，保一村之民平安，具有"当关之势，硝烟难入，邪气无侵"之功能。因而，骆越对水神的崇拜，是出于其生产和生活的基本需要的结果，也是为了与大自然保持和谐共处的良好关系的体现，更是人们为了居住生活的平安及对各种灾祸的恐惧与防范而塑成的一种聚落保护神。有了水神在聚落前的保护，骆越先民在心理上就有了安全感和轻松感，从而因鬼邪的危害而带来灾祸的恐惧和压抑心理得到减轻和解脱，达到安居乐业的目的。与此同时，骆越及其后裔对水神的崇拜，又与其民族对水源的保护及对树神的崇拜有关。

（五）树神崇拜

树神崇拜是远古时代骆越先民流行的一种自然崇拜。在骆越先民生活的自然环境中，山林茂密，树木枝繁叶茂，遮天蔽日，给人以崇高而神秘感。在以渔猎经济为生的氏族部落时代，骆越先民终日穿梭于茂密的山林里狩猎，时常有意外的收获与巧遇，有时还使人们转危为安。树木经受着烈日的暴晒和风雨的摇撼，即使久旱不雨，仍能茁壮成长，枝繁叶茂，秀丽挺拔，充满活力，显示出顽强、旺盛的生命力，为大地增绿添荫。在骆越先民的观念里，树木之所以具有如此顽强的生命力，同样是由树的精灵所使然。由于骆越先民无法了解树的生长规律及特性，故而对之产生好奇，由好奇心萌生神秘感，由神秘感而产生敬意和崇拜之情，希望通过对树的崇拜，获得像树一样顽强、旺盛的生命力，生生不息、繁衍兴旺。进入农业社会以后，骆越先民过上了定居生活，形成了居住的聚落，于是又赋予树神社会属性，即由原来崇拜树顽强生命力的自然属性发展为崇拜其可作用于人类的神性——树神对聚落的影响及对聚落居民的作用。人们的崇拜对象也逐步发展演变成对特定区域的树林或特定形态的树木的崇拜，希望通过对这些树的崇拜，获得树神的护佑，消灾除难，逢凶化吉。骆越先民对树的崇拜之俗，随着民族的发展而不断传承下来，直到近现代，骆越后裔壮侗语族民间仍普遍流行树崇拜之风。

（六）山神崇拜

骆越先民生活在高山绵延、层峦叠嶂的喀斯特地区，巍峨的高山，耸峙的奇峰，嶙峋的怪石，幽深的岩洞，云雾缭绕的山林，使人产生一种崇高感、神秘感和敬畏感。在氏族社会时代，骆越先民曾经历过漫长的以渔猎经济为生的时代，长年穿梭于山林之中追逐野兽以获取食物，并以天然岩洞为栖息之所，因此对大山或岩洞有着深切的感受。骆越先民在群山之中狩猎，时而满载而归，时而空手而回，或被猛兽伤害；每当烈日炎炎或雷雨交加，骆越先民凭借宽敞阴凉的岩洞遮蔽，确保了人身安全。在万物有灵和鬼神信仰盛行的远古时代，骆越先民认为这是山神的庇护或惩罚，

于是生发了对山神的崇拜，祈求山神的庇护。这种对山神的信仰和崇拜，在骆越后裔诸民族中一直保留着，有的地方建有山神庙，祭拜山神，这些应是远古时代山神崇拜的遗风。

（七）花神崇拜

花是骆越先民崇拜的自然物之一，亦是生殖崇拜的形式之一。骆越先民长期在自然界中进行生产劳动，不仅目睹了自然界中繁花似锦、绚丽缤纷、赏心悦目的美景，同时还认识到果实是由花朵孕育而成的。在开花结果规律的反复作用下，骆越先民以类比思维相类推，以花喻人，生发出对花的崇拜，希望获得像花一样的旺盛繁殖力，达到人丁繁衍的目的。在骆越后裔壮族民间，流行着花神崇拜之俗，流传着《姆六甲》的神话传说。传说在远古时候，世界上没有人类。有一天，从花朵里走出一位披头散发的女人，她就是壮族始祖母姆六甲。姆六甲感到孤单寂寞，就爬到山上，被风一吹，便怀孕生育了。姆六甲嫌人太少，就用尿拌泥捏成许多人，泥人让风一吹，就变成一个个有血有肉、活蹦乱跳的孩童。但这些孩童无男女之分，姆六甲灵机一动，摘来辣椒和阳桃，向着孩群撒去，孩童纷纷争抢，结果抢到辣椒的就变成了男孩，抢到阳桃的就变成了女孩。他们长大后，相互婚配，生儿育女，人类就这样繁衍下来了。于是，壮族敬奉姆六甲为花神或生育神，后来演变为花婆神，红水河中游一带壮族民间称为"花王圣母"。在骆越后裔壮族人的观念里，人是由花中出生的，死后其魂魄仍回到花里；妇女怀孕是花神赐予花的结果，赐予白花就生女孩，赐予红花就生男孩；如果婚久不孕，是花路不通的缘故，需要请道公或师公举行架桥求花仪式。故民间流行在产妇的床边安立花婆神位，奉花婆为送子佑子的保护神。这些神话及花神崇拜之俗，应是远古时代花神崇拜的遗风。

（八）土地崇拜

人类生活在广袤富饶的大地上，丰富的食物资源总是破土而出，硕果累累，可谓是取之不尽、用之不竭。在长期的社会生活和生产过程中，先民对滋润万物、深不可测的土地产生了神秘感，进而生发出对土地的崇拜。特别是农耕民族，普遍存在土地崇拜。早期的土地崇拜是先民对大地、山岭或河流等的崇拜；原始农业产生以后，土地又和农业生产联系在一起，他们认为土地是孕育和滋养万物的载体，具有伟大力量，从而进一步敬畏和崇拜它。后来，先民又把女性的生育和土地滋养万物联系起来，认为女性的生育和大地生长出草木一样，希望人口的繁衍如同大地生长草木那样富有生机活力。于是，土地崇拜又成为生殖崇拜的延续。历史上，骆越及其后裔壮侗语族流行土地崇拜之俗，立有供奉土地神的庙宇或神坛，每年农历二月二日举行隆重的祭拜土地神活动，祈求土地神保佑风调雨顺、五谷丰登、生活富足。在崇拜和祭祀过程中，人们还赋予土地神社会属性，祈求土地神守村护寨、驱逐妖邪，防止鬼蜮进入村寨作祟。

二、图腾崇拜

图腾崇拜产生于母系氏族社会时期，是原始宗教的重要组成部分，也是原始社会时期最流行的一种宗教信仰形式。原始先民认为，自己氏族的祖先是由某一种特定的动物、植物或其他生物转化而来的，自己同该物之间有一种血缘关系，而且该物对本氏族有保护作用，于是便将其作为氏族的图腾而崇拜之。在图腾信仰与崇拜中，已包含有祖先崇拜的内涵。图腾与氏族的亲缘关系时常通过氏族起源神话和称谓体现出来，是一个氏族的标志或徽记，在原始氏族社会中起着重要的认同和团结凝聚作用，也是最早的社会组织标志，具有团结群体、密切血缘关系、维系社会组织和互相区别的功能。同时，希望通过图腾标志得到图腾的认同，受到图腾的保护。世界上许多古老的民族都曾经历过图腾时代，以各种动植物作为自己氏族的图腾。经历过氏族部落社会发展阶段的骆越先民也是如此，不仅经历过图腾时代，而且敬奉各种动植物为各自氏族的图腾。

关于骆越先民的图腾崇拜，由于年代久远，我们已无法确知其面貌。因为图腾崇拜多源于动植物崇拜，彼此相互交融、错综复杂、关系密切，后人很难明确区分哪些属于图腾崇拜，哪些属于动植物崇拜。目前，我们只能通过相关的考古资料、文献资料和骆越后裔诸民族的民间信仰习俗来了解其梗概，并将图腾与崇拜一同述之。

从零散的文献记载可知，在原始社会的氏族部落时代，骆越先民分布地域宽广，氏族众多，部落林立，各个氏族都有其崇拜的图腾，并以之作为本氏族的标志。动物类图腾主要有蛙、猴、象、牛、犬、鹿、虎、鹭鸟、鹅、羊、金鸡、狼、熊、豹、犀牛、野猪、蛇、鱼、"图额"（蛟龙）等；植物类图腾有竹、笋、榕树、葫芦等。随着社会的发展，势力较小的氏族或部落逐渐被强大的氏族或部落所吞并，图腾崇拜也随之演化并减少。到了部落社会后期，以崇拜蛙、牛、犬、象、猴、"图额"、鹿、虎、鹭鸟、鹅、羊、金鸡及竹、葫芦等图腾影响最大，并随着民族的不断发展而传承下来，保留于骆越后裔诸民族民间。

（一）蛙图腾

蛙是骆越先民崇拜的重要图腾之一。奉蛙为氏族或部落图腾的应是一个人口众多、势力强盛的氏族或部落。奉蛙为图腾，很可能与蛙顽强的生命力、旺盛的繁殖力及独特的灵性有关。在生产力低下的原始时代，为了祈求氏族或部落的生存与繁衍，在进行物质生活资料生产的同时还要保证自身的生育与繁衍。在生活条件及环境恶劣的影响下，人类的繁殖力或存活率都很低，而人又是原始社会时期最重要的生产力。因此，骆越先民对人的生育和种族的繁衍极为重视。通过接触与观察，骆越先民发现蛙具有极强的生命力和繁殖力，于是生发出对蛙的崇拜，奉蛙为图腾，祈求与蛙建立某种联系、获得蛙的灵性，从而得到如蛙一样的旺盛繁殖力，确保氏族或部落的繁衍兴旺。进入稻作农业社会以后，由于抵御自然灾害的能力较低，水利灌溉设施也比较简陋，稻田的灌溉主要依靠天降雨水。于是，骆越先民在崇拜蛙旺盛繁殖力的基础上，观察到天降雨水时群蛙鸣叫，认为蛙与天降雨水有着某种神秘关系，因此又赋予蛙呼唤雨水的能力。在骆越工匠铸造的铜鼓上，鼓面边沿环铸有4~6组对称的立体蹲蛙形象，有单蛙、累蹲蛙（两蛙相叠作交媾状），呈逆时针排列（图7-3至图7-5）。这是骆越崇拜蛙的形象反映。在骆越后裔壮族民间，至今还流行蛙神崇拜（图7-6），特别是位于红水河中上游地区的东兰、南丹、天峨、环江等地的壮族民间，一直保持春节祭蛙、葬蛙、唱颂蚂蚜功德歌之俗，俗称"蚂蚜节"（壮语称青蛙为"蚂蚜"）。民间还流传着许多关于蛙的神话传说。如蛙是雷神的儿女，是雷神派到人间的使者。当人间需要雨水时，就告诉蛙，蛙就向着天上鸣叫，雷神听到蛙的鸣叫声，便知人间需要雨水，于是就打开天河闸门，播降雨水，保证了人间农业生产和生活用水的需要。所有这些，应是骆越奉蛙为图腾、崇拜蛙的遗风。

图 7-3　铜鼓上的蛙图像

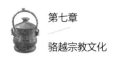

图 7-4　铜鼓上的蹲蛙图像

图 7-5　铜鼓上的双蛙图像

图 7-6　骆越后裔蛙神崇拜之俗

（二）牛图腾

　　牛是骆越先民崇拜的重要图腾之一。奉牛为氏族或部落图腾的应是另一个人口众多、势力强盛的氏族。特别是进入农耕社会以后，牛成为重要的耕畜，在耕作中发挥着重要作用，骆越先民对耕牛的依赖进一步增强，对牛的情感也进一步加深。在骆越工匠铸造的铜鼓鼓面边沿，铸有立体的牛形象（图7-7）。在作为权力象征或通神重器的铜鼓之上铸造牛的塑像，应是骆越崇拜牛的形象反映。随着民族的繁衍与发展，人们对牛的崇拜之俗也随之传承下来。直到现在，在骆越后裔壮族民间仍保留着牛崇拜之俗，流传着许多关于牛的神话。传说古时候，牛原来是一位天神，奉玉帝之命下到人间帮助种草，玉帝嘱咐它每走三步撒一次草种，可它记反了，变成每走一步撒三把草种，结果大地上的草长得比禾苗还多，玉帝就罚它留在人间吃草。于是，牛就以草为食料，为人耕作，一年辛苦到头。人们感激它的耕作之劳，平时加倍爱护，精心喂养；而且还定于每年的农历四月八日过牛魂节（图7-8），让牛休息一天，并清扫牛栏，将牛篦洗干净，喂以精饲料，晚上备祭品祭祀牛神，祈求保佑牛健壮无病，繁殖小牛。每年春节，壮族民间还举行舞春牛（用篾编纸糊布包成牛的道具）贺新年祝福活动，祈求六畜兴旺、农业丰收、生活富足。这些习俗，应是古代骆越先民以牛为图腾崇拜的遗风。

图 7-7　骆越铜鼓上的牛塑像

图 7-8　骆越后裔壮族牛魂节习俗

（三）鸟图腾

　　鸟是骆越先民敬奉的图腾之一。骆越崇拜的鸟类有鹭鸶、乌鸦、鹰、喜鹊、燕子等。奉鸟为图腾崇拜，应源于远古先民对鸟的奇异特性的好奇。在远古时代，骆越先民在面对难以逾越的千沟万壑时，目睹鸟儿在空中自由飞翔，不受自然地理屏障的阻隔，特别是在追逐野兽或遭遇困境时，更羡慕鸟儿自由飞翔、飞越天堑的奇特本领；当骆越先民从事捕鱼时，时常看到鹭鸶从空中俯冲而下，从水面轻盈地叼住鱼儿飞去。人们羡慕其灵性，视之为神奇灵物而崇拜之，希望通过对鸟类的崇拜，获得像鸟一样的灵性与本领，可以自由地在天空疾飞，飞越各种障碍或轻盈地捕获鱼类。《博物志·异鸟》云："越地深山有鸟，大如鸠，青色，名曰冶鸟……越人谓此鸟为越祝之祖。"可见，越人奉鸟为祖先而崇拜之。越地还有鸟田或鸟耕之说。如《越绝书》载："大越海滨之民，独以鸟田。"此外，骆越先民还赋予鸟类指引亡魂的功能，认为人死亡后，其魂将回归遥远的故里，因路途遥远，需要飞鸟来引路。因此，在骆越工匠铸造和使用的铜鼓上，多铸有翔鹭或翔鹭衔鱼（图7-9至图7-12），以及用鸟羽装扮的舞人、羽人划龙舟等图像。在广西合浦县望牛岭汉代墓葬里，出土有一对形象生动的铜凤灯。在骆越绘制的左江花山岩画上，也有鸟类图像（图7-13、图7-14）。骆越后裔崇拜的雷神形象，也是按照鸟的特征来塑造的，即人身、鸟喙、鸟翼、禽爪。所有这些，应是历史上骆越先民奉鸟为图腾崇拜的遗风。

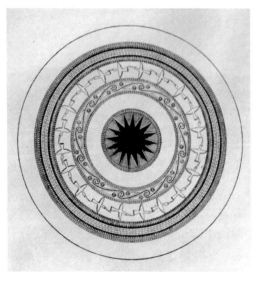

图7-9　田东铜鼓上的翔鹭图像

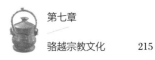

图 7-10 西林铜鼓上的翔鹭图像

图 7-11 越南铜鼓上的翔鹭图像

图 7-12　骆越铜鼓上的鸟像

图 7-13　扶绥岜赖山岩画上的鸟图像
（局部一）

图 7-14　扶绥岜赖山岩画上的鸟图像
（局部二）

（四）犬图腾

犬是骆越先民崇拜的重要图腾。犬是原始人类最早驯养的动物之一。在渔猎时代，犬是人类的得力帮手，既可帮助人们追捕兽类，又可守家和保护主人。由于人们对犬类的灵敏嗅觉、快速奔跑及忠于主人的特性感到好奇而又无法理解，于是赋予其神秘的属性。在氏族时代，骆越先民曾有一个氏族或部落以犬为图腾崇拜。在骆越绘制的左江花山岩画上有许多犬图像（图7-15），且图像多位于画面的中心位置，形态雄健，形象生动，众人围绕四周举手半蹲而舞，反映了犬在社会生活和人们观念中的崇高地位。骆越后裔诸民族一直保持着对犬的崇拜传统，在壮族乡村，流行在村口或房屋前竖立石狗雕像（图7-16、图7-17），用以镇守村寨、避邪护宅。民间还流传有许多关于神犬的传说。传说古时候，人们还不会种植稻谷，大地上也没有谷种。为了帮助人类找来谷种，一只九尾狗自告奋勇奔上天庭，乘守护谷种的天兵不备之际，冲进稻谷堆里翻滚，让谷粒粘在尾巴上。正当狗要返回时，被守护谷种的天兵发现，手持刀斧追赶。狗拼命往回奔跑，结果被天兵挥刀斧砍断了八条尾巴，狗忍着断尾的剧烈疼痛，带着残存的粘满谷粒的尾巴回到人间，人们用狗尾巴上粘带回的谷种来播种。年复一年，收获的稻谷日益增多，种植稻谷便成为骆越后裔诸民族主要的生产方式。当稻谷收割时，人们不忘狗断尾带稻种的功德，在每年农历六月收割新谷、煮新米饭时先喂给狗吃，而后人们才进餐。这些习俗，应是古代骆越人崇拜犬的遗风。

图7-15　花山岩画上的犬图像

图 7-16　骆越后裔壮族村前立石狗之俗　　　图 7-17　骆越后裔壮族在村前立石狗之俗
（广西田阳）　　　　　　　　　　　　（广西忻城）

（五）葫芦图腾

　　葫芦既是骆越先民崇拜的图腾，又是生殖崇拜的象征物，而且影响深远。骆越敬奉葫芦为图腾崇拜物，可能与葫芦的形体、功能、旺盛的生命力和多籽的特征有关。自古以来，骆越先民生活的岭南地区多产葫芦。葫芦具有很强的生命力和繁殖力，一株多瓜，青葫芦可作食物，干葫芦还可用作盛储器，而且干葫芦具有很强的浮力，骆越先民常用之作为渡水的腰舟。另外，葫芦的形体酷似孕妇，而葫芦籽则酷似人的门牙。在追求物质生活资料和人丁繁衍观念强烈的氏族或部落时代，骆越先民从类比思维出发，将葫芦人格化和神灵化，进而把葫芦奉为氏族或部落的图腾，希望获得像葫芦一样的旺盛繁殖力，达到人丁兴旺的目的。在骆越后裔壮侗语族中流传着有关葫芦的传说，如《葫芦兄妹》《盘古兄妹》《布伯》《洪水淹天》的神话。传说古时候，人类因为雨水问题，布伯同雷公进行斗争，

并擒住雷公，关在笼罩里。雷公在盘古兄妹的帮助下，挣脱笼罩。在回天上前，雷公拔下一颗牙齿，嘱咐盘古兄妹拿到后园种下，说如果洪水淹没大地，让他们就钻进葫芦里，可保平安。盘古兄妹种下雷公拔下的牙齿后，立刻长出葫芦苗，结出一个硕大的葫芦。雷公回到天上后，立即打开天池闸门，雨水倾注而下，人间很快就被淹没，大地生灵纷纷葬身水底。而盘古兄妹则钻到大葫芦里随水漂流，躲过了漫天洪水的劫难。天下的人都被洪水淹死了，只剩盘古兄妹俩。于是，雷公要盘古兄妹俩结为夫妻，繁衍人类。开始时兄妹俩不愿意，经过雷公的再三劝说，晓以大义，盘古兄妹终于答应。兄妹俩结为夫妻后，生儿育女，人类就这样繁衍下来。因盘古兄妹是凭借葫芦在洪水漫天时才幸存下来，故视葫芦为神物而崇拜之。

（六）"图额"图腾

"图额"系壮语（duzngweg），意为蛟龙。骆越先民奉之为司管水界之神，赋予其保护水源，司掌江河涨落和水中鱼类之职能。"图额"崇拜应是源于骆越先民生活的自然环境、渔业捕捞生产方式与蛇、鳄等凶猛动物的关系。骆越先民居住地区江河纵横，水系发达，鱼类资源丰富，渔业经济发达，而远古时期蛇、鳄等凶猛动物遍布各大江河，骆越先民在江河里捕鱼时，时常会受到蛇、鳄等凶猛动物的袭击或伤害，于是对蛇、鳄等凶猛动物产生了畏惧心理，并由畏惧而产生敬畏感和神秘感。为了避免受到蛇、鳄等凶猛动物的伤害，骆越先民采取了模仿亲近、取悦崇拜的方式，在身体上文以鳄形或鳞状，以示同类而不被伤害。正如《淮南子·原道训》所云："九嶷之南，陆事寡而水事重，于是民人被发文身，以像鳞虫。"《说苑·奉使》则云，越人"剪发文身，灿然成章，以像龙子者，将避水神也"。《汉书·地理志》也有"文身断发，以避蛟龙之害"之说。应劭注："常在水中，故断其发，文其身，以像龙子，故不见伤害。"于是，在身体上文以鳄鱼或蛟龙形象便成为骆越先民的一个徽号，成为骆越先民图腾崇拜的一种标记。

此外，骆越先民的图腾还有象、虎、鹅、羊、金鸡、鱼等。这些图腾的产生，都与动物所具有的独特的生理特性、功能及其与骆越先民的生产和生活有着密切联系，它们对骆越先民的生存产生过重要影响，于是被骆越先民赋予神秘的属性而崇拜。

三、生殖崇拜

生殖崇拜，是原始宗教的重要组成部分，是原始社会普遍流行的一种信仰与习俗，是人类祈求人丁繁衍的反映。追求物质生产的丰收和人丁的繁衍是人类永恒的主题。在生产力极其低下的原始时代，人是最重要的生产力。人口的多少或体质的强弱，决定着一个氏族或部落的兴衰。但是，由于当时生产和生活条件艰难，不仅人口出生率低，而且寿命短，平均寿命只有三四十岁。各氏族或部落为了生存和发展，人丁的生殖繁衍便成为原始先民的强烈愿望。由于当时人们并不懂得人类生殖的原因，只是从直观上见到妇女腹中能孕育出一个新的生命。婴儿从产妇的阴户出生，他们对此既感到好奇，更感到神奇，认为有一种神秘的力量主宰着人类的生殖繁衍，由此而产生生殖崇拜。骆越先民企图通过对生命力和生殖力旺盛的物象（如青蛙、葫芦、花、男女生殖器等）的崇拜，以获得其灵性，达到人口生殖和繁衍的目的。

骆越先民不懂得男女交媾与怀孕生育之间的关系，只见到婴儿是从妇女的阴户生出来的，便认为女性生殖器是生育的门户和人类生殖之源，于是形成了对女性生殖器或孕妇形象的崇拜。例如，在广西钦州独料新石器时代遗址中，曾发现有用泥陶塑成的女性生殖器；在靖西一带的岩洞石壁上，刻画有许多形象逼真的女性生殖器的原始岩画；在花山岩画上绘有腹部隆凸的孕妇形象。这些都是骆越早期生殖崇拜的形象反映。骆越先民企图通过对女性生殖器或孕妇的崇拜，达到人丁繁衍的目的。进入父系氏族社会以后，男子在家庭和社会生活中发挥着日益重要的作用，逐步取代了妇女的主导地位，成为氏族或部落的领导者。于是，人们逐渐感知到男子在生育中的作用，对女性及其生殖器的崇拜开始演变为对男性及其生殖器

的崇拜，将男性及其生殖器视为生育和人丁繁衍之源。如在广西扶绥县那淋一带的新石器晚期的大石铲遗址里，曾发现有用砾石制成的石祖（男性生殖器）；在宁明高山岩画上，绘有一排阴茎粗大、勃起的男性图像。这些都是骆越先民对男性生殖器崇拜的形象反映。这种男根崇拜之俗，在骆越后裔诸民族中一直保留了下来。在钦州市大寺一带壮族民间，每年农历八月举行跳岭头活动时，分别用篾扎纸糊成一对男女生殖器模型，由道公手持男性生殖器不断与女性生殖器作对戳状，以此作为祈求丰产的仪式。与此同时，骆越先民在生活中逐步认知男女交媾与妇女怀孕生育的因果关系，因而，在左江花山岩画上绘有一组男女交媾图像。在越南陶盛遗址出土的一件铜缸的缸盖上，有四对男女相对拥抱作交媾状塑像，妇女在下，裸体，乳房隆突，双手拥抱上面的男子，双脚伸直；上面男子披发，双手拥抱下面的女子，阴茎连接下面女子阴部[1]。这些男女交媾形象，应是骆越人生殖崇拜的形象反映。

四、祖先崇拜

祖先崇拜萌芽于母系氏族社会末期，形成于父系氏族社会，是原始宗教的重要组成部分。这一时期，原始婚姻形态开始由对偶婚向一夫一妻制发展，人们不仅能够确认自己的生身母亲，还能确认自己的生身父亲，对自己的直系亲属产生了眷恋之情，特别是对死去的亲人的眷念，祖先崇拜便随之产生。在"灵魂不灭"观念的支配下，人们希望自己祖先的灵魂也像生前一样能够庇佑本氏族的成员。首先是对死去的氏族首领、巫师或为保护氏族做出重要贡献的成员的崇拜，后来逐步演变为对死去的父母的灵魂的崇拜。在先民的观念里，无论是死去的氏族首领、英雄人物还是祖父母，都是最亲近、最友善的人，他们生前致力维护氏族的利益，死后其灵魂也同样会护佑氏族。通过设置专门的氏族墓地，对先人进行安葬，便是

---

[1] 黎文兰、范文耿、阮灵：《越南青铜时代的第一批遗址》，梁志明译，河内科学出版社，1963。

氏族或部落时代祖先崇拜的具体体现。先民对先人的灵魂进行慰藉与怀念，目的是祈求其灵魂庇护全体氏族平安兴旺。通过举行祖先崇拜及祭祀仪式，还可以增强全体氏族成员的认同、团结与凝聚意识。骆越地区发现的春秋战国乃至秦汉时期的墓葬及种类多样的随葬品，便是骆越先民流行祖先崇拜的产物。骆越先民形成的祖先崇拜观念及其习俗影响深远，并随着民族的发展而不断传承和发展着。在骆越后裔壮侗语族中，一直流行着祖先崇拜观念及其习俗。

（一）始祖崇拜

人类文明的起源和发展历史表明，世界上各大江河流域都曾孕育和产生过自己的文明。作为中国四大江河流域之一的珠江流域，历史上也孕育和产生过古老的文明。骆越先民是世代居住在珠江流域的原住民族，在长期的社会发展进程中，骆越先民与大自然进行了艰苦卓绝的斗争，创造了丰富多彩的文化，不断推动着社会的发展和民族的进步。为了民族的团结和振奋民族精神，骆越先民将民族的勤劳智慧和文明开创成果集中于一位氏族或部落首领身上，创造出许多神话传说，从而塑造出本民族的人文始祖以崇拜之，使之成为民族联系的纽带。长期以来，骆越后裔壮侗语族中流行的始祖布洛陀和姆六甲崇拜，应是骆越先民始祖崇拜的遗俗。在越南红河流域则流行始祖雄王崇拜。

（二）始祖布洛陀崇拜

布洛陀又称"布禄陀""陆达公公""保洛陀"，皆是壮语汉字记音，是骆越及其后裔壮侗语族敬奉和崇拜的创世神、始祖神、宗教神和道德神。据民间麽经记载或传说，布洛陀是一位无所不知、无所不晓的首领。他造了天地万物，造出日月星辰，分出天、地、水三界，发明织网捕鱼，制造弓箭狩猎，教人取火熟食、开垦土地、种植水稻、挖渠引水，教人建造房屋、纺纱织布、染布缝衣，安排万物及人间秩序，使大地万物和谐相处。他用火把雷神赶到天上，用火把蛟龙赶到海里，用火把老虎赶进

山林，让人类在大地上安居乐业。凡天下之事，布洛陀无不知晓，人们有不懂的事，都要去问布洛陀，布洛陀也都一一给予解答指点。在人们的观念里，布洛陀不仅是天地万物的创造者，还是自然规律和社会秩序的制定者，是人类智慧和文明创造的化身。在骆越后裔壮族、布依族、水族等民族的麽公或师公的经书里提到，布洛陀又是宗教的祖师，在设坛请神时首先要请布洛陀亲临法场，然后再请其他神祇。民间歌师对歌前亦先唱赞颂布洛陀功绩的歌。从《麽经布洛陀》及民间流传的神话内容来看，布洛陀产生的年代应是原始社会末期的父系氏族部落社会时代，其身份相当于一个氏族或部落的首领。事实上，布洛陀并非一个真实存在的人物，而是一个父系氏族时期的象征性人物，骆越先民把本民族的各种文明创造成果归结于其身上，使之成为珠江流域原住民族敬奉的人文始祖。随着骆越的不断繁衍和社会的不断发展，作为珠江流域人文始祖的布洛陀一直受到骆越后裔诸民族的崇拜，并为其建庙宇、立塑像，每年定期举行隆重的祭祀仪式。

（三）始祖姆六甲崇拜

姆六甲也称为"么禄甲"，亦是壮语称谓，她是骆越及其后裔壮侗语族信奉和崇拜的始祖神和主管生育之神。据骆越后裔壮侗语族民间传说，姆六甲创造了天地人类万物，开始时由于地大天小，天盖不住大地，姆六甲就用线把大地边缘缝缀起来，然后手拉线头，大地就缩小了，天可以盖住大地了。但在姆六甲拉线头时，大地起了很多皱褶，凸起来的变成了山岭，凹下去的变成了江河沟壑。天地形成后，由于没有人类，姆六甲感到寂寞，她就爬上高山，让风一吹便怀孕了，孩子从腋下生了出来，从此大地上开始有了人类。又说，姆六甲是从花朵里生出来的，人类都是由姆六甲的花园里的花转世而来，故又称之为"花王圣母"或"花婆神"。因此，壮侗语族将姆六甲奉为创造人类的始祖母神。据研究，从姆六甲的神格和神话内容来看，其应产生于原始社会的母系氏族时代，随着社会的不断发展而传承下来。

（四）英雄崇拜

英雄崇拜是骆越先民对曾经为骆越的生存与发展、文明的开创做出杰出贡献的人物的崇拜。骆越先民崇拜的英雄，并非真实的人物，而是传说中的英雄，并且都有相应的神话传说为依据。骆越先民赋予英雄超凡的雄才伟力，将本民族文化创造成果及民族不屈不挠的进取精神集于其身，将之塑造为万众敬仰的民族英雄。按照神话学的分类，英雄神话可分为征服自然的自然英雄、造福人类的文化英雄两大类。骆越的英雄崇拜以布伯、盘古和雄王崇拜最具代表性。

五、人神沟通的媒介——巫师、巫术

巫师伴随着原始宗教的形成而产生，又随着原始宗教的发展而演变。在原始社会时期，巫师被认为具有神奇的超自然魔力，并能借助魔力施行巫事。特别是鬼魂与精灵观念盛行以后，巫师被看作是能与鬼神交流和沟通的媒介，是神的代言人，他的话就是神的旨意，具有无上权威；又是能施法驱使鬼魂，以保护氏族成员不受恶鬼侵害的权威人物；同时能施法驱邪，被看作是作祟妖邪的克星。对于此类施术者，女性称为巫，男性称为觋。在原始氏族时代，每一个氏族或部落，都有负责组织或主持日常迎神驱鬼等祭祀仪式或施行占卜的巫师。骆越先民认为，巫师既掌握了祈神和念咒，同时又掌握了预见未来的本领，无形中赋予了他们最神圣的权力。因此，在原始时代，巫师往往又是氏族部落的酋长或头人。巫师为了提高自己的威信，往往把流传的神奇故事加以编造，用以解释神的旨意，这些故事就是神话。骆越先民中巫师的产生与作用也是如此。在原始氏族或部落时代，骆越先民盛行鬼神崇拜，日常的祭祀或占卜活动十分频繁，故史书有越人"淫祀鬼神"的记载。

巫术是以自然信仰为基础的一种原始宗教，盛行于原始社会末期的氏族部落时代。巫术是企图借助超自然的神秘力量对某些人、某些事物施加影响或控制的方式。其主要特点并不是把客体（自然、祖先）作为崇拜

物，而主要是靠特定的主观活动来影响或支配客观事物。它是伴随着原始时代先民对自然的崇拜而产生的。因为变幻莫测、威力巨大的大自然常常会给人们带来恐惧，而先民既要依赖自然而生存，又无法支配或对抗自然，所以先民除对各种自然神进行崇拜和祭祀外，还试图通过人类自身（主体）的力量，施行被认为有威慑、有控制魔力的咒语或法术，达到使自然力或邪恶力量（客体）顺从自己意志与愿望的目的。这种咒语、符录、法术被称为巫术。从施行巫术的手段来划分，巫术又可分为两类，一类为模仿巫术，另一类叫接触巫术。模仿巫术是一种以相似事物为代用品求吉或致灾的巫术手段。接触巫术是一种利用事物的一部分或与事物相关联的物品求吉嫁祸的巫术手段，认为只要接触到某人身体的一部分或人的用具就可以达到目的。

　　骆越先民在原始社会末期的氏族部落时代，在流行自然崇拜、图腾崇拜、生殖崇拜和祖先崇拜的同时，也流行各种形式的巫术。事实上，巫术作为原始宗教的一个重要组成部分，始终与原始宗教的其他信仰与崇拜仪式相交织，彼此相辅相成。在祭祀活动中为敬神祈求、驱鬼禳灾所供奉的祭品、祭拜仪式、祝词、娱神歌舞、占卜、绘画或驱逐鬼魅的符咒，乃至挥动手中的法器或打手势等，都属于巫术的性质。骆越先民企图通过咒语和法术，达到影响和支配客体、驱鬼禳灾、逢凶化吉的目的。当然，由于年代的悠远、岁月的流逝，我们已无法得知骆越巫术的种类及施行方式，但从骆越后裔诸民族中保留的原始宗教信仰及巫术形式的溯源，并通过相关的文献资料、考古学资料和民俗学资料的考察，可以了解骆越巫术的概貌。

　　骆越及其先民对巫术的应用与施行，形式多样，主要有祈求、招魂、诅咒、驱鬼、占卜、辟邪、消灾等巫术形式。

（一）祈求巫术

　　以特定的巫术方式，祈求自然或神灵来帮助自己实现某种愿望。祈求巫术是骆越先民中广为流行的一种巫术，无论是祈求方式，还是祈求对象或目的，可谓繁杂多样，从祈求生育、祛病禳灾，到祈求雨水、战争胜利、渔猎丰收等，无不在祈求之列。如求雨消灾（天旱求降雨，洪水泛滥则求消除水灾）时，就祭拜水神或雷神；拜祭不灵时，便施行巫术，绘制崖画以镇水神、敲击铜鼓以赛江神等。

（二）招魂巫术

即用巫术把失落的灵魂招回来。这是骆越先民流行的巫术之一。骆越先民与其他古老的民族一样，相信万物有灵，流行灵魂崇拜，认为自然万物皆有其魂魄或精灵，如果受某种力量的侵害，其魂魄就会失落，就无法正常生长。特别是人类，如果魂魄走失，就会生病甚至死亡。如果认定其魂魄走失，就要举行招魂巫术，招回其走失的魂魄。招魂的对象十分广泛，除人自身之外，也适用于动物和植物，但最常用的是为儿童或体弱多病的老人招魂。

（三）诅咒巫术

它是借助巫师的语言魔力，达到控制或加害对方的目的。这应是骆越先民最常用的一种巫术。此类巫术在骆越后裔诸民族中普遍存在。

（四）驱鬼巫术

这是对恶鬼施行的一种辟禳性巫术。在鬼神观念充斥人们头脑的原始时代，凡出现不吉或遭遇伤病之事，人们便认为是恶鬼在作祟，于是请巫师施行驱鬼巫术，口念咒语，手挥法器，驱逐鬼魅，以达到消灾祛病的目的。

（五）占卜巫术

占卜巫术是利用被认为具有魔力的灵物与咒语来预测吉凶。占卜是原始宗教的重要组成部分，也是骆越先民常用的一种预测吉凶的方法。在远古时代，由于生产力水平和认知能力低下，加上自然环境的险恶和获取生活资料的艰难，骆越先民面对着变化无常、威力无穷和灾害频繁的大自然，既感到无法对抗而心生畏惧之感，同时又企图利用神灵的魔力或

被认为具有灵性的物品来预测吉凶祸福，以便应对、支配或征服自然。人们认为灾难来临之前，保护自己的神、鬼总是会给予某种暗示，呈现种种征兆；然而这种征兆并不是一般人所能知晓的，必须通过巫师问神或卜算来了解，于是便产生了占卜。骆越先民也是如此。从有关的文献史料、考古资料和民俗资料可知，骆越先民占卜的方法多样，用于占卜的物品种类繁多，如鸡、狗、鸟、卵、蛙骨、牛角、土、水、茅草、石头、植物果粒、蘑菇、竹等，其中最流行的是鸡卜、卵卜、水卜。宋代周去非《岭外代答》详细记录了骆越后裔壮侗语族流行的鸡卜之俗："南人以鸡卜，其法以小雄鸡未孽尾者，执其两足，焚香祷所占而扑杀之，取腿骨洗净，以麻线束两骨之中，以竹梃插所束之处，俾两腿骨相背于竹梃之端，执梃再祷。左骨为侬，侬者我也；右骨为人，人者所占之事也。乃视两骨之侧所有细窍，以细竹梃长寸余者遍插之，或斜或直，或正或偏，各随其斜直正偏而定吉凶。"唐人张守节《史记正义》中注云："鸡卜法用鸡一，狗一，生，贺愿讫，即杀鸡狗煮熟，又祭，独取鸡两眼，骨上自有孔裂，似人物形则吉，不足[1]则凶。今岭南犹（存）此法也。"唐人段公路《北户录》中亦云："南方逐除夜及将发船，皆杀鸡择骨为卜，传古法也。"又云："邕州之南，有善行禁咒者，取鸡卵墨画，祝而煮之，剖为二片，以验其黄，然后决嫌疑、定祸福，言如响答，据此乃古法也。"明人邝露《赤雅》则对壮族巫师施行卵卜做了记述："卵卜者，握卵祝之，书墨于壳，记其四维，煮，截视当墨处，辨壳中厚薄定吉凶。壮人卜葬，请鸡匠祝之，以卵投地，不破者吉。"此占卜之俗，应是古代骆越先民流行的占卜之俗的传承或遗风。

按照社会存在决定社会意识的定律，宗教作为一种意识形态，是社会存在的反映。也就是说，骆越以稻作农业为主的生计方式，直接导致其宗教文化具有浓厚、鲜明的稻作农业色彩。日常的宗教祭祀活动，主要是围绕着稻作农业生产的丰收和人丁的繁衍（即物质生活资料的生产和人类自身的繁衍）两大核心主题进行。就稻作农业生产而言，因为水稻的种植离

---

① 此处疑为"不是"。

不开水，正如民间流行的"有收无收在于水，收多收少在于肥"之俗语。
在上古时代，由于生产力还比较低下，尚无力修建必要的水利灌溉设施，
人们种植水稻主要还是依靠引用溪河之水或依赖雨水灌溉。雨水过多或过
少，都不利于禾苗的生长，影响稻谷的收成。于是，人们期盼风调雨顺。
然而，是否风调雨顺，并非遂人所愿。常言道"天有不测之风云"，时而
天降暴雨，江河泛滥，淹没田园，造成水灾；时而久旱不雨，烈日炎炎，
田地干裂，造成旱灾。为了稻作的丰产，祈求风调雨顺、生产丰收便成为
骆越人最重要的活动。规模宏大的左江花山岩画就是骆越人举行盛大祭祀
仪式，在巫师的率领下，集体跳拟蛙舞，以祈求风调雨顺、生产丰收场景
的真实写照。在祈求风调雨顺的同时，骆越先民仍念念不忘祈求人丁的生
育和种族的繁衍。画师在集体跳拟蛙舞的画面上，着意画上孕妇、阴茎勃
起的男性和交媾图像，以表达人们对生育的愿望与追求。因而，祈求稻作
和人口两种"生产"的丰收，是骆越宗教文化的突出特点。

第三节　骆越宗教文化的发展

文化是人类在社会发展过程中所创造的物质财富和精神财富的总和，
是人们在长期的社会生活和生产实践中创造与积累的结果。文化是一定社
会政治和经济的反映，同时又影响和反作用于社会的政治和经济。因而，
文化具有稳定性、传承性，同时又具有渐变性、创新性和与时俱进的特
点。随着社会经济的发展、生产力的提高、生产技术的进步和生计方式的
变化，必然会出现与之相适应的新的文化事象，赋予文化新的内涵，反映
出文化的与时俱进。骆越宗教文化的发展与演变规律也是如此。

骆越在1800多年的历史发展进程中，经历了原始社会末期的部落联盟
时代（商至西周时期）、奴隶社会初期（春秋战国时期）、封建社会初期
（秦汉时期）三个发展和演变阶段；与其社会形态相适应的社会生产力经

历了石器时代、青铜器时代和铁器时代三个发展和演变阶段；其文化形态也经历了石器文化、青铜文化和铁器文化三个发展和演变阶段，其宗教文化也由原始宗教逐渐向宗教发展与演变。特别是秦汉时期，随着中央王朝对岭南的统一、中原人的南迁、中原文化的传入和汉越文化的交流，加快了骆越社会的进步，促进了骆越经济文化的发展，虽然其宗教文化从总体上仍属原始宗教的模式，但也出现了新的发展与变化，前期的自然崇拜、图腾崇拜、生殖崇拜、祖先崇拜等原始宗教继续流行并有了进一步的强化，祭祀活动规模趋于扩大，祭祀性舞蹈日趋规范化，巫术技艺日趋精细，民族特色也更加鲜明。左江及其支流沿岸的花山岩画所表现的骆越盛大祭祀活动，便是这一时期骆越宗教文化兴旺发展的集中反映。

据研究，左江花山岩画是战国至汉代时居住在这一带的骆越人所绘制的，是骆越人举行盛大祭祀活动的形象反映，也是骆越宗教文化的集中体现。通过对岩画上的各种图像的辨识及文化寓意的解读，发现岩画包含高山崇拜、水神崇拜、太阳崇拜、犬崇拜、鸟崇拜、铜鼓崇拜、生殖崇拜等文化。画面中心形体高大、身佩刀剑的正身人物，应是主持祭祀仪式的巫师（关于花山岩画文化的内涵，详见第六章"骆越花山岩画文化"）；而铜鼓崇拜是这一时期新出现的一种灵物崇拜（关于铜鼓的崇拜及骆越铸造和使用铜鼓的情况，详见第五章"骆越铜鼓文化"）。

这一时期骆越宗教文化的发展，还表现为其宗教文化向中原地区传播。随着秦汉王朝对岭南骆越地区的统一，岭南与中原的关系日益密切，特别是大批中原人向岭南迁徙"与越杂处"，不仅加快了岭南地区的开发和经济文化的发展，而且增进了汉越民族的交往与文化交流。汉越民族的文化交流是双向和互动的，一方面，中原文化向岭南地区传播，对包括骆越在内的岭南越族文化产生影响；另一方面，岭南越族文化对南迁的中原汉族文化产生影响，特别是中原汉族迁居岭南后，其生活生产环境乃至生计方式均已发生变化，要在新环境中立足和发展，就必须适应岭南地区的自然环境和气候条件。而世代居住生活在岭南地区的骆越人，他们在生活和生产方面积累了丰富的经验，成功地探索出一套具有鲜明地方特点的生计模式，包括水稻的种植、修建离地而居的木结构干栏式建筑，以及

"以那为本"（古越语称稻田为"那"，下同）、"据那而作"、"近那而居"、"赖那而食"、"靠那而衣"、"以那而乐"、"为那而祭"的生产、生活和宗教模式。迁居岭南的中原汉族在"与越杂处"的过程中，学习、汲取和借鉴当地越人依季节种植水稻的生产经验及节日习俗，如修建干栏而居、祈求稻作丰收而祭等。汉人与越人在相互交往和文化交流过程中，增进了了解，融通了感情，化解了畛域之见，密切了关系。与此同时，随着岭南与中原内地的经济交往和文化交流，岭南骆越文化也随之传入中原。特别是骆越独特的巫术仪式及巫师神奇的占卜技法，引起了中原人的好奇，越巫被引荐到京都宫廷，延请到京城长安施术。汉代，一位叫勇之的越人向孝武帝进言说："越人俗信鬼，而其祠皆见鬼，数有效……"孝武帝"乃令越巫立越祝祠，安台无坛，亦祠天神上帝百鬼，而以鸡卜。上信之，越祠鸡卜始用焉"①。由此可见西汉时期骆越宗教文化的发展及越巫鸡卜的神奇。自从越巫被请到长安王宫施行鸡卜法事、受汉孝武帝首肯和赞赏之事被史家司马迁载入《史记》以后，越巫鸡卜声名鹊起。

第四节　骆越宗教文化的深远影响

宗教文化是骆越文化的重要组成部分。骆越宗教文化如同其他文化形态一样，具有承前启后、继往开来的特性，对骆越人的社会生活、精神信仰及文化的发展，具有重要影响；对后骆越时代宗教文化的发展也产生了深远的影响。它以其古老的历史、深厚的积淀、丰富的内涵和鲜明的特色，对丰富和发展中华民族多元一体的宗教文化产生了积极的作用。

源于史前时期原始宗教的骆越宗教文化，是骆越在长期的社会生活和生产过程中，在其先民开创的原始宗教文化基础上，不断注入新的内涵的

---

① 《史记》卷十二《孝武本纪》，中华书局，1963，第478页。

结果。骆越宗教文化根植于骆越文化的沃土里，渗透于人们的思想意识之中，对人们的生活和生产具有重要影响。在万物有灵观念的支配下，凡生活和生产中遇到诸如灾害、伤病或生产歉收等意外之事，骆越先民便认为是鬼神作祟所致。为了取悦鬼神，人们便举行祭祀鬼神的仪式，祈求逢凶化吉。于是，信仰和祭祀鬼神便成为人们日常的重要活动。通过祭祀活动，可使人们的心灵得到安慰和心理平衡，重拾生活的信心。在举行祭祀仪式的过程中，为了传达人们对鬼神的祈求愿望，增强祈求的灵性，巫师时常会对着祭祀对象手舞足蹈，念念有词，有时还会刻画某种图形或符号等。正是祭坛上的这些仪式，促进了早期歌谣、音乐、舞蹈、美术等文化艺术的萌芽和产生。因而，骆越宗教文化对丰富和推动民族社会与文化的发展，增强民族认同和团结，加强氏族成员的联系，维系人们的感情，振奋民族精神，鼓舞人们与大自然做斗争的勇气，坚定人们战胜困难的信心，规范人们的道德行为，都具有重要作用。而作为为古代宗教提供重要支撑的神话，充满着原始先民的奇思妙想，是先民抽象思维提高的重要体现，是先民对自然宇宙、人类社会、自身起源等的解释，是鼓舞人们与大自然做斗争、战胜困难的精神力量，反映了先民认识自然、征服自然的愿望，其中蕴含着诸多朴素的唯物主义思想和科学的萌芽。马克思曾经说过："任何神话都是用想象和借助想象以征服自然力，把自然力加以形象化，是已经通过人们的幻想用一种不自觉的艺术方式加工过的自然和社会形式本身。"[1]故有学者指出："神话是后世艺术发展的源头和母体，是人类早期各种观念意识的混合体，其中包含着人类早期对自然宇宙、人类社会、自身起源等的解释，也包含着现代科学意识的萌芽。"[2]

商周至秦汉时期形成的骆越宗教文化，既是对史前原始宗教文化的继承，同时也为后骆越时代骆越后裔诸民族宗教文化的产生、发展奠定了基础，即后骆越时代骆越后裔诸民族宗教文化是对骆越宗教文化的继承和发

①马克思：《〈政治经济学批判〉导言》，载《马克思恩格斯选集》第二卷，人民出版社，1995。

②罗中起：《马克思的神话理论——兼评神话学研究中的几种观念》，《辽宁大学学报》（哲学社会科学版）2004年第3期。

展。汉代以后，骆越的族称虽然在史籍中消失了，但其作为岭南地区的原住民族的族体并未消失，而是演变为史籍中所称的乌浒、俚、僚及唐宋时期以后的壮族、侗族、仫佬族、毛南族、布依族、水族、傣族、黎族等壮侗语族；汉代以后部分骆越人逐渐向西迁移，进入今越南、老挝、缅甸、泰国等东南亚地区，演变为今岱依族、侬族、老龙族、掸族、泰族等。骆越宗教文化中的自然崇拜、图腾崇拜、生殖崇拜、祖先崇拜、英雄崇拜等，一直为上述的骆越后裔所传承。大量的民间信仰习俗都可以在骆越宗教文化中找到源头。正是这些源于骆越的宗教文化，成为这些同源民族联系或认同的纽带。

　　骆越宗教文化是在特定的时空条件下形成和发展的，是骆越社会经济文化和思想观念的综合反映，并且与骆越以稻作农业为主或"陆事寡而水事重"的生活和生产方式相伴而生。特别是骆越流行的雷神崇拜，犬、蛙及铜鼓崇拜，以及在盛大的祭祀活动中集体跳拟蛙舞蹈，表现出鲜明的地方特点、独特的民族风格和浓厚的稻作文化色彩，在中华民族源远流长、精彩纷呈、各具特色的古代宗教文化中，可谓风韵独具，丰富和发展了中华民族多姿多彩的宗教文化。

第八章 · 骆越乐舞文化

舞蹈是一种人体动作的艺术，是人类社会最早出现的一种艺术形式，故被称为"艺术之母"。它是通过对人体动作的提炼、组织、美化，以有节奏的动作、姿态造型来表达特定的思想感情、愿望和精神面貌的一种艺术。舞蹈文化是以舞蹈语言(即舞蹈动作、舞蹈组合和舞蹈语汇[①])为载体，以舞蹈观念、意蕴、功能及审美为内涵，以舞蹈习俗、装束及配乐为表征等构成的文化体系。骆越在长期的历史发展和社会生活中，创造了多姿多彩、内涵丰富、别具特色的舞蹈艺术，使之成为民族文化体系中一组亮丽的篇章。

第一节　骆越音乐

音乐与舞蹈犹如一对孪生兄弟，相辅相成、相得益彰。舞蹈因有音乐伴奏而整齐有序、声情并茂，更加精彩纷呈、激情洋溢、活力倍增，寓意也更加丰富深刻；音乐因有舞蹈视觉形象的诠释而更加直观化，为音乐注入了灵性，平添了音乐的活力与魅力。从考古发现及左江花山岩画上出现的铜鼓、钟、铃等图像，我们可以了解到骆越人使用的乐器种类和器形。当时的乐器无论是种类和器形特征，还是乐器的文化内涵，都具有鲜明的时代特征和地方民族特色。

一、骆越乐器溯源

乐器种类繁多，历史源远流长，其历史可以追溯到原始社会时期，是原始人类在生产和生活实践中所创造的，是人类文化的重要成果。根据考古发现，早期乐器大约产生于原始社会末期的新石器时代，经历了从萌芽

---

①舞蹈语汇包含一切具有传情达意的舞蹈动作组合及舞蹈构图、舞蹈场面、舞蹈中的生活场景等。

到产生、从简单到复杂、从低级到高级、从单一到多样的发展历程。大约在新石器时代，在原始人类的生产活动中，一些实用器具往往具有双重功能——表现性和实用性。就是说，这些乐器既是表现音乐的器具，又是劳动生产的工具或生活用具。人们在劳动生产和生活中对常用的一些器皿、工具或竹木偶尔敲击、摩擦、摇晃，其发出的清脆悦耳的响声引起了人们的关注和兴趣，于是人们有意敲击听之赏之，进而仿之制作成打击乐器，如使用陶、石、竹、木等材料制作或加工成乐器，并在巫术仪式、庆祝丰收或祭祀活动中敲击以娱乐或娱神，或以伴奏歌舞。最早的乐器仅是单音节、主要用于节拍的打击乐器，继而制作出可以敲击出音阶高低的若干件相组合的打击乐器，而后逐步出现吹奏或弹拨的管弦类乐器。正如《吕氏春秋·古乐篇》所云："帝尧立，乃命质为乐。质乃效山林溪谷之音以作歌，乃以麋鞡置缶而鼓之，乃拊石击石，以象上帝玉磬之音，以致舞百兽。"如生活器皿——缶，蒙上麋鹿之皮而成鼓。而"拊石击石"则是先民将用于生产劳动的石器敲击成声，以伴奏化装成百兽的原始舞蹈。《汉书·杨恽传》亦云："酒后耳热，仰天拊缶，而呼乌乌。"这描述了人们酒后兴趣大发，一面敲击盛酒用的缶，一面仰天歌唱的景象。乐器的实用性不仅表现在某些乐器原来是生产工具或生活用具上，而且人们往往用它们来传递一些特定的信息，如在一些少数民族中至今仍保留着以吹奏口弦、木叶来传递爱情信息之俗。从考古发掘、墓葬、壁画或岩画中，可以看到古时狩猎围捕、信号传递、祭天祷神、战斗助威或庆典舞蹈等都和发音工具或节奏音响紧密相连。

随着社会的发展、生产力的提高和阶级的分化，乐器有了长足发展，种类日趋多样化，品质也不断提高。进入青铜时代，开始出现用青铜铸造的乐器，乐器有了新的发展，种类大幅度增加。到了铁器时代，随着铁器在生产中的广泛使用，特别是一些扁薄锋利的刀、锯类的出现和使用，使一些结构较为复杂、精细的管弦乐器的制作或加工成为现实，乐器种类日趋多样化。据统计，先秦时期见于文献记载的乐器就有近70种。仅在《诗经》一书中提及的就有29种，打击乐器有鼓、钟、钲、磬、缶、铃等21种，吹奏乐器有箫、管、埙、笙等6种，弹弦乐器有琴、瑟等2种。由

于乐器品种的大大增加，在周代时人们根据乐器的不同制作材料而分为金、石、土、革、丝、木、匏、竹八类，称作"八音"分类法。其中，金（钟、铙、钲），石（磬），丝（筑、琴、瑟、筝），革（鼓、鼗），木（柷、敔）五类乐器都直接用发音体的物质来作为分类标准，而竹（箫、篪、笛），匏（竽、笙），土（埙、缶）不完全直接用发音体的材质来区别。如竹类乐器基本上都属吹管乐器，后把竹质打击乐器也归入；匏类乐器的发音体是葫芦内管端的簧片，与匏本身无关，但这类乐器都是自由簧气鸣乐器，匏只是个代名词；土类乐器除缶、瓯等用陶土制成的打击乐器外，埙属吹奏乐器。

以上是乐器的起源及中原地区先秦时期乐器的发展情况。

岭南西部地区骆越先民乐器的起源与发展规律也大抵如此。从考古资料看，在骆越地区新石器时代晚期遗址中，发现有种类丰富、形式多样的陶器，造型别致、制作精美的石器（有的石器形似石磬），还有大量的蚌器、骨器、角器等。这些器物都是生产和生活实用的器具，但其中可能也有些属实用器和乐器兼具的器物，如以砂页岩切割、磨制成的形式多样、扁薄匀称、美观别致的大石铲，特别是那些器体扁薄的石铲，叩之声音清脆圆浑；器形较大、大圆敛口、鼓腹的陶器，可在器口部蒙以兽皮即成鼓，用以敲击。因此，骆越先民的早期乐器应起源于新石器时代，源于实用的生产和生活用具，其器具既为实用器，也可作乐器使用。春秋战国时期是骆越社会发展的新时期，出现了青铜冶铸业，形成了具有鲜明地方民族特色的青铜文化；同时也是骆越乐器发展的重要时期，出现了真正意义上的乐器，其中既有本地工匠铸造的乐器，也有从中原地区传入的乐器。本地铸造的乐器以鼓、钟、铃类打击乐器为主，其中以铜鼓、羊角钮钟最具代表性，而且地方民族特色鲜明。中原地区传入的乐器则种类多样，有钟（编钟）、铙、钲、铎等。到了两汉时期，骆越地区的乐器有了新的发展，除前期流行的青铜铸造的打击乐器继续使用外，管类吹奏乐器和弹弦类乐器开始出现。在广西贵港罗泊湾汉代墓葬里，就出土有竹笛或箫。

自古以来，在万物有灵观念的支配下，骆越先民笃信鬼神，巫术或祭祀活动频繁，而在祭祀活动中，巫师通常要以乐舞来媚神与娱神，祈求功利。

巫术乐舞通常是由歌、经文、咒语、喃叫及各种敲击乐器之声与手舞足蹈之动作配合而成的，而在敲击乐器中，鼓是用以统舞伴歌的主要乐器。正如《世本》说"巫咸作鼓"，铜鼓不仅用于集众和鼓舞士气，也在巫术仪式中用来祭祀神灵、驱鬼镇妖。唐宋以后，在巫术活动中仍流行使用铜鼓。许浑《送客南归有怀》说"瓦尊迎海客，铜鼓赛江神"；孙光宪《菩萨蛮》说"铜鼓与蛮歌，南人祈赛多"；余承勋等人所修《嘉靖马湖府志·秩祀》说"夷俗尚巫信鬼……闻南中夷，岁暮罄所储，祭赛其域内淫祀之神，相引百十为群，击铜鼓"，说明骆越与其他古老族群一样，其乐器历史悠久、源远流长、种类多样、特色鲜明。

二、花山岩画上的乐器图像种类及特征

如前所述，左江花山岩画是战国至汉代生活在左江流域一带的骆越人举行盛大集体祭祀活动及其舞蹈的形象写照。骆越人在祭祀活动中以舞蹈娱神时，使用乐器为号，或以乐器统领舞蹈，营造热烈而神圣的气氛。因此，在如此神圣而盛大的祭祀与歌舞活动中，乐器是不可或缺的器物，可以说，如此隆重而神圣的祭祀活动既是骆越歌舞的集中展示之场所，也是骆越代表性乐器的荟萃之地。在左江花山岩画上，可辨明的乐器图像主要有铜鼓、钟、铃三种。

（一）铜鼓图像

在左江花山岩画上，有许多圆圈形、重圈形或内带芒星的圆形图像，共计376个，数量仅次于人物图像。计有单环型、环内有芒星形、吊耳形、外芒形、双环型、内环连芒形、内环外芒形、环耳形、悬吊形、内环点芒形、三环型等。这些内带芒星的圆形图像，应有相当部分是铜鼓图像，它们处于舞人队列之中或上方，应是骆越先民在祭祀活动中敲击铜鼓以娱神或伴奏歌舞的反映。

（二）羊角钮钟

在宁明县高山岩画第1地点第5处画面上，有一组共4件羊角钮钟图像，其为岩画绘制年代的判定提供了珍贵的形象资料，而且对研究骆越的音乐也有重要价值。钮钟形似半截橄榄，顶上有两个外撇呈"八"字形的双耳。

羊角钮钟图像见于宁明县明江河畔的高山第1地点第5处和宁明花山第1处第5、6、8组画面上。高山第1地点第5处所见的羊角钮钟图像位于画面右边，左边是一个形体高大、腰佩长刀、胯下有一面内带芒星的圆形铜鼓、双脚下有一颀长的动物的正身人物图像，右下侧为一排面朝左、腹下画有勃起的男性生殖器的侧身人图像，共6人，其上方有2个内带芒星的铜鼓图像。2个铜鼓图像之上是一组共4件钟图像。4件钟分别悬挂于一个呈"干"字形的架子上。架子为上、下两横排（应是一根竖立的木柱的上下端各系一条横木，形成一个可悬挂铜钟的木架），上方的横木条稍长，两端各悬挂一个上小下大略呈三角形的器物，应属钟或铃类乐器；下排横木条稍短，钟亦分别悬挂于横木条的两端。其钟上小下大，顶上有呈倒"八"字形外撇的双钮，下方为平口。花山第1处第5组画面上有2个并排的钟形物图像，没有悬挂的木架。其钟图像为上小下大，左边一个钮不外撇，其上有一条短垂线，可能是钟的吊索。另一件的右上角有一钮外撇，其上又有二小撇；左上角有一侧身人，面向左，其脚端恰与钟钮重合。从整体形态来看，右边一钟形状与高山第1地点第5处画面上钟架下排所悬挂的羊角钮钟相同。花山第1处第6组画面所见的钟图像，为单个陈放，没有钟架。其钟左下角微缺，下口略呈圆突；上端有呈倒"八"字形外撇的双钮，一大一小。花山第1处第8组画面亦有一钟架图像，上下两横架的两端各悬挂一钟（铃）形物，均为上大下小、略似倒三角形。

上述图像中，有倒"八"字形外撇双钮者的形制与考古出土的羊角钮钟非常相似。出土的羊角钮钟，钟体上小下大，上有呈倒"八"字形外撇的双钮，下为平口，横截面呈橄榄形，故正视图下口平直，透视图下口圆突。在钮下钟体上部都有一个竖长方形的穿孔。有的钟体上刻画有装饰图像，有的素面无纹。如果用灯光照射，其投影即如岩画上所见的图像。通过对比可以确定，以上所述的钟图像，应是羊角钮钟图像。

　　根据考古资料可知，羊角钮钟主要发现于骆越人或濮人分布的岭南及西南地区。目前共发现28件，分别出自中国云南省楚雄州万家坝、晋宁区石寨山，广西贵港罗泊湾、西林县普驮、浦北县官垌大岭脚、容县六王龙井，广东广州及越南北江等地（图8-1、图8-2）。其年代为战国至西汉时期，汉代以后的墓葬或遗址未见有此类铜钟。有的地点发现四五件，形体有大、中、小之分，说明此类铜钟如同长江流域的湖北或湖南出土的编钟，属有音阶的组合型乐器。

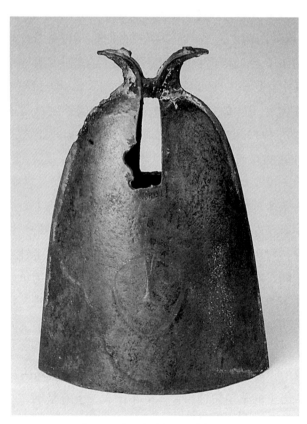

图8-1　广西贵港出土的羊角钮钟

图8-2 越南发现的羊角钮钟

（三）细钮钟或铃

这类钟或铃图像见于宁明花山岩画第1处第5组和第9组画面中，均悬于"干"字形的架子上，形体为上小下大，不见钮物，可能比较细小而被横架所挡或重合，故称之为细钮钟或铃。在第9组画面钟架上所悬挂的钟或铃图像，皆为此类。第5组画面所见此类图像与羊角钮钟图像处在同一画面上。

在考古发现的实物中，细钮钟或铃见于越南越溪遗址。其形制也是上小下大，投影与宁明花山岩画的细钮钟或铃相似。从其共存器物可知，其出现年代比羊角钮钟略早，以后又与羊角钮钟共存，年代为春秋战国时期。

岩画上所见的铜鼓、羊角钮钟、细钮钟或铃等乐器，实物集中出土于骆越分布地，说明骆越先民是此类乐器的主要铸造者和使用者。此类乐器是骆越先民在祭祀仪式中常用的乐器。

三、骆越打击乐器与舞蹈的关系

左江花山岩画上出现的铜鼓、钟或铃等乐器图像，应是当时骆越人在祭祀活动中用于礼神、请神、娱神和节奏歌舞的乐器。早期乐器出现之初，并无组合可言。巫师施行巫术舞蹈、诵念咒语或人们在祭祀、庆祝丰收而舞蹈时，可能是以即兴击掌、敲击竹木或可发出响声的器具为节奏；舞者则和着节奏而歌而舞，彼此互动，营造或烘托热烈的气氛。最早出现的是打击乐器，以兽皮蒙于缶、瓮等侈口鼓腹的陶器口部，拍击时因器内的空腔而形成雄浑、悦耳的共鸣声，此乃早期皮鼓的雏形。人们用手拍打皮面，发出"咚咚"的响声，可为歌舞伴奏。进入文明社会后，随着青铜系列乐器的出现和歌舞艺术的日益规范化，系列性组合乐器，包括打击乐器和管弦乐器开始出现。进入春秋战国时期，随着铁制工具的普遍使用，特别是一系列尖锐或扁薄锋利的各式刀、锯、凿、锉类手工工具的出现，为结构复杂、构件精巧的管弦类吹奏、弹拨乐器的制作加工创造了条件。具体到岭南地区，从考古资料来看，左江花山岩画产生的战国时期，仍是以打击乐器为主，主要是铜鼓、钟或铃类，鼓、钟是其基本组合，主要用于集众、号令、喜庆娱乐、祭祀礼神、请神或歌舞伴奏。当左江花山岩画进入发展繁荣时期的秦汉时期，除铜鼓、钟或铃类打击乐器继续流行使用外，新出现了竹笛或箫类管奏乐器。

从骆越后裔壮族民间流行的蚂蚂节祭祀仪式上集体跳拟蛙舞中使用的乐器来看，主要还是打击乐器，即敲击四面铜鼓，以鼓声作为礼神、娱神或节奏舞蹈乐声。从左江花山岩画上出现的多面铜鼓、成组的羊角钮钟或铜铃图像可以看出，当时左江流域骆越人在祭祀仪式上或舞蹈时使用的乐器应是以多面铜鼓、羊角钮钟或铜铃为组合乐器，用于集众、发号、礼神、娱神、娱乐或引领歌舞。从铜鼓、羊角钮钟图像所在位置及形态可以看出，当时铜鼓和铜钟同样是用绳索来绑缚鼓耳或钟耳，使其吊挂于木架上敲击，并有专门打击乐器的乐手。众舞者在鼓声、钟声的节奏下翩翩起舞。

第二节　骆越舞蹈的起源与发展

　　骆越舞蹈和其他文化事项一样，具有承前启后、继往开来的特性。骆越舞蹈起源于远古时代的原始舞蹈——巫舞，在继承其先民舞蹈的基础上，不断发展与创新，形成了具有鲜明时代特征与民族特色的舞蹈艺术，并且对后骆越时代舞蹈艺术的发展与创新产生了深远的影响。

　　舞蹈艺术经历了一个从无到有、从低级到高级、从简单到复杂的发展历程。关于舞蹈的起源，虽然学术界有不同看法，但有一点是相同的，即早期舞蹈萌芽、产生于原始社会时期，源于原始先民的生产和生活，与原始人类的狩猎、耕作、宗教、战争、生殖等生产与生活息息相关。而原始人类举行的祭祀祈祷仪式，则是舞蹈产生的母体与平台。有学者认为，远古时代，人们在狩猎或采集生活中，由喜怒哀乐发出的有节奏的语言或声音就是"乐"，手舞足蹈的动作就是"舞"，二者的结合便是最原始的"乐舞"。当然，这种原始的"乐舞"还不是真正意义上的乐舞艺术，真正的乐舞艺术是在有节奏的语言或声音和手舞足蹈的动作基础上，发展到用头、手、身、脚协同动作，并有音乐伴奏来完成，这是一种有造型性、连续性、节奏性和象征性，表现了一定的思想和情绪与音律互相配合的综合艺术形式。但是，这种真正的乐舞艺术是比较晚才出现的[①]。也有学者认为，舞蹈起源于远古人类在求生存、求发展中劳动生产（狩猎、农耕）、性爱和战斗操练等活动的模拟再现，以及图腾崇拜、巫术宗教祭祀活动和表现自身情感思想内在冲动的需要。它和歌、乐结合在一起，是人类历史上最早出现的艺术形式之一。还有学者认为，早期的舞蹈是与原始宗教信仰及其崇拜仪式相伴而生的，随着原始信仰及其崇拜仪式的出现而逐步形成图腾舞蹈、巫术舞蹈、祭祀舞蹈。到了原始社会后期，随着社会的发展和生产力的提高，原始人类的生计方式已经从前期的采集和渔猎经

　　①王克荣：《中国南方的古代乐舞——南方古代铜鼓和左江崖画上的乐舞图象》，《民族艺术》1986年第2期。

济发展到以农业经济为主的时代，原始先民的思维能力、语言能力和情感
表达能力都有了很大提高，舞蹈也已形成一种日趋成熟的艺术形态。原始
舞蹈在漫长的原始社会中度过了它的萌芽期或形成期，这是一个时间跨度
极长，舞蹈本体及依存的生态环境、文化氛围变化也很大的阶段。因此，
原始舞蹈在很大程度上是宗教舞蹈，其渊源是原始社会时期所流行的巫
舞。而巫舞是一种以万物有灵论为思想基础的原始状态的巫术交感舞蹈，
包括图腾崇拜舞、生殖崇拜舞、自然崇拜舞、祖先崇拜舞等，是原始社会
时期普遍流行的一类舞蹈，它建立于原始先民的社会生活和思想意识之
上，根植于原始文化的沃土之中，是原始宗教信仰的产物。随着人类宗教
意识的发展和日趋成熟，原始巫术逐步演变为具有较为固定仪轨的原始宗
教，舞蹈也就成为宗教仪轨的组成要素，这在许多古老民族的传统宗教发
展过程中是一种普遍现象。因此，宗教舞蹈是一种重要的宗教艺术形式，
是与先民祈求生育、求雨、抗旱、求丰产、驱鬼、除疫、祛灾、迎神、送
神等各种人类精神生命需求紧密配合的舞蹈。宗教舞蹈采用的是舞蹈的结
构形式，运用的是舞蹈的形体语汇，包含的却是宗教的内核，渲染的是神
灵的威慑力量，祈求的是人的生存功利。它以舞蹈为语言，诠释人与神之
间的关系。原始舞蹈在氏族社会中不仅是娱乐工具，还是宗教工具、教育
工具，承担着社会生活中的多种功能，具有极强的功利性。作为娱乐工
具，既能自娱，也能娱人；而作为教育工具，包含的内容更是多方面的。
骆越先民舞蹈的起源、发展与演变及性质、功能也是如此。

　　关于骆越舞蹈的起源问题，因史料的缺乏，我们只能通过相关的历史
学、考古学、宗教学、艺术学、民族学的资料，借鉴其他原始民族舞蹈产
生与发展规律来进行研究与揭示。

　　根据历史学、考古学和民族学资料，在漫长的原始社会中，骆越及
其先民同其他地区的原始居民一样，由于认知能力还比较低下，对自然界
各种现象及其运行规律缺乏正确认识，由无法认识或理解产生好奇，由好
奇产生神秘感，由神秘感产生崇拜感，由崇拜感产生崇拜仪式，即祭祀仪
式，于是构成了完整的原始宗教信仰要素。骆越先民认为世界万物皆有灵
魂或精灵，可作用于人，可给人类带来灾祸或福祉，于是形成了万物有灵

的观念。正是在这种观念的主导下，形成了对与生产和生活密切相关的诸
自然物的崇拜，包括相关天象、山川、动物和植物的崇拜，流行过自然崇
拜、图腾崇拜、动植物崇拜、祖先崇拜、生殖崇拜等，形成了系列性原始
宗教信仰体系。这些原始宗教信仰随着民族的发展而传承下来，在骆越及
其后裔壮侗语族民间一直留存着。如自然崇拜系列中的太阳崇拜、月亮崇
拜、雷王崇拜、雨神崇拜、彩虹崇拜、山川崇拜、怪石崇拜、岩洞崇拜
等；图腾崇拜系列中的蛙崇拜、犬崇拜、牛崇拜、象崇拜、鹿崇拜、虎崇
拜、鹭鸶崇拜、大雁崇拜、猴崇拜、凤（山鸡）崇拜、"图额"崇拜等；
植物崇拜系列中的花崇拜、大树崇拜、葫芦崇拜、巨藤崇拜等。当遭遇自
然灾害、生产歉收、病疫伤亡或生殖繁衍危机之时，骆越先民认为是诸精
灵或恶鬼作祟的结果。于是，为了逢凶化吉、解禳灾难，骆越先民总是要
祭祀神灵或举行巫术仪式，旨在敬神驱鬼，祈求生产丰收、生育繁衍、生
活平安。随着氏族、部落制的发展，氏族或部落中的酋长或长老被认为具
有与神灵交感的法力，成为人与神沟通的媒介，于是产生了专门主持巫术
仪式的巫或觋。凡氏族或部落举行重要的祭祀活动，皆由巫或觋主持。在
祭祀仪式上，为了增强祈祷的灵性，显示其法术，巫师总是口念咒语，手
舞足蹈。初时，巫师手舞足蹈应是即兴或随意的，缺乏统一或规范的动
律。随着祭祀舞蹈的反复进行，经过巫师的示范或演练，舞蹈动作也逐渐
统一、规范，形成特定的动作姿态、造型及寓意，成为巫师歌舞的固定套
路，这就标志着"巫舞"的形成。正如马克思在《摩尔根〈古代社会〉一
书摘要》中指出："舞蹈是一种祭典形式。"恩格斯在《家庭、私有制和
国家的起源》中也指出："舞蹈尤其是一切宗教祭典的主要组成部分。"
因此，骆越先民的早期祭祀舞蹈，应是起源于原始社会的图腾崇拜舞和巫
术仪式舞。在原始宗教信仰中，人们把与氏族有密切联系的动物和植物作
为自己氏族的族徽或图腾标志，将其奉为自己的祖先或保护神，并在祭祀
仪式中用舞蹈颂扬祖先和神明的功绩，祈求神灵的庇护。

原始先民在遭遇水灾、旱灾、病疫或求生育时，通常要举行巫术仪
式，试图通过巫师施行咒语或头戴面具而舞等方式，达到消除灾害、驱逐
恶鬼、解禳病疫、繁衍生育的目的，这在民族学中是不乏其例的。因此，

在原始先民的宗教和巫术仪式中，舞蹈是重要的不可缺少的组成部分，"以舞通神"是其中重要的环节，也是其重要作用所在。在祭祀或巫术仪式中，巫师以有形的身体与无形的神灵世界相沟通，是巫和巫舞的重要特征，它常使祭者和舞者进入如痴如醉的狂热状态，也使舞蹈艺术得到了持续发展，舞蹈语言日趋丰富、寓意日趋深刻。

鬼神是人类虚拟或创造出来的，鬼神世界其实是人类世界的折射，鬼神的功能或灵性也是人类赋予的。而人类是注重现实、实用功利的，对崇拜和祭祀对象及时间、地点或规模等，总是遵循生存优先的原则，选择与自身生存攸关的对象进行祭拜。因而，崇拜和祭祀鬼神的活动形式、规模也随着社会的发展而变化，崇拜和祭祀的重点对象也随之变化。大约到了新石器时代晚期，随着生产力的提高、生产工具和种植技术的改进，稻作农业有了进一步发展，并逐步成为骆越先民主要的生产活动和生计方式。早期的稻作农业生产对自然雨水有着很强的依赖，雨水或多或少，都直接影响着稻谷的收成，进而影响人们的生计。因而，骆越先民的崇拜对象和祭祀重点逐步转移到被认为是主管天上雨水的雷王和司职呼唤雨水的青蛙上，祭祀仪式日趋隆重、规模日趋宏大、礼仪日趋复杂，祭祀音乐与舞姿更趋象征性，动律也日趋统一、规范。在稻作农业生产获得好收成、生活有了基本保障后，人丁繁衍、氏族兴旺便成为骆越先民祈求的重要内容和对象。因为在原始时代，生产和生活条件艰苦，病疫时常发生，生育率、婴儿成活率低，人们寿命也短，而在当时，无论是渔猎生产还是农业生产，都需要投入大量的劳动力，所以人便成了第一生产力。由于骆越先民不知道低生育率和婴儿成活率低及成人寿命短的原因，他们认为是有一种神秘力量在支配，于是生发出对女性和男性生殖器的崇拜，生发出对花、葫芦、青蛙等具有旺盛繁殖力的动植物的崇拜，希望通过崇拜或祭祀、施行巫术仪式，跳祈求生育的祈神或通神之舞，以获得旺盛的生殖力，使氏族人丁繁衍、兴旺。祈求风调雨顺、生产丰收和人丁繁衍的拟蛙舞，成为骆越先民祭祀舞蹈的主旋律。骆越舞蹈是在继承其先民的原始舞蹈的基础上发展起来的。

骆越舞蹈具有承前启后、继往开来的作用，即继承新石器时代骆越先

民的原始舞蹈传统，后启骆越后裔乌浒、俚、僚乃至壮侗语族的舞蹈艺术。战国特别是秦汉时期，是骆越舞蹈艺术发展创新的时期，虽然这一时期的舞蹈仍然具有祭祀性或图腾崇拜舞的属性，但是在舞蹈律动、舞蹈语言（即舞蹈动作、舞蹈组合、舞蹈语汇）和舞蹈范式等方面都有了新的发展。这一时期的舞蹈在手舞足蹈的基础上，发展到以头、手、身、脚动作与舞姿的协调进行，出现了具有造型性、连续性、节奏性、象征性的集体舞蹈和鼓乐伴奏，是表现了一定的思想和情绪与音律相互配合的综合艺术形式，艺术性明显增强，标志着骆越人对原始舞蹈的超越，开始向构建民族的舞蹈艺术体系迈进。

关于骆越时期的舞蹈，史料少有记载，其具体资料主要体现在左江花山岩画上的集体拟蛙舞和骆越铸造的石寨山型铜鼓上的羽人舞、羽人划舟舞图像。关于左江花山岩画上的集体拟蛙舞，在前面第五章"骆越花山岩画文化"已有介绍。现重点介绍骆越铜鼓上的羽人划舟舞、羽人舞图像。

羽人划舟舞、羽人舞图像主要见于中国广西、云南和越南等地出土的石寨山型铜鼓（越南出土的此类铜鼓，属黑格尔关于铜鼓分类中的Ⅰ型鼓，越南学者称为东山鼓）上，多数饰于鼓胸至腰部，连续环绕鼓腰一周。若两类图像同时出现于一个铜鼓上，则羽人划舟舞图像环绕于鼓胸上，羽人舞图像则环绕于鼓腰间，即羽人划舟舞图像在上，羽人舞图像在下。在数量众多的石寨山型铜鼓中，以中国广西贵港罗泊湾、西林普驮，云南晋宁石寨山、广南阿章，以及越南河南省玉缕、河西省内村、河内古螺城等地出土的铜鼓为代表，铜鼓上所饰的图像最精美（图8-3至图8-6）。在中国云南和越南还发现有铜鼓面上饰有羽人舞、羽人划舟舞的图像。在越南陶盛出土的一件铜缸腹部也饰有精美的羽人划舟舞图像（图8-7）。

图8-3　云南广南出土的铜鼓上的羽人划舟舞图像

图8-4　广西贵港出土的铜鼓上的羽人划舟舞图像

图8-5　广西西林出土的铜鼓上的羽人划舟舞图像

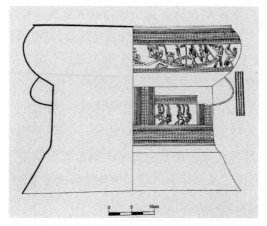

图 8-6　越南出土的铜鼓上的羽人划舟舞图像

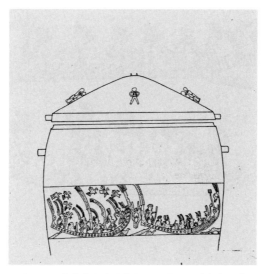

图 8-7　越南出土的陶盛铜缸上的羽人划舟舞图像

（一）羽人划舟舞图像

羽人划舟舞图像即用鸟类羽翎装饰身体的人划舟的图像。此类图像饰于石寨山型铜鼓鼓胸上，呈顺时针或逆时针方向环绕连续排列，每面铜鼓上有4～6舟不等。舟呈细长条形，两端翘起，舟头和舟尾插羽翎状饰物；也有舟头插羽翎，舟尾刻成鱼尾状，显得轻盈华丽。舟上有5～11人

不等。有的皆手持桨作划舟状，如广西贵港罗泊湾一号汉墓出土的1号铜
鼓上，共有6舟，每舟上有6人，头插编成菱形的长羽，脑后长发垂曳，坐
于舟上，双手持桨作划水姿势。而中国广西西林、云南和越南等地铜鼓的羽
人划舟舞图像，前后2~4人坐于舟上持桨划行，中间偏后位置设一方形高
椅，椅上端坐一头戴扇形羽翎人物，作指挥状；舟尾站立一人，素装，双
手持桨掌舵；中间站立3~4人，身体略前躬，双手持旌状羽翎或器械作舞
蹈状；舟前后有鹭鸟或鱼。铜鼓上的羽人划舟舞图像（图8-8），涉及骆
越舞蹈的是站立于舟上头饰羽翎、手持羽翎作拜揖姿态的人物。

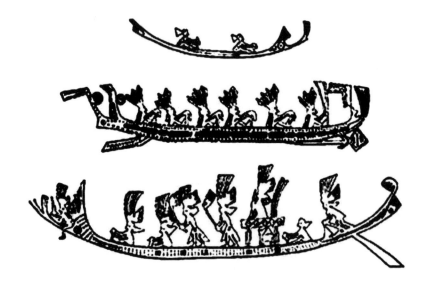

图8-8　铜鼓上的羽人划舟舞图像

（二）羽人舞图像

羽人，即用鸟类羽毛装饰的舞蹈人物。此类图像饰于铜鼓腰部，环绕
鼓腰呈顺时针连续横向排列（图8-9、图8-10）。每鼓8~12组，每组2~3
人不等。组与组之间以竖线分隔。舞人形态、动态和装饰大同小异。舞人
化装像鹭鸟，头上插菱形羽牌，髻缀翼形羽饰，自腰而下着以鹭尾纹舞
裳，舞裳前幅长过膝，后幅拖曳于地，双手向前后伸屈，四指与大拇指分

开像"人"字形；若鹭鸟展翼飞翔，两脚作行进舞蹈状，头翎和长裙向后飘逸，表现出舞者在行进中，通过手、头、身、脚的动作，模拟鹭鸟的动态有节奏地舞动，表达人们的思想感情。画面图像呈现的舞姿，给人动作轻盈、姿态优美、动感强烈、舞姿婀娜、惟妙惟肖的视觉冲击力和美的感受。铜鼓上所饰的羽人舞图像，应是取材于骆越人生活中的舞蹈题材，经过艺术提炼而形成的，堪称是骆越人模拟鹭鸟的经典性舞蹈——鹭舞，是骆越人崇拜鹭鸟的形象反映，同时也是骆越舞蹈文化发展及其特点的重要标志。其整齐的舞蹈动作，应是在铿锵的铜鼓声中，以孔雀类翅羽作为装饰的舞人踏着鼓乐的节奏翩翩起舞。

图 8-9　铜鼓上的羽人舞图像

图 8-10　铜鼓上的羽人舞图像

第三节　骆越舞蹈形式和动律特征

　　关于骆越时期的舞蹈资料，目前仅见于铜鼓上的羽人舞图像和左江花山岩画上的舞蹈人物图像。透过这些舞蹈图像，可以了解和重构骆越舞蹈的类型、属性、内涵及风格特征。前面已对铜鼓上的羽人舞图像的舞蹈元素做了分析，下面尝试运用舞蹈学的理论和方法，着重对左江花山岩画舞人图像所反映的骆越舞蹈的类型、内涵及风格特征进行分析与解读。

　　从舞蹈语言的结构层次上看，大致可分为舞蹈单词（舞蹈姿势的动作过程）或复合的舞蹈动作（两个以上舞蹈姿势的复合动作过程）。舞蹈动作从其功能和作用角度划分，可分为表现性动作、再现性动作和装饰性动作三类：表现性动作，又称"表情性动作"，是具有表现人物情感功能的动作；再现性动作，又称"表意性动作"或"说明性动作"，是展示人物行为目的和具体内容的动作；装饰性动作是具有装饰和组织功能的动作，

用于相同性质动作和不同性质动作的联结和组合，并有美化和装饰的作用。这三种舞蹈动作的各种组接、发展和变化，组成了舞蹈语言中的舞句和舞段。

左江花山岩画的舞蹈性质属于祭祀性舞蹈。岩画上的舞蹈人物图像，描绘的是骆越人在祭祀舞蹈过程中具有代表性或典型性造型的固定格式，属于舞蹈过程中表现人体动作的符号功能或"舞句""舞段"，只有把这一个个具有代表性的舞句和舞段联结起来，才能重构其舞蹈语言和场景的整体面貌。

一、花山岩画舞人图像反映的舞蹈动律及特征

根据舞蹈的功能、作用或性质来划分，左江花山岩画舞蹈属于表现性和再现性类型，主要是通过人们的头、手、腰、脚等肢体动作来表现或传递情感与愿望。

（一）头部动作

由于花山岩画上的人物图像采用的是投影式的色块平涂法绘成，因此只能表现舞蹈者的影子或形体轮廓，头部动作的表现不够明显。但从舞蹈人物图像的头部装饰物（如翎羽、发髻、面具或其他饰物）所处的位置或形态，依然可以辨别其头部动作。

1. 正身舞人头部动作

左江花山岩画的许多画面上，在画面中心的形体高大的正身人物图像头上画有一个略呈V形的图形。该图形多处于头顶上的偏右位置，而且略向右斜。学者认为，正身舞人头上的这种V形图形，应是当时骆越人特意装扮的一种头饰，其材料应是色泽绚丽的山鸡或孔雀翎羽。根据相关的民族学资料，世界上许多古老民族中的男性首领流行使用色泽绚丽且细长的翎羽插于头上作为装饰，既可显示其卓尔不凡、与众不同的显赫身份或地位，又能显示其威严勇猛、俊秀飘逸的气质。另一种头饰是发髻，略呈锥

形，有直立式和倾斜式两种。直立式即处于人的头部上方；倾斜式则略向左或向右斜。还有一种是飘带式，即在人的头顶上方有两支细长的带状头饰，呈弯曲状，似随风飘动。椎髻式的发饰，如果人站着不动，椎髻应是在头顶正中上方呈竖立状，而花山各处岩画上一些正身人物图像头上所饰的翎羽和椎髻均向右倾斜，说明头部是随着身体舞动而摆动的。如果舞者头部做连续激烈摆动，自然会引起头饰，特别是羽饰和飘带晃动、飘动。因此，舞者头部羽饰分别向相反的方向弯曲，正是舞蹈运动的表现。还有一些舞人的头饰也都或左或右地歪向一侧，同时其面部明显地侧向一边，这是头部向两侧转动时形成的"侧首"动作，表明在舞蹈过程中其头部伴随着手脚和身体的舞动而有节奏、有规律地向左右或前后摆动①。

　　另一种正身舞人图像头上的羽饰、发髻呈竖直或耸立状态，无倾斜，说明其头部处于正视前方的状态，这是左江花山岩画上正身人图像比较普遍的姿势，表明舞人的头部没有采用仰俯或摆动等动作。

　　2. 侧身舞人头部动作

　　在左江流域特别是中上游及明江河畔的岩画上，有数量众多的侧身人图像，或面向左，或面向右，头部随身体而侧。从其投影式的"影子"可以看出，侧身舞人多作正视前方的姿势；也有的侧身舞人身体略向后仰，头部也随之略为向上昂起，表明舞者的形态为后仰抬头动作。在宁明花山岩画第9组画面上，有两个面朝左的侧身人图像，脑后有拖垂的长辫，两手曲肘上举，两脚弯曲呈蹲裆式，头部随着身体略后仰，明显是舞蹈过程中的举臂仰首动作。还有一些侧身舞人作仰首折颈或低头（或点头）的形态。

　　从左江花山岩画正身舞人图像和侧身舞人图像的头部饰物形态可以看出，头部有向左或向右摆动，有仰头或低头（前后摆动）动作。按照左江花山岩画舞蹈的宗教祭祀性质或原始舞蹈的特性来看，上述的各种头部动作不会是身体静止不动的舞蹈过程中的头部运动，而应是头随同身姿或手脚协调摆动，舞蹈者的颈、肩也相应地摆动的全身舞蹈运动。可见，当时

---

①陈远璋：《左江岩画舞蹈图像初探》，《民族艺术》1987年第2期。

骆越舞蹈运用了摆头、俯首（点头）、抬头、仰首及左右侧首等一系列头部动作。

（二）手势

1. 正身舞人双手动作

手舞足蹈是左江花山岩画人物图像舞蹈语言或动律的主要构成要素或表现形式，该舞蹈所表达的情境、情感、意蕴或功能，主要是通过手和脚的动作来表现。乍看之下，左江流域各处岩画上的人像呈双手上举的姿势似是千篇一律、高度程式化或雷同化的，但若细加观察，就会发现无论是正身人图像还是侧身人图像，其在上举的手势中是有细微差异且丰富多变的。这些丰富多变的手势，应是人们在舞蹈过程中，随着鼓乐的节奏翩翩起舞，并且不断变换手的动作而舞的结果。正是这些丰富多变的手势，构成了左江花山岩画多姿多彩、粗犷稳健、内涵丰富的舞蹈语言，以及独具特色的舞蹈动律和舞蹈风格。

通过对左江流域各处岩画上的舞人图像双手姿势的观察，可知上举的双手大致有以下三种姿势：

①双手曲肘上举。这是左江花山岩画中最常见、数量最多的一种舞蹈手势。其基本姿势是两臂向左右平伸，肩与臂平行，肘部呈直角上举，手端略向外撇，显得规整对称、美观别致。按照舞蹈动作的规律，舞蹈时应是先伸直双臂，然后肘部回收呈上举姿势。这种双手曲肘上举的形态，应是人们在舞蹈行进中踏着鼓乐的节奏，模拟蛙跃姿态，手与脚相配合或协同，在两脚的跳跃行进中伸臂曲肘，并在鼓乐节奏下反复进行。

②双手直伸上举。这种舞蹈动作也是左江花山岩画上常见的一种动作。在同一类直伸上举的双手中又有细微的差别，一种是双手直伸高举，即双手手臂和手肘一同直伸上举，臂与肘间不弯曲，手端高过头顶，两手末端略向外撇，略呈喇叭形；另一种是两手向左右两边呈大幅度伸展，手端略向上伸，手端低于头部。这种不同的手势或舞蹈动作，应是人们在舞蹈过程中，随着鼓乐的节奏和双脚跳跃的行进，双手形态不断变换的结果，同样是模拟蛙跃舞的表现。

③一手上举内曲一手外伸。在宁明花山岩画上，还有一些正身人物图像的手势与众不同，即一臂曲肘，手端向内弯曲，另一臂向外伸展，稍弯曲或直伸上举。这应是人们在舞蹈过程中，随着鼓乐的节奏和舞蹈的行进，左右手交互变换内曲或上伸的结果。

龙州沉香角岩画第1组画面的正身舞人图像，无论是头部装饰还是双手的动作姿势，都显得较为奇特。该人物图像属左江花山岩画分类中的第一期，绘制方法具有很强的写实性，人像为圆头粗颈，头顶有条向上竖立、形似双角的飘带。其双手动作有别，左手手臂向外伸展，手肘举起，手端内折至近脸部，而右手则伸直平展。这应是一种双手一曲一伸的形态。随着鼓乐的节奏，这个手部动作可交替进行，与跳跃行进的腿部动作相协调、相对应，形成一种具有强烈节奏感的优美形态与动律。

在左江花山岩画上的正身舞人图像中，多数人物图像的双手未画手指，有的则双手有五指作张开状，有的画有三指或两指。无指者应是舞者握拳而舞的反映；而张开的五指或两三指，应是舞者在舞蹈过程中手形或指法变换的表现，且应有特定的含意，舞蹈学称之为"手诀"。

2. 侧身舞人双手动作

从左江花山岩画上的侧身舞人图像来看，其形态、手势同正身舞人图像一样，都是双手曲肘上举，但细观之，其双手上举幅度有弯和直之别。大体上有两种形式：一种是两手臂前伸，曲肘上举，弯折处呈近直角形或弧形；另一种是双手抬臂直伸上举，手端高过头顶。

左江花山岩画舞蹈人像的手势，在保持大体一致的基础上，呈现出一些细微的不同变化，而且与舞者的身体和双脚是相对应、相协调的，即手舞足蹈。陈远璋对左江花山岩画人物图像的手势做了细致的观察、辨别、分析和研究，认为舞人手臂的造型较沉稳，多采用曲肘上举的姿势，刚健古朴，是一种富于力度和弹性的动作①。手臂的变化主要是在这一基型上展开的。舞人手势的变化，还体现在手掌及手指在舞蹈不断变化的节奏中呈现出多变的造型。舞人手臂在多数场合被画成掌、臂不分的形状，其实

①陈远璋：《左江岩画舞蹈图像初探》，《民族艺术》1987年第2期。

应是握拳动作的表现，如扶绥县岜割山岩画中的一个舞人图像，其左臂之拳就表现得较清楚。这种握拳手势在舞蹈中占绝对优势，对表现骆越强悍豪放的性格和古朴、粗犷的舞蹈风格起了很重要的作用。有时舞人也采用一手握拳、一手开掌的姿势。此外，指掌的变化还有双掌开两指收三指，开三指收两指，开四指收一指，或开全掌，或上勾掌，或外勾掌，一手掌开指或握拳，另一手勾掌等不同姿态。即使是同一舞人，有时双掌的造型也不同，如一手握拳，一手伸三指；或一手勾掌，一手开指；或一手勾掌，一手握拳；或一手开两指，另一手开三指；而舞人直臂勾掌，分明又似一种摆掌的动作。一系列细腻丰富、变幻多姿的手指造型，显示了舞蹈手指的弹、收、展、握、开、转腕的手势动律和节奏，动感强烈。这些丰富的手势，虽给人以轻盈柔和感，但在整体配合上却显示了粗犷、雄壮的风格，如舞人举臂外勾掌，势若雄鹰展翅，体现了勇猛顽强的气势。造型迥异的手势，涉及舞人的臂、腕、掌、指等各个部位的律动，对于推动舞人的感情波澜、渲染舞蹈的气氛，无疑具有重要作用。

（三）双腿动作

在左江花山岩画上，无论是正身人物图像还是侧身人物图像，其双腿的基本动作姿势皆为屈膝呈半蹲式，即两大腿向左右大幅度叉开，小腿伸直下蹲；大腿与小腿弯曲处几乎呈直角状。但仔细观之，在各处图像的半蹲式腿部动作中，也有细微的差异。

正身舞人图像的腿部动作，有的两腿跨度较大，躯体有强烈下蹲感，有的腿部跨度较小，还有的大腿叉开如"人"字形，而后屈膝半蹲。有的腿呈弯曲状，臀部下蹲几乎着地，似坐似蹲；有的左腿或右腿弯曲蹲立，另一腿向上抬起，应是舞蹈时两腿连续交替抬起以晃动身体的表现；有的一腿半蹲，另一腿直伸，如弓步；有的单腿站立（或屈膝），一腿稍抬向内侧，似做内勾腿动作；还有的向一侧呈踢腿姿态；有的双腿做叉开站立状；有的做如奔跑、跳跃的动作；有的两腿大跨，掌尖朝外，势若凌空飞腾；还有的表现了转体时双足的姿态，如此姿势，需要腿部有较强的支持力和平衡能力。此外，正身舞人图像的脚掌也不尽相同，如双足掌朝外，或朝前；或足掌向内转腕，足尖朝内。

侧身舞人图像的腿部动作，从个体的变化来看，有的腿做站立姿势；有的腿屈膝成直角形；有的身体后仰，重心后移，双腿前迈，屈膝呈蹲式；有的两腿曲度较大，并有收腹的动作；有的单腿站立，前抬腿，似踏步；有的单腿屈膝，另一腿向前直伸，如前踢腿；有的后腿屈膝支撑身体，前腿跨出，做奔跑、跳跃状；有的一腿向后支撑，另一腿朝前迈出，身体同时前倾；有的做单腿跪式；有的双腿屈膝呈跪式或坐式；还有的双腿朝前直伸，躯体保持直立，似舞人坐于地以足跟骤然弹跳而起的瞬间动作。腿部动作或造型的变化，反映了骆越舞蹈是通过站立、行进、跳跃、屈膝、踢、抬、勾、弹跳等多种腿部动作来表现舞蹈的不同律动。

综上所述，左江花山岩画的舞蹈图像主要是通过双手和双脚的舞蹈动作，同时辅以头、颈、腰、臀的默契配合，完成具有强烈节奏感的拟蛙舞造型，创造出特征鲜明的艺术意境——以强调手势变化为主，富于东方舞蹈传统特点的骆越舞蹈艺术。

（四）腰部动作

左江花山岩画舞人的腰部姿态在侧身人物图像上反映得比较明显。因此，对舞蹈腰部动作的探索，主要以侧身舞人图像为例加以说明。

侧身舞人图像手臂上举，躯体较直，双腿做站立姿势。有的舞人表现出向后仰身的趋势；有的舞人双臂上举，腿呈半蹲姿势，抬头，身躯向后做大幅度倾斜，突出了后仰腰的身段；有的舞人单腿站立，仰首，仰身折腰的动作更为明显（这类动作有一定难度，没有娴熟的舞技是很难表演到位的）；有的舞人通过头、腰、脚的默契配合，形成了三道弯式的形体曲线，把抬头、挺胸、收腹、折腰的窈窕身段刻画得惟妙惟肖、生动传神，仿佛还带有扭动臀部的动感，既显得刚毅雄健，又给人以婀娜洒脱的美感；有的舞人身体略向前倾，或俯身向前，正做前折腰的姿势；有的还伴有挺胸收腹的动作；还有的舞人上身做正面姿势，下肢为侧形态，或上身为侧身姿势，下肢保持正面动作，大约表现的是舞人快速地旋转身体，而上身（或下身）依然保持着原姿态的瞬间造型。这类大转体的形态，具有

急骤奔放的气质，使舞蹈更富于民族韵味。从岩画图像看，舞人反映的腰部动作虽然比较简单，但已经使我们领略了骆越舞蹈中出现的直腰、仰身、折腰及转体等多种形态的风貌。

二、花山岩画的舞蹈语汇及特点

从左江花山岩画人物图像的舞姿或动作来看，其是通过特定的舞蹈组合或队形在行进中反复举手、摆手、蹲足、跨步、跳跃等舞蹈语汇来实现或完成整个祭祀舞蹈活动。这样的舞蹈动作、舞蹈组合和舞蹈语汇，构成了花山岩画独特的舞蹈语言体系。由舞蹈动作、舞蹈组合和舞蹈语汇构成的花山岩画舞蹈语言，是巫师在骆越蛙神崇拜和祭祀仪式的基础上，经过对青蛙生活习性的长期观察，精心提炼其最有代表性或典型性的跳跃姿态，按照舞蹈的规律，将手、指、足、头、颈及腰部等舞蹈动作、舞蹈语汇进行组合串联，编排成完整的祭祀舞蹈场景，并由巫师对部族成员进行演练，然后在祭祀仪式上演绎。尽管各处岩画的舞蹈人物图像的肢体动作形态有所不同，但无论是正身舞人图像还是侧身舞人图像的基本形态都是不变的，举手半蹲式动作贯穿舞蹈始终，属于节奏明快、动感强烈、粗犷豪放、激情满怀的律动。舞者手臂有力的举伸和腿部有节奏的屈膝，使舞蹈富有力感和节奏感。半蹲的双腿烘托着刚健的躯体，步履稳定，造型规范，沉稳而敏捷，使整个舞蹈群体现出整齐划一的美感和雄阔的气势。

学者在对左江花山岩画舞蹈人像进行研究时发现，徒手拟蛙舞既是花山岩画舞蹈的基本形态动作，也是花山岩画舞蹈最突出、最鲜明的特色。多数舞者双手不持道具，以人的身体及四肢的律动构成舞蹈的主体，而且其律动特征与中原地区古代舞蹈风格大体相同。关于中原地区的古代舞蹈，《周礼·春宫·乐师》有云："凡舞，有帗舞，有羽舞，有皇舞，有旄舞，有干舞，有人舞。"郑司农注："人舞者手舞……人舞无所执，以袖为威仪。"左江花山岩画反映的骆越舞蹈亦属"人舞"或"徒手舞"，主要是通过舞人头部的仰、俯、晃动或侧、转，躯体的颤抖、晃动、挺胸、收腹、弯曲、转体，双手的屈伸、上举下落、左右摆动，以及腿的蹲、曲、弹、跳等舞蹈语汇来表现特定的象征、寓意和炽烈的情感、愿望与追求①。

从画面图像看，舞者动作简单、粗犷有力且高度程式化，特别是宽大的画面、多样的组合和数量众多、动作整齐划一的舞蹈场景，能给人以宏大壮阔、震撼心扉的视觉冲击力和艺术感染力。而举手半蹲、跳跃行进的姿势，又是人体最富有爆发力、力量感最强、最具稳定性、最洒脱的一种动作。众人在铿锵的鼓乐声中，在巫师的率领下，按照一定队形组合，同时手舞足蹈行进，给人以振奋和力量之美。舞者整齐划一、铿锵有力的形态和昂扬的激情，反映出骆越人舞蹈技巧的娴熟。如奋臂上伸、仰身屈腿、蹲步跳跃、向后仰身、踏步转体、下蹲跳跃行进……在一连串不停顿的姿态变换中，既要保持身体的平衡稳定，又要体现出舞蹈气壮山河的气势和抑扬顿挫的节奏，参加祭祀舞蹈的全体成员就必须动作整齐、队形有序地行进，而这如果不经过较长时间的训练，没有一定的舞蹈素质是很难做到的。这些具有一定难度的动作在舞蹈中频频出现，无疑具有普遍性，足以反映当时骆越舞蹈较高的艺术水平。

与世界范围内岩画中出现的人物图像相比，左江花山岩画的舞蹈在形态造型上也独具一格。以正面舞人图像为例，左江花山岩画舞人突出了举手蹲腿的大动作：蹲腿，曲肘举手，分臂（腿）幅度大，四肢对称，强调动作的力量感。著名的苏联贝加尔湖查干扎巴岩画中的舞人图像，形态较为随意柔和，尤以双臂为甚，双腿多叉开，跨度小，如踏步，缺乏刚健之感。蒙古国德勒格尔—穆连和特斯河谷岩画中的舞人图像双臂略下垂或弯曲下伸，两腿弯曲成弧形，有的甚至缺乏屈膝的动作，叉腿站立，动作僵直生硬。美国夏威夷茂伊岛欧罗鲁瓦岩画中的舞人图像，四肢造型对称性差，缺乏协调统一的格调。我国北方内蒙古阴山岩画中的舞人图像，上肢动作随意多变，下肢屈膝多不明显，造型多变而缺乏规范。云南沧源岩画中的舞人图像，双臂以下垂为主，腿部跨度小，表现出活泼欢快的节奏与风格，与左江花山岩画庄重的气氛形成鲜明的对照。不难看出，左江花山

---

①陈远璋：《左江岩画舞蹈图像初探》，《民族艺术》1987年第2期。

岩画的舞人图像以其古朴、粗犷的造型和雄壮的气势，反映了古代骆越舞蹈的独特风格。

左江花山岩画的骆越舞蹈图像是特定时代、特定观念的产物，反映了骆越舞蹈艺术的新发展，对后骆越时代的舞蹈艺术也产生了深远影响。如骆越后裔壮族师公表演的跳神舞蹈，语汇比较丰富，风格古朴淳厚，动作沉稳有力，情绪含蓄虔诚。师公都以屈膝下蹲、含胸前倾为美，膝盖的屈伸几乎贯穿所有的师公舞动作之中，是一个十分明显的律动特征。例如，武鸣壮族师公舞旁靠步、前踹步、明灯步都贯穿了明显的膝盖屈伸；上林师公舞双腿形态多呈半蹲状态；来宾师公舞的颤步，膝部屈伸很明显，同时上身及头部微微晃动。这些都说明以腿部屈伸为特色的壮族师公舞继承了骆越舞蹈的传统。有学者指出，河池师公舞中的顿点步、马步与左江花山岩画侧身舞人图像姿势相似，武鸣师公舞的跳踏步与左江花山岩画中的踏步也很相似，进一步说明了壮族师公舞与骆越舞蹈有渊源。

左江花山岩画反映的骆越舞蹈既有自己的特点，又与南方各族舞蹈有一定的联系。如滇越有徒手舞，以举手蹲腿为特色的舞姿也与骆越舞蹈较相似，都以强调手甚至手指的表现为主要特色。不过滇越舞蹈手腕弯曲不太明显，手势特别注重大拇指与其他四指的分离；而骆越舞蹈的手势则比较灵活多变，手臂及腿部的屈伸幅度较大。二者的主要伴奏乐器均为铜鼓、钟、铃等，主要通过鼓声来控制舞蹈节奏。不难看出，南方各族舞蹈艺术在自身的发展过程中是互相交流、相互吸收的。

第四节　骆越舞蹈的文化意蕴

左江花山岩画所表现的骆越舞蹈的人性蕴涵有何特征，它与其他舞蹈的区别何在呢？事实证明，人性在任何时候都应该是具体的，它会因时、因地、因人而打上不同的烙印。作为古代骆越文化形式的舞蹈，自然带有浓厚的民族性、地域性，有着自身的特征和表现形式、风格、特点，也就是形成人性蕴涵和表现的特点。

其一，从左江花山岩画反映的骆越舞蹈的民俗性看其人性蕴涵。骆越舞蹈作为一种文化形态，是多种文化因素和艺术因素的综合体，其中有装饰文化（艺术）、音乐艺术、绘画艺术及各种各样的民情风俗，构成了颇具民族特征的"交响乐"，也构成了色彩斑斓的民族社会生活。骆越的人性被具体化为民族性，在舞蹈中通过民俗民情的形式集中表现出来。因为任何舞蹈形式都离不开民俗民情，从而构成舞蹈的民族性内涵。从骆越舞蹈活动的场景来看，它选择了民俗性很强的祭祀活动。选择盛大祭祀活动举行集体舞蹈，不仅增添了祭祀活动神圣、热烈的气氛，构成节日民俗性不可缺少的一部分，而且增添了舞蹈活动的氛围，构成舞蹈浓郁的民俗性，体现出舞蹈的民族性和人性的蕴涵。舞蹈不仅是民俗民情的表演和表现，而且本身就是民俗民情的构成部分。同时，骆越舞蹈内容大都与其部族的社会生活相关，反映了他们的生产劳动、宗教信仰、功利祈求、文化习俗等生活情形，也反映出骆越社会生活的民俗性。其舞蹈动作和舞蹈节律都与劳动场景、动作、气氛有关，反映出特殊的自然环境、社会环境和人们特殊的精神状态与追求。这不仅说明骆越舞蹈来源于社会生活、来源于劳动与信仰，而且也说明骆越舞蹈的人性魅力来自其民族对劳动的赞美和热爱、对生活的祈求和希望，表现了生活的美、人性的美。舞蹈与生活的贴近促使舞蹈生活化、生活舞蹈化，甚至许多舞蹈就是劳动过程的一部分，就是生活场景中的一部分。骆越人与许多民族一样，并不以为舞蹈就是纯粹的艺术形式，而是将其当成自身生活不可缺少的部分。因此，骆越舞蹈所具有的民族性特征正是由骆越社会生活的民俗性所致，从而使其具有浑厚的人性力量。

其二，从骆越舞蹈的个性风格看其人性蕴涵。骆越舞蹈具有的个性风格不仅从它表现的社会生活的民俗性中可以看出，而且从它的表演者——舞蹈主体也可略见一斑。古代骆越舞蹈的表演者并非艺术家、舞蹈家，其中的巫师或祭师当属半职业性舞蹈者，但更多的是其部族的广大民众，他们在舞蹈中体现出民族的个性和风格，体现出骆越人的性格。民族性格乃

是一个民族个性特征的体现，是一个民族区别于其他民族的显著标志之
一。骆越先民是世代生活在岭南地区的原住民族，在与从北面传来的楚文
化和中原文化、从西面传来的滇文化的交往中仍然保持自身的文化特色，
这就是基于骆越独特的生活环境和生产方式而塑成的坚韧不拔的意志和奋
发自主的民族性格。这种坚韧不拔的意志和奋发自主的民族性格是在不断
地与大自然做斗争、不断强化民族自信心和不断开拓进取中形成的，是这
个民族凝聚力、向心力的纽带。这种民族性格在骆越舞蹈中有着集中而突
出的表现，或者说骆越舞蹈的深层意蕴中含有民族性的因素。从左江花山
岩画上那些腰佩刀剑、手持短剑而围圈群舞的场面中可以看出骆越人紧密
团结、不畏艰难、自强不息的民族品格。从骆越后裔壮族民间流行的蚂蚜
舞（舞者亦手持刀剑）、铜鼓舞、击棍舞、面具舞等舞蹈中，同样可以看
出骆越勇敢、坚韧不拔的民族性格。这种既有娱乐竞技，又有敬神娱神、
祈求功利色彩的舞蹈，显现出鲜明的民族性格，体现出民族性格中蕴含的
人性力量，表现出性格美和人性美。从民族性格中表现出对美好生活、美
好人生的追求，对善良、正直、勇敢、坚毅、宽厚等品质的肯定和赞美，
以及对本民族的热爱、对人的热爱、对人性的热爱。从这个角度看，无论
是骆越舞蹈还是壮族舞蹈，都不仅直接而真实地反映生活，而且表现了人
的思想感情，表达了人的理想和追求，显示出人性的力量。骆越舞蹈不仅
是模拟性舞蹈，而且是抒情性舞蹈，是情感性、情绪性甚强的舞蹈。它借
助人体动作、人体姿态集中表现了民族性格。

　　其三，从骆越舞蹈体现出的民族精神看其人性蕴涵。骆越舞蹈就表现
形式而言，有领舞、集体舞和单人舞；舞蹈组合形式有圆圈形、纵横队列
式和散发式。由于舞蹈的性质是宗教祭祀性的，因此无论是何种形式的舞
蹈，都是在祭祀仪式上为敬神娱神、祈福禳灾而舞的。在祭祀活动中，无
论是舞者还是观者，都会被神圣的祭典场景或气氛所感染，其内心会受到
模仿意识的驱使，从而全身心地投入舞蹈活动之中。因此，左江花山岩画
上众多人物图像所反映的应是群体性舞蹈。舞蹈的群体性必然要求动作协
调一致，节奏整齐划一，步伐规范有序，而要做到这些，必须有统一的精
神、统一的号令、统一的意志。因此，舞蹈的群体性体现并强化了这种民

族精神，即亲和包容、团结奋进、坚韧不拔、自强不息、开拓进取的精神。在群体性舞蹈中，个体已不再作为个体而存在，而是在协调性动作中自觉或不自觉地化为群体、化为民族整体。借舞蹈这一形式，民族个体转化为民族群体，或者说将个体凝聚为群体，使他们都为着一个目标共同奋进。那么，舞蹈这一形式就不单是体现了舞者个体的自我表现和自我存在，更是体现了民族的存在，体现了民族生生不息的生命力。因此，群体舞的协调性、团结性是很强的。舞蹈不仅训练了人们的动作和纪律规范，也训练了人们的思想，体现了民族精神。可以说，民族精神是人性的最深层蕴涵，是此民族赖以生存、发展、繁衍、壮大的最基本、最根本因素，亦是民族的生命之根。

　　通过以上对花山岩画舞蹈文化意蕴的分析与阐述，揭示了舞蹈表面形态与内核之间密切关联的本质特征，从而揭示出骆越舞蹈生生不息、延绵发展的原因。可以说，作为一种文化形态的骆越舞蹈就不仅仅是作为艺术形式存在，而是超越艺术形式而具有文化的特质和作用。无论从骆越舞蹈的原生态看还是次生形态看，都具有浓厚的文化蕴涵，都可以从中发掘出深藏其中的文化积淀，窥探到环绕在它周围的文化氛围。从骆越舞蹈中折射出其民族的社会、生活、政治、宗教、历史、文化、教育、民俗等内容，反映了骆越民族的性格、风格和精神。

　　早期舞蹈起源于原始宗教祭祀或巫术仪式，这已为学术界所共识。进入阶级社会以后，舞蹈与宗教的关系依然十分密切，古今中外，莫不如此。远古时代的宗教性舞蹈，往往伴随着宗教祭祀仪式进行，这种舞蹈的性质和功用当然就不会仅仅是审美和艺术享受，而是娱神、娱鬼、娱祖的活动，是一种宗教祭祀仪式。当然，在原始宗教气氛笼罩下的古代骆越人，是不难理解宗教的心理慰藉作用和精神文化意义的，并将宗教视为他们生活中不可缺少的组成部分。他们虔诚地相信宗教世界是真实的，是现实世界的延伸；宗教中的神鬼世界不是在想象中存在，而是在现实中存在。从这个角度看，他们认为宗教神灵不仅是精神的，而且是现实的；不仅是理想愿望中的，而且是客观存在的。这样的宗教仪式不仅是形式，而且是古代骆越人的社会活动，是生产、生活、战争等活动中必不可少的一

部分。因此，作为宗教仪式活动的古代骆越舞蹈具有非常具体、实在的现实意义和实用功利性，它表达了骆越人的信仰和愿望，也表达了他们的行为和活动内容。从左江花山岩画上众多动态一致的人像可以看出，骆越舞蹈中还保留着大量的原始舞蹈。

骆越舞蹈的宗教文化意蕴，体现在左江花山岩画的各个方面。如前所述，左江花山岩画本身就是当地骆越人举行宗教祭祀活动的形象写照。从岩画绘制地点或画面崖壁的选择，到绘画使用的颜色；从岩画上的图像种类、形态与组合，到舞蹈主旋律、舞蹈动作与内涵；从领舞者到随舞者；从腹部隆凸、长发曳地的孕妇，到阴茎勃起的男子，无不与宗教信仰有关，无不深深地打上了宗教的烙印，无不是为祈求功利而祀而舞。岩画上规模宏大、场面壮观、人数众多、图像丰富的画面，反映了祭祀活动场面的盛大或隆重。舞众多举手半蹲的拟蛙跳跃图腾崇拜舞、男女交媾舞、生殖崇拜舞、祈求生育舞、踏舟祀神舞，这都与骆越人的生产、生活和宗教信仰密切相关，是骆越宗教文化的全面展示。

左江花山岩画所具有的浓厚的宗教文化意蕴，与骆越人的经济生活方式有着密切关系。前已述及，进入战国至秦汉时代，生活在左江一带的骆越社会经济和文化有了较大发展，出现了青铜铸造业，形成了以铜鼓、羊角钮钟为代表的青铜文化；稻作农业有了进一步发展。正是稻作农业发展成为骆越人的主要经济类型，使得以祈求风调雨顺、稻作丰收为核心的祭祀活动日益频繁、日益隆重。这是因为稻作的生产和收获存在着许多不确定性，雨水少则成旱灾，雨水多则成洪涝灾害，还有虫灾、风灾……每一种灾害都会造成稻作的歉收，直接影响人们的生计。而古代人对水、旱、虫、风等灾害产生和稻作歉收的原因尚无法正确理解，认为有一种超自然的神秘力量在支配，于是凭着想象塑造出各种神灵。人们从自身的经验出发，认为神灵如同人类一样，也有喜怒哀乐之情绪：当其喜或乐时，就会降福于人；当其怒或哀时，就会作祟于人，造成祸灾。为了使神灵喜或乐，人类就想方设法讨好、取悦或娱媚之，以获得福祉。常用的讨好或娱媚神灵的方法是供奉祭品，以歌舞赞颂之。左江花山岩画就是骆越先民为祈求风调雨顺、稻作丰收而举行的取悦或娱媚神灵的盛大祭祀和歌舞活动场面，其中出现的孕妇舞蹈或男性舞蹈则是祈求人丁繁衍、部族兴旺的反映。

第五节　骆越舞蹈文化的深远影响

　　骆越舞蹈文化是在特定时空条件下形成的，是骆越人民在社会生活特别是在宗教祭祀活动中，经过提炼而形成的一种艺术形式，并且具有承前启后、继往开来的作用。根据原始舞蹈的产生与发展规律，骆越舞蹈形式应该是丰富多样的，特别是其先民在生活和生产过程中，为祈求狩猎的成功、生产的丰收、人丁的繁衍或消除灾害，骆越先民总是会跳着各种拟鸟兽舞、祝祈舞、驱鬼辟邪类的舞蹈。根据目前的考古发现，我们所知的骆越舞蹈是拟蛙舞和羽人舞，无论是舞姿、舞律，还是舞蹈风格和文化意蕴，都不仅气势恢宏，而且舞姿优美，或铿锵有力，或轻盈婀娜，具有代表性、经典性，也最具特色。其舞蹈性质、律动和风格，都对骆越后裔诸民族舞蹈文化的发展产生重要而深远的影响。

　　在骆越及其后裔的舞蹈文化中，宗教性舞蹈在祭祀或巫术仪式上的娱神、驱鬼或祝祈性舞蹈占有重要地位，即使是节庆或庆祝生产丰收类的舞蹈，也都具有浓厚的宗教性质和很强的功利性。例如，骆越后裔在唐代流行舂堂舞，即人们把一根大圆木的大部剜空，作为平时持杵舂谷脱壳用的大型木臼。每当夏收或秋收后，男女分列木臼两边，手持木杵，有节奏地敲击臼边，发出"咚咚"的响声，并一直相传下来，而且派生出节奏更加明快、参与人数更多的扁担舞。壮族民间流行的师公舞、拟蛙舞、春牛舞、白鹤舞、龙马舞、纸马舞、竹马舞、龙鱼舞、鲤鱼舞、蚌姑舞、金雀舞、斑鸠舞、斗鸡舞、蝴蝶舞、鸿鹄舞、翡翠鸟舞、干各舞、仙马彩凤舞、麒麟舞、花凤舞等，多属模拟鸟兽、图腾崇拜类舞蹈。这些舞蹈多在节日或祭祀仪式上举行，人们使用竹篾编织成鸟或兽类形象的骨架，外用

彩色纸黏糊而成。当跳舞时，舞者钻到道具中，手持道具，在鼓乐声中模拟各种鸟兽的习性或动作姿态而舞，形象生动，惟妙惟肖，寓意吉祥。这些舞蹈的源头都可以追溯到上古时期的骆越时代。特别是壮族民间流行的师公舞，其基本动作是双手上举，两脚作半蹲姿势，在鼓乐声中摆手、跳跃、转体而行进，这与左江花山岩画上的众多人物图像的舞蹈动作基本相同。红水河中上游一带壮族民间流行于春节举行的祭蚂蚜神活动中跳的蚂蚜舞（即模拟青蛙跳跃舞），亦与左江花山岩画上众多人物图像的舞蹈动作相同，这应是骆越人崇拜蛙神和模拟青蛙而舞的遗风。反之，通过对壮族的祭拜蚂蚜节及跳蚂蚜舞的分析，可以诠释或破译左江花山岩画图像形态、内涵及岩画性质之谜。

第九章 · 骆越饮食文化

　　民以食为天，饮食是人类生存与繁衍的基本需要。丰衣足食，不断增加食品种类，改善和提高饮食质量，满足人们的营养需求，增强人类体质，提升人类健康水平，确保人类的生存与繁衍，是人类永恒的追求和不懈奋斗的目标。特别是在生产力尚较低下的上古时代，寻找果腹的食物，维持人们基本生活需要，是人类活动的主题。无论是生产工具的制作，还是生产方式和谋生手段的应用，都是围绕着最大限度地获取食物、满足人们基本的生活需要这一主题来进行的。以主食和副食品为载体，以种植、烹饪和加工方法，以及炊饮器具、饮食习俗及信仰为内涵的饮食文化，是人类文化的重要组成部分。不同地区、不同民族，由于所处的自然生态环境、生产方式、食物种类、加工和炊煮方式不同，其饮食文化的表现形式和内涵也不同，形成各具特色的饮食文化。骆越饮食文化是适应当地的自然环境、经济生活方式、宗教信仰而形成和发展起来的，因而具有鲜明的地方特色和时代特征。

第一节　　骆越饮食文化溯源

　　骆越饮食文化同其他文化一样，历史悠久，源远流长，具有鲜明的地方特色和民族特色。早在距今约1万年以前，生活在岭南地区各江河流域的原始人类已经从旧石器时代发展进入以磨制石器、烧制陶器和原始农业为主要特征的新石器时代。这一时期，骆越先民已开始将普通野生稻驯化成人工栽培稻，标志着原始稻作农业的萌芽。与此同时，由于骆越地区亚热带气候和湿润的土地适合各种芋薯类块根植物的繁殖生长，形成了丰富的无性繁殖块根类植物资源，只需简单粗放的种植方法，便有收成且产量高。而芋薯类块根食物含有丰富的膳食纤维、碳水化合物和维生素，且炊煮、食用方法简单，易于消化吸收，可满足人类基本生活的需要。据农史专家研究，岭南骆越地区的早期农业应是从移植或种植芋薯类块根植物开始，并使之成为原始先民的主要食物。此外，骆越地区溪河纵横，江河密布，海岸绵延，各类水产食物资源极为丰富。在距今6000多年以前的新石器时代早中期，虽然已经出现了原始农业，但渔猎经济在骆越先民的生活中仍然占有重要地位。特别是溪河或浅海区，使用简单的方法就能捕捞种类繁多的鱼、螺、蚌类。因而，江河湖海的鱼、螺、蚌类捕捞不仅是骆越先民重要的生产活动，而且是骆越先民重要的食物来源。中国广西郁江、左江、右江流域和越南北部江河或海滨一带发现有许多新石器时代早中期贝丘遗址，遗址不仅面积大，而且文化堆积厚。在遗址堆积中含有密集的螺、蚌类壳及鱼骨、龟壳，这是当时原始人类捕捉鱼、螺、蚌类食用后所遗弃的，年长日久，遗弃的螺、蚌壳堆积日益增多，形如小丘，故称贝丘。从这些贝丘遗址堆积中的大量螺、蚌壳或鱼骨类可知，当时的渔猎经济还相当发达，螺、蚌或鱼类是当时原始居民的重要食物。而贝丘遗址堆积中的螺、蚌壳极少有火烧的痕迹，说明当时人们捕捉到螺、蚌类后，或剔出硬壳里的螺、蚌肉直接生吃，或使用陶器用火炊煮吃。

到了距今5000～4000年的新石器时代晚期，随着新的农业生产工具——大石铲的大量涌现，标志着原始稻作农业已逐步发展成为骆越先民主要的生产活动。这一时期的遗址堆积层里已经少见螺、蚌壳或鱼类骨骸，有的遗址堆积里发现有大量各种果核及用于收割或碾磨加工谷物的蚌刀、石磨盘、磨棒、石杵等。由此可以推定，这一时期骆越先民的生产活动除种植水稻、芋薯等作物外，采集和渔猎经济在人们的日常生活中仍然占有一定比重，食物种类仍然具有多样性的特征，日常饮食除稻米和芋薯类外，还有野生植物根果类和溪河或浅海里的鱼、螺、蚌类。这是由于骆越地区溪河密布，海岸线漫长，水中的鱼、螺、蚌类资源十分丰富，且山林里生长着各种可食用的果实或根块类，骆越先民使用简单的工具或方法就能获取。这样的食物结构，基本解决了人们的食物问题，而水产的鱼、螺、蚌类食物富含蛋白质，既丰富了人们的饮食结构，又可以补充人们的营养需要。

这一时期出土的与骆越先民饮食密切相关的陶器，除可用于炊煮的三足或圜底夹砂陶釜、罐类炊器外，还有形式多样的泥质盘、罐、釜、杯、

盆、壶等盛储器或饮食器，说明当时这一地区的骆越先民日常炊煮和饮食用具组合已经形成，种类也日趋丰富，骆越先民在日常生活中已普遍使用陶制器具。

第二节　骆越饮食文化的发展

　　商周特别是秦汉时期，是骆越饮食文化发展的重要时期。这一时期，随着骆越社会生产力的提高和金属生产工具的使用，扩大了耕种面积，改进了耕作方法，促进了稻作农业的发展，增加了粮食收成，引起了骆越先民食物结构的变化，促进了骆越饮食文化的发展。这一时期，稻谷逐步发展成为骆越人的主粮，芋薯类逐步变成杂粮，鱼、螺、蚌类为副食，蔬菜的种植逐步兴起，人们的食物种类日趋丰富，形成了"饭稻羹鱼"的饮食模式及饮食习俗。正如《史记·货食列传》所云："楚越之地，地广人稀，饭稻羹鱼，或火耕水耨。"这是汉代以前史籍中唯一涉及越人饮食的记载。从骆越地区汉代墓葬出土的遗物来看，人们日常的食品种类特别是蔬菜类日益增多。例如，广西贵港罗泊湾一号汉代墓葬里不仅发现有稻谷、粟、芋类实物，而且还发现黄瓜、香瓜、冬瓜、番木瓜、葫芦、橘子、李子、梅、青杨梅、橄榄、仁面、罗浮栲、广东含笑、金银花、花椒、姜等蔬菜、水果、佐料类植物品种。从该墓的宏大规模、有棺有椁和数量众多、种类丰富的随葬品及使用人殉等现象可知，其墓主生前当是位高权重的统治阶层人物，因而墓中不仅出现了诸多的随葬品，而且出现了诸多食物品种，说明汉代时骆越人饮食结构较之前期出现了诸多变化，除作为主食的稻谷、粟、芋类或鱼、螺、蚌类之外，出现了品种多样的蔬菜、瓜果类副食品及佐料。这种日益丰富的饮食结构，反映了骆越社会生产力的提高、经济的发展，进而促进了骆越饮食文化的发展。

　　考古资料显示，在原始社会末期的新石器时代，骆越地区的原始人类流行生食之俗，特别是对水中的鱼、螺、蚌、蛤、蚝类及山林里采集的果类或兽类，人们在烧煮熟食的同时，也有未经烧煮而直接生食的。这种对水产品或兽肉的生食习俗，骆越人亦沿承之。如《礼记·王制》篇云："交趾，有不火食者矣。"该记载所说的"不火食"，应是指未经烧烤煮熟而食之。这种生食之俗，在骆越后裔诸民族中一直传承着，如在壮侗语族中一直保持着吃生鱼、生肉、生螺、生蚌、生蚝、生蜂蛹、生血、生菜的食俗。

这一时期，随着青铜器和铁器在生产和生活中的应用，作为饮食文化重要组成部分的炊煮烹饪器、盛储器和饮食器也发生了很大变化。由于骆越社会中出现了将、侯乃至郡、县官吏及广大百姓等阶层，而统治阶层或贵族阶层拥有权力和财富，其日常生活使用的炊器、盛储器和饮食器则多为制作精美、品质优良的青铜器，且种类繁多，功用类别更细。炊煮器或烹饪器主要有各种形式的鼎、鬲、甑、甗、釜、瓿、罍、簠、樵斗、鏊、勺等；盛储器主要有各种形式的盘、桶、缸、壶、罍、簋、敦、尊、卣、彝、鉴、筒、奁等；饮食或饮酒器主要有盒、钵、盂、角、觚、觯、觥、盂等。秦汉时期，骆越地区的饮食器新出现各种精美的漆器，器型主要有盒、豆、奁、耳杯、盘、桶、案等；还有用玉石雕刻的杯类器物。官吏或贵族使用的陶器，其烧制工艺较精美别致，品质优良。而广大百姓使用的炊器和饮食器，绝大多数为陶器，其中以各式三足鼎、釜、罐类居多，还有瓿、盒、瓮、盆、钵、盘、壶、盂、杯等。在中国广西、广东和越南汉代墓葬中，还出土有五联小罐，即五个带盖的小罐连成一体，这是厨房专用的可放置油、盐、醋等五种调味品的容器。此外，还出土有专门用来给死者随葬的连体的陶制灶台模型，其灶呈长方形，灶体中空，上部设有两灶口，每口上放置一锅，灶前设有拱形灶门，灶尾设有一个排烟口。有的灶台模型旁还有站立的厨俑作操作状。这样的灶结构具有诸多合理性，一是前置灶门，后设排烟口，可使放入灶内的柴草充分燃烧，充分利用热能；二是灶体上可放两口锅，前锅为炊煮的主锅，后锅可置水。当烧火炊煮时，后锅也可以获得热量，烧热锅里的水。骆越人早在2000年前就已经懂得修建这种结构合理的灶体，而直到20世纪80年代，南方广大农村才

普遍修建这种后有排烟口的连体灶，足以说明骆越人的聪明与智慧。与灶台模型器一同出土的水井模型亦为陶制，井口为圆形，有的井口上有一伞形井盖。水井的挖掘、修筑与饮食文化密切相关。人们通过挖掘水井，可以将地下水进行沉淀或过滤，以获得清洁的饮用水，有利于人体的健康。这些种类多样、工艺精良、纹饰精美的青铜器、陶器、漆器、玉石器等器具的出土，一是反映了骆越社会经济的发展和阶级分化，出现了权贵阶层和平民阶层，而在饮食器具上也相应地出现两极分化，权贵阶层过的是"钟鸣鼎食"富足的奢华生活，而广大平民阶层则过着铁器和陶器炊煮的平淡生活。二是反映了饮食结构和烹饪技术都出现了新的变化，权贵阶层的日常饮食生活代表了当时骆越饮食文化的新发展，他们不仅拥有富足的食物资源，而且还有专门的烹饪厨师。我们虽然无法知道当时权贵阶层们日常饮食和副食品的详况，但从他们拥有奢华的饮食器具、厨房，规范的灶台，放置各种配料的五联小罐和专门的厨师来看，其菜肴必然是种类多样，且精烹细调、味美可口的。三是各地墓葬出土了青铜铸造的角、觚、觯、觥和耳杯、豆等漆器及玉杯等种类多样的饮酒器，说明秦汉时期骆越地区已流行酿酒和饮酒之风。

　　总之，秦汉时期，骆越饮食结构无论是权贵阶层还是平民百姓，都是以稻米为主食，以家畜家禽肉、蛋和鱼虾类及蔬菜类为副食，烹饪方法日趋多样化、精细化，其差异主要表现在食品种类比例的多与少、饮食质量的高或低。而饮食文化中贵族和平民的分化或差异是这一时期骆越饮食文化发展的新特点。

第三节　骆越饮食文化的深远影响

　　饮食文化同其他文化一样，具有稳定性和传承性，随着其民族的发展而传承下来，同时又具有与时俱进的发展性和演变性，随着时代的前进、社会经济的发展和人们日益增长的需要而发生变化，与社会经济的发展相适应。骆越饮食文化同样具有承前启后、继往开来的作用，前承其先民的饮食习俗及其文化，后启其后裔饮食文化的发展。特别是骆越"饭稻羹鱼"的饮食习俗和饮食模式，长久地传承了下来。

东汉以后，随着社会的发展和民族的演变与交融，骆越逐步发展为乌浒、俚或僚。由于社会原因，部分骆越人及其后裔向西迁徙，进入东南亚的老挝、缅甸、泰国乃至印度南部地区定居。宋代以后，乌浒、俚等族称逐渐消失，取而代之的是僮、侗、伶等族称。无论是西迁至东南亚地区的骆越后裔，还是依然生活在骆越故地的壮侗语族，仍然保持着以稻作农业为主的生产方式和以稻米为主食的饮食模式。特别是唐代以后，骆越后裔利用稻田里丰富的水草、虫类和稻花，流行在稻田里投放鱼类养殖，当稻谷成熟收割时，鱼亦肥硕，俗称"禾花鱼"。当人们收割之季，也是捕捉田间鱼类之时，并且在田边生火烤鱼，余下拿回家煎煮；节庆和丰收之季，"饭稻羹鱼"依然是人们的饮食模式。唐代时，骆越后裔新创了一种用羊、鹿、鸡、猪肉等连骨熬制的浓汤，称为"不乃羹"。据刘恂《岭表录异》卷上记载："交趾之人，重不乃羹。羹以羊、鹿、鸡、猪肉和骨，同一釜煮之，令极肥浓。漉去肉，进葱姜，调以五味，贮以盆器，置之盘中。"唐宋以后，无论是骆越故地的壮侗语族，还是西迁至东南亚地区的骆越后裔，都有喜食糯米之俗，而且加工方法多样，有蒸煮的糯米饭，有在糯米中加入豆、肉、板栗等包成的粽子，有碾磨成粉制成的糍粑、糕类等。随着经济的发展和生活条件的改善，人们的食物种类特别是副食品更加丰富多样，饮食质量不断提高，饮食文化也不断发展。普通百姓以稻米为主食，辅以芋、薯、麦、粟、玉米等杂粮，流行使用种植的菜、辣椒或姜类腌制成酸菜。长期以来，骆越后裔一直流行于自耕自植的稻谷、杂粮和蔬菜，家庭养殖的家畜家禽，捕捉溪河湖海里的鱼虾类的自给自足的生活方式，节日祭祖以供奉猪肉、鸡为尊，用猪肉、鸡、鱼烹饪出各式特色菜肴，用糯米加工制作成各种特色风味食品，其饮食文化具有鲜明的地方与民族特色。

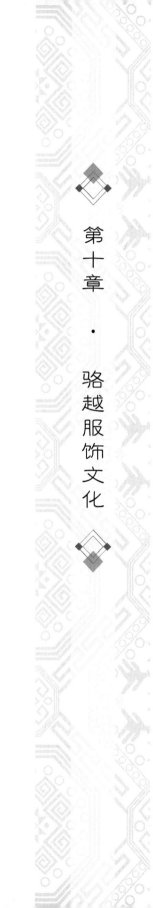

第十章 · 骆越服饰文化

　　服饰是人类社会发展到一定阶段的产物，是人类生活基本的需要。服饰文化是以服饰、妆饰和体饰为载体，以服饰审美和信仰为核心，以服饰材质和式样、缝制方法、织染工艺、服饰习俗及其信仰为表征，构成服饰文化体系，它是人类文化的重要组成部分，也是人类文明的重要成果。不同地区，由于气候条件、自然环境和时代、民族、生计方式及审美观的不同，其服饰文化的形式、内涵和风格也不同。骆越服饰文化是为适应当地的自然环境、生产方式和审美情趣而形成的，因而具有自己的地方民族特色和时代特征。

第一节　骆越服饰文化溯源

　　骆越服饰文化不仅历史悠久，源远流长，而且形式多样，内涵丰富，特色鲜明，其历史渊源可以追溯到原始社会末期的新石器时代。早期的"服饰"应是利用狩猎捕获的兽类的皮毛缝制成用来裹身遮体御寒的物品；或将猎取的大型兽类的犬齿作为挂件装饰，将之作为一种勇武的象征或氏族成员认同的标志物。距今八九千年以前，骆越先民已懂得从当地富含纤维的各种植物根或叶中提取纤维，将其搓捻成细线，用来织网捕鱼，或用来结绳使用。在骆越地区的新石器时代早中期遗址里出土了大量夹砂绳纹陶器（片），陶器的绳纹就是使用经过纺轮搓捻的绳索压印而成的，目的是增强陶器外壁的褶皱，使捧拿时不易滑落。随着提取植物纤维和捻线经验的不断积累和技术的不断提高，所搓捻之线愈加纤细，进而可用纱线来织布以缝制衣服。在骆越故地中国广西、广东、海南和越南北部等新石器时代遗址里，发现有许多石质或陶制的纺轮（又称"纺坠"），其形式主要有圆饼形和珠算形，中间钻有一个通透的小圆孔（图10-1）。根据民族学资料，近代许多原始民族仍保留使用此类纺轮捻线的方法。其操作方法是将一根经过修整、长约30厘米的小圆形木或竹竿（拈杆）一端插入纺轮中间的圆孔中，操作时，一只手转动木杆，另一只手把提取的植物纤维不断连接、搓捻后缠绕于木杆上，直至搓捻绕成一个圆砣形后取下，再继续搓捻。纺轮搓捻成的纱线，可用于结网或结绳。这种插有木杆的纺轮，纺织学称为"纺缚"，是现代纺锭的鼻祖。在纺织发展史上，纺轮（坠）的出现具有重要而深远的意义，它不仅改变了原始社会的纺织生产，而且对后世纺纱工具的发展产生了重要影响。它作为一种简便的纺纱工具一直沿用了几千年，直至20世纪初期，许多少数民族仍在用它纺纱。这些纺轮的发现，说明早在新石器时代，骆越先民已学会了提取植物纤维，发明了纺纱工具，出现了纺纱技术。骆越先民使用纺缚纺出纱线，说明他们已懂得利用与现代纺锭工作原理一致的重力牵伸和旋转力加捻的科学原理来捻线纺纱。在骆越地区的新石器时代晚期遗址里，发现的陶制纺轮已有大小、类型之别，可捻出不同粗细、不同质量的纱线，可见当时纺纱技术已相当进步。另外，在海南五指山、昌江、保亭、三亚等地的新石器时代遗址里，发现一批被认为用作树皮布加工工具的石拍（图10-2）。石拍亦称"石棒"或"石打棒"，呈长条形，柄部较短小，适于手握，拍面较长，正面平整，长约20厘米，宽约7厘米，柄长约5厘米。使用时，用石拍均匀地敲打树干，松动树皮与树干结构，如此反复，直至剥下整张树皮[1]。骆越地区生长着许多富含细长纤维的植物，包括苎麻、葛条、芭蕉、竹子、古终藤、勾芒木、吉贝（树棉）、桄榔须、树叶、楮树皮等，骆越先民在长期的采集活动过程中，逐步加深对这些植物的认识，逐步掌握提取植物中的细纤维的方法，然后将加工提取的植物细长纤维捻成细线，以结绳、结网。在新石器时代遗址里，还发现有用兽骨磨成的骨针（图10-3），应与骆越先民的纺织和缝衣有关。这些考古发现表明，骆越先民从新石器时代早期开始，就懂得从各种植物茎、叶或花中提取纤维，并使用纺轮将纤维连接搓捻成线，用来结绳、织网，标志着骆越地区纺织工艺的萌芽。到了新石器时代晚期，随着纺织经验的不断积累，可能已出现了纺织粗布而衣，开启了骆越纺纱织布缝衣的先河。

---

[1] 凌纯声：《树皮布印文陶与造纸印刷术发明》，台湾"中央研究院"民族学研究所，1958。

图 10-1　新石器时代遗址出土的陶纺轮

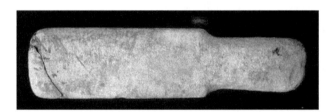

图 10-2　新石器时代遗址出土的石拍

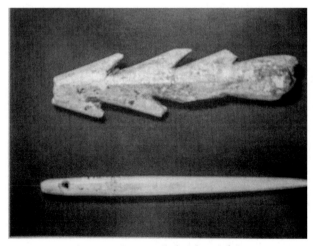

图 10-3　新石器时代遗址出土的骨针

第二节　骆越服饰文化的发展

　　春秋战国至秦汉时期，特别是秦汉时期，是骆越社会经济和文化发展的重要时期，也是骆越服饰文化发展的重要时期。这一时期，首先是随着秦汉王朝对岭南的统一和大批中原人的南迁"与越杂处"，中原地区的纺织技术和服饰文化也传入岭南地区，促进了骆越纺织技术和服饰文化的发展；其次是骆越地区的纺织技术在春秋战国时期已经有了较大提高，而到了秦汉时期，铁制工具的普遍使用促进了骆越社会经济和文化的发展，也促进了骆越服饰文化的进一步发展，纺织和印染技术有了显著提高，其服饰文化呈现出鲜明的地方民族特色。

　　考古资料和史籍资料为我们了解商周至秦汉时期骆越纺织业的发展和骆越服饰文化的形式、内涵及特点提供了依据。

　　商周时期，岭南骆越人纺织的"卉服"已经驰誉中原，并进献商周王朝。如《尚书·禹贡》中有"岛夷卉服"的记载。《孔传》载："南海岛夷，草服葛越。"《孔颖达疏》载："葛越，南方布名，用葛为之。"春秋战国时期，骆越人生产的质薄凉爽的夏布，已传入中原。

　　1985年10月，考古工作者在武鸣马头乡（今马头镇）安等秧战国时期墓葬（17号墓）里，发现一块用麻布包裹的铜片。麻布质白，轻柔且有光泽。经测量，每平方厘米麻布有经纬线11根，结构细密平整，纺织工艺精致。这是骆越地区迄今为止发现的年代最早的麻布实物。从麻布均匀、纤细的纱线及经纬线紧密的结构可以看出，战国时期，骆越的纺纱和织布技术已达到了较高水平，已经能够纺织出轻柔、细密的麻布，并且形成相配套的苎麻脱脂、提取纤维和纺纱、织布技术，出现了早期纺织机，标志着战国时期骆越地区已进入了简单的机械织布阶段。

　　秦汉时期，随着岭南的统一和大批中原人的南迁，中原地区先进的纺织技术亦随之传入骆越地区，促进了骆越纺织技术的发展。1976年，考古工作者在发掘贵港罗泊湾一号汉墓时，发现了一批纺织品和纺织工具。其中陶纺轮14件（在邻近的罗泊湾二号墓也发现6件），形体有大小之别，

可纺粗细不同的纱线。又从该墓葬出土的《从器志》可知，其纺织品有成匹的缯、布及用缯、布制成的衣服和装载其他物品的囊袋。经鉴别，出土的纺织品中，麻织品的原料是苎麻和大麻，皆为平纹组织，有粗细两种。粗麻布用来制作鞋、袜，细麻布用来制作衣料。经广西绢纺工业研究所鉴定，一种麻织品标本（M1：550）支数在200S/1以上，这是一种经纬线相当细密的织品，说明了当时纺织技术的进步。丝织品主要是平纹的绢、纱衣料，十分纤薄，经纬密度为每平方厘米经线41根、纬线31根。在七号殉葬棺内还发现有许多黑地橘红"回"形纹织锦残片，出土时十分鲜艳，可惜无法提取，其原料应为家蚕丝。在一、二、三号殉葬棺内均发现有麻鞋和袜，鞋呈船形，头端两角尖翘，鞋帮面上涂有防腐用漆，袜穿在死者脚上，纹理较粗。墓葬里还发现一件漆缅纱帽，麻织品，外表涂生漆，呈青黑色，网孔稀疏，每平方厘米经线18根、纬线10根。一同出土的还有麻绳、麻皮等织品。另外，墓葬里还发现梭、翘刀、纬刀、吊杆、调综棍、纺锤棒、卷经板、绕线棒、锥钉等纺织机的零件或梳纱工具[1]。在广西西林普驮西汉时期的墓葬里，也发现有丝质绢布或线缀成的"珠襦"[2]。

　　我国古代纺车可分为手摇纺车和脚踏纺车两种。最早是手摇纺车，源于战国时期，流行于秦汉；脚踏纺车是在手摇纺车的基础上发展而来的。手摇纺车驱动纺车的力来自手，操作时，一手摇动纺车，一手从事纺纱工作；脚踏纺车驱动纺车的力来自脚，操作时，可用双手进行纺纱操作，大大提高了工作效率。纺车自出现以来，一直都是最普及的纺纱机具，并长久地传承下来。而织布机的发展，经历了踞织机—斜织机—水平寇机的发展序列。踞织机又称"踏板织机"，是带有脚踏提综开口装置纺织机的通称。踞织机最早出现在战国时代，到秦汉时期，黄河流域和长江流域的广大地区已普遍使用。踞织机采用脚踏板提综开口是织机发展史上一项重大发明，它将织工的双手从提综动作中解脱出来，以专门从事投梭和打纬，大大提高了生产率，而且织出的织品结构紧密、平整。秦始皇和汉武帝相继统一岭南后，随着大批中原人的南迁，踞织机也随之传入岭南地区。从

---

[1]广西壮族自治区博物馆：《广西贵县罗泊湾汉墓》，文物出版社，1988。

[2]王克荣、蒋廷瑜：《广西西林县普驮铜鼓墓葬》，《文物》1978年第9期。

骆越地区出土的麻、丝织品及贵港罗泊湾一号汉墓出土的织布机零件来看，当时已采用这种结构合理、纺织效率高的踞织机。

从文献记载和考古资料看，秦汉时期，骆越纺织的原材料除前期提取的苎麻、葛条、芭蕉、竹子、古终藤、勾芒木、吉贝（树棉）、桄榔须、树叶、楮树皮类植物纤维外，还新增加了蚕丝类。其中以麻、葛类织品居多，以丝织品最为精致、高贵。据《史记·货殖列传》云："番禺亦其一都会也，珠玑、犀、玳瑁、果、布之凑。"其中的"布"属麻葛质布类，因麻葛布具有轻薄凉爽、透气透汗的特性，宜作夏衣，适合南方炎热的气候条件，故麻葛类织品一直流传不衰。

骆越居住地气候炎热，且人们主要从事田间劳作和溪河及沿海捕鱼业。为了适应亚热带气候条件和稻作、水中捕鱼生产，骆越服式便有了薄、短、宽的特点，既便于水中劳作，又利于透气和透汗。据史籍记载，岭南越人流行雕题（文额）、文身、剪发、束髻、以布贯头、木屐或跣足、短绻不绔、短袂攘卷、错臂左衽之俗。

《礼记·王制》篇有云："南方曰蛮，雕题交趾，有不火食者矣。""雕题"即文额，源于原始氏族社会的图腾崇拜，先民通过将氏族崇拜的图腾文于额上，作为氏族成员认同的一种标志，同时又表示对图腾的崇拜，希望得到图腾的庇护与灵性。这一习俗随着其民族的发展而传承下来。

关于越人流行的文身之俗，史籍多有记载。《淮南子·原道训》云："被发文身，以像鳞虫。"高诱注云："文身，刻体，内墨其中，为蛟龙之状，以入水，蛟龙不害也，故曰以像鳞虫也。"刘向《说苑·奉使》云："彼越亦天子之封也……而蛟龙又与我争，是以剪发文身，灿然成章，以像龙子者，将避水神也。"《汉书·地理志》有越人"文身断发，以避蛟龙之害"的记载。

关于越人文身之俗的由来与用意，有多种解释，如美饰说、尊荣说、巫术说、图腾说等。东汉应劭曰："（越人）常在水中，故断其发，文其身，以像龙子，故不见伤害也。"这是由于古代越人"习水"而避蛟龙的一种自我保护的方式。稻作农业是骆越主要的经济活动，而水产捕捞业在

其社会生活中一直占有重要地位。无论是耕种水稻还是在江河里捕鱼，都是水中劳作，正所谓"陆事寡而水事众"。骆越地区的江河湖泽里，生活着种类繁多的蛇、鳄类等凶猛动物，人们长期在水中劳作，难免会受到伤害。而骆越地区江河弯曲，河道狭窄，水流湍急，深潭或礁石众多，人们在江河里划楫行舟，时常会发生舟覆人亡之祸。在万物有灵观念的作用下，人们便以为江河里有一种神秘的力量——水神在作祟，进而把水神形象化为蛟龙。为了避凶趋吉，祈求水神的庇护，防止蛟龙的伤害，于是人们在身体上文上蛟龙图像，使蛟龙以为是同类而不加害。也有学者认为，古代越人的"文身"是一种"标志性成人礼"的遗存。可见，文身是中国古代越族一种多功能的文化习俗，包含了部落标志、图腾崇拜和成人礼等多方面的文化含义。

剪发，也称"被发""劗发""断发"，都是指剪短头发之意，它与"椎髻""披发"类似，是古代越人流行的发式，同样是为了便于水中劳作。

关于岭南越人的服饰形式，可以从相关史籍记载中窥见其貌。如《淮南子·原道训》云"九嶷之南，陆事寡而水事众，于是民人被发文身，以像鳞虫；短绻不绔，以便涉游；短袂攘卷，以便刺舟"，指的是居住在九嶷山脉（在今湖南与广西交界处）以南的岭南越人，日常从事陆地的劳作少而从事水中的劳作多，这里的民众流行短发文身之俗，在身体上文以鱼龙形象；衣着只围短裙，不着长裤，以方便涉水游渡；着短袖衫或卷起袖子，以方便撑船使舟。这样的衣着习俗是基于长期的水上劳作特点所决定的。《战国策·赵策》云"被发文身，错臂左衽，瓯越之民也"，指的是越人的装扮是披短发，刺纹于双臂，穿左衽衣（衣襟开口朝左）。在《后汉书·南蛮西南夷传》中说岭南越人流行"顶髻徒跣，以布贯头而著之"，说的是岭南越人喜爱盘发为髻，以布包扎；流行穿着木屐或跣足。

另外，在中国广西、云南和越南出土的铜鼓上，还展示了骆越人在盛典上舞蹈的服饰。例如，在广西贵港罗泊湾一号汉墓、西林普驮铜鼓墓，云南广南和越南清化东山等出土的石寨山型铜鼓的鼓腰上，饰有羽人划舟舞图像和羽人舞图像。羽人头戴高耸的羽翎华冠，身着紧身短袖衣，下着条块式长幅裙，裙子前幅略长过膝，后幅拖曳及地，裙边缀饰羽毛。众舞人双手前后舞动，双脚做行进状，动作整齐，裙翎飘逸，舞姿轻盈婀娜。这是难得一见的骆越服式的形象资料，殊属珍贵。

综上所述，战国至秦汉时期是骆越纺织技术发展的重要时期，先后出现了踞织机和斜织机，植物纤维的提取和纺纱技术都有了新的发展，为结构细密平整、品质优良的麻布、丝绸的纺织创造了条件。随着骆越社会阶级的分化，其服饰也出现了分化，形成了官宦服饰、权贵服饰和平民百姓服饰的差异。而炎热的气候和"陆事寡而水事重"的劳作方式，形成了骆越的纺织品和服式薄、短、宽及短绔不绔、短袂攘卷和短发束髻的特点。因图腾崇拜和水神崇拜，形成了骆越人雕题、错臂和文身之俗。因此，这一时期是骆越服饰文化架构形成的时期，也是骆越服饰文化呈现出鲜明地方民族特色的时期。其与当地自然环境、社会发展、经济生活方式、原始宗教信仰等相适应的服饰、文身、发式，以及水平较高的纺织技术、精致多样的纺织品和服式的贫富分化，进一步丰富和发展了骆越服饰文化，并且对其后裔服饰文化的发展产生了深远的影响。

第三节   骆越服饰文化的深远影响

民族文化是在不断创造和积累中形成的，并且具有相对的稳定性，总是随着其民族的繁衍和发展而传承，又在传承中不断发展与创新，与社会的发展相适应。而判定特定民族与特定文化是否与前期民族及其文化存在继承与发展关系，主要是看其有无内在关系：一是民族的历史渊源关系；二是彼此文化特征的相同或相似性。骆越后裔服饰文化对前期骆越服饰文化的传承也是如此。春秋战国至秦汉时期，骆越人对纺织材料的认识、植物纤维的提取技术、纺纱器具和纺织机的制作、纺织技术的提高、纺织品种的日益丰富和服饰文化特色的形成，开创了骆越后裔壮侗语族服饰文化

的先河。东汉以降，骆越演变分化为乌浒、俚、僚以至壮侗语族，其历史和文化不断传承下来，其服饰文化模式及特色也随着其民族的不断发展、演变而传承、发展和创新。

首先，纺织技术的进步、织品种类和数量的增多及质量的提高，促进了服饰文化的发展。从文献记载可知，东汉以降，特别是唐宋时期，骆越后裔壮侗语族在纺织材料的选取方面继承了骆越时期的传统，利用当地种类多样、资源丰富的纺织原料，选择麻类、葛类、蕉类、竹类及古终藤、勾芒木、吉贝（树棉）、桄榔须等作为纺织材料，并且出现了人工种植麻类和种桑养蚕。纺织品种类多样，计有麻布、葛布、藉细布、兰干细布、筒细布、练布、紶布、五色斑布、蕉布、竹疏布、藤布、树皮布、吉贝（树棉）布、壮锦、侗锦等，其中出现了具有地方特色、品质优良、声名远播的织品，如桂布、郁林布、柳布、象布等。对植物纤维的提取方法与技术有了新的改进，织品质量有了新的提高，但仍以麻葛类为大宗。晋代裴渊《广州记》云："蛮夷不蚕，采木棉为絮，皮圆当为竹，剥古终藤，织以为布。"南朝宋沈怀远《南越志》载："桂州出古终藤，结实如鹅毛，核如珠珣，治出其核，约如丝棉，染为斑布。"有学者认为，南朝时使用古终藤纤维织成的斑布，应是后来壮锦的前身。西晋陈寿《三国志·士燮传》云，交趾太守"（士）燮每遣使诣（孙）权，致杂香细葛，辄以千数"。 交趾太守士燮给孙权进贡的细葛布总是以千匹计，说明当时岭南西部盛产葛布，且品质优良。宋乐史《太平寰宇记·郁林县条》载："汉广郁地，属郁林郡，古西瓯骆越所居……藉细布，一号郁林布，比蜀黄润。古称云：筒中黄润，一端数金。"文中把该布与著名的四川黄润布相比，可见其品质精细。宋马端临《文献通考·四裔考》记云，广西"洞人生理尤苟简，冬编鹅毛木绵，夏辑蕉竹、麻苎为衣"。宋周去非《岭外代答》亦云："广西触处富有苎麻，触处善织布。柳布、象布，商人贸迁而闻于四方者也。"柳、象即宋代的柳州和象州，历史上是骆越居住地，宋代以后为骆越后裔壮族聚居地。当时兰麻布以柳州和象州所产最为著名，说明岭南西部地区的麻纺织业经过北宋的开发，到南宋时已成为一个重要的新兴麻布生产基地。代表麻织业最高水平的是练子布。《岭外代答》又云："邕州左右江溪峒，地产苎麻，洁白细薄而长，土人择其尤细长者为练子，暑衣之，轻凉离汗。汉高祖有天下，令贾人无得衣练，则其可贵，自汉而然。有花纹者为花练，一端长四丈余，而重止数十钱，卷而入之小竹筒，尚有余地。"可见练子布轻薄而精细。而用树棉纺织的緂布（也称"广幅布"），也是远近闻名，驰誉中原。《岭外代答》云："邕州左右江蛮，有织白緂，白质方纹，广幅大缕，似中都之线罗，而佳丽厚重，诚南方之上服也。"唐宋以后，岭南地区的棉织品也逐步发展起来。到了明清时期，棉织品逐步取代其他质料的织品，成为骆越后裔纺织品的大宗和主要衣料，并且出现了品质优良、特色鲜明的壮锦。

除麻葛类织品之外，骆越后裔壮侗语族还就地取材，生产蕉布、竹布、古终藤布、勾芒木布、桄榔须布、丝绢等。

①蕉布。自古以来，骆越地区生长着各种蕉类植物。蕉茎里含有密集、柔韧、细软的纤维。骆越人很早就懂得提取芭蕉纤维纺纱织布。东汉以后，骆越后裔继承采集蕉茎生产蕉布的传统，芭蕉纤维的提取、加工和蕉布的质量不断优化。东汉杨孚《异物志》云："芭蕉叶大如筵席，其茎如芋，取镬煮之为丝，可纺绩。"三国万震《南州异物志》云："甘蕉草类……其茎如芋，取灰以炼之，可以纺织。"可知东汉时处理甘蕉皮脱胶的方法是煮，而到三国时已经发展为灰炼，大大前进了一步。这是因为草木灰里含有碱，草木灰入水浸泡过的蕉茎皮比锅煮更易脱胶，提取芭蕉纤维效果更佳。西晋时岭南生产的"知越"蕉布比罗纨还柔软，西晋左思《吴都赋》曾赞美蕉布——升越"弱于罗纨"[1]。南北朝沈约《咏甘蕉诗》称赞蕉布为希衣中最柔软的，称之"弱缕冠希衣"。唐宋时期，岭南生产的蕉布曾作为贡品上献朝廷。宋周去非《岭外代答·服用门》中言，宋代蕉布中的"细者，一匹值钱数缗"；蛮人"生理苟简，冬编鹅毛木棉，夏缉蕉竹、麻苎为衣"。宋苏辙曾赋诗赞美岭南纺织的蕉布："裘葛

---

①罗纨，泛指精美的丝织品。《战国策·齐策四》："下宫糅罗纨，曳绮縠，而士不得以为缘。"《淮南子·齐俗训》："有诡文繁绣，弱緆罗纨。"高诱注："罗，縠；纨，素也。"汉桓宽《盐铁论·散不足》："夫罗纨文绣者，人君后妃之服也。"唐杜甫《园官送菜》诗云："点染不易虞，丝麻杂罗纨。"

终年累已轻，薄蕉如雾气尤清。应知浣濯衣棱败，少助晨趋萃蔡声。灯笼白葛扇裁纨，身似山僧不似官。更得双蕉缝直掇，都人浑作道人看。"宋王象之《舆地纪胜》称横州"服用唯蕉葛"。明清时期，岭南地区依然流行用蕉类纤维织布。

②竹布。骆越地区盛产各种竹类，特别是筸竹、籆竹的竹茎中富含细长、柔韧的纤维，适合用于纺纱织布。历史上，骆越及其后裔曾通过提取加工竹类纤维用于纺纱织布。东汉以后，竹布纺织工艺一直传承着。晋代时，骆越后裔使用嫩筸竹为原料纺织竹布。晋戴凯之《竹谱》载："筸竹，大者如腓，虚细而长爽，岭南夷人取其笋未及竹者，灰煮，绩以为布，其精者如谷焉。"晋嵇含《南方草木状》记云："单竹，彼人取嫩者，槌浸纺织为布，谓之竹疏布。"宋乐史《太平寰宇记》邕州风俗条记云："今之僚，布以竹。"元岳铉《大元大一统志》载："镡津县产竹子布。"直到清代，广西很多地区仍使用竹织布，如清乾隆三十二年（1767年）修《梧州府志·舆地志·物产》载："麻竹，一说即单竹，有花穰、白穰之别……花穰篾韧，与白藤同功，练以为麻，可织，谓之竹练布。"

③古终藤布。岭南地区生长着各种藤类植物，许多藤茎中含有细密柔韧的纤维，可提取加工用于纺纱织布。骆越人很早就懂得利用藤类纤维纺纱织布，并传承下来。晋代裴渊《广州记》中记述岭南人"剥古终藤，织以为布"。宋《太平御览》引南朝宋人沈怀远《南越志》说："桂州丰水县有古终藤，俚人以为布。"

④勾芒木布。早在新石器时代，骆越先民就已经懂得从一些树皮中提取纤维用于织布，并为骆越及其后裔所继承。晋代裴渊《广州记》又载："阿林县有勾芒木，俚人斫其大树半断，新条更生，取其皮，绩以为布，软滑甚好。" 宋马端临《文献通考·黎峒》载："黎峒唐古琼管之地……妇人缌缠，绩木皮为布。"明代诗人魏濬《却坐林边解竹筸》诗曰："入市每衣芒木布……种女能抛织贝梭。"《大明一统志》云，勾芒木"皮可绩为布，郁林州出"，说明到了明代，骆越后裔利用勾芒木纤维织布的传统仍传承着。

⑤丝绢。骆越生活的战国至秦汉时代，已出现蚕丝织品，贵港罗泊湾

一号汉墓中，出土有精美的丝织品。东汉以后，骆越后裔种桑养蚕，抽蚕丝织成丝织品。唐张籍《送严大夫之桂州》诗曰，桂州等地"无时不养蚕"。宋周去非《岭外代答》载："广西亦有桑蚕，但不多耳。得茧不能为丝，煮之以灰水中，引以为缕，以之织绸，其色虽暗而特宜于衣。"其种桑养蚕、抽丝织绸的传统一直传承下来。

骆越后裔诸民族在各种纺织材料纤维的提取加工和脱胶技术水平也有了进一步提高。据史料记载，大约在东汉时期，骆越人已懂得用煮的方法对植物脱胶来获取纺织原料，如东汉杨孚《异物志》云："芭蕉……其茎如芋，取镬煮之为丝，可纺绩。"到了三国时期，出现了碱煮脱胶法。三国万震《南州异物志》载云："甘蕉……其茎如茉，取以灰炼之，可以纺织。"

其次，骆越错臂左衽、短绻不绔、短袂攘卷的服饰传统得到了传承。东汉以后，居住在岭南西部地区的乌浒、俚人、僚人及后来的壮侗语族，因源于汉代以前的骆越人，其服饰文化也随其民族的发展而不断传承下来。如《三国志》云，岭南俚僚流行"椎结徒跣，贯头左衽"之俗。《旧唐书·西南蛮》载，南蛮"男子左衽，露发徒跣；妇人横布两幅，穿中而贯其首，名为通裙。其人美发，为髻垂于后。以竹筒如笔，长三四寸，斜贯其耳，贵者亦有珠珰"，说明唐宋时期，岭南地区骆越后裔依然流行断发文身、错臂左衽、短绻不绔、短袂攘卷之俗。

最后，服饰文化的发展与创新。随着中原汉族的大量南迁和中原汉族文化的传播，岭南地区骆越后裔的服饰文化受中原汉族服饰文化的影响愈深。特别是南来任职的各级官吏，按照官职高低，穿着正统的官服；而被中央朝廷委任的本地官吏，亦按照官职高低，穿着正统官服。自唐宋以来，中原地区流行上衣下裤的服式，即男子上着小圆领、对襟布扣衣，下着宽腰宽统裤的唐装；妇女着小圆领、右襟布扣衣，下着宽腰宽统裤的唐装。这种中原服式亦随着中原人的南迁而带入岭南，并于当地居民中逐渐流行。正如嘉靖版《广东通志》所云："自汉末建安至东晋永嘉之际，中国之人，避地者多入岭表，子孙往往家焉，其流风遗韵，衣冠习气，熏陶渐染，故习渐变，而俗庶几中州。"

　　然而，在远离郡县的地方，广大平民百姓在服饰上依然保持着自身的传统特色，妇女流行"横布两幅，穿中而贯其首"，流行穿着使用蓝靛浸染的深蓝布衣。唐宋时期，又出现了蜡染新工艺和新服式。宋周去非《岭外代答·服用门》篇对其蜡染工艺做了详细记述："其法以木板二片，镂成细花，用以夹布，而镕蜡灌于镂中，而后乃释板取布，投诸蓝（靛）中。布既受蓝，则煮布以去其蜡，故能受成极细斑花，炳然可观。"此后，因蜡染色彩清新、图案艳丽，深受妇女喜爱，用之制作头巾、衣服、百褶裙便成为一种时尚。服饰中的织绣工艺也有了新的发展，其中以壮锦最具特色，也最为著名。壮锦采用织布原色（白色）纱线为经，以五彩线为纬，纺织成各种花纹图案，具有佳丽厚重、色彩斑斓、图案精美、布局工整、工艺精巧的特点，不仅为当地壮族人所喜爱，而且还销往中原，被列为贡品，上献朝廷。清乾隆版《柳州府志》有云："壮人爱彩，凡衣裙巾被之属，莫不取五色绒，杂以织布为花鸟状。" 妇女流行在衣襟、袖口、裤边绣以各种花纹、鸟虫类图案；而头巾的式样、盘戴方式、刺绣的纹饰及绑腿、腰带、围裙、鞋、背带的形式和刺绣的花纹图案、首饰的配制等，一直保持着各自的民族特色。

第十一章 · 骆越工艺文化

工艺是工艺美术的简称。它作为实用艺术的一种，属于广义的造型艺术，是匠师使用特定的物质材料和制作技艺，创作或塑造出静态的艺术形象，达到反映社会生活、思想意识和观念、形态美的目的，以适应和满足社会生活和审美的需要。工艺文化是以产品或作品造型及其纹饰为载体，以制作工艺与技术、文化内涵和审美意识为核心，以生产组织、生产工具、生产习俗及信仰为表现形式，构成的工艺文化体系，是人类社会文化的重要组成部分。因自然环境、时代背景、社会形态、经济条件、技术水平、民族习尚和审美观念的不同，工艺文化呈现出不同的时代风格、民族特征和地域特色。骆越工艺文化是骆越丰富多彩、别具特色的文化体系中最有成就、最具魅力和文化底蕴丰厚的部分，而且历史悠久、种类繁多、内涵丰富。其产生与发展，经历了一个从简单到复杂、从原始粗朴到精巧别致、从实用品到礼器、从品种单一到多样化，以及不断发展创新的过程，具有承前启后、继往开来的作用，对后骆越时代诸民族工艺文化的发展产生了重要而深远的影响。

第一节　骆越工艺文化溯源

工艺起源于人类开始制作工具的时代，源于生产和生活实用器具。从旧石器时代原始人类制作各种打制石器到新石器时代人类制作的磨制石器、陶器、骨器、蚌器等，虽然这些器具是基于人们生产和生活的实用需要而制作，但是它们在原料及形态的选择、器型的打造、加工技术等方面，都包含了工艺与审美的元素。骆越工艺文化与其他古老民族工艺文化一样，历史悠久、源远流长，其历史渊源可以追溯到原始社会的旧石器时代。

一、石器制作工艺

　　骆越地区地处亚热带，气候炎热，雨量丰沛，江河纵横，植被繁茂。这里又属岩溶地区，喀斯特地貌发育，群山起伏，岩洞遍布，各种动植物资源丰富。这样的地理环境和自然条件，适合古人类生活。目前在中国广西、广东、云南和越南等地发现的众多旧石器时代遗址和古人类化石表明，早在数十万年以前，骆越地区已有古人类居住，留下的活动遗迹和遗物也十分丰富。其中，打制石器最多、分布最密集的首推百色右江河谷一带，在该处调查发现的旧石器时代遗址或打制石器地点有100多处，发掘的打制石器已有数千件（图11-1）。在骆越故地分布的中国广西郁江流域、红水河流域、左江流域和越南红河流域，都发现了古人类化石、旧石器时代遗址或打制石器遗址。骆越地区发现的打制石器有共同特点：一是选料讲究、有规律可循，即以河滩或古河道中个体适中、适合手握、磨圆度良好的椭圆形砾石为原料；二是砾石多以硬度较高的石英岩、砂岩、变质岩、火成岩和燧石为原料；三是采用直接打击法，使用石锤从石料前沿向内打击，形成扁薄或尖锐的刃口以用于切割或挖掘，器体保留着绝大部分原砾石面；四是器型以各式手斧状砍砸器和尖状器居多，也有以打击石料时剥落的石片作为刮削器。打制石器的工艺或技术含量首先体现在石料的打击方法上。从出土的打制石器的打击点、器体和片疤或剥落的石片看，骆越先民在打击点的选择和打击方法上积累了丰富的经验，制作时选择打击点准确，加工技术娴熟，一般沿着石料前缘依次向内打击，手法简练，工艺规范，打击一次成型，器体上片疤浅而有序，打出的刃口扁薄锋利；就石器的美观造型和实用功能来看，石料形状的选择和工艺颇有讲究，说明石器造型先在骆越先民的头脑中形成，于是意到手到、打制成形，标志着早期工艺文化的萌芽。

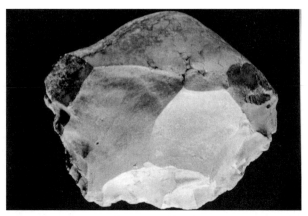

图 11-1　打制石器

　　进入新石器时代，工艺文化和工艺技术都有了一定的发展。从旧石器时代进入新石器时代的标志是磨制石器的出现，陶器和原始农业也随之出现。因此，新石器时代的工艺文化主要体现在磨制石器的制作和陶器的塑造与烧制上。

　　磨制石器的制作流程：先将石材打制成器坯，再经雕琢修整成雏形，而后在砺石上反复打磨，直至成器。在新石器时代初期，由于磨制工艺刚开始使用，因而只是将打制成坯的器体刃部进行磨光，器坯的其他部分仍保留原砾石面或打击片疤。随着制作经验的积累和磨制技术的进步，磨制工艺逐步扩大到器体磨光，最后是通体磨光。磨制技术的发明与应用在人类工艺发展史上具有革命性的意义，它不仅可以用于石器的磨制，使石器造型更加规整、器体更加平整光滑、刃口更加锋利，器物种类更加丰富，使用功能日益精细，劳动效率更高，而且还可以广泛应用于其他器具的磨制，如骨器、蚌器、陶器等的磨光，后来各项磨制工艺在手工业中广泛运用，对手工业的发展产生深远影响。使用砺石打磨成的石器，可以根据需要制作出各种形态、各具功用的工具，包括用于砍伐、挖掘、切割的各式有肩石斧、石锛、石凿类（图11-2），用于农业生产的石铲、石锄、石刀、石镰类（图11-3），还有用于狩猎或作战的石矛、石镞等。更为重要的是，通过对石器柄部进行磨制加工，使其适合夹绑木柄，从而形成了木石复合工具，可以有效提高原始人类的劳动效率。

图 11-2 磨制石斧

图 11-3 双肩石铲

到了新石器时代晚期，骆越先民的石器磨制技术发展到了鼎盛时期，其中以大石铲的磨制工艺最具代表性（图11-4）。在古骆越分布的今中国广西西南部和越南北部地区，发现了大量新石器时代晚期的大石铲遗存，出土了数以千计造型规整、形态美观、磨制精致、极具地方特色的大石铲。在已经发掘的大石铲遗址里，出土遗物绝大多数是大石铲，其他遗物甚少。如广西隆安大龙潭遗址就出土各类大石铲223件及数量众多的石料碎片，可由此推定该遗址是大石铲制作工场。出土的大石铲皆以砂页岩为原料，其制作方法是先打出大石铲的坯形，然后刻画出大石铲造型，对周边多余的部分进行切割，再对铲体两面进行打磨。打磨时应该是先用粗颗粒的砺石打磨，最后用细颗粒的砺石做精细打磨。目前发现的大石铲大致可分为三种类型：Ⅰ型大石铲小柄，双平肩，直腰，弧刃；Ⅱ型大石铲小柄，双平肩，腰部略内弧呈束腰状，弧刃；Ⅲ型大石铲小柄，双斜肩，左右肩角有两道呈锯齿状的凹口，腰部略内弧呈束腰状，弧刃。上述三种类型的大石铲具有较为明显的继承、演变与发展关系，即Ⅰ型大石铲的祖型应是由该地区常见的有肩石斧发展而来的，二者形态基本相同，只是大石铲个体硕大，可以说是放大了的有肩石斧。Ⅱ型大石铲又是由Ⅰ型大石铲发展演变而成的，二者的柄、肩和刃部形态相同，唯一不同的是Ⅱ型大石铲的两侧腰部略向内弧，这是先民们为了方便用绳索绑缚木柄来增加牢固性而加以改造的结果。因为大石铲是一种木石复合农业生产工具，使用时用绳索把木柄与大石铲紧紧地捆绑在一起，人们手持木柄、脚踏铲肩即可翻土耕作。Ⅰ型大石铲的腰部两侧平直，使用时捆绑木柄的绳索易于上下移动，造成脱落，影响劳动效率。Ⅱ型大石铲两侧内弧的腰部便于捆绑木柄，使其无法上下移动，提高了稳定性。而Ⅲ型大石铲在Ⅱ型的基础上又有新的改进，其除了腰部两侧内弧，两边肩角还有两道锯齿形凹口，这显然是为了更有效地扩大用于捆绑绳索的凹槽而设置，性能要比Ⅱ型大石铲更优。因而可以说，Ⅲ型大石铲是三种类型大石铲中的成熟型，亦是大石铲文化中的精华，不仅制作工艺复杂，造型美观、精致，而且功能与内涵更为丰富多样。Ⅲ型大石铲的个体普遍较硕大，既长又宽，刃口厚钝（未开过口），似不适用于掘土耕作，即使用于耕作，但因其形体颀长厚重，一来操作不便，二来极易折断；而且这类大石铲出土时数件相叠而立，刃部朝天，或围成圆圈，圈内为火坑。据此推断，这些大石铲很可能已从实用的生产工具中分化出来，成为一种与农业生产活动有关的祭祀性礼器或某种宗教意义的象征物。

图 11-4　大石铲

目前发现的大石铲，无论是Ⅰ型还是Ⅱ型、Ⅲ型，多数通体磨光，器形硕大，造型别致，规整对称，棱角分明，工艺或技术含量极高。造型如此规整美观、磨制如此精致的大石铲，并非一般人所能制作，应该是由富有经验与技艺娴熟的匠师专门制作的，说明当时骆越社会已经出现农业与手工业的分工，手工业已从农业生产中分离出来，出现了一批专门制作大石铲的工匠和工场。制作的大石铲造型美观、线条流畅、规整对称、平整光滑，说明当时骆越先民已具有较强的审美意识，而且在造型的构思与打造、线条的运用与切割及磨制工艺的应用方面，都具有很高的工艺水平和艺术表现力。这些大石铲，特别是Ⅱ型、Ⅲ型，不仅是一种新颖的生产工具，更是一种精美的艺术品。

二、陶器制作工艺

制陶工艺是骆越历史悠久的制作工艺之一，是骆越工艺文化的重要内容。骆越制陶工艺的产生与发展，经过了数千年的发展历程，是在生活实用器具的基础上衍生的工艺文化元素，反映了骆越先民的审美观念和工艺水平。

陶器是人类的一项伟大发明，在人类文明发展史上具有划时代的意义。因为在陶器发明之前，原始人类制作的各种器物，虽然不乏精湛的制作工艺，但都只是改变原材料的形状，没有改变材料的性质；而用黏土制成的器坯，经过高温焙烧，其化学成分发生了变化，泥变为陶。在距今八九千年的新石器时代早期，骆越先民已发明了陶器（图11-5、图11-6）。从南宁新石器时代贝丘遗址、越南北山文化遗址出土的陶器（片）可知，早期的陶器多为夹砂陶，陶质较粗糙，流行使用泥条盘筑法捏制而成，因而器壁较厚且不均；陶胎呈红褐色，说明是采用露天直接焙烧法烧制而成；器型以侈口、鼓腹、圜底类器物居多。陶器的制作，要经过泥料选择（质地较纯的黏土）、揉料（增加黏性）、合料（掺入石英砂粒）、捏塑器型、晾干、焙烧等工序。其中的每一道工序，都包含有工艺或技术元素。特别是捏塑陶器型，工匠首先要构思器物的造型，然后运用艺术手法（尽管是原始的）进行制作和塑造，形成侈口、敛口或直口，鼓腹、圜

底或圈足的罐、釜、钵等不同形状的器物，并注重器型的均衡对称，使之
具有曲线美和张力美；同时还在器体上饰以绳纹、划纹、水波纹等写实性
的花纹，为陶器增添了装饰美感和审美元素。尽管这些原始的陶器是出于
实用的需要而制作，如直口或侈口，为的是便于倒出容器里的物体，鼓腹
可增加器物容量，但骆越先民在制作陶器时对造型与线条的应用及花纹的
装饰，体现了先民的审美观和制作工艺。虽然当时的审美观和制作工艺尚
处于原始阶段，造型和线条显得质朴、粗糙、简单，但它为后来的制陶工
艺、装饰工艺及其他工艺美术的产生和发展，为人们审美意识的提升开了
先河，奠定了基础。

图 11-5　新石器时代的陶罐

图 11-6　邕宁顶蛳山遗址出土的陶器

第二节　骆越工艺文化的发展

　　商周之后特别是春秋战国至秦汉时期是骆越工艺文化承前启后、继往开来的一个时期，随着骆越社会经济文化的发展，其工艺文化也有了新的发展，无论是产品种类还是制作工艺水平，都有了新的发展与提高。这一时期工艺文化的发展，主要体现在青铜器、陶瓷器、玉石器、滑石器、绘画及织绣与印染工艺上。

一、青铜铸造工艺

　　青铜器主要由铜、锡等合金铸成，其特点是造型美观、性能优良、坚韧耐用。青铜器的产生，在骆越社会发展史上具有划时代的意义，是骆越社会进入文明时代的重要标志。青铜的冶铸，不仅工艺复杂，组织分工严密，而且要具备选矿、冶炼、合金、塑模、铸造等多方面的技术、经验及物理和化学方面的知识，是骆越先民长期探索、实践和学习吸收中原文化的结果。

　　春秋时期，骆越工匠已掌握了青铜的铸造技术，并开始铸造青铜器（图11-7）。虽然当时铸造的器物结构尚较为简单，器物种类也较少，只有一些小型的钺、剑、矛、镞等兵器和斧、凿等工具（图11-8），但已开创了骆越地区青铜铸造的先河，扩大了人们的审美视野，提高了人们对金属器的审美认识，激发了人们对青铜艺术的创作欲望，对促进本地区青铜文化的发展产生了积极而深远的影响。进入战国时期，青铜铸造工艺有了新的发展，铸造的青铜器不仅数量增多，器型也比前期丰富，而且铸造工艺也有了提高，除前期常见的器物继续流行外，还出现了刮刀、削、扁茎短剑、人首柱形及鼎、羊角钮钟、鼓、盆、勺、叉形器、铃等器物（图11-9至图11-10）。特别是具有鲜明地方民族特色的铜鼓、羊角钮钟及铜铃等，其雄浑、激昂、悦耳的音色，能给人以振奋超然、心旷神怡的艺术美感，可将人们引入奇妙的意境，同时也促进了歌舞艺术的发展，丰富了人们的审美内涵，美化了人们的文化生活。

图 11-7　铸造铜器石范

图 11-8　铜钺

图 11-9　扁茎短剑

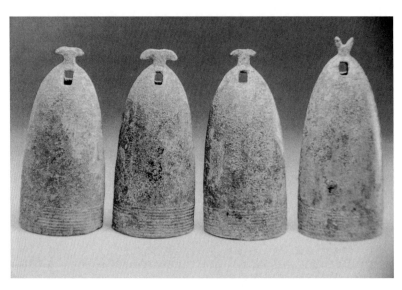

图 11-10　羊角钮钟

　　秦汉时期，随着中原王朝对岭南的统一，大批中原人南迁并带来中原文化，促进了骆越青铜文化的发展。随着工匠铸造经验的积累和铸造技术的提高，青铜文化出现了繁荣发展的新局面，无论是铸造工艺还是造型艺术、装饰艺术都得到了充分发展，人们的审美观念也发生了变化。这一时期的青铜工艺及艺术突破了前期那种结构简单、品种单调、造型呆板、工艺粗朴的风格，出现了品种多样、构造复杂、形体庄重、造型别致、形态优美、工艺精良的新风貌。人们的审美情趣也更为丰富具体，即在追求自然美的同时，对高山般的崇高美、五彩缤纷的华丽美、流水般的节奏美和淳朴的简洁美、曲线美更是情有独钟，体现出浓郁的民族特色和鲜明的时代特征。例如，一些铜器的造型虽然取材于人们熟悉和喜爱的自然物或日用之物，但经过工匠的艺术加工，变得更加精巧别致。贵港罗泊湾一号汉墓出土的竹节铜筒（图11-11）取材于当时居民常用的竹筒，工匠稍做加工，将铜铸的筒体增大，节结显出略为凸起的菱形，节间略内弧，使得整体线条起伏变化，形态更加逼真，造型也更加别致。工匠还在铜筒上端铸筒盖和链状提梁，这既能保护筒内物品，又便于使用者携带，给人以真实、自然乃至华贵的艺术美感。铜凤灯也是如此（图11-12），工匠们基

图 11-11　贵港罗泊湾汉墓出土的铜筒

于生活中对鸟类特性的观察和经验积累，掌握了鸟类的基本形态，在塑造
凤鸟模范时得心应手；但为了实用和艺术形式美的需要，工匠采用夸张手
法对凤鸟的结构做了匠心独运的设计，使其铸件呈站立回眸状，同时在喙
部增加一个喇叭形灯罩，对着凤鸟背上的灯盏，这样的设计既能吸纳灯芯
燃烧时所产生的烟尘和二氧化碳，又具有调节灯光的功能。凤鸟背部铸有
可活动的浅盘式灯盏，用于放置灯油、灯芯或蜡炬。凤尾呈扇形下垂，恰
与直立的双足构成三足鼎立之势，可保持灯体的平稳。凤鸟颈部由中空的
套管构成，连通颈部至腹腔，尾部设一小圆孔，既象征凤鸟的肛门，又作
为废气的排出孔。其硕大的腹体既能体现凤鸟的肥硕与矫健，又具有积纳
灯尘的功用。凤鸟通体刻以纤细密集的羽状纹，形象栩栩如生。整个凤鸟
灯构思巧妙、造型优美、结构合理，是骆越青铜器中融科学性、实用性和
艺术性为一体的珍品。这些具有浓郁地方民族特色和时代特点的青铜器造
型，不仅给人以亲切感，而且因其巧妙的艺术构造而给人以新颖别致的艺
术美感，充分体现了工匠深厚的艺术造诣和独特的艺术创造。此外，工匠
还铸造了造型各异、形象生动、工艺精美的铜鼓、铜桶、马俑、骑士俑、
铜象及面具、铜灶等青铜器（图11-13至图11-17）。

图 11-12　合浦汉墓出土的铜凤灯

图 11-13　西林汉墓出土的铜鼓

图 11-14　贵港罗泊湾汉墓出土的铜桶

图 11-15　贵港罗泊湾汉墓出土的马俑

图 11-16　贵港罗泊湾汉墓出土的铜象

图 11-17　贵港罗泊湾汉墓出土的铜灶

　　这一时期青铜器上的装饰花纹图案基本沿袭了先秦时期的风格，但是在纹饰组合上有了新的发展，出现了一些新的寓意丰富、神秘、更具有装饰艺术美的花纹图案。如铜凤灯通体刻画纤细的羽状纹，灯罩之上又刻有一只体态优美的鹿，增添了凤鸟的艺术美感与神秘感；在铜桶上，饰有构

图工整对称、线条纤细流畅的弦纹、勾连云雷纹相组合的图案，既具有装饰艺术之美，又给人以深邃莫测的神秘感，体现了这一时期骆越的审美观念与宗教观念的交融。

战国至秦汉时期是骆越青铜铸造工艺发展的繁荣时期，其中以铜鼓铸造工艺最具代表性，它融雕塑艺术、造型艺术、刻画艺术、装饰艺术、绘画艺术和铸造工艺于一体，是骆越工艺文化卓越成就的集中体现。骆越工匠铸造的铜鼓形体高大，造型庄重，其面径多在1米左右，高60厘米上下，重50千克以上。北流市发现的一面铜鼓，面径165厘米，高67.5厘米，重达300千克，是目前我国乃至全世界发现的最大的一面铜鼓。铜鼓的造型颇为独特，其主基调为圆，在圆墩状的鼓体上凝聚着无数个圆，如圆的鼓面、圆的鼓胸、圆的鼓腰、圆的鼓足、圆的晕圈……若干个圆构成了铜鼓整体，而圆的鼓体上又饰以许许多多圆的晕圈和纹饰。因而可以说，铜鼓是圆的艺术。圆形在美学中是集饱满、优美、圆润为一体的完美造型，具有完美无缺、循环往复、永无止境的寓意，给人以柔和、亲切、丰满和大容量的美感。骆越先民之所以选择圆作为铜鼓造型的主基调，是由鼓的功用性质决定的，同时也是骆越先民的审美心理定势使然。但是，铜鼓从正面看是圆形，而其侧面则有许多曲线，如鼓的胸部外凸、腰部内收、足部外侈；鼓体各部位的扩张和收缩是适度的，起伏自然，富有曲线美。因此说，铜鼓造型是圆、曲线和直线的和谐组合，是一个完美的整体。

另外，骆越工匠在设计铜鼓的造型时，鼓的宽、高比例与黄金分割原理相符，在以最佳的圆体造型作为主基调的同时，还要考虑其合理的结构和优良的实用性能。即便铜鼓具有多种属性，但其本质是用于敲击的乐器，如果没有洪亮、圆润、悦耳的音质，那么再优美、再别致的造型也会失去意义。因此，工匠将造型艺术与实用性能合理、巧妙地结合起来，从而达到完美协调的效果。如鼓面宽大，中心铸有圆而厚实、凸出的太阳纹及芒状线，既能使之耐于敲击，又具有均匀散音的作用与效果；鼓胸外弧，而后内收成束腰状，可使胸腔增大，形成一个弧形空间，使敲击的鼓音产生回声与共鸣，以获得洪亮、浑沉、圆润、悦耳的音质。鼓足略外侈，边沿下折，既能保持鼓体的平稳，又具有定向传音的作用。这一时期的铜鼓，给人以粗而不俗、大而不笨、曲张有致、虚实相间、粗犷浑厚、庄重崇高和神圣威严的艺术美感，反映了骆越先民以高大为贵的审美崇尚心理，是审美观念和神灵崇拜、权威崇拜的统一体。铜鼓的高、大、宽成了神性威严的象征和美感的载体，因而具有不可估量的实用价值和审美价值。

铜鼓的花纹塑像装饰艺术更是精妙绝伦，堪称骆越装饰艺术成就的集中体现。鼓面的中心皆铸有厚实凸起的太阳纹，周边为疏密有致的8～12道呈放射状的芒状线。芒状线外延至鼓的边沿，由纤细的弦纹组成一道道渐次扩展的晕圈，晕圈内分别饰以细密规整的云雷纹、水纹、钱形纹、羽状纹、游旗纹、圆漩纹、锯齿纹、翔鹭纹或骑士纹等，构图简洁明快，线条规整流畅，布局严谨对称，形象生动鲜明。鼓面边沿还铸有对称的立体雕像，有蹲蛙（单蛙或叠蹲蛙）、骑士、牛橇、鸟、龟等，其中以蹲蛙居多，也最具民族特色。鼓胸所饰的花纹图案呈连续性，展开则成为长幅式；而鼓腰的花纹图案往往是独立成组，循环往复，或抽象写意，或形象写实。写实性的图案内容多是人们熟悉的生活场景，如鹭鸟衔鱼、羽人舞蹈、羽人划舟等，这些图像的独立组合与整体的统一，显示了骆越先民追求对称和谐、崇尚秩序的审美情趣；而由晕圈与几何图案组成的纹带、边饰雕像，又衬托了主体图案，具有主次分明的效果。总之，铜鼓整体装饰的艺术魅力，把面积和体量有限的鼓体艺术引向了广阔的天地，令人回味无穷。而所有这些精美别致的花纹图案装饰，又都是工匠在泥模上刻画出来再模印于铜鼓泥范上的，其巧妙的构思、深厚的艺术造诣、精湛的构图技巧和娴熟的刻画艺术可见一斑。

二、陶瓷烧制工艺

春秋战国时期是骆越制陶工艺发展的重要时期，其主要标志是轮制技术和模印工艺的应用，以及原始瓷器和泥塑工艺品的出现。陶器制作从手工捏制发展到轮制塑造，制作工艺、装饰工艺有了新的提高，是制陶史上一次革命性进步，它使得陶器更加规整、匀称和富于变化，不仅提高了陶器的品质，而且提高了制作效率，降低了工匠的劳动强度。这一时期的陶

器多较细腻，器形规整，造型美观，器壁厚薄均匀，不仅器物种类增多，功用更加精细化。陶器模印工艺的采用，同样是骆越制陶工艺的革命性进步。其工艺流程是专门使用加工过的泥料塑成模印（由陶、石或木等材料制成），然后在模印上刻出用来装饰的各种花纹或图案；陶器坯塑成后，再使用模印在器坯外壁有序地压印，使模印上的花纹图案印在坯体上，最后焙烧成型。采用模印工艺可使陶器纹饰清晰规整，线条圆润，具有很强的装饰效果和艺术美感，同时省时省力，提高了工作效率。如骆越地区出土的印纹硬陶罍、陶釜、陶罐等，不仅造型美观、器形规整、陶质坚硬、线条张曲自然，而且其肩部和腹部所印饰的变形夔纹和方格纹布局紧凑、构图规整、图案精美、线条飘逸、造型生动，堪称陶器中的珍品。

这一时期陶器上的花纹图案不仅形式多样，而且构图别致，寓意深刻。除前期常见的绳纹、划纹、篮纹继续流行外，还出现了水波纹、方格纹、云雷纹、漩涡纹、夔纹、菱形纹和锯齿纹等。这些纹饰虽多取材于自然物，但已具有综合、抽象、夸张乃至变形的艺术特征，且有着广泛的社会审美属性，蕴含特定的宗教与功利因素。例如，陶器上常见的水波纹，应是取材于江河水面的波纹，或是绵延起伏的崇山峻岭的形象化或线条化，具有丰富、深刻的意境美；云雷纹初始也可能是取材于水的漩涡或圆波纹，后来人们以雷鸣的震荡声波类比水的漩涡或圆波状态，创造出抽象化和图案化的雷纹，而后又将之与飘逸的云纹合为一体，创造出造型生动、构图工整、寓意深邃的云雷纹。这些纹饰既具有很强的形式美和装饰美，又寓含着人们对雷神的崇拜心理，从侧面体现了骆越先民抽象思维的提高和审美情趣的升华，反映了陶器装饰艺术从具体到抽象、从简单到复杂的发展过程。

秦汉时期，随着中原封建王朝对岭南的统一及中原文化的传入，骆越的制陶工艺又有了长足的发展，呈现出一派欣欣向荣的景象。其主要表现：①陶器的品质更为优良，陶土细腻，火候高，质地坚硬，开始出现施釉陶制品；②器型种类剧增，炊煮器、饮食器、盛储器乃至模型明器（图11-18至图11-20）皆有，种类俱全，且器形规整、形态多变、造型别致、纹饰多样；③出现了雕塑的陶制品，且种类繁多，既有结构简单的人物、猪、狗、马、牛、羊、鸡、鸭、鹅、鸟等塑像（图11-21至图11-24），又有构造复杂的住宅、院落、城堡、谷仓、灶、井、亭、羊圈、猪栏、牛耙田等模型（图11-25、图11-26），造型美观，形象生动，工艺精巧，体现出陶制工艺品的发展。陶制的人物、动物塑像或房屋模型器是专门为逝者陪葬而制，称为明器。它们的特定用途寓含着丰富神秘的宗教意义，因此决定了这些雕塑品及其审美的严肃性，同时它们又是社会生活和客观物体的艺术再现，因而深受人们审美观的制约和影响。各种动物塑像和建筑模型具有很强的写实性，尤其是各种形态的建筑模型，可谓各种建筑实体的微缩版。从制作日用器皿到雕塑人物、动物乃至各种建筑模型，是制陶工艺的巨大发展和进步的体现，尤其是要把人物、动物的形态特征及各种建筑复杂的三维立体造型和布局真实生动地表现出来，需要工匠深入地观察、巧妙地构思，同时具备娴熟的雕塑技艺。在出土的陶屋中，院落式的建筑组群及规模宏大的城堡式庄园建筑构造尤为复杂，其中的亭台楼阁均错落有致，布局规整，均衡对称；民居安详恬静的田园情调、富贵庄园的豪华气派、地主城堡的森严及普通人家的简朴，无不表现得生动真实，既体现出各类建筑的鲜明对比和审美特点，又具有较高的美学价值。院落里圈栏内的牛、羊、猪等家畜和鸡、鸭等家禽形态欢快、形象鲜明，表现出一种安定祥和、自给自足的乡村生活情调。这些陶塑工艺品，体现的是具体、实在的美，能给人以启迪、联想和向往。有的雕塑工艺品则是追求内在美和简略的形式美。如贵港罗泊湾汉墓出土的一些陶屋里，有在灶台边作染布状的人物，或牧归的农夫；有在谷仓前用簸箕取谷的农家妇女，旁有群鸡啄食，远处还有鸡鸭扑翅争相赶来；有在灶台旁站着舀水或蹲下作烧火状的人像。这些塑像工艺简略，不做细部刻画，缺乏严格比例，只表现其基本轮廓和动态，但其活动性状一目了然，且整体性强，造型生动有趣，充满浓郁的乡土生活气息，表现出朴实、粗犷、自然的艺术风格，反映了人们的审美重在追求作品的内在意境。这些工艺品虽然是专为逝者陪葬的，但却真实地反映了人们追求美好富足生活的强烈愿望。

图 11-18　越南出土的汉代陶壶

图 11-19　五联陶罐

图 11-20　"九真府"陶桶

图 11-21　陶牛

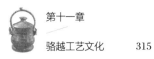

图 11-22　陶狗

图 11-23　陶羊

图 11-24　陶猪

图 11-25　陶灶

图 11-26　陶屋

瓷器工艺是在传统的陶制工艺基础上发展起来的。从制作陶器发展到制作工艺更为复杂、品质更为优良美观的瓷器，标志着骆越先民制作技术的巨大进步和审美意识的提高。据考古发现，骆越地区的原始瓷器萌芽于战国时期，产生于东汉，发展于南北朝至隋唐，繁荣于宋代，延续至明清。

骆越地区有着丰富的瓷土（又称"高岭土"或"白膏泥"）资源，具备发展制瓷业的良好条件。与陶土相比，瓷土具有质地细腻，色泽纯净（灰白色），少含杂质、杂色的优良特性，给人以舒适和愉悦的美感。用瓷土烧制的瓷器，具有质地坚硬、釉质莹润、透水性低的特性，不仅品质优良，器形别致，同时具备较高的实用性与观赏性。在骆越地区的汉代墓葬中，已发现胎质灰白细净、结构紧密坚硬、通体施釉的原始青瓷杯、钵、碗等器物（图11-27），开创了骆越地区瓷器制作的先河，为后来瓷器业的蓬勃发展奠定了基础。

图 11-27　瓷碗

三、玉器制作工艺

玉石具有质地坚硬、色泽莹润、美观华贵的品质，因其材料稀有而倍显珍贵。骆越先民很早就认识玉石的特性，并将其加工成装饰品，成为人们审美的重要载体。玉石的审美特点，除其自身的天生丽质外，还有造型艺术、纹饰艺术、制作工艺和佩饰艺术等。

从考古发现来看，骆越先民对玉石的价值和审美认识在先秦时期就已经形成，并且已开始用玉石加工制作成各种佩饰品。从广西南宁武鸣马头镇安等秧春秋时期墓葬中出土的玉器可以看出，当时无论是部落首领还是普通成员，都有佩戴玉器的习尚。墓中随葬的玉器，多者达数百件，少则一两件。其中，手饰器主要有镯、玦两种；颈饰和胸饰器主要有玉管、玉片、玉环等；还有一种微型玉片，直径仅4毫米，中间小圆孔仅能穿过一根发丝，制作工艺极为精细。这些玉器多为灰白色，质地虽较坚硬，但色泽欠佳。汉代以后，玉器品种逐渐增多，常见有白玉、翠青玉、翠绿玉、青灰玉、褐红玉等，器物品种有镯、环、钏、管、璧、玦珠等（图11-28），还有玉杯、印章、动物雕像等。

图 11-28　玉璧

　　骆越地区发现的玉器不仅工艺精致，造型美观，形态复杂多变，而且具有特定的文化内涵和寓意。贵港罗泊湾一号汉墓出土的一件玉杯（图11-29），用一整块褐红色硬玉镂刻、琢磨而成，上部为椭圆形深腹，腹下收束内凹成细柄，便于秉持，圆形圈足外撇，造型别致。口沿和腹部刻细弦纹和勾连云纹，并且满饰排列规整有序、大小均匀的乳钉纹，其间用细线勾连上下左右，乍看为乳钉纹，细看又含云纹，别具匠心。这种弦纹、云纹和乳钉纹相结合的纹饰工艺，阴刻、阳凸相交错，立体感强，是汉代的一种新的装饰工艺。这个玉杯是骆越地区迄今为止发现的年代最早、最有艺术价值的一件玉器。

　　把玉石雕刻成动物形象是汉代玉器工艺的突出特征。目前所见，以玉蝉居多，还有鳄鱼、龙等。如贵港罗泊湾一号汉墓出土的一件玉蝉，形象生动，工艺精巧。该玉蝉为短颈，双眼突出，吻为尖针状，胸和背部刻有斑纹，前后有四支翅膜。蝉体玲珑剔透，棱角分明，线条纤细、简练，造型奇妙，栩栩如生，说明工匠不仅具有娴熟的雕刻技艺，还具有细微的观察力和极强的艺术表现力。这种玉蝉是专门置于逝者口中用于陪葬的，因此蕴含着厚重的宗教内涵。与玉蝉一同出土的还有一件玉佩（图11-30），整体看似一条凶恶的鳄鱼，从头至尾，棱角分明，形象逼真；然而其头顶却有一只向前卷曲的角，似犀牛的形象，中间镂空的单眼又似一只人眼，究竟是何动物，目前尚难判定，很可能是人们想象的一种形态奇异的神奇动物，具有虚实结合、神秘莫测的狰狞美，且意境深邃。

图11-29　玉杯

图11-30　玉佩

　　玉饰品的出现，又促进了水晶、绿松石、翡翠、玛瑙等饰品的产生（图11-31）。这些工艺品造型别致、富丽华贵、工艺精巧，不仅美化了人们的生活，也丰富和提高了人们的审美情趣，反映出骆越地区较高的玉器制作工艺水平。

图 11-31　水晶串珠

四、滑石器制作工艺

滑石主要由角闪岩、辉岩变化而成，多呈灰白色，也有呈淡绿色、褐色、红色或黑色，具有光泽柔润、晶莹如珍珠和硬度低、易于雕刻的特性。骆越地区盛产滑石，其石"白者如玉，黑如苍玉，或琢为器用，而润之以油，似与玉无辨者"①。

根据目前掌握的资料，大约在西汉晚期，骆越先民已开始用滑石镂刻各种工艺品，使其成为当时人们的一种特殊的审美对象。从考古发现来看，汉代的滑石工艺品多被用作陪葬品，且主要发现于中小型墓葬中，器型有杯、盘、璧、猪、仓、铺首等，多数器物通体磨光，造型别致，形象生动，工艺精巧。大型墓葬里很少发现滑石器，说明这类工艺品产生于民间，先被身份较低的阶层所使用，而后才逐步被一些中上层人物所接受和

①周去非：《岭外代答校注》，杨武泉校注，中华书局，1999。

欣赏。柳州市鱼峰区白沙乡新安东汉墓葬中出土的一对滑石铺首（图11-32），造型奇特，器体呈人面形，作龇牙咧嘴、瞠目怒容之态，设计巧妙，刀法娴熟，线条流畅，形象生动，具有神秘的意境和较强的艺术表现力。另一座墓葬出土的滑石璧，形制规整圆润，面上刻有精致的乳状纹，通体磨光，颇具玉璧的艺术效果，应是墓主以石代玉的审美心理使然。梧州市云盖山汉代墓葬出土的一件干栏式滑石囷，取材于当时人们居住的干栏式谷仓。囷体由一整块滑石雕刻而成，通高31厘米，囷顶如伞形，仓体呈圆柱形，内部镂空；基座呈方形，基座下有4根圆形短柱，形态逼真。雕刻时采用平切、斜刻、镂刻、琢磨等工艺，切口平整，琢磨圆滑，镂刻精细，不留刀痕，显示出工匠们娴熟的雕刻技艺和巧妙的艺术构思。

图 11-32　滑石铺首

此外，还有服饰织绣与印染工艺、银器制作工艺、金器制作工艺、木制品工艺等。正是这些种类多样、造型美观、工艺精良、风格独特的手工艺品，构成了骆越形式多样、内涵丰富、别具特色的工艺文化，对后来骆越后裔诸民族工艺文化的发展产生了重要而深远的影响。

第三节　骆越工艺文化的深远影响

东汉以后，随着骆越称谓的消失，取而代之的是乌浒、俚、僚等民族族称；唐宋以后，俚、僚逐步发展演变成壮侗语族，广泛分布于今中国广西、云南、贵州及东南亚地区。由于乌浒及壮侗语族皆源自骆越（包括西瓯），与骆越有着一脉相承的密切关系，因此，其工艺文化自然受到骆越工艺文化的影响。随着社会的发展和时代的前进，其工艺文化也有了新的发展，如瓷器、玉器、银器、织绣和印染、滑石、木器等制作工艺，无论是生产规模、产品种类还是生产工艺，都比前期有了新的发展，还出现了新的工艺制品，如石雕、木刻、剪纸等；而有的工艺产品则因社会发展造成需求减少而走向衰落（如青铜铸造工艺）。

关于骆越工艺文化对后世诸民族工艺文化发展产生的影响，在第十章"骆越服饰文化"中已论及对织绣和印染的影响，本节主要对瓷器烧制工艺、银器制作工艺、滑石器制作工艺发展的影响进行论述。

一、瓷器烧制工艺的发展

骆越地区的瓷器烧制工艺，萌芽于战国或秦汉时期，到了南朝时期，骆越制瓷工艺已经有了很大发展。目前在骆越先民分布的今中国广西藤县、贵港、融安、合浦及越南等地发现了大批南朝的瓷窑及青瓷器，器型除前期常见的杯、碗、钵之外，还新出现了各式盘、壶、鸡首壶、灯盏、砚、盂等。这些青瓷器皆为轮制，器形规整，造型别致，工艺精巧。由于当时的瓷器烧制工艺尚处在发展阶段，工匠对于釉质的性能及施釉方法尚未熟练掌握，因而器表所施的釉层经过高温焙烧之后，便形成冰裂状细纹或泪滴状。但这种技术上的缺陷却产生了独特的效果，给人以赏心悦目的美感，具有鲜明的时代特征。特别是这一时期的典型器物鸡首壶，将盘和罐两种器型巧妙地结合为一体，造型别具匠心，即壶口为小圆盘形，细颈、鼓腹、平底，把手为龙首弓体衔盘式。最为巧妙的是工匠将壶流口塑造成鸡首形，为曲线形的壶体增加动物造型，更增添了它的艺术美感，给人以亲切与回味无穷的艺术魅力。在一些青瓷盘内还刻印有莲花纹饰，犹如莲花在清池中荡漾，具有"清池、涟漪、荷花"的秀美意境，不仅具有很强的装饰艺术美感，还蕴含着佛教文化，是工匠将佛教艺术与人们的崇拜心理乃至本民族的制瓷工艺巧妙地融合为一体的结果，同时也反映了骆越后裔审美观念的提升及其对佛教的信仰。

宋代是骆越后裔制瓷工艺取得长足发展和显著成就的时期，无论是瓷器的造型艺术、装饰艺术，还是烧制技术及瓷器的品质，都有了新的发展和提高。

首先是烧制工艺的改进。烧制工艺从传统的直接将瓷坯放置于窑室焙烧的方法转为采用匣钵装坯焙烧法，使之不直接与烈火接触，烧成的瓷器具有变形小、无烟熏痕迹、火候高及硬度均匀、釉质莹润光亮的特性。

其次是风格的转变。这一时期的瓷器器壁极薄，轻巧别致，晶莹透亮，品质优良高贵，线条简洁明快，造型美观多变，与宋代以前的浑厚、笨重、粗犷迥然不同，给人一种清新高雅的艺术美感。

再次是釉色的丰富多样和施釉工艺的推陈出新，这是这一时期制瓷工艺发展、进步的显著标志。其釉色以青白釉为主，还有黑釉和玳瑁釉。青白釉的特点是介于青白二色之间，青中泛白，白中显青，故又称"影青瓷"。这种釉质和釉色具有静谧、明净、清雅的艺术品位与美感，反映了人们追求安定生活和清静淡泊的心理。在桂平西山、容县下沙、北流岭峒、藤县中和等地都发现了烧制这类影青瓷的窑址及其产品。当时生产的瓷器产品，不仅行销岭南，还远销东南亚，成为当时中国的名瓷之一，至今仍有极高的鉴赏和收藏价值。玳瑁釉瓷是一种以黑、黄、青等多种釉色混融为一体的釉色，将之施于瓷坯内外，焙烧后形成如玳瑁龟背的釉质。其特点是色泽游离，富于变化，在不同的光度下能显现不同的色彩。这种釉瓷工艺复杂，品质优良，弥足珍贵。还有广西永福、容县、藤县瓷窑烧制的黑釉瓷，可在色泽光亮的黑釉之中显现出一条条细长的兔毛状银光，其工艺之精巧，令世人称奇，说明当时骆越的瓷制工艺已接近中原地区。

最后是纹饰题材的丰富和新颖。当时骆越人民已厌倦隋唐时期的声色繁华之风，转变为醉心于自然风景、山水花鸟和富有生活情趣的清雅意境之中。例如，瓷碗或盏盘之中所印饰的婴儿戏水图案，那天真活泼的孩童全身赤裸在水中戏玩，体态丰腴可爱，形象生动逼真，具有浓郁的南方生活气息，可激发人们对天真烂漫的孩童生活的美好回忆，给人以亲切浪漫的审美享受。最常见的是构图严谨、线条流畅的牡丹缠枝花图案，给瓷器平添了高雅、富贵的情调。

明清时期，骆越后裔生产的瓷器开始向两极化发展：一种是日常的饮食器皿，主要面向寻常百姓，品质朴素，只有少数权贵之家会使用精致质优的瓷器；另一种是品位高雅的陈设和观赏性工艺品，即瓷器家族的新品种——青花瓷和釉下粉彩瓷，主要器型有造型美观凝重的各式梅瓶，工艺多较精良，其纹饰多为山水花鸟、人物等，色彩绚丽纷呈，品质华贵，反映了人们清雅和世俗化的审美情趣，具有极高的观赏和收藏价值。

二、银器制作工艺的发展

银有色泽纯洁、质白晶亮和耐腐蚀的优良品质，而且质地柔软，易于加工。骆越地区银矿资源丰富，自汉代起，骆越先民已开始冶炼银锭、制作银器，使之成为财富的象征。在骆越先民分布的今中国广西合浦、贵港和越南等地的汉代墓葬中，都发现有银制的戒指、手镯、发钗等器物，开创了岭南越人银器制作工艺的先河，主要包括模铸、捶打、锥刺、嵌焊等工艺。

随着骆越的发展和演变，其银器制作工艺亦随之传承下来。唐宋以降，骆越后裔的银器制作工艺有了新的发展，产品种类和数量增多，制作工艺提高；从贵族到普通百姓都流行佩戴银饰品，特别是妇女和儿童最为喜爱。在人们的观念里，银器不仅是财富和美的象征，还是被赋予驱鬼辟邪、祛病保平安的吉祥之物，尤其是要给小孩佩戴银饰，其辟邪功能重于装饰功能。银制品仍以佩饰器为主，如手镯、脚镯、戒指、发钗、簪、耳坠、项链、项圈、胸牌、背带坠饰、衮等，也有富贵人家用银制成碗、盘、杯、筷、勺、壶、瓶等，品种多样，形制多变，造型别致，特别注重制作的工艺和花纹图案的装饰。从某种意义上说，形制独特、工艺精巧、装饰精美、寓意深刻的花纹装饰能体现出银饰器的主体价值和审美价值，它既能满足人们的审美需要，又能满足人们显示或炫耀财富的心理，还被赋予驱邪禳灾的功能，深受人们喜爱。正因为如此，工匠对制作工艺更精益求精，在形制和纹饰上更独具匠心，由此促进了银制工艺的发展。银饰器上的花纹图案既可由模铸、模锤、锥刺、嵌焊而成，也可采用镂刻、锤扭等工艺，常见的有梅花、菊花、龙、凤、鱼、虾、蝴蝶、猴、兔、虎等图案及弦纹、绳纹、乳钉纹、花瓣纹、枝叶纹、水波纹或各种几何形纹，内容丰富，题材广泛，意境深邃神秘。所饰花纹图案造型生动，构图别致，布局对称，线条流畅，制作工艺精致，反映了骆越后裔银饰工艺的风格与成就。

三、滑石器制作工艺的发展

自从骆越先民使用滑石雕琢成各种工艺制品以后，其制作工艺随着民族的发展而传承下来。南朝以后，作为骆越后裔的俚人或僚人的滑石工艺有了新的发展。在古骆越地区的今广西梧州、融安、钦州等地的南朝墓葬中，普遍发现有滑石器，其数量和品种都比前期明显增多，制作工艺更为精致，常见的器物有人俑、猪俑、柱础、勺、钵、甑、盘、杯、砚、买地券等。这一时期，滑石器和青瓷器成了主要的陪葬品，而玉器、青铜器或其他质料的器物则明显减少乃至消失，反映出当时人们对滑石工艺制品情有独钟，并且有着明显的审美偏爱，这与当时崇尚的节俭与薄葬之风有着密切关系。这一时期的滑石器均仿制于人们日常使用的器具和人们熟悉的动物乃至人们自身，且均属工艺制品而非实用器具，但雕刻工艺多较精巧，造型生动，形象朴实。滑石俑是这一时期新出现的工艺制品之一。融安县安宁南朝墓出土的一对滑石俑，体态丰满，刀法简练，眼睛仅用一刀刻画而成，眉如弯月，高鼻平额，面部圆润饱满，神态端庄安详，身体呈直立状，肩及胸侧衣褶清晰，作右衽露肩状，腰间束带，宽衣长及膝下，

脚踏厚底履。富有趣味的是，这对滑石俑丰满端庄的形态和斜褶右衽的服饰具有佛像的风格特征，而腰带、厚履和下身服式又具有文官学士的特征。这种双重的艺术内涵及风格特征，是佛教文化和世俗文化相互融合的产物，也是佛教文化传入岭南地区并融入当地工艺作品之中的具体表现。

　　总之，骆越文化对后裔诸同源民族文化的影响是多方面的，尽管影响程度不同，但其文化形态和特质是一脉相承的，是继承与发展的关系，其对后世诸同源民族工艺文化发展的影响是骆越文化承前启后的一个缩影。

第十二章 · 骆越丧葬文化

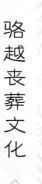

死亡是生命的终结。丧葬作为人生礼仪中的最后一课，是对死者进行妥善殓装和安葬，以示对死者的敬畏与慰藉，也是对生命的尊重和礼赞。以墓葬与葬具为载体，以死亡观念、鬼魂信仰和祖先崇拜为核心，以丧葬礼仪、祭祀习俗为事象，构成了丧葬文化体系。丧葬文化同其他文化事象一样，经历了从无到有，从简单到复杂，从初级到高级的发展、演变过程。考古学资料显示，我国的丧葬文化萌芽于旧石器时代晚期，形成于新石器时代，进入商周乃至春秋战国时期以后，丧葬文化进入发展、繁荣时期；秦汉以降，丧葬文化长盛不衰，并不断注入新的内容。由于时代、社会发展程度及所在地区、自然环境和民族的不同，丧葬文化的形式和内涵也不尽相同，表现出不同的时代、地区和民族特色。此外，随着社会的发展、民族的不断交往和文化交流，丧葬文化也相互影响。骆越丧葬文化也是如此。

第一节　骆越丧葬文化溯源

骆越丧葬文化的历史，可以追溯到距今八九千年的新石器时代。考古学资料显示，骆越地区的丧葬文化在新石器时代已开始形成。在骆越分布的今中国广西西南部、广东西部、海南和越南北部地区，分布着大批新石器时代遗址，其中有新石器时代早期或中期的河畔贝丘遗址和洞穴遗址。在这一地区的贝丘遗址里，发现了大量排列密集的集体丛葬墓地及骸骨。

①邕宁顶蛳山贝丘遗址。

该遗址位于南宁市邕宁区蒲庙镇邕江河畔顶蛳山上。1994年发掘。墓葬集中发现于第二、第三期文化层中。第二期文化层中发现墓葬16座，葬式有仰身屈肢、侧身屈肢、俯身屈肢和蹲踞葬等。第三期文化层中发现墓葬133座，葬式有仰身屈肢、俯身屈肢、侧身屈肢、蹲踞葬、肢解葬等（图12-1、图12-2）。其中的肢解葬式独特且罕见，即自颈部、腰部及膝部将人体斩为四段，头颅置于墓坑左侧，上躯干倒扣在墓中间，左右胫骨、腓骨及脚掌置于墓坑右侧，双上肢分别割下置于躯干下侧。墓中放置不规则石块①。

图 12-1　邕宁顶蛳山墓葬群

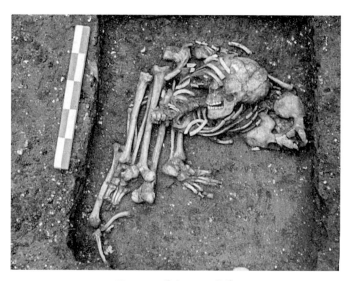

图 12-2　邕宁顶蛳山墓葬

①中国社会科学院考古研究所广西工作队、广西壮族自治区文物工作队、南宁市博物馆：《广西邕宁县顶蛳山遗址的发掘》，《考古》1998年第11期。

②横州西津贝丘遗址。

该遗址位于广西邕江与西竹坑小溪汇合口的台地上。1973年发掘。在遗址文化堆积中共发现墓葬100多座，绝大多数是屈肢蹲葬，头骨坐于四肢骨上，上肢骨曲向胸前，下肢骨作蹲式，成抱膝状；也有的为仰身、俯身或侧身屈肢葬。

③横州秋江贝丘遗址。

该遗址位于广西横州平朗镇西津水库边上的郁江河畔。1973年试掘，2004年发掘。在遗址文化堆积中发现墓葬52座，可辨认的葬式有侧身屈肢葬、肢解葬、仰身屈肢葬、屈肢蹲葬、俯身屈肢葬、仰身直肢葬和二次葬等。

④邕宁长塘贝丘遗址。

该遗址位于南宁市邕宁县伶俐镇（今南宁市青秀区伶俐镇）长塘火车站背后的邕江河畔。1973年发掘。在遗址文化堆积中发现墓葬15座，皆为屈肢葬。其中，有两具骸骨周围撒有赤铁矿粉；有一具骸骨周围用石子圈成长1米、宽0.6米的墓圹；有一具无头骨，用螺壳垒成椭圆形墓圹。其他的墓坑痕迹都不明显。有一具人骨架手里握着蚌器，还有一具侧身屈肢葬的人骨架上有一根牛腿骨。

⑤邕宁凌屋贝丘遗址。

该遗址位于南宁市邕宁县长塘镇（今南宁市青秀区长塘镇）五合村邕江河畔。2014年发掘。在遗址文化堆积中发现数十座墓葬，葬式有仰身屈肢葬、侧身屈肢葬、屈肢蹲葬、肢解葬等。其中的肢解葬式十分独特，即将死者的头颅、四肢肢解后，再按一定的顺序摆放埋葬；有的头颅被放置在胸腔处，脚掌朝天。

⑥扶绥敢造贝丘遗址。

该遗址位于广西扶绥县城西北约3千米的左江北岸上。1973年试掘，2014年发掘。在遗址文化堆积中发现墓葬60余座，大部分为侧身屈肢葬式，少数为仰身屈肢葬式。在每一具骸骨旁都放着一两块石头，有些石头还压在骸骨上。其中有一座幼儿墓葬，幼儿年龄仅1岁左右，骨架保存完整，侧身屈肢，这是骆越地区已发现的墓主年龄最小的新石器时代墓葬（图12-3）^①。

图 12-3　敢造贝丘遗址屈肢蹲葬

⑦柳州鲤鱼嘴遗址。

该遗址位于柳州市大龙潭边的一个岩厦下。1980年发掘。在遗址文化堆积层里发现6座墓葬，骸骨分布较散乱，且多残缺不全，葬式不明显^②。

⑧隆安鲤鱼坡遗址。

该遗址位于广西隆安县丁当镇西北面的鲤鱼坡上。2008年发掘。在遗址文化堆积层里发现墓葬30多座，其葬式多为仰身屈肢葬和侧身屈肢葬。大部分骸骨上都有一块重二三十千克的大石压身，有的压在遗骨的胸腔上，有的压在头颅上，有的压在肢骨上。

⑨江州冲塘贝丘遗址。

该遗址位于广西崇左市江州区冲塘村东北面的左江畔上。2007年发

---

①广西壮族自治区文物考古训练班、广西壮族自治区文物工作队：《广西南宁地区新石器时代贝丘遗址》，《考古》1975年第5期。

②何乃汉、黄云忠、刘文：《柳州市大龙潭鲤鱼嘴新石器时代贝丘遗址》，《考古》1983年第9期。

掘。在遗址文化堆积层里发现墓葬26座，葬式为仰身屈肢葬或侧身屈肢葬，骸骨保存较好，其中4例属未成年人。

⑩江州何村遗址。

该遗址位于广西崇左市江州区濑湍镇何村左江西岸台地上。2007年发掘。在遗址文化堆积层里发现墓葬50多座，葬式有侧身屈肢葬、仰身屈肢葬、俯身屈肢葬、屈肢蹲葬、肢解葬等。

⑪百色革新桥遗址。

该遗址位于广西百色市百色镇东笋村百林屯南面的右江河畔上。2002年发掘。发现墓葬2座，葬式均为仰身屈肢葬。

⑫越南新石器时代遗址。

自20世纪50年代以来，随着越南考古工作的深入发展，考古学家先后调查发现了许多新石器时代遗址，并且对许多重要遗址进行了发掘，于河内北山、义安省琼文、清化多笔等遗址发现了一批墓葬（图12-4）。

北山文化遗址属新石器时代早期，距今9000～7000年，因最早发现于越南北部的谅山省北山地区而定名，主要分布在越南东北部高谅、北太和河北等省的石灰岩地区，多发现于洞穴或岩厦内。在其文化遗址里，先后发现50具骸骨。1964年，越南考古工作者对义安省琼文新石器时代遗址进行了发掘，发现墓葬30多座，葬式多为屈膝蹲坐葬，墓圹为圆形，多数随葬两三件石制工具及装饰用的穿孔贝壳①。清化多笔遗址发现的墓葬均为土坑墓，多数为单人葬，也有少量双人葬和多人合葬，流行屈肢蹲葬。河山平省薊洞遗址发现墓葬4座，其中1个椭圆形坟墓内有1具小孩骸骨，另外3个为长方形墓穴，墓中的骸骨多数已腐化，但仍能分析出埋葬方式和死者大概年龄。其中一座墓葬里葬着一个十二三岁的少年，另外两个是成年人。骸骨呈仰卧姿态，四肢平直。在4座墓葬中，除了1座没有随葬品，其余3座都有用穿孔的海螺壳串连在一起做装饰的随葬品②。

①阮维、阮光娟、吴新智：《越南北方义安省琼文的早期新石器时代人头骨》，《古脊椎动物学报》1966年第1期。

②黎相祺：《越南新发现旧石器时代遗址》，《东南亚纵横》1985年第3期。

图 12-4　越南新石器时代瓮棺葬

　　此外，在海南桥山遗址也发现有墓葬，这也是海南首次发现的一处新石器时代墓葬。

　　骆越地区发现的新石器时代早期或中期遗址里的墓葬，具有以下四个特点。

　　①墓葬（地）均处在居住地旁。

　　已发现的墓葬多数为新石器时代贝丘遗址。所谓贝丘，就是当时原始居民将捕捞的各种螺蚌类水生软体动物，剔食掉硬壳内的螺蚌肉后，把剩余的硬壳遗弃并堆放在一起，相当于现在的生活垃圾。年长日久，堆积益多，形如小丘，考古界称之为"贝丘"。这样的贝丘，自然就在居住地旁。

　　②设置氏族墓地，实行集体丛葬。

　　在各遗址文化堆积层所发现的墓葬，数量多者100～150座，一般为30～50座，排列紧密，朝向一致，说明当时已设置有专门用于埋葬死者的墓地，凡死去的氏族成员，都集中埋葬在本氏族墓地里。即使是因意外死

于其他地方的死者，日后也要拾捡其遗骨送回本氏族墓地里埋葬。墓地出现的二次葬，大概就是这样产生的。

③葬式大体相同，即流行屈肢葬式，其中最具特点的是屈肢蹲葬。

骆越地区所发现的墓葬，绝大部分墓葬的葬式为屈肢葬，既有侧身屈肢，也有蹲坐式屈肢，还有仰身屈肢；即使是截肢葬，其四肢亦呈屈肢式，极少有仰身直肢葬式。这一现象说明，骆越地区的新石器时代丧葬文化属同一文化类型。

④出现了系列丧葬仪式和约定俗成的葬俗。

关于骆越地区新石器时代的丧葬仪式，我们已无法得知当时具体的殓尸方法、祭祀和埋葬仪式。但从目前所看到的墓穴、葬式、随葬品等可知，当时已形成一系列的埋葬形式，即埋葬在氏族墓地里，按照既定的位置和朝向，挖掘出一个能够容纳遗体的土坑。从相关的民俗学资料可知，在埋葬前，要用绳索把尸体的四肢绑缚成屈肢状。因为人死亡后，身体会呈僵直状态，若想使之呈屈肢状，则需要使用绳索把死者的手和脚加以绑缚，然后再放进墓坑里。一些墓葬里还发现有石器或佩饰品随葬，再合土掩埋。而许多墓葬里出现的截肢葬式，则更为奇特与神秘，其葬俗和用意值得深入探讨。

从骆越地区已发现的墓葬及葬式与葬法可知，自新石器时代早期开始，骆越先民的丧葬文化已经形成，开创了骆越地区丧葬文化的先河。而各地墓葬及葬式与葬法大同小异，呈现出明显的地方特征，说明其丧葬文化属于同一文化类型。

第二节　骆越丧葬文化的发展

随着社会经济和文化的发展，骆越丧葬文化在继承前期丧葬文化的基础上，有了新的发展。特别是秦始皇和汉武帝先后统一岭南后，设置郡县，委派官吏治理，大批中原人迁居岭南；同时汉王朝实行"以其故俗治"政策，任用当地骆越首领为各级官吏。随着中原人迁居岭南，中原的丧葬文化也随之传入，对骆越传统丧葬文化产生了日益深刻的影响，无论是墓葬或葬具形式，还是随葬品及文化内涵等方面，都发生了诸多变化，极大地丰富和发展了骆越丧葬文化。

在骆越分布的今中国广西西南部、广东西部、海南和越南北部等广大地区，发现了大批骆越时期的墓葬，包括岩洞葬及土坑式墓葬群，出土了数量众多、种类丰富的随葬品，为我们了解骆越丧葬习俗及其文化提供了宝贵的实物资料。

一、岩洞葬

古骆越分布地属喀斯特地区，群山绵延，奇峰耸峙，岩洞众多。在生产力尚较低下的原始社会时期，骆越先民曾以冬暖夏凉、可遮阳避雨、可防避猛兽伤害的岩洞作为栖息之所，许多新生命诞生于各地的岩洞里，也有逝者安葬在岩洞之中。因此，岩洞既是骆越先民生命的诞生地，也是其生命的终点。骆越先民对赖以栖息、生活的岩洞有着深切的情感，以岩洞为安葬之所，便成为骆越先民情有独钟的选择，形成了颇具地方特色的一种葬俗。自20世纪80年代以来，考古工作者先后在古骆越分布地发现并清理了一批岩洞葬。

①武鸣弄山岩洞葬。

2003年，考古工作者在广西南宁武鸣仙湖镇邓吉村雷蓝屯东面的弄山山腰一岩洞里发现至少2个个体的骸骨，因年代久远，葬具已腐朽无存，骸骨也已不完整，仅存椎骨、肋骨、肢骨、牙齿等（图12-5、图12-6）。骸骨四周散布着大量的石器、陶器、玉器、蚌器等，共80多件。其中以陶器数量居多，共50余件，器型有罐、釜、壶、钵、碗、杯等；其次是石器，器型有锛、斧、大石铲、刀、碾槽等，多数通体磨光，制作工艺精湛；还有玉玦和用蚌壳制成的穿孔串饰及挂饰；未发现有金属器具。据此推定，该岩洞应是一处古墓葬。根据出土陶器和石器的形制特征判断，其年代应为新石器时代末期，其下限可能已进入商代。

图 12-5　武鸣弄山岩洞葬洞口

图 12-6　武鸣弄山岩洞葬

②武鸣岜旺山岩洞葬。

2001年，南宁市博物馆考古人员在武鸣两江镇英俊村岜旺山山脚下一个岩洞的小支洞里，发现并清理了一处岩洞葬（图12-7、图12-8）。大部分骸骨和随葬品已被厚约40厘米的泥土覆盖，未见墓坑和葬具。骸骨已残缺不全，经鉴别，约有12个个体，以中老年人居多。在骸骨周围散布有陶器、石器、玉器等，共30多件。其年代与弄山岩洞葬相近，相当于新石器时代末期，其下限可能已进入商代。

图 12-7　武鸣岜旺山岩洞葬石块封堵的洞口

图 12-8　武鸣岜旺山岩洞葬

③武鸣岜马山岩洞葬。

该岩洞葬位于广西南宁武鸣陆斡镇覃内村南面岜马山山脚下。1985年发现，1986年发掘。洞内原生堆积已被扰乱，骸骨和随葬器物散乱，器物有陶器、石器、玉器等。根据洞内保存的陶器和石器的特征判断，其年代大约为商周时期。

④武鸣敢猪岩洞葬。

该岩洞葬位于广西南宁武鸣马头镇那堤村东面的敢猪山山腰间。1974年发现，2006年发掘。洞内有8座墓葬，排列密集，葬具无存，随葬品数量和种类甚多，计有陶器、石器、玉器、骨器、青铜器、海贝等，共100多件（图12-9）。根据随葬器物的年代特征判断，其年代大约为商周时期。

图 12-9　武鸣敢猪岩洞葬

⑤武鸣独山岩洞葬。

该岩洞葬位于广西南宁武鸣两江乡东南面的独山山腰间。洞室内有1座墓葬，尚存部分骸骨，葬具无存。随葬品处于尸骨旁，计有陶器、石器、玉器、铜器等，共15件。其中，青铜器12件，器型有斧、剑、钺、矛、戈、镞、刮刀等，铸造工艺精良。其年代应为春秋战国时期。

⑥龙州更洒岩洞葬。

该岩洞葬位于广西龙州县逐卜乡三叉村谷更屯东面更洒山山腰间（图12-10）。2006年发现，2007年发掘。在其洞内的一个小支洞里发现约10个个体的骸骨，包括未成年人3个、青年人5个、中年人2个，未见葬具，骸骨周围散布着许多陶器碎片和玉石器。这应是一处岩洞葬。根据共存的陶器特征判定，其年代约为商代。

图 12-10　龙州更洒岩洞葬

⑦忻城矮山岩洞葬。

该岩洞葬位于广西忻城县红渡镇矮山东面的山腰间。1989年发现，1990年清理。洞内散布着许多骸骨，有石器、陶器、骨器、蚌器、铜器等40余件。该岩洞葬年代大约为商周时期。

⑧忻城翠屏山岩洞葬。

该岩洞葬位于广西忻城县城南面的翠屏山腰间。1992年发现。洞内堆积已经被扰乱，散布着许多骸骨，同时还有破碎的陶器。经鉴别，其骸骨分属于4个不同个体。该岩洞葬年代大约为商周时期。

⑨大化北景岩洞葬。

该岩洞葬位于广西大化瑶族自治县北景乡北达村红水河畔的腊岜山山腰间。1991年发现。洞内原生堆积已被扰乱，散落着许多骸骨和石器、陶器、骨器等，应是一处岩洞葬，年代约为商周时期。另外，洞内发现有用圆木料剡成带有子母口扣合的棺具，说明该岩洞继续被后人作为葬地使用。

⑩兴宾古旺山岩洞葬。

该岩洞葬位于广西来宾市兴宾区溯社乡古旺村西北面的古旺山腰上。洞内堆积保存完好，发现多具骸骨，墓坑和葬具已无踪迹，出土器物有青铜器、石器和陶器。其中铜钺2件、铜匕首1件、铜镦1件；石器为有肩石斧、石锛各1件；陶器已破碎成片，为夹砂陶和绳纹陶。根据青铜器的年代特征判定，该岩洞葬年代约为周至春秋时期。

⑪兴宾白面山岩洞葬。

该岩洞葬位于广西来宾市兴宾区良江乡白面山一处崖厦下。1986年发现。洞内发现有3具遗骸，呈仰身直肢姿势，小腿骨上放置一件青铜矛，骸骨旁有一小堆炭化稻谷。根据铜矛的年代特征判定，该墓葬年代应为春秋时期[①]。

⑫宜州六桥岩洞葬。

该岩洞葬位于广西河池市宜州区矮山乡六桥村坪上屯东北面的凤凰山上。洞内堆积已被扰乱，骸骨和随葬品散布于洞室里，应有2个以上个体。随葬品主要是陶器、石器、玉器等。其年代大约为西周中晚期。

⑬宜州鹞鹰山岩洞葬。

该岩洞葬位于广西河池市宜州区祥贝乡古龙村下地良屯南面的鹞鹰山腰间。1999年发现。洞内堆积已被扰乱，洞室内散布着大量骸骨和随葬品。经鉴别，大约有18个个体。随葬品数量和种类甚多，计有陶器、石器、玉器、骨器、滑石器、海贝、五铢铜钱等，共90多件。该岩洞葬年代应为西周时期。

此外，在南丹吾隘，宜州范家洞、北牙洞，武鸣敢刀岩、敢庙岩、马鞍山，龙州八角岩，忻城下丹岩及隆安、百色等地，都发现有商周时期的岩洞葬（图12-11至图12-13）。只可惜洞内堆积已被扰乱，随葬品多已散失[②]。

---

①彭长琳：《广西早期岩洞葬初探》，《广西民族研究》2001年第4期。

②广西文物考古研究所、南宁市博物馆：《广西先秦岩洞葬》，科学出版社，2007。

图 12-11　广西隆安布泉山岩洞葬

图 12-12　广西隆安布泉山岩洞葬木棺

图 12-13　广西百色华侨村岩洞葬木棺

以上是目前掌握的骆越地区发现的岩洞葬的资料。这些岩洞葬的年代多为商周时期。早期岩洞葬的岩洞位置多较低,一般距离地面10米左右,有的位于山脚下,洞口多较小且隐蔽,还有的用大块石头封堵;洞内弯曲且较宽敞、平坦。死者埋葬于地面上,常见有多具骸骨,随葬品多为石制生产工具和生活日用陶器,也有佩饰的玉石器及铜器。因年代久远,葬具基本无存,多为一次葬。这些岩洞葬的发现,说明在先秦时期,骆越人曾流行岩洞葬之俗。

二、土坑墓葬

古骆越地区的另一类墓葬是土坑墓葬。此类墓葬分布广,在骆越先民分布的今中国广西西南部、广东西部、海南和越南北部都有发现,而且数量多,规模大,葬式复杂,随葬品丰富。其中,以春秋战国时期至汉代的墓葬数量居多,这与秦汉封建王朝统一岭南的社会背景密切相关。

①武鸣元龙坡西周墓。

该墓葬位于广西南宁市武鸣区马头镇东面的元龙坡地上（图12-14）。1985年发现，1985年—1986年发掘。共发掘清理墓葬350座，皆为长方形竖穴土坑墓，分布密集，排列整齐，葬具及骸骨皆无存。出土随葬器物1000多件，包括陶、铜、玉、石等质料的生活用具、生产工具、兵器、佩饰（图12-15、图12-16）。墓坑普遍较为窄小，每座墓葬的随葬品较少，一般只有一两件陶器和青铜兵器；有的小墓无随葬品。该墓葬年代为西周至春秋时期①。这是骆越地区已发现的规模最大、墓葬数量最多、年代最早的一处墓葬群。

图12-14　武鸣元龙坡墓葬群

①韦仁义、郑超雄、周继勇：《广西武鸣马头元龙坡墓葬发掘简报》，《文物》1988年第12期。

图 12-15　武鸣元龙坡 M147 墓坑随葬的铜卣

图 12-16　武鸣元龙坡 M316 墓坑里的石块

②武鸣安等秧战国墓葬。

该墓葬位于广西南宁市武鸣马头镇东面的安等秧岭坡上（图12-17），与元龙坡西周墓群隔沟相望。1985年发掘。共发掘清理墓葬86座，皆为长方形竖穴土坑墓（图12-18、图12-19）；墓坑多较窄小，宽度不足1米；葬具和骸骨无存，随葬品普遍较少，一般只有两三件生活生产实用器具及佩饰物，其中21座无随葬品。出土随葬器物有铜器、陶器、石器、玉器等，共205件。青铜器有剑、刮刀、斧、镞等；陶器均为夹砂陶，有罐、钵、盒、碗等；玉器有管、环、玦、镯等；石器有凿类。根据出土器物的特征判定，该墓葬的年代应为战国时期①。

图12-17　武鸣安等秧墓地全景

---

①广西壮族自治区文物工作队、南宁市文物管理委员会、武鸣县文物管理所：《广西武鸣马头安等秧山战国墓群发掘简报》，《文物》1988年第12期。

图12-18   武鸣安等秧M41墓室　　　　　图12-19   武鸣安等秧M45墓室

③田东锅盖岭战国墓葬。

该墓葬位于广西田东县祥周乡联福村修福屯西面锅盖岭上。1977年发现。共2座墓葬，皆为长方形竖穴土坑墓，葬具无存，尚有部分人体遗骨。共出土青铜器12件，玉饰器5件。青铜器包括鼓、剑、矛、戈、钺、斧、镦、叉形器；玉饰器有玦、环、钏、管等。其中铜鼓分属万家坝型和石寨山型，保存完好。根据出土青铜器的特征判定，该墓葬年代为战国时期①。

④广西宾阳韦坡战国墓葬。

该墓葬位于广西宾阳县甘棠镇上塘村韦坡岭上。1977年发现，1980年发掘。共发掘清理2座墓葬，皆为小型长方形竖穴土坑墓，宽约80厘米。随葬器物多为青铜器，计有斧、剑、鼎、钟、矛、叉形器、刮刀等。根据出土青铜器的特征判定，其年代为战国时期②。

①广西壮族自治区文物工作队：《广西田东发现战国墓葬》，《考古》1979年第6期。
②广西壮族自治区文物工作队：《广西宾阳县发现战国墓葬》，《考古》1983年第2期。

　　⑤广西西林普驮汉代墓葬。

　　该墓葬位于广西西林县八达乡普合村普驮坡地上。1972年发现。这是一座以铜鼓作为葬具的二次葬。墓葬形制独特，墓坑略呈圆形，上用石板封盖，遗骨尚存。经鉴定，死者为25岁左右男性。使用4面铜鼓作为葬具，相互套合，类似棺椁。用于随葬的青铜器有270多件，器型有铜鼓、俑、六博棋盘、钟、耳杯、弹丸、弓、带扣、车饰器等，还有大量玉石、玛瑙、水晶及铁器。这是骆越地区已发现的唯一一座以铜鼓作为葬具，而且是单座墓葬中出土青铜器最多的墓葬。该墓葬年代为西汉早期[①]。

　　⑥贵港汉代墓葬群。

　　该墓葬位于广西贵港市贵城镇西北。墓葬分布南起郁江北岸，北至七里江桥。在这一东西长7.5千米、南北宽2.5千米的狭长地带上密集分布有数百座墓葬，墓葬上隆起的宽大封土堆依稀可见。自1954年配合修筑黎（塘）湛（江）铁路起，历年都有发掘，已发掘500余座，出土各种器物1万余件。墓葬形制有土坑木椁墓和砖室墓两种，前者年代多为西汉时期，后者年代则多为东汉时期。

　　贵港历来是古骆越的居住地。秦始皇统一岭南后设置的桂林郡郡治所在地就在贵港；汉武帝灭南越国后，于此设置郁林郡，继续为郡治所在地。其墓葬规模多较大，墓室结构复杂，随葬品丰厚，应是当时郡治军政官吏、贵族或各阶层死后埋葬的墓地，其中应有被委以官职的骆越上层人物的墓葬。1976年发掘的罗泊湾一号墓是一座有代表性的西汉前期大型木椁墓，该墓葬不仅规模大，结构复杂，随葬品多，有斜坡墓道，还有殉葬者。椁室用板分隔成前、中、后3室，前室和中室又分隔成3部分，后室隔成6部分，椁内有漆棺3具。在椁室底板下，有7个殉葬坑和2个器物坑。殉葬坑中各置木棺1具，里面的骸骨保存完好。经鉴定，1具是13岁左右的少年男性，其余6人是16～26岁之间的青年女性，应是墓主生前的乐舞伎。器物坑内堆放着40多件精美的青铜器。另外，在墓道东侧有一长方形车马坑，内有铜车马器30多件。整座墓出土随葬品1000余件。其中，锅

　　①王克荣、蒋廷瑜：《广西西林普驮铜鼓墓葬》，《文物》1978年第9期。

钫、铜壶、铜匜、蹄足铜鼎的形制与中原地区出土的相同；而铜鼓、羊角钮铜钟、铜桶、筒形铜钟、盘口铜钫具有鲜明的地方特色，应是当地所铸造的。有一批刻有容量、重量铭文的铜器；许多漆耳底部烙印"布山"二字，表明是当地产品。还发现有书写随葬农具及器物清单的木牍，墓主应是郡一级的高级官吏。1979年发掘的罗泊湾二号墓，木椁底部也有殉葬者，并出土"夫人"玉印和"家啬夫印"封泥，墓主应是高级官吏的配偶①。

⑦合浦汉代墓葬。

该墓葬位于广西合浦县廉州镇东南郊望牛岭、风门岭、宝塔山和东北郊堂排一带，东西宽约5千米，南北长约13千米，面积约68平方千米。已探明的墓葬共7000余座，许多墓尚保存有高大的封土堆。自20世纪50年代以来，已先后发掘1200余座，出土各种器物10000余件，计有铜器、铁器、金器、银器、陶器、玉器及水晶、玻璃、玛瑙、琥珀等，其中包括铜凤灯、干栏式铜屋、玻璃杯、碟等罕见的珍品。墓葬形制有土坑木椁墓和砖室墓两种，前者年代多为西汉时期，后者年代则多为东汉时期。土坑木椁墓的墓坑多为长方形竖穴，底有枕木沟，铺白膏泥、木炭及沙层；也有大型的多室木椁墓出现，大多带斜坡墓道。墓室除放置棺具的主室外，有的还有耳室或侧室。

合浦一带一直是古骆越的居住地，曾为汉代"海上丝绸之路"始发港。汉元鼎六年（公元前111年），汉武帝平定南越国后于此地设置合浦郡，并为郡治所在地。该墓葬规模多较大，墓室结构复杂，随葬品数量及种类众多，应是当时郡治军政官吏、贵族或各阶层死后埋葬的墓地，其中有的应属被委以官职的骆越上层人物的墓葬。

⑧越南东山遗址和墓葬。

该墓葬位于越南清化省东山县马江河畔的东山村。1924年发现，先后进行过多次发掘。墓葬处于遗址之中，有土坑墓、船棺葬，也有火葬和仅将头颅葬于铜缸之中的葬俗。因为该墓葬出土的青铜器具有较为明显的地

---

①广西壮族自治区文物工作队：《广西贵县罗泊湾二号汉墓》，《考古》1982年第4期。

方特色，所以被命名为"东山文化"。凡出土此类型器物的遗址或墓葬，皆属东山文化系统，是越南境内从青铜时代到铁器时代最有代表性、墓葬和出土遗物最多的一种考古文化类型。其分布范围主要为越南北部永富、河山平、河北诸省。在此范围内，已经发现墓葬40处，其中9处经过发掘；居住和墓葬复合遗址24处，其中16处经过发掘。出土大量青铜器、陶器、玉器及少量铁器、石器等。青铜器有铜鼓、短剑、戈、矛、靴形钺、箭镞、犁、斧、锄、锹、瓮形缸、圈足盖盅等。在一些墓葬中，出土了草叶纹铜镜、蒜头扁壶、圆壶、铜剑、五铢钱、王莽钱等中原汉式器物。其年代应为战国到西汉时期[①]。

⑨越南富寿嘎村遗址和墓葬。

该墓葬位于越南富寿省红河左岸的嘎村附近。1960年发现，1970年和1977年进行了两次发掘。墓葬处于遗址之中，共发掘清理墓葬307座。皆为长方形竖穴土坑墓，墓穴多较窄小，平均长2米、宽0.5米左右。随葬品普遍较少，葬具和尸骨无存。此外，还发现一座直立瓮棺葬。出土随葬品217件，包括青铜器、陶器、玉器等。青铜器有斧、矛、铜鼓、铜钟、匕首、锉、刻刀、锥、钉、砝码等。在307座墓中，没有随葬品的占84.1%，有1~2件随葬品的占10.4%，有11~15件随葬品的墓约占1.0%。其器物种类与形态特征属东山文化类型，年代应为战国到西汉时期[②]。

⑩清化绍阳遗址和墓葬。

该墓葬位于越南清化省绍化县绍阳公社阳舍内村，遗址面积50000平方米。1960年—1965年共进行了3次发掘，总发掘面积达3561平方米。其中发掘墓葬25座，出土器物有陶器、青铜器和玉石器等。其中以各式陶器居多，共875件；其次为青铜器，共205件，包括13件犁、41件斧、82件靴形钺及缸、鼓（明器）、盅、凿、锥、刀、鱼钩、镰刀、匕首、箭镞等。出土如此多的铜犁，为骆越地区首见。另外，还有89件玉质或石质的突沿

①陈果、胡习珍：《简论越南的东山文化》，《长江文明》2012年第2期。

②阮维毗、郑阳、阮成齐：《嘎村考古遗迹区发掘报告》，转引自何文瑨主编《越南考古学第二辑——越南金属时代》，（越南）社会科学出版社，1999。

手镯。其年代与东山文化的墓葬相同，为战国到西汉时期①。

　　⑪义安鼎乡遗址和墓葬。

　　该墓葬位于越南义安省义坛县太和镇鼎乡。1972年发现，先后进行过3次发掘，发掘面积共1136平方米，发掘墓葬共246座。墓葬形制较为独特，大致可分为三类：第一类为用石块掩埋和充填的墓葬，占总数的28.4%。墓里用小石块充填，另一些用石块覆盖，并用大块的山石或卵石在墓葬的填土上堆积成屋状，个别墓葬的墓壁或墓底垫有陶片。此类墓葬随葬有许多贵重的铜器，墓主生前应是官吏或贵族阶层人物。第二类为长方形竖穴土坑墓，占总数的43.6%，是该墓地中的主要类型。墓坑多较窄小，宽度不足1米，葬具和尸骨无存。有些墓葬的墓壁或墓底铺有碎陶片，甚至有的墓主的尸骨被一层陶衣包裹。这种用陶片加固的竖穴土坑墓多为富有者的墓葬。每一座墓的随葬品数量不等，有些只有几件陶器随葬，有些却有10件以上的青铜器随葬，这些差异反映了墓主社会等级的差别。第三类为瓮棺葬，占总数的28.0%。有2个陶瓮相扣或是一瓮一钵相扣的，也有3个瓮和钵相叠而葬的，中间的瓮底部凿一小圆孔，横置掩埋，墓坑长度通常在1.2～1.3米之间，深约0.6米，葬者以孩童居多。随葬器物有铜器、石器、陶器等。按其用途，有武器、生产工具、乐器、生活用具、装饰品等种类。武器类主要为青铜器，其中以铜钺居多，其次为匕首。柄部形式多样，造型别致，有如蛇衔象足、虎衔象足等形象。生产工具主要为青铜器和石器，常见有石斧、研磨盘、磨盘及多件青铜器石范，还有100多件石质和陶质纺轮。其年代与东山遗址和墓葬的年代相同，为战国到西汉时期②。

　　此外，在古骆越分布的今广东西部及海南也发现有许多春秋战国时期及汉代的墓葬。其墓葬形制和随葬品种类及特征等与广西发现的墓葬大同小异，兹不赘述。

　　综上所述，目前骆越地区发现的岩洞葬和土坑式墓葬，年代最早的是

----

①阮维：《绍阳遗址青铜器时代古人的生活状况的研究》，载《越南考古的一批发掘报告》，1966，第329~349页。

②陈果、胡习珍：《简论越南的东山文化》，《长江文明》2012年第2期。

商周时期。这一时期的墓葬，以岩洞葬居多，竖穴土坑墓相对较少。

　　岩洞葬具有以下特点：一是岩洞所在地方多较隐秘，人迹罕至；洞口普遍较小，洞室较宽平、深幽、昏暗、干燥。二是许多洞口用巨大石块封堵。三是商周时期岩洞葬的随葬品主要为石器、陶器，少见青铜器；而春秋战国时期的岩洞葬，随葬品仍以石器、陶器为主，有部分青铜器和玉器。四是多数岩洞葬因附近村民挖掘岩泥或其他原因，洞内原生堆积被扰乱，未见葬具，尸骨和随葬品原貌亦被扰乱。

　　周代以后特别是战国至秦汉时期，骆越地区流行竖穴土坑墓，且分布广泛，是这一时期的主要墓葬形式。墓葬规模、棺椁结构和随葬品种类及数量呈现出大与小、繁与简、多与少乃至地方性差别，反映了骆越社会的发展和阶级、贫富的分化。瓮棺葬主要用于未成年死者。丰富多样的墓葬形式标志着包括骆越丧葬观念、信仰观念、墓葬形制、丧葬习俗在内的丧葬文化的多元与繁荣发展的面貌，同时也是骆越社会政治、经济和文化发展的一个缩影。

第三节　骆越丧葬文化的深远影响

　　如前所述，骆越丧葬文化是一种承前启后的文化形态，前承原始时代先民的丧葬习俗，后启其后裔的丧葬文化。随着骆越文化的发展与演变，一方面，其丧葬文化对后来民族的丧葬文化产生了深远影响，其传统的丧葬习俗传承下来，包括岩洞葬、土坑墓葬和瓮棺葬；另一方面，随着社会的发展，骆越后裔的丧葬文化不断发展，在丧葬形式和随葬器物品种上具有其时代特色。

一、岩洞葬的传承与发展

骆越地区的岩洞葬源于新石器时代，商周时期继续流行。东汉以降，特别是唐宋至明清时期，岩洞葬有了新的发展，无论是分布范围和发现数量，还是葬具形制、丧葬习俗及选择的岩洞位置，都有了新的变化。这一时期的岩洞葬遍布柳江、红水河、浔江、郁江、左江、右江等流域，已发现140多处。其中，以红水河、左江和右江流域的大新、隆安、平果、田东、东兰、忻城等地发现的岩洞葬数量最多，分布也最密集。例如，东兰苏仙岩洞里尚保存有木棺40多具，隆安县那矿山、平果红岩山各发现殓装有尸骨的木棺16具，其他岩洞发现的木棺多为2～5具不等。这些岩洞葬多位于高山绝壁之上，山势险峻。葬具大多为圆木棺，头大尾小，形制独特。木棺皆用整段圆木中剖为二，将上下两半刳空而成。下半为棺身，口沿凿出子口，个别棺凿成人形；上半为棺盖，口沿凿出母口。棺身、棺盖子母口相合，有的子母口上锥出小孔，插木销固定。棺身、棺盖的两端均雕刻各种头角饰和尾角饰，有的在头、尾角饰的根部各凿一方形或长方形榫眼，眼中插木销，以栓固棺木。个别葬具为方形或船形木棺，亦于棺身的两端凿出头、尾角饰。墓葬里出土遗物主要有陶器、铜器、瓷器、玉器、织品、铜钱及玛瑙、海贝佩饰器等。年代上限为南朝时期，下限为明清时期[①]。以上岩洞葬分布地主要为古骆越先民居住地，因此，追根溯源，这种岩洞葬式应是古代骆越岩洞葬俗的传承与遗风。

二、瓮棺葬的传承与发展

骆越地区以陶制的大型瓮器作为葬具的瓮棺葬，源于新石器时代。骆越时期继续传承，且多用于殓葬孩童。东汉以后，特别是唐宋至明清时期，骆越故地的瓮棺葬有了新的发展与变化，不仅分布广、数量多，而且葬式多样。唐宋时期，骆越故地的瓮棺葬产生了变化，出现一种特殊的葬

---

①广西壮族自治区文物工作队：《广西崖洞葬调查报告》，《文物》1993年第1期。

式，即用一具特制的小型陶罐殓装死者的遗骨或骨灰。罐肩部塑有各种佛教中的莲花图案或道仙人物造型，罐口设有立式口沿，上有罐盖。

明清时期流行瓮棺葬，属二次葬，即一般是死者先实行土葬，待四五年尸体腐烂后，再掘棺捡骨，殓装入一个特制的专用陶瓮里，上加盖，然后安放于岩洞里的台龛上，也有继续土葬的。这种既用陶瓮殓装遗骨，又安放于岩洞里的葬俗，应是古骆越瓮棺葬与岩洞葬的结合体。

三、土坑葬

东汉以后，骆越后裔继续流行竖穴土坑葬。除位高权重者墓葬规模较大、结构较复杂外，一般人的墓葬规模日趋小型化，墓葬形制和结构也逐渐简单化。随葬品以陶器、瓷器为主，也有金银器、玉石器、玛瑙等佩饰器。这些小型化、简单化的丧葬习俗，与当时社会的动荡、经济的凋零及薄葬之风的流行有关。

第十三章 · 骆越语言文字

　　语言是人类最重要的沟通工具，是人们交流思想、传达情意的媒介，是人类文化得以传承和储存的有效载体。语言又是一个民族的重要特征之一，不同民族，由于生活的自然环境、分布区域、历史渊源、社会发展乃至种群的不同，语言的发生、发展规律乃至语言系统也不尽相同，使世界呈现出语言的多样性。语言作为人类文化的重要载体，具有传承和交融的特性。一方面，随着其民族的发展，语言世代传承下来；另一方面，随着民族活动范围的不断扩大和接触交往的不断增多，各民族语言相互影响、相互吸收和相互交融，共同发展。而文字是人类传达感情、表达思想、记录语言的图形符号，是人类文化的主要载体和文明的标志。语言文字的产生和发展，经历了一个从简单到复杂、从低级到高级的不断丰富的过程。骆越语言文字的产生和发展规律也是如此。因在，骆越文化研究的总体规划中设有"骆越语言文字"专题研究项目，故本章只做简要的论述。

第一节　骆越语言

　　语言是以语音为物质外壳，以词汇为基本材料，以语法为结构构成的表达体系。人类民族与文化的多样性，造就了语言的多样性和差异性。全世界地域广泛、民族众多，约有7000种语言。中国是一个多民族国家，历史上，每个民族都有自己的语言，随着社会的发展、民族的迁徙、统一政体的形成和文化的交流与交融，一些古老民族的语言逐渐消失，但大部分民族语言仍在使用和传承。

　　关于人类语言的起源，国内外语言学界长期致力探索，但至今仍未形成较为明确、一致的意见。学者依据相关资料对人类语言的起源进行推测，说法甚多，有源于"拟声说""感叹说""契约说""手势说"（"身势说"）等说法。还有学者认为，人类首先产生的是言语而不是语言，言语在人从猿类系统分化出来的早期就已经产生；而语言作为一个体系则产生得很晚，也许距今只有1万年左右。因年代久远、古人早已逝去而缺乏直接证据，学界对语言起源至今还没有得出一致的见解。我们无意在此讨论人类语言的起源问题，只是对国内外学界对于人类语言起源问题的研究状况略作了解，借以追溯骆越语言的产生与发展历程。

　　如前所述，骆越地区早在10多万年以前就已经有古人类活动。在广西左江上游的崇左市江州区木榄山岩洞里发现了距今11万年的古人类化石。到了距今5万～2万年，古人类活动的足迹已遍及红水河、柳江、左江、右江等流域。也就是说，骆越同许多古老民族一样，大约在距今1万多年前，语言体系就已经产生或形成。进入新石器时代，随着原始农业的产生、生活资料的丰富，原始居民的体质和思维能力有了进一步提高，语言系统也有了新的发展。有学者认为："新石器时代的人类，正在经历一个前所未有的语言发展高潮。那时人们开始讲述'故事'，讲他们自己的希望和恐惧，讲部落的来历，讲它的禁忌和为什么必须遵循禁忌，讲这个充满奇异的世界以及这个世界是怎样诞生的……叙事的能力随着词汇的扩大而日益增长，故事越来越复杂，逐渐从旧石器时代个人幻想的狭小圈子里走出来，成为讲述集体意识和部落传统的工具，成为维系氏族、增强部落意识、沟通人与人之间的灵魂、思想、感情的语言手段。"[1]因此，新石器时代是神话产生和发展的重要时期，包括了关于宇宙形成和天地万物来源神话、人类起源神话、反映人类与大自然做斗争的神话、反映部落迁徙的神话等，其中的许多内容都与当时的社会生活及思想观念有关。骆越语言的产生与发展历程也大抵如此。

　　商周特别是春秋战国时期，骆越语言有了新的发展，具有较高概括性和韵律性的民间歌谣也逐步发展起来。最具代表性的是流传千古的《越人歌》。据汉代刘向《说苑·善说篇》记载，公元前528年，楚国令尹鄂君子皙举行舟游盛会，百官缙绅，冠盖如云，钟鼓齐鸣。摇船者是位越人，趁乐声刚停，便抱双桨用越语唱了一支歌。歌声委婉动听，鄂君子皙很受感动，但他听不懂划船人唱的是什么歌，于是招来了一位既懂越语又通楚

---

[1]谢选骏：《神话与民族精神》，山东文艺出版社，1986。

语的人，让他将划船人的歌词翻译成楚国话。这就是后世闻名的《越人歌》。歌词如下："今夕何夕兮？搴洲中流，今日何日兮？得与王子同舟。蒙羞被好兮，不訾诟耻。心几烦而不绝兮，得知王子。山有木兮木有枝，心悦君兮君不知。"鄂君子皙听罢，顿时被真诚的歌声所感动，按照楚人的礼节，双手扶着摇船人的双肩，庄重地把一幅绣满美丽花纹的绸缎被面披在他身上。

汉代刘向在《说苑·善说篇》里记录该歌词的汉语译意的同时，保留了当时用汉字记录的越人歌唱的原貌。千百年来，历代文人学者试图对《越人歌》进行译解、分析和评价，但多是从古汉语的语法结构、音韵格律或词义来进行诠释或分析，殊不知当时船夫是用越语诵唱，而越语无论从语言类别，还是语音和语法结构，都与古汉语不同。因此，用古汉语来解读或诠释《越人歌》的歌词意义，难免顾此失彼，如诠释了歌词意义，音韵格律就无法对仗；而顾及了音韵格律，歌词意义却往往失真。那么，《越人歌》的含意或内容究竟是什么？其语法结构、音韵格律有何规律与特点？这些问题一直未能得到准确的回答。

有学者认为，《越人歌》使用的语言是古越语，古代百越相关支系语言相通，而与楚国人语言不通。骆越后裔壮侗语族包括中国壮族、侗族、布依族、傣族、水族、毛南族、仫佬族、黎族，以及东南亚地区的越南京族、岱依族、侬族、傣族，老挝的老龙族，缅甸的掸族和泰国的泰族等，均源于古代骆越。也就是说，古代骆越人是今壮侗语族的祖先。研究表明，壮侗语族各族语言与古越语在语音、词汇、语法上有着继承关系。因此，使用壮侗语族语言来解读《越人歌》，有可能破译这一千古之谜。

20世纪50年代，日本学者泉井久之助曾尝试用南亚语系的孟—高棉语族的占语和马来—波利尼西亚语系的古马来语及古印度尼西亚语构拟上古越语语音，解读《越人歌》。译文如下：

我祈祷您啊，王子！

我祈祷您啊，伟大的王子！

我认识了您啊，伟大的王子！

正义的王子啊，尊贵的王子。

我真幸福啊！

我忠诚地服从您。

让所有的人都繁荣昌盛吧！

我长久以来一直敬爱着您。

……

由于泉井久之助不熟谙壮侗语族语言，因此译解的意思自然不会很准确，但其使用拟上古越语语音来解读《越人歌》，其思路和译解方法是正确的，对后人的研究或译解具有启迪的。

20世纪80年代以来，随着中国社会科学研究事业的发展，中国百越民族史研究会于1980年6月成立，作为中国古代南方重要族群文化的百越历史文化受到了中国民族学界的关注。学会聚集了全国相关省区乃至北京高校、研究院（所）的大批专家学者，每两年召开一次学术研讨会，研讨的领域日益广泛，研究的问题日益深入，其中不少学者相继对《越人歌》进行了研究和译解。

1981年，中国社会科学院语言研究所著名壮族语言学家韦庆稳连续发表文章，对《越人歌》进行诠释。在《越人歌与壮语的关系试探》一文中，他利用壮语破译了《越人歌》的汉字记音。韦庆稳在破译时，利用董同龢编制的《上古音韵表稿》，测定每个记音汉字的中古（隋唐）音，进一步构拟出相应的上古（先秦）音，用国际音标记录下来，再根据国际音标的读音，选择各地壮语方言和壮侗语族其他语言，包括泰语、水语、毛南语、布依语、沙语、侬语的对应单词，构拟出壮语的中古和上古音；当两者的上古音吻合时，按照壮语语法解读文意。韦庆稳在破译过程中发现古越语语法与现代壮语语法很接近，并依壮语语法和语意，将古越歌的汉字记音分断成五句，而断句后的歌词既押脚韵，又押腰韵，也与现代壮族民歌相似。《越人歌》译文：

今晚是什么佳节？舟游如此隆重。

船正中坐的是谁呀？是王府中大人。

王子接待又赏识，我只有感激。

但不知何日能与您再来游。

我内心感受您的厚意。①

……

1991年，中国社会科学院语言研究所著名语言学家郑张尚芳研究员根据泰语再次破译《越人歌》的汉字记音。泰国的泰语与中国的壮语同属壮侗语族"台语支"。郑张尚芳以书面泰文为基础，比照记音汉字的上古读音，逐字推敲《越人歌》的泰语原意。其译文：

夜晚哎，

欢乐相会夜晚，

我好害羞，

我善摇船，

摇船渡越，

摇船悠悠啊，

高兴喜欢，

鄙陋如我啊，

王子殿下竟高兴结识，

隐藏心里在不断思恋哪！②

……

此外，还有许多学者对《越人歌》进行了研究和破译。例如，林河发表《侗族民歌与〈越人歌〉的比较研究》③一文，从壮侗语族侗水语支的侗语对《越人歌》进行破译；郑张尚芳教授的《越人歌解读》［Decipherment of Yue-Ren-Ge（Song of the Yue boatman）］，刊登在法国出版的《东亚语言学报》（CLAO）22卷第2期（1991年）上④；北京师范大学外语学院周流溪教授利用壮侗语言材料，借助古汉语同源词，对《越

---

①韦庆稳：《越人歌与壮语的关系试探》，《民族语文》编辑部编《民族语文论集》，社会科学出版社，1982。

②郑张尚芳：《千古绝唱"越人歌"》，《国学》2007年第1期。

③林河：《侗族民歌与〈越人歌〉的比较研究》，《贵州民族研究》1985年第4期。

④该文由孙琳、石锋翻译成中文，载于南开大学中文系编《语言研究论丛》第七辑，语文出版社1997年出版。

人歌》进行解读①。百越史学界及壮学界认为，在关于《越人歌》的诸多研究和破译中，韦庆稳所译释的从读音、韵律到歌词意义，更符合该歌的原意；林河破译的与韦庆稳所译出的歌词原意亦大同小异。

　　以上介绍《越人歌》产生的背景、内容及诸多方家对其内容的破译，意在说明骆越语言的发展和歌谣的成就与风格。而语言的形成与发展，经历了漫长的不断积累、不断丰富的过程，具有很强的稳定性和传承性，随着其民族的发展而不断传承下来。从壮侗语族语言（包括语音、词汇、语义及语法等）与春秋战国时期《越人歌》的相通或相同性来看，说明骆越语言穿越了2000多年的历史时空，至今依然流传着。

第二节　骆越文字

　　文字是人类传达感情、表达思想、记录语言的符号，是人类重要的沟通工具。文字是人类在长期的社会生活实践中创造出来的，是人类文化的重要成果和主要载体，也是人类进入文明社会的重要标志。世界民族及其文化的多样性，造就了文字的多样性与复杂性。全世界究竟有多少种文字，尚无法做出准确的统计。中国是一个历史悠久、民族众多、文化丰富的国家，据调查统计，中国各民族现有文字40多种。其中，汉族、回族、满族3个民族通用汉文，蒙古族、藏族、维吾尔族、哈萨克族、柯尔克孜族、朝鲜族、彝族、傣族、拉祜族、景颇族、锡伯族、俄罗斯族等12个民族各有自己的文字。云南傣族在不同地区使用4种傣文，即傣仂文、傣绷文、傣哪文和金平傣文。大部分信仰基督教的傈僳族群众，使用一种用大写拉丁字母及其颠倒形式的字母拼写傈僳语的文字。云南省东北部一部分信仰基督教的群众使用一种把表示声、韵、调的符号拼成方块的苗文。云南佤族中少数信仰基督教的群众使用拉丁字母形成的佤文。壮族、白族、

---

①周流溪：《〈越人歌〉解读研究》，《外语教学与研究》1993年第3期。

瑶族、京族在使用汉字过程中，借助汉字或汉字的偏旁部首，仿照"六书"的方法，构成具有形、声、意特征的方块壮字、方块白文、方块瑶字和京族喃字。

文字的起源问题一直是民族学界、历史学界、考古学界和语言文字学界研究和探索的重要问题。学者认为，文字萌芽于新石器时代中期或晚期，最早出现的是图画或刻画符号，通常刻画或绘画于陶器、石器或骨器等器物上。进入文明社会以后，由前期的图画或刻画符号逐步演变成古文字。中国汉字是世界上文字起源和发展脉络最清晰的一种文字，也是流传时间最长、使用人口最多的一种文字。汉字萌芽于新石器时代中期或晚期，首先出现的是刻画符号或图画符号，如仰韶文化遗址出土的彩陶、龙山文化遗址出土的黑陶上出现了许多刻画符号和图画符号。这些符号都具有特定的含义或象征意义，标志着文字的萌芽。殷商时期，出现了刻于龟壳或牛骨上的象形文字——甲骨文，主要用于记录卜辞，标志着早期汉字的产生。西周时期，在铸造的青铜礼器上出现了钟鼎文（也称"金文"）。春秋战国时期，由前期的甲骨文和钟鼎文演变成书写于竹简或木牍、帛上的大篆（也称"籀文"）。秦始皇统一中国后，推行"书同文"政策，大篆演变成小篆，小篆成为通行全国的文字；与此同时，更为简练的隶书开始出现。汉代时，楷书（又称"真书""正书"）出现，标志着汉字的规范与繁荣发展。除汉字之外，还有许多少数民族文字，其萌芽、产生、发展与演变过程各有不同：一是有着悠久历史、源远流长的民族，在没有外来干预的情况下，其社会按照自身的规律自然或自主发展，当社会发展到一定阶段后，就会产生原始的刻画或图画符号，而后发展演变为文字；二是有的民族在发展进程中，当其文字正处于萌芽状态时，由于外来的兼并或统一战争而被纳入强大民族的统一政体之中，使得尚处于萌芽状态的文字戛然而止，转而使用统一政体推行的文字。骆越及其后裔壮侗语族便属第二种类型。

如前所述，骆越历史悠久，源远流长。从原始社会一直到先秦时期，骆越社会一直处于自主发展的状态，按照自身的发展规律缓慢地发展。自20世纪80年代以来，在古骆越分布的岭南西部地区陆续发现了一系列刻画有各种符号的器物和石刻文字。

一、骆越故地发现商至春秋战国时期的刻画符号

20世纪80年代，广西钦州市大寺镇那葛村马敬坡发现一件商代石磬，上面刻有"Х8Н╍Ѡ"符号。后来在马敬坡上又发现一件磨制石锛，锛体上刻有"ІѴХ∧К"符号。

1980年3月，在象州县罗秀乡下那曹村发现的战国时期的陶器上刻画有"禾丰米"符号。

1986年，在广西南宁武鸣马头元龙坡西周墓出土的一件石范上刻画有"⊛廾"符号。在附近的安等秧战国墓出土的陶器上也有20多个刻画符号，为"アㅁ◊仚ＺＡＫＨ∧半ㅅѠ元丸辶Ｋ仝木丛"。

1991年5月，在广西岑溪县（今岑溪市）花果山发掘了一批战国墓，在出土的青铜器和陶器上共发现13个刻画符号，为"Х↑ІН ⁄ＮＬＯＡＷＷ⁄⁄八Ｆ川"。

另外，在广东出土的先秦至秦汉时期各种器物上，发现刻画符号150个以上，年代最早的是佛山河宕文化遗址，属新石器时代晚期，距今4000多年；最晚的是广州早期汉墓中出土陶器上的刻画符号。广东始兴县白石坪战国墓的一件陶器上刻有"⚇"符号，上面是太阳，下面是箭头，似是"矢"之意，有可能是表示"射日"的象形字。在古越人分布的浙江、江西等地，也都发现有许多类似的刻画符号，其中"丨、Н、川、Х、×、个、Т、∧"符号在广西、广东、浙江、江西等地都有发现。

在越南北部地区出土的先秦时期各种器物上，也有类似的刻画符号。

以上器物上出现的刻画符号，可能是当时人们制作器物时刻画的具有特定含义或用途的记号，但这些尚属刻画符号，还不是文字，至多可以说是文字的萌芽。然而，在相距甚远的不同地方，出现相同或相似的刻画符号，而且是反复出现，其含意是什么，它们之间究竟有何关系？这是一个值得关注和深入探讨的问题。

二、平果县感桑发现的石刻古文字

2006年以来，在广西平果县（今平果市）马头镇感桑村一个叫那林的耕地里，陆续发现了数十件刻有古文字的石块，计有各种符号或文字850多个，而且字迹清晰，笔画流畅，排列密集有序，其年代属于骆越时期。这一重要发现经过媒体报道，引起了社会各界特别是民族学界、考古学界、历史学界和古文字学界的广泛关注。

最早发现感桑石刻文字的是当地村民潘荣冠。2006年10月，潘荣冠在那林犁地时发现一小块刻有图案的石片。出于好奇，他把石片带回家用水冲洗，然后看到上面刻有几个大小不等的像文字的图案，于是就把石片送到村里的小学让老师们看，但无人能识，大家认为有可能是一种古老的文字。此后，潘荣冠每当到那林一带耕种时便特别留意地面上的石片，并把刻有图案的石片全都捡回家存放。在近5年的时间里，他先后捡回刻有文字的大小石片21块；同时在田埂上还发现一个大石块上也刻有文字，因为太大、太重而无法搬回。2011年12月，原平果县人大常委会主任农敏坚与平果县博物馆获悉那林发现有石刻文字后，立即前往调查，在耕地里又发现3块刻有文字的石头，其中潘荣冠先前发现的那块最大，长105厘米、宽55厘米、厚约10厘米，重约50千克，上面刻有83个文字。2011年12月下旬，为了揭开感桑石刻文字之谜，平果县政府邀请中国社会科学院、清华大学、中央民族大学、广西壮族自治区博物馆、广西民族大学及贵州省荔波县水书专家学者到平果县考察，但前来考察的专家学者无人能辨识这些石刻古文字。有学者认为这应是先秦时期的骆越人创造的文字，建议对发现石刻文字的地点进行考古发掘，以寻找更多的证据。

2012年3月，广西考古研究所对发现石刻文字的地点进行了发掘，开掘了一条长62米、宽1.5米的探沟，试掘了3个探方。考古人员在地层里发现有磨制石器、夹砂陶器（片），但未发现刻有文字的石片。

在平果县感桑村那林一带共发现的24块石刻文字中（当地群众还采集收存有部分石刻），共830多个字（图13-1）。字数最多的是编号为"感桑W1"的石刻，刻有10行共143个字；其次为"感桑W2"，刻有16行共

134个字；再次为"感桑W3"，刻有7行共85个字；"感桑W4"有10行共82个字；"感桑W5"有7行共86个字；其余的有10～50余字不等，最少的有4个字。凡字数少的石刻均已残损，刻有文字部分已佚。

图13-1　平果感桑石刻文字

用于刻字的石料皆为青灰色或灰白色砂页岩。刻字呈竖行排列，间隔有序，笔画粗细较均匀，深浅适中，大部分字迹清晰可见，应是使用尖锐的金属器具镌刻而成。其中多数为横竖或斜线相交的字样，也有许多属于方块象形字。有学者认为，感桑石刻处于从刻画符号进入早期文字阶段，其性质与殷商时期的甲骨文相似。也就是说，感桑石刻已具备表达、记录语言或记事的功能，每一块石刻由不同的字形组成，竖行排列，构成长短不一的句子。首先，用句子结构来表达、传递、交流思想感情，这是文字趋向成熟的重要标志。如"感桑W1"共10行，最多字的一行是第1行，有17个字，其余各行多为10个字以上，最少的是末尾第16行，仅有6个字。尽管我们还无法破译石刻文字的内容，但从有序的排列形式来看，感桑石刻具备了用句子表达语言的功能。其次，同一字形在不同的文句中重复出现，这也是文字趋于成熟的标志之一。在文句中重复出现同一字形，一方面表明作者用同一字在不同的地方表述同一个意思的内容；另一方面说明同一字形在此与不同的字形构成一组词句，表述一种有一定意思的内容，在另外的词组里，则会表述为另外一种意思的内容，这也是现代汉字时常出现的。最后，这些文字具备了中华文化传统造字方法。中华字体为方块形，其构造方法是左右结构、上下结构或内外结构等，这些构字方法在感桑石刻中都有体现。

在尚未破译之前，平果感桑石刻文字犹如一部天书，如同早年的甲骨文一样，令人神往却又神秘莫测。有学者试图按照象形字的辨识方法进行破译或解读，从一些象形字中窥探其意思。从其字形，大致可解读的有"雨水""水田""生育""巫师巫术""王权"等内容。与雨水有关的字有5处，都有象形的雨点或雨丝；水田则是方框内刻整齐的方格；涉及生育的字为男根女阴的形状；表现行巫术的字与左江岩画正身人像相似。出现最多的是"王"字，有一个字是由4个"王"组成。在《布洛陀经诗》中有"三样三王造，四样四王置"的记载，"四王"是指天王（雷王）、人王（布洛陀）、水王（蛟龙）、森林之王（老虎），认为4个王字拼成一个字是"四王"的意思，意指人权、神权合一的王。还有一字是上面象征水田，下有3人，与甲骨文的"众"字相似。还有一组词共3个字，上下相连，第一字是下雨形象，第二字是水田形象，第三字是巫师形象，可解读为："天下雨了，田中水满了，这是巫师施法祈求天神下的雨水。"由此推断，平果感桑石刻文字很可能是商代至战国时期骆越祭司举行仪式时祈祷或祭辞的记录。

关于平果感桑石刻文字的年代，根据考古发掘出土的磨制石器、夹砂陶器（片）等遗物推断，其年代为商代至战国时期。这一时期正是骆越生活的年代。平果县感桑一带属古代骆越分布区，这些石刻文字应是由骆越人创造和镌刻的。因而，平果感桑石刻文字的发现，对于了解和研究骆越文字的起源和发展，具有十分重要的价值。

也就是说，骆越地区在先秦时期就已出现了文字；如果继续发展，其文字将日益丰富、规范，最终会形成本民族的文字。然而，秦始皇对岭南的统一、封建郡县制和"书同文"的推行及中原文化的传入，使正在形成中的骆越文字停滞了，进而逐渐被从中原传入的汉文字所取代，纳入了中华民族统一的多元一体文化格局中。

第十四章 · 秦汉王朝统一岭南及中原文化对骆越文化的影响

先秦时期，岭南与中原已有了经济交往和文化交流。公元前214年，秦始皇统一岭南，设置郡县，实行封建统治，岭南骆越居住地在秦王朝统一治辖之下。公元前207年，秦朝灭亡，中原战乱，秦旧将赵佗为避免战乱南延，据关自守，兼并岭南三郡，建立南越国，自立为南越武王，骆越居住地属南越国辖地。公元前111年，汉武帝派兵平定了南越国，岭南重归统一。随着秦汉王朝对岭南的统一和大批中原人的南迁，中原文化源源不断地传入岭南，对骆越文化的发展产生了全面、深刻的影响。正如学者所言，中国"上古文明社会的成长主要表现为文明核心地带的夏、商、周三代帝国的更迭，在以汉、唐为代表的整个中世纪时期，中原地区作为中国古代文明的核心地带的格局也始终没有动摇过。中原核心区作为中华多元文明最先进的'上游'地带，在整个中古时期对周边地带社会文化发挥了强烈的辐射、带动作用，成为周邻民族社会文明成长的动力源泉。"[1]中原文化对骆越文化的影响也是如此。

第一节　秦汉王朝对岭南的统一

公元前221年，秦始皇经过多年征战，先后击败韩、赵、魏、楚、燕、齐等六国，统一中原，建立了中国历史上第一个统一的中央集权制国家，然后顺势向南扩张，统一了长江中下游及以南的百越地区。公元前218年，秦始皇调集重兵，开始了统一岭南的战争。当秦军翻越高山，进入西瓯部族居住地后，立即遭到当地西瓯部族的奋勇抗击。来自北方的秦军不适应西瓯地区山高林密、溪河纵横、道路崎岖的地理环境和气候炎热、瘴气浓重的自然环境，而西瓯人则利用熟悉地形、善于跋山涉水入林的优势，袭击秦军，使之陷入被动挨打、损兵折将、主帅战殁、粮草匮

---

①常浩、吴春明：《中原文明的传播与东南地区方国社会的发展》，载蒋炳钊主编《百越文化研究》，厦门大学出版社，2005。

乏、进退维艰的困境，秦瓯之战进入艰苦的相持阶段。面对统一战争受阻，秦始皇急令监察御史史禄组织人力开凿灵渠，使漓江与湘江相通，长江与珠江水系相连接，解决了通往南方的水上交通问题。灵渠修通后，秦始皇从中原调集的大量援兵、粮食和器械等军用物资源源不断地运抵前线，困守待援的秦军得到兵力和物资补充后，便集中兵力进击西瓯武装，终于在公元前214年完成了对岭南的统一，并设置桂林郡、南海郡、象郡，郡下设县，实行封建统治，骆越人居住的岭南地区开始纳入秦王朝的统一管辖之下。秦始皇统一岭南后，为了巩固新建立的地方政权，把数十万军队留守在岭南各地的政治、军事要塞，同时将大批中原人迁至岭南"与越杂处"。秦始皇对岭南的统一和大批中原人的南迁，为骆越地区输入了大量劳动力，也带来了中原地区先进的生产工具、生产技术及中原文化，促进了骆越地区的开发和经济文化的发展。然而，秦始皇统一岭南仅3年多时间，其王朝就在农民起义的浪潮中覆灭了。

正值秦王朝在声势浩大的农民起义打击下分崩离析，各地豪强纷纷拥兵争雄，中原陷入战争动乱之际，驻守岭南的秦朝旧将赵佗受南海尉任器之托，以原留守岭南的秦军和南迁的中原移民为基本力量，派兵封锁通往中原的关隘，兼并桂林郡、象郡，建立南越国地方政权。赵佗自立为南越武王，骆越地区属南越国辖地。南越国的建立，避免了中原战乱向南蔓延，维护了包括骆越地区在内的岭南地区社会的安定和经济文化的发展。

汉元鼎六年（公元前111年），以南越国丞相吕嘉为首的地方势力不愿归附汉王朝，诛杀汉朝使节，汉武帝决定派兵南征，平定南越国地方政权。汉武帝从各地调集的大军乘楼船顺水而下，直捣南越国都城番禺（今广州市），一举平定了南越国，前后存在93年的南越国宣告覆灭，岭南复归统一。汉武帝平定南越国后，将秦时设置的三郡地分设南海、苍梧、郁林、合浦、交趾、九真、日南、珠崖、儋耳等九郡，委派中原官吏任各郡太守。其中郁林、合浦、交趾、九真、日南、珠崖、儋耳等七郡内均有骆越人居住。汉承秦制，留兵戍守岭南，继续从中原迁徙大批移民南居，输入中原先进生产工具和生产技术，传播中原汉文化。同时，借鉴南越国赵佗实行的"和辑百越"政策，推行"以其故俗治，毋赋税"政策，任用骆

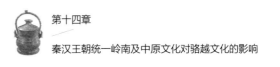
越首领为各级官吏，不直接干预骆越民族内部事务，由其民族首领自治其地、自管其民，保持了骆越社会的稳定，促进了骆越社会经济和文化的发展。

　　骆越分布的岭南西部地区，如今虽然分属中国和越南两个国家，但是在上古时代，骆越分布区地理相连，属同一文化类型，关系密切。先秦时期，岭南西部地区的骆越人已同中原发生政治、经济和文化上的交往与交流。如《淮南子·主术训》云："昔者神农之治天下……其地南至交趾，北至幽都。"《史记》卷一亦云："帝颛顼之治，北至于幽都，南至于交趾……莫不砥属。"《尚书·大传》则云："交趾之南有越裳国。周公居摄六年，制礼作乐，天下和平，越裳以三象重九译而献白雉。"这些史籍记载，反映了先秦时期骆越地区与中原内地的政治、经济和文化联系。秦始皇统一岭南后，设置桂林郡、南海郡、象郡。秦朝末年，中原战乱，赵佗乘机击并桂林郡、南海郡、象郡，建立南越国。元鼎六年（公元前111年），汉武帝派遣大军平定南越国政权，在秦三郡地分设九郡。于是，骆越地区与中原属于同一政体内。随着灵渠的成功开凿，沟通了漓江与湘江水系，打通了中原通往岭南的水上交通，大批中原人迁居岭南"与越杂处"，中原文化也随之传入岭南，包括儒家思想、政治制度、礼乐制度等，在岭南骆越地区广为传播，对骆越文化产生日益全面而深刻的影响，并且涵盖了物质文化、制度文化、观念文化等方面。骆越人民在创造和发展本民族文化的过程中，不断学习和吸收传入的中原文化，并将之融入本民族文化之中，进一步丰富和发展本民族文化，成为中华民族源远流长、丰富璀璨的多元一体文化的组成部分。

第二节　中原文化对骆越稻作文化的影响

中原地区是中华文明的重要发祥地，是最早建立国家并跨入文明社会的地区。殷商时期，中原地区已率先出现了文字——甲骨文，开创了汉字的先河。同时，中原地区也是最早铸造和使用青铜器的地区，周代至战国时期，中原地区的青铜文化已进入繁荣发展时期。春秋战国时期，中原地区又出现了铁器锻造业，率先进入铁器时代，并在农业和手工业生产中广泛使用铁制工具，提高了生产效率，标志着生产力的新发展。秦汉时期，中原地区不仅普遍使用铁制工具，而且还出现了牛犁耕作，为农业生产规模的扩大、耕作方法的改进、耕种技术的提高和粮食产量的增加创造了条件，同时在生产实践中积累了丰富的经验。

由于自然环境的不同，北方和南方种植的作物品种也不同。北方地区因气候寒冷干燥，雨水少，土壤含沙量较大，适合发展种植粟、麦类作物，属麦作农业。南方地区气候炎热，光照充足，雨量丰沛，水源充足，适合发展种植水稻，属稻作农业。虽然两地种植的作物种类不同，与之相应的文化类型也不同，但使用的生产工具和耕作方法却大同小异。

骆越地区的稻作农业起源于新石器时代早期。到了新石器时代晚期，随着新型生产工具——大石铲在农业生产中的普遍使用，稻作农业逐步发展成为人们主要的生计方式和社会主要经济部门。但直至商周时期，骆越先民在农业生产中使用的工具仍然以磨制石器为主，流行锄耕、火耕水耨或随潮水上下耕种的方式，耕作方法尚较为原始粗放。战国特别是秦汉时期，随着秦汉王朝相继统一岭南并设置郡县，大批中原官吏、军队、商贾、百姓进入岭南，特别是大量民众南迁"与越杂处"，不仅为岭南输入了大批有生产经验的劳动力，而且中原地区的冶铁技术及铁制生产工具、生产技术乃至耕畜也随之传入，极大地促进了岭南地区农业和手工业的发展。特别是冶铁技术、铁制生产工具及牛犁耕作的传入，对骆越改进生产方法、扩大耕种面积、提高生产技术和生产效率及粮食增产具有积极的促进作用，并产生了深远的影响。这一时期，骆越地区在农业生产中已流行

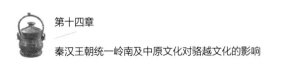

使用铁制工具，以及牛犁耕作、培育或引进优良稻谷品种、施肥及田间管理等生产技术，标志骆越稻作农业进入了新的发展阶段。中原先进生产工具和耕种技术的传入，并为骆越人所掌握与应用，为骆越稻作文化注入了新的形式、新的内涵。正因为如此，秦汉时期，骆越稻作文化开始进入新的发展阶段。

　　文化交流与影响是互动、双向的，在中原文化对骆越稻作文化产生影响的同时，骆越稻作文化也对南迁汉族的农耕文化产生了重要影响。中原地区传统的生产生计方式是以种植粟、麦、黍类作物为主，而迁居岭南后，他们面对的是一个陌生的环境和不同于中原的气候，如岭南地区炎热多雨、光照充足、土地湿润的自然环境适合水稻种植，不适合粟、麦、黍类作物的生长与种植。中原人迁居岭南后，为了生存和发展，要适应当地的气候条件，必须改种水稻，才能解决生计问题。而世代居住在岭南的骆越人在种植水稻方面已积累了丰富的经验，包括水田围埂和耕作、稻谷品种、种植季节、引水灌溉、收割储藏、加工饮食等，形成了具有鲜明地方特色的稻作文化。在"与越杂处"过程中，南迁的中原人不断学习骆越人种植水稻的方法，借鉴骆越人种植水稻的技术和经验，围埂造田，选种育秧，按照季节种植水稻，引水灌溉、田间管理及稻谷的加工与饮食等，很快就适应了岭南的自然环境和气候条件，解决了南迁后生产方式的转换问题，确保了在骆越地区站稳脚跟、安居乐业、不断发展。

第三节　中原文化对骆越干栏文化的影响

　　干栏文化是以离地而居的木结构干栏式建筑为载体的文化系列，是骆越先民在长期的社会生活实践中，为适应当地气候炎热、雨水丰沛、地面潮湿、瘴气弥漫、猛兽横行的自然环境而创造的一种居住建筑形式。此类建筑源于原始时代的"巢居"，即先民在树杈间使用木料构建的一种可遮阳避雨、防兽栖身的寮棚式原始住屋。到了新石器时代中晚期，随着生产力的提高和原始农业的发展，原始先民开始在耕作区附近开辟聚落地，并在地面上使用木料埋柱架楹、揖草为帘，修建离地而居的干栏，标志着真正意义上的人造干栏式建筑的产生。直至商周时期，由于骆越先民使用的工具仍然以各种磨制石器为主，干栏式建筑的雏形虽然已经形成，但修建干栏需要的木料只能使用石器砍伐，还不能开凿榫卯，干栏楹梁构架只能用藤条类绑扎，不仅效率低，而且结构欠稳定，安全性能也差。到了秦汉时期，随着秦汉王朝对岭南的统一和大量中原人的南迁，各种铁制工具也随之传入岭南。一方面，铁器具有质地坚韧、锋利耐用的特点，可用于砍伐和加工木料、开凿卯眼，为骆越干栏式建筑的营造、干栏结构的稳定、干栏空间的扩大或提升创造了有利条件。因此，中原文化对骆越干栏文化的影响，主要是体现在中原铁器的传入及骆越人使用铁器从事干栏的建造上。另一方面，在秦汉时期，中原地区在木构建筑的营造技术方面已积累了丰富的经验，特别是榫卯和斗栱工艺在建筑中的开创与采用，在中国乃至世界建筑史上都具有里程碑式的重要意义。因此，可能是受中原建筑工艺的影响，这一时期的骆越工匠在干栏式建筑营造中已经采用了榫卯结构，使得干栏构架更为牢固、稳定。

当然，如前所述，文化交流与影响是双向、互动的，中原文化对骆越干栏文化产生影响的同时，骆越干栏文化也对南迁中原人的建筑文化产生了影响。中原人原来居住的北方地区，因气候寒冷干燥，风沙较大，特别是冬季风雨交加，天寒地冻，为适应当地寒冷的气候，需要修建具有良好封闭性、相对低矮的房屋居住，以避风寒。移居岭南后，可谓冰火两重天，这里夏长冬短，气候炎热，空气湿度大，地面潮湿，那种低矮的封闭式房屋显然不适合在这种闷热的气候条件下居住。于是，中原人移居岭南后，便依照当地骆越人所居住的干栏的建筑结构修建离地而居的干栏居住。在汉代苍梧、合浦、郁林、交趾等郡治的今广西梧州、合浦、贵港及越南等地的汉代墓葬里，出土了许多各种形式的陶质或铜质干栏式建筑模型，其中有住屋、谷仓等。这些建筑模型专门为死者随葬而制作，但其原型应是人们实际居住的房屋形式，这些墓葬的主人多数是汉王朝委派到骆越地区任职的官吏。由此证明，南迁的中原人为了适应新的环境，学习和仿照当地骆越人修建离地而居的干栏式建筑，并凭着铁制工具和丰富的建筑经验，修建的干栏式建筑会更紧密、更稳定、更牢固。

第四节　中原文化对骆越青铜文化的影响

　　青铜器的铸造和青铜文化的形成，是人类进入文明社会的标志。殷商时期，中原地区已出现了青铜铸造业，形成了具有鲜明地方特色的青铜文化。西周至战国时期，中原地区的青铜文化已进入繁荣发展时期。据史料记载，商周时期，岭南地区与中原地区已经有了政治、经济和文化上的联系。骆越地区产的珍宝方物，依例奉送给商周王朝；商周王朝则馈赠予青铜礼器。根据考古发现，骆越故地已发现许多商周时期的青铜器，春秋战国时期的青铜器更多，器型以礼器居多，也有兵器、车马器、乐器或生活用器，这说明商周时期中原地区铸造的青铜器已传入骆越地区。青铜器以品质优良、造型美观、纹饰精美、坚实耐用的特性，为人们特别是贵族阶层所钟爱。中原青铜器的传入，为骆越地区输入了新的文化，对激发骆越人铸造青铜器的热情和学习先进生产技术的兴趣，具有重要的促进作用。

　　如前所述，大约在春秋战国时期，骆越人就已掌握青铜铸造技术，开始铸造和使用青铜器，青铜文化也随之形成。可以说，骆越青铜铸造业及其青铜文化是在中原青铜文化的影响下发展起来的。早期铸造的青铜器，从铸造工艺到装饰的花纹图案，主要是依照中原青铜器的模式铸造的。到了战国至秦汉时期，骆越青铜文化有了长足的发展，骆越工匠在掌握青铜铸造工艺技术的基础上，根据民族的文化传统和社会需要，开拓创新，设计和铸造出具有鲜明地方民族特色的青铜器，如铜鼓、羊角钮钟、靴形钺、扁茎短剑、人首柱形器、铜筒、铜桶等，形成了具有地方民族特色的青铜文化。但在这些具有鲜明地方民族特色的青铜器上，都不同程度地吸收了中原青铜文化的元素，其中以青铜器的花纹图案装饰最为明显，如骆越青铜器上所饰的太阳纹、云雷纹、乳钉纹、锯齿纹、弦纹、游旗纹、骑士纹、蕉叶纹等。可以说，骆越青铜文化是中原青铜文化与骆越文化的结合体，是中原文化与骆越文化交融的结果。

第五节　中原文化对骆越花山岩画文化的影响

如前所述，左江花山岩画是骆越人创造的艺术杰作，是世界古代岩画艺术的瑰宝。据研究，左江花山岩画绘制于战国至东汉时期，其中秦汉时期是花山岩画文化繁荣发展的时期。战国时期，中原文化已经通过各种途径传入骆越居住的岭南西部地区。秦汉时期，随着秦汉王朝相继对岭南地区的统一和大批中原人的南迁，中原文化随之持续传入骆越人居住的岭南西部地区，并且被骆越人所认同与吸收，融入自己的艺术创作中。因此，在骆越人创作的艺术作品里，都或多或少地留下了中原文化的影子。在规模宏大的左江花山岩画中，也出现有中原文化的元素，留下了中原文化的印迹。

左江花山岩画中出现的中原文化元素，主要体现在画面上出现的环首刀、长剑、羊角钮钟和铜铃等青铜器。左江花山岩画的典型组合，是以一个身形高大魁伟、头饰特殊、腰佩环首刀或长剑、脚下有内带芒星的铜鼓或犬类的正身人物图像为中心，左右或四周有序地排列或环绕着众多作举手半蹲舞蹈状的正身或侧身人物图像。战士或将军身佩刀剑之制，在商周时期的中原地区就已经出现。左江花山岩画上画面中心的高大正身人的身份应是骆越部族首领或巫师类人物，在祭祀仪式上身佩刀或剑，应是生活中佩刀或佩剑之俗的反映。骆越首领身佩刀或剑之俗，应是受中原地区佩刀剑之制影响使然。岩画上高大正身人腰间佩挂的刀或剑，或为骆越人铸造，或为中原地区传入之物。歌舞以钟、鼓、铃伴奏，同样源于中原地区。左江花山岩画上舞蹈人物中出现的钟、鼓、铃等乐器，应是骆越人在

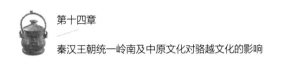

祭祀活动中，众人踏着鼓乐的节奏跳拟蛙舞以娱神的形象反映，而众人舞蹈伴以鼓乐之制，应是受中原地区歌舞文化影响的结果。

第六节　中原文化对骆越服饰文化的影响

骆越服饰文化源于新石器时代，具有相对独立的起源与发展历程。骆越先民对自然界中富含纤维的各种植物的认识、提取植物纤维的方法及纺纱织布、印染独具特色的服饰，是其在长期的生活实践中不断认知和创新的结果。特定的自然环境和生产方式，造就了骆越服饰文化鲜明的地方民族特色，断发文身之俗的形成也是如此。而中原（包括长江中下游地区）服饰文化对骆越服饰文化的影响，主要表现在先进的纺织机、种桑养蚕技术、丝绸织品及其技术和中原服式（包括官服和汉服）的传入。

我国古代织布机的起源与发展，经历了从踞织机（腰织机）到斜织机（竖机）的发展演变。考古资料和文献资料显示，原始的踞织机大约产生于距今6000年的新石器时代。1975年，在浙江省余姚河姆渡新石器时代遗址里，发现有木经轴、分经木、绕纱棒、齿状器、打纬木刀和骨刀、梭形器等纺织工具，纺织专家认为这些应是原始踞织机的部件。同时还发现有大批与纺纱、缝制衣服有关的纺轮、骨针等工具。这是已发现的最早的原始织布工具。商周时期，黄河流域和长江流域已相继出现木制缫车、纺车和斜织机；战国时期至汉代已普遍使用提花机和斜织机。后来，经过对斜织机的进一步改进，出现了脚踏提综的斜织机，极大地提高了纺织效率。此外，自周代以来，随着中原地区桑蚕养殖业的发展，以蚕丝织成的绮、锦、缎、绫、缣、纱、縠、罗等高档织品大量涌现，其品质优良、工艺精湛，深受皇室贵族所青睐，标志着我国古代纺织业的蓬勃发展和卓越成就。因此，黄河流域和长江流域是我国最早使用腰织机、斜织机和种桑养蚕、纺织丝绸的地区，代表了我国古代纺织业的发展水平与成就，引领着我国古代纺织业的发展。

秦始皇统一岭南后，设置桂林郡、南海郡、象郡，留军戍守，委派官吏，将大批中原人迁往岭南"与越杂处"，开创了大批中原人迁居岭南之先河。汉元鼎六年（公元前111年），汉武帝调集数十万大军，长驱直入，一举消灭了南越国武装力量，传五代共93年的南越国政权灭亡，岭南复归统一。汉武帝统一岭南后，分三郡为九郡，亦留军戍守，委派官吏，迁徙移民南居。因此，自秦至汉，随着岭南的统一、郡县的设置和大批中原移民的南迁，中原文化随之传入岭南，中原先进的纺织机和纺织技术、种桑养蚕技术、纺织丝绸及服饰亦随之传入骆越人居住的岭南地区，并逐渐为骆越人所掌握，斜织机开始在骆越地区推行，用于纺织当地的麻布、蕉布、藤布、葛布和棉布等，提高了织品质量。南宁市武鸣区马头镇安等秧战国墓葬中出土的结构细密、平整的麻布，只有斜织机才能纺织出这样的织品。而贵港罗泊湾一号汉墓中出土的系列木质纺织机构件，应属斜织机；在该墓中的七号殉葬棺内还发现有许多黑底橘红"回"形纹织锦残片，这样的锦织品应是采用提花机织成的。此外，秦汉时期，种桑养蚕技术也由迁居岭南的中原人传入岭南地区，种桑养蚕逐渐在骆越地区兴起，丝绸纺织业也相应发展起来。在贵港罗泊湾一号汉墓中出土的《从器志》上，记录有成匹的缯、布及用缯、布制成的衣服和装载其他物品的囊袋，出土的丝织品有平纹的绢、纱等衣料。这些丝绢织品有可能是中原传入品，更有可能是骆越人纺织的产品。当时堪称先进的斜织机或提综斜织机的传入及种桑养蚕业和丝绸纺织在骆越地区的兴起，促进了骆越服饰文化的发展。

如前所述，随着秦汉王朝先后统一岭南，设置郡县，委派官吏，留军戍守，大批中原人进入岭南。这些南来的中原官吏、军队将士、贵族、商贾或百姓，带来了中原各地的服饰。长期同当地越人交错而居与交往，中原服饰对骆越服饰产生潜移默化的影响。特别是南越国王赵佗实行"和辑百越"的民族政策，不仅遵从当地越人习俗，不干预当地民族内部事务，还任用当地越人首领为官。汉武帝平定南越国、统一岭南后，借鉴赵佗的"和辑百越"民族政策，实行"以其故俗治，毋赋税"的羁縻政策，继续

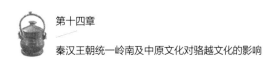
任用当地民族首领为官，由其自治其地、自领其民。如此一来，这些被汉王朝任用为地方官员，在官府任职的骆侯、骆将等首领，自然会逐渐接受并依照汉族官吏的服饰着装之制。久而久之，中原汉式服饰逐渐在民间流行，由此开启了汉越服饰文化的交融。

第七节　中原文化对骆越丧葬文化的影响

骆越丧葬文化具有自己的起源和发展历程。追根溯源，骆越丧葬文化源于当地新石器时代的丧葬文化，是骆越人对其先民丧葬文化的继承与发展。先秦时期，骆越人基于其所处的自然环境、经济生活方式和别具特色的原始宗教信仰，因地制宜、因形就势、就地取材，开创了具有鲜明地方特色的丧葬文化，如流行岩洞葬、瓮棺葬俗等。秦始皇和汉武帝先后统一岭南后，实行封建郡县制，骆越地区被纳入统一的政体之中。随着政区、政体的统一和大批中原各级官吏、军队将士、商贾和百姓迁居岭南，中原的丧葬文化也随之传入，并对骆越丧葬文化产生日益深刻的影响，使其丧葬文化深深地打上了中原文化的烙印。

一、等级制度及其观念对骆越丧葬文化的影响

中原地区自商周王朝建立后，社会上就形成了帝王、将、相、侯、卿大夫、士、庶民和奴隶等阶层，特别是西周实行宗法制和分封制，形成等级森严的王—侯—卿大夫—士—庶民、奴隶的阶层。而分封制也有严格的规定，即按公、侯、伯、子、男五等爵分封。封地分三等：公侯方百里，伯方七十里，子方五十里。受周王册封的诸侯王，又在各自的封国内，将土地（连同居民）分封给卿大夫，其封地通称"采邑"。正如《左传》云："天子建国，诸侯立家，卿置侧室，大夫有贰宗，士有隶子弟，庶人

工商，各有分亲，皆有等衰。"不仅在政治上尊卑有序，等级有别，不可僭越，而且在社会生活中，从衣食住行到婚丧礼乐，也严格按照等级高低、地位尊卑而行之。在当时的丧葬制度中，对随葬礼器的种类、组合和数量、陵墓规模、墓室与棺椁结构乃至殉人等都有着严格的礼制要求，规定"天子九鼎，诸侯七鼎，大夫五鼎，元士三鼎或一鼎"。《公羊传·桓公二年》何休注说："礼祭天子九鼎，诸侯七、大夫五、元士三也。"就连死后停柩的时间，也有严格的规制，即"天子七日而殡，七月而葬；诸侯五日而殡，五月而葬；大夫、士、庶人三日而殡，三月而葬"。春秋战国时期，随着新兴地主阶级的崛起，开始对西周的分封制、宗法承袭制及其礼乐制度进行挑战，出现了等级制度和社会秩序的重构和"礼崩乐坏"的局面，传统的等级观念和礼乐制度发生了变化，传统的丧葬制度也随之变化；但森严的等级观念已深入人们的思想观念之中，并以强大的惯性传承着，影响着政治、经济、文化和人们的社会生活。汉代以前，在"事死如事生"和孝悌观念的主导下，人们将死亡视为生活空间的转移，于是把生前拥有的权位、财富乃至奴隶用于死后随葬，使其在另一个世界继续享用，由此形成了厚葬之俗。帝王、将、相、侯、卿大夫、士等权贵阶层死后，修建的陵墓规模宏大，结构复杂，随葬品种类和数量众多。这样的等级、孝悌观念和丧葬制度，随着中原人的南迁而传入骆越地区，特别是前来岭南任职的秦汉王朝官吏，无论是在政治生活还是社会生活乃至丧葬观念中，其等级制度及观念已根深蒂固。进入春秋战国特别是秦汉时期，随着秦汉王朝对岭南的统一，骆越社会已由奴隶社会初步进入封建社会，其社会内部出现了王、将、侯等权贵阶层。还有部分越人首领被秦汉王朝委以官职，进入统治阶层，如汉武帝平定南越国时因功绩而封侯，其中苍梧王赵光降汉，被封为随桃侯；揭阳令史定降汉，被封为安道侯；粤将毕取率军降汉，被封为僚侯；桂林监居翁谕告瓯骆40余万人降汉，被封为湘城侯。中原的官爵或权位等级制度、丧葬制度及厚葬之风，对骆越丧葬文化的发展产生了深刻的影响。这不仅在秦之桂林郡、象郡和汉之苍梧郡、郁林郡、合浦郡、交趾郡诸郡治保存的墓葬群中出现墓葬规模的大小、墓室与棺椁结构的繁简及随葬品种类与数量多少的差别，而且在骆越地区的西周或战国墓葬群中也同样存在如此差异，反映了骆越地区丧葬文化深受中原等级制度和丧葬制度及其观念的深刻影响。

二、中原地区丧葬制度对骆越丧葬文化的影响

商周时期，源于新石器时代的丧葬文化有了新的发展。随着社会上出现了阶级分化，形成帝王、将、相、侯、卿大夫、士、庶民和奴隶等阶级和等级制度，同时形成与之相适应的礼乐制度和丧葬制度。一是棺椁制度。据《礼记·檀弓上》记载的周代制度规定："天子之棺四重。"郑玄注："诸公三重，诸侯再重，大夫一重，士不重。"就是说，天子所用除贴身的内棺外，外面还套着四重外棺，总共五重。棺木的大小与厚薄、内外装饰的用料，也都有严格的等级，如"君大棺八寸，属六寸，裨四寸。士大夫大棺八寸，属六寸。下大夫大棺六寸，属四寸，士棺六寸"，"君盖用漆，三衽三束。大夫盖用漆，二衽二束。士盖不用漆，二衽二束"，"君贴尸之棺内装饰，用红、绿二色丝绸，以金钉、象牙钉固定；大夫用黑、绿二色丝绸，以牛骨钉固定；士只用黑色丝绸，以牛骨钉固定"。《荀子·礼论》云："天子棺椁七重，诸侯五重，大夫三重，士再重。"即天子为五棺二椁，诸侯为四棺一椁或三棺两椁，大夫为两棺一椁，士为一棺一椁。随着周朝的灭亡，其礼乐制度也随之衰落，棺椁制度也发生了变化，特别是秦汉时期，诸侯至郡守一级的官吏，一般都是一棺一椁，但墓葬规模依然宏大，墓室和棺椁结构依然复杂。这样的丧葬制度，在骆越地区的汉代墓葬中普遍存在，如已经发掘的广西贵港罗泊湾、风流岭、深钉岭，合浦望牛岭、丰门岭、宝塔山、堂排岭等地的汉代墓葬中，既有墓坑宽大、墓道宽长、棺椁相套、椁下有殉葬棺、随葬品丰富的大型墓葬，也有墓葬结构复杂、正室旁设有耳室、有棺有椁、随葬品丰富的次大型墓葬，更多的是规模中等的墓葬。这样的墓葬规模、结构和随葬品的差别，应是由于死者生前官品的不同所导致。如1976年发掘的贵港罗泊湾一号汉墓，墓上尚保存的封土堆高约7米，底径约60米，墓道长41.5米、宽4.8～3.2米，墓室宽5.53～7.75米；椁室分前、中、后3室12个椁箱，椁

底用枕木支垫，椁室间用木板相隔；上用28根大型杉木封盖。椁室内放置3具大型木棺，主棺为双层漆棺。墓道前端设有一车马坑，坑内遗留系列车马器具。在椁底板下，有7个殉葬坑，每坑放置棺木一具，棺内骸骨尚存。随葬器物有陶器、铜器、铁器、金器、银器、锡器、玉石器、玛瑙器、琉璃器、竹器、木器、漆器及麻织品、丝织品等，共1000多件，凡生产工具、生活用具及车马器、乐器、兵器、木牍、竹简及植物种子、果实等，应有尽有，其中青铜器就有192件。这是骆越地区已发现并发掘的规模最大、随葬器物最多的一座墓葬。研究者认为，该墓应是郡守一级官吏的墓葬[①]。可见中原丧葬制度及其文化对骆越丧葬文化的深刻影响。

三、中原墓葬随葬器物规制对骆越丧葬文化的影响

埋葬死者并且用生产工具、生活用器或装饰品给死者随葬，是一种普遍性的葬俗，古今中外皆如此，是祖先崇拜、鬼魂崇拜及"事死如事生"的观念使然，意在让死者在另一个世界继续享用。然而，时代、地区或民族不同，随葬器物的种类、数量也各不相同，且各具特色。文献资料和考古资料印证，西周时期，随着礼乐制度的形成，随葬品以象征王权的鼎与簋相组合，天子九鼎八簋，诸侯七鼎六簋，大夫五鼎四簋，士二鼎二簋。此外，还有其他各种青铜器、铁器、陶器、玉石器等，包括日常使用的生产工具、生活用具及装饰品等。商周至秦汉时期，使用的青铜器，包括各式鼎、簋、卣、尊、壶、甑、钫、盘、钵、镜、杯、盒、钟、灯、剑、刀、戈、矛、钺、弩、镞及铁制的锸、锄、铲等，为各地中大型墓葬所常见。战国以后，随着社会的变革，商周时期的人殉之制逐渐废止，随葬品中开始出现各种模型明器，包括房屋、楼阁、城堡、作坊、灶、水井及家畜、人俑、骑士俑等。而骆越地区发现的墓葬，无论是西周和春秋战国时期的墓葬，还是秦汉时期的墓葬，都普遍使用中原汉式青铜器随葬。例如，广西南宁武鸣元龙坡、安等秧西周墓葬，宾阳韦坡和田东锅盖岭战

---

①广西壮族自治区博物馆：《广西贵县罗泊湾汉墓》，文物出版社，1978。

国墓葬，都发现有中原汉式的剑、矛、戈、斧、镦等青铜器；中国广西贵港、合浦和越南东山等地大型汉代墓葬中，则普遍发现有中原汉式鼎、盒、壶、钫、匜、盆、镜、剑、刀、戈、矛、俑及铁锸、锄等随葬。模型明器普遍在骆越各地的墓葬常见，如中国广西贵港、合浦及越南东山文化系列墓葬中，都发现有房屋、楼阁、城堡、作坊、灶、水井及家畜、人俑、骑士俑等模型明器，反映了中原丧葬制度及用于随葬的青铜器和铁器之俗对骆越丧葬文化的深刻影响。

当然，文化上的影响与交融总是相互的。中原文化作为影响的主体方，其丧葬文化也受到骆越文化的影响，如在中国广西贵港、合浦和越南东山等地的墓葬里，出土有铜质或陶质的干栏式建筑模型及铜鼓等越式器物，说明骆越文化对迁居岭南的中原人的丧葬文化也产生了潜移默化的影响。

结　　语

一、骆越文化形成与发展的生态环境

骆越文化是由一系列文化事项构成的集合体，是骆越人民在长期的生产和生活中，与大自然进行艰苦卓绝的斗争，因地制宜，开拓进取，不断创造、积累而形成的重要成果，凝聚着骆越人民的智慧和创造精神，是推动骆越文化发展的巨大动力，同时又是骆越卓立于古代民族之林的重要标志。

骆越文化的形成、发展及其鲜明地方民族特色，是由其生活的特定的自然生态环境、社会生态环境塑成的。骆越分布的岭南西部和海南地区，处于亚热带和热带气候区，气候炎热，雨水丰沛，光照充足，土地湿润，植被繁茂。其地又属喀斯特地区，群山绵延，丘陵起伏，层峦叠嶂，江河密布。在山岭或河谷之间，分布着无数大小盆地。盆地中土质松软、肥沃，水源充足，适合开垦、耕种，是当地居民的主要耕作区。这样的自然生态环境，适合水稻等亚热带作物的生长和种植。在这样的自然生态环境下，骆越先民认识并顺应自然规律，根据自然生态环境的特点发展水稻种植，形成了以稻作农业为本的生计方式和以稻作文化为核心的文化形态，并衍生出与之相适应、具有浓厚和鲜明稻作文化色彩的其他文化。随着骆越社会的不断发展、生产力水平的不断提高和中原文化日益深刻的影响，以稻作为本的生计方式和以稻作文化为核心的文化也在不断发展，不断拓展和注入新的内容，呈现出新的面貌。

先秦时期，骆越社会按照自身的发展规律自然地缓慢发展着，从原始社会逐步进入文明社会。基于自然条件与地理环境，骆越分布地域广阔，从今中国广西中部到西部的桂滇交界地乃至今越南北部，从北部的桂黔交界地到桂南以至粤西乃至海南岛。骆越内部众多的部落分布在群山绵延、江河密布的广阔区域里，繁衍生息，耕耘劳作，各治生业。大约到了战国至秦汉时期，经过不断的兼并，骆越内部逐步形成若干势力较为强大的部落或部落联盟，即以今武鸣为中心的部落、以今宁明花山为中心的部落联盟、以今越南清化为中心的部落联盟、以今贵港为中心的部落联盟及粤西、海南岛等地部落联盟。秦始皇统一岭南后，设置南海郡、桂林郡、象郡，然因骆越居住地僻远，境内山重水复，交通闭塞，故其势力并未深入骆越腹地。即使到了汉代，骆越居住地除郡县治所附近为汉朝统治范围外，骆越分布的广大地区仍然处于自然发展状态，因此，汉王朝实行"以其故俗治，毋赋税"的羁縻统治政策。这就是骆越文化所处的社会生态环境，因其自然生态环境和社会生态环境大抵相同，所以其以稻作农业为本的生计方式和以稻作文化为核心的系列文化形态亦基本相同。

二、骆越文化与中原文化的关系

骆越居住的岭南西部乃至海南地区，远离中原；而在与中原交接的北部地区，则五岭横亘，成为阻隔两地交往的天然屏障。但是，天然屏障并不能阻隔岭南与中原地区的交往。早在先秦时期，岭南越人已翻越高山，分别在越城岭、都庞岭、萌渚岭、骑田岭或大庾岭上开辟山道，作为进入中原的陆上通道。岭南方物珍宝就是通过山道送往中原；中原青铜器亦通过这些通道传入岭南各地。秦始皇统一岭南、设置三郡，标志着岭南地区正式划入中央王朝统一管辖和统治之下。政治上的统一，必然会促进岭南经济开发和文化的发展。秦始皇在统一岭南过程中，委派史禄主持灵渠的开凿。灵渠开通后，长江水系和珠江水系相连接，此后灵渠便成为岭南与中原交通的主要通道，使两地的联系和交往日趋密切。大批中原人和中原文化亦进入岭南地区，对骆越经济和文化的发展产生重要而深刻影响。从此，岭南地区与中原地区在政治、经济和文化上形成一体，成为中华民族多元一体的重要组成部分。因此，骆越文化和中原文化是同一政治体内两个不同民族和两种不同类型的文化。随着中央王朝统一岭南和大批中原人的南迁，出现了文化上的相互交流、相互吸收、共同发展，逐步形成你中有我、我中有你的密切关系。

三、骆越文化在中华民族多元一体文化中的地位和作用

中华民族的形成，经历了漫长的历史发展与演变过程。自古以来，在幅员辽阔的中华大地上，生活着众多的古老民族。随着历史的演进、时代的变迁和社会的发展，诸古老民族经历了迁徙、演变、融合与重组的过程。各民族生活在特定区域，因地制宜，开创了与所处自然环境相适应的生计方式和各具特色的文化模式，为缔造中华民族悠久的历史和丰富璀璨的文化做出了贡献。骆越是世代居住生活在岭南地区的原住族群，在长期的社会生活和生产实践过程中，顺应自然规律，因地制宜，开创了以稻作农业为本的生计方式和以稻作文化为核心的文化模式，这些具有鲜明地方民族特色、凝聚着广大骆越人民智慧和创造精神的稻作文化、铜鼓文化、花山岩画文化和干栏文化等，既是中华民族多元一体文化中的重要组成部分，也是人类文明的重要组成部分。2016年7月15日，骆越先民绘制的左江花山岩画文化景观列入《世界遗产名录》。骆越文化在中华民族多元一体文化格局中占有独特而重要的地位，极大地丰富和发展了古代中华民族多姿多彩的璀璨文化。

四、骆越文化的传承及其对后裔壮侗语族文化发展的影响

骆越文化是商周至秦汉时期世代居住在今中国广西西部、西南部和广东西部、海南岛、云南东南部及越南北部等广大地区的骆越先民创造的文明成果，具有承前启后、继往开来的作用，即前承新石器时代其先民开创的文化，为其后裔诸民族文化的发展奠定了良好的基础并产生深远的影响。"骆越"这一名称虽然在东汉以后的史籍中少见了，但在其居住地取而代之的是乌浒、俚、僚及唐宋以后出现的僮、侗、仫佬、毛南、布依、

水、傣、黎、京、岱侬、侬等族称；迁居至东南亚地区的称为老龙族、掸族、泰族等。可以肯定的是，这些民族主要是由秦汉时期的骆越发展而来，经过不断演变、分化或重组而形成，故而语言相通，文化相同，习俗相近。骆越开创的稻作文化、铜鼓文化、干栏文化、宗教文化等一直传承下来，不断发展创新。至今，骆越后裔仍然以稻作农业为本，以稻米为主食，崇尚铜鼓，行鸡卜，住干栏，流行多神信仰，崇拜雷神、水神、山神、树神、花神、蛙神、牛神、始祖神、祖先神等，这些文化习俗，皆源自骆越。

参考文献

［1］徐松石.粤江流域人民史［M］.上海：中华书局，1939.

［2］罗香林.百越源流与文化［M］.台北："国立"编译馆中华丛书编审委员会，
     1955.

［3］百越民族史研究会.百越民族史论集［C］.北京：中国社会科学出版社，1982.

［4］蒙文通.越史丛考［M］.北京：人民出版社，1983.

［5］百越民族史研究会.百越民族史论丛［C］.南宁：广西人民出版社，1985.

［6］戈鹭波.东京和安南北部的青铜时代［G］//民族考古译文集（1）.昆明：云南省
     博物馆，1985.

［7］覃圣敏，覃彩銮，卢敏飞，等.广西左江流域崖壁画考察与研究［M］.南宁：广
     西民族出版社，1987.

［8］中国百越民族史研究会.百越史研究［C］.贵阳：贵州人民出版社，1987.

［9］陈国强，蒋炳钊，吴绵吉，等.百越民族史［M］.北京：中国社会科学出版社，
     1988.

［10］黄现璠，黄增庆，张一民.壮族通史［M］.南宁：广西民族出版社，1988.

［11］蒋炳钊，吴绵吉，辛士成.百越民族文化［M］.上海：学林出版社，1988.

［12］余天炽，覃圣敏，蓝日勇，等.古南越国史［M］.南宁：广西人民出版社，
     1988.

［13］百越民族史研究会.百越民族史资料选编［M］.南宁：广西人民出版社，1988.

［14］中国古代铜鼓研究会.中国古代铜鼓［M］.北京：文物出版社，1988.

［15］何光岳.百越源流史［M］.南昌：江西教育出版社，1989.

［16］中国百越民族史研究会，云南省民族事务委员会.百越史论集［C］.昆明：云南
     民族出版社，1989.

［17］秦钦峙，赵维扬，谢远章，等.中南半岛民族［M］.昆明：云南人民出版社，
     1990.

［18］彭适凡.百越民族研究［C］.南昌：江西教育出版社，1990.

［19］浙江省社会科学院国际百越文化研究中心，中国百越民族史研究会.国际百越文
化研究［C］.北京：中国社会科学出版社，1994.

［20］张声震.壮族通史（上、中、下三册全）［M］.北京：民族出版社，1997.

［21］费孝通.中华民族多元一体格局［M］.修订本.北京：中央民族大学出版社，
2003.

［22］郭振铎，张笑梅.越南通史［M］.北京：中国人民大学出版社，2001.

［23］黑格尔.东南亚古代金属鼓［M］.石钟健，黎广秀，杨才秀，译.上海：上海古
籍出版社，2004.

［24］郑超雄.壮族文明起源研究［M］.南宁：广西人民出版社，2005.

［25］蒋炳钊.百越文化研究［M］.厦门：厦门大学出版社，2005.

［26］林蔚文.中国百越民族社会与文化［M］.北京：中国社会出版社，2005.

［27］罗世敏.大明山的记忆：骆越古国历史文化研究［C］.南宁：广西民族出版社，
2006.

［28］王文光，李晓斌.百越民族发展演变史：从越、僚到壮侗语族各民族［M］.北
京：民族出版社，2007.

［29］中国百越民族史研究会，广西壮族自治区文物所，广西文物考古研究所.百越研
究：第一辑［C］.南宁：广西科学技术出版社，2007.

［30］谢崇安.壮侗语族先民青铜文化艺术研究［M］.北京：民族出版社，2007.

［31］广西文物考古研究所，南宁市博物馆.广西先秦岩洞葬［M］.北京：科学出版
社，2007.

［32］谢崇安.滇桂地区与越南北部上古青铜文化及其族群研究［M］.北京：民族出版
社，2010.

［33］李昆声，陈果.中国云南与越南的青铜文明［M］.北京：社会科学文献出版社，
2013.

［34］徐方宇.越南雄王信仰研究［M］.北京：世界图书出版公司，2014.

［35］吴春明.红河下游史前史与骆越文化的发展［G］//越文化实勘研究论文集
（二）.北京：科学出版社，2008.

［36］陶维英.越南民族的起源［M］.［出版作者不详］，1950.

[37] 明铮. 越南史略（初稿）［M］. 北京：生活·读书·新知三联书店，1960.

[38] 陶维英. 越南历代疆域［M］. 钟民岩，译. 北京：商务印书馆，1973.

[39] 范辉通，等. 雄王立国［C］//越南研究会议论文集（越文）. 河内：社会科学出版社，1973.

[40] 陶维英. 越南古代史［M］. 刘统文，子铖，译. 北京：商务印书馆，1976.

[41] 越南社会科学委员会. 越南历史［M］. 北京大学东语系越南语教研室，译. 北京：人民出版社，1977.

[42] 黎文兰，范文耿，阮灵. 越南青铜时代的第一批遗迹［M］. 梁志明，译. 南宁：中国古代铜鼓研究会，1982.

[43] 文新，阮灵，黄兴，等. 雄王时代［M］. 梁红奋，译. 昆明：云南省历史研究所，1976.

[44] 陈重金. 越南通史［M］. 戴可来，译. 北京：商务印书馆，1992.

[45] 何文缙. 越南东山文化（越文）［M］. 河内：社会科学出版社，1994.

[46] 范明玄. 东山文化的多样性与一致性（越文）［M］. 河内：社会科学出版社，1996.

[47] 何文缙. 越南考古学第二集：越南金属器时代（越文）［M］. 河内：社会科学出版社，1999.

[48] 程能钟. 越南北部与南中国史前文化关系（越文）［M］. 河内：社会科学出版社，2009.

[49] 阮维形. 骆越文明（越文）［M］. 河内：越南文化通讯出版社，2013.

[50] 石钟健. 试证越与骆越同源［J］. 中南民族学院学报（哲学社会科学版），1982（2）：10-21.

[51] 詹慈. 试论海南岛临高人与骆越的关系［J］. 中央民族大学学报（哲学社会科学版），1982（3）：84-92.

[52] 杨立冰. 评越南史学界对越南古代史的"研究"［J］. 学术论坛，1983（2）：77-80.

[53] 范宏贵. 关于越南民族起源问题的论争［J］. 印支研究，1982（3）：36-38.

[54] 杨立冰. 评越南史学界歪曲中越关系史的几个谬论［J］. 印度支那，1985（1）：20-25.

［55］范勇.骆越族源试探［J］.四川文物，1985（2）：63–67.

［56］张增祺.晋宁石寨山文化与越南东山文化的比较研究［J］.云南社会科学，1985
（2）：53–60.

［57］范勇.试论骆越非越［J］.贵州社会科学，1986（6）：57–62.

［58］张一民，何英德.西瓯骆越与壮族的关系［J］.广西师范大学学报（哲学社会科
学版），1987（2）：75–79.

［59］玉时阶.从花山崖壁画探讨骆越的文化特点［J］.广西民族学院学报（哲学社会
科学版），1987（3）：24–27.

［60］蒋炳钊.关于西瓯、骆越若干历史问题的讨论［J］.广西民族研究，1987
（4）：127–135.

［61］蓝日勇.广西战国至汉初越人墓葬的发展与演变［J］.广西民族研究，1988
（1）：48–55.

［62］何光岳.骆越的来源和迁徙［J］.学术论坛，1988（2）：83–90.

［63］韦仁义，郑超雄，周继勇，等.广西武鸣马头元龙坡墓葬发掘简报［J］.文物，
1988（12）：1–13.

［64］黄云忠，叶浓新，广西壮族自治区文物工作队，等.广西武鸣马头安等秧山战国
墓群发掘简报［J］.文物，1988（12）：14–22.

［65］杨凌.“骆越”释名新议［J］.贵州民族研究，1989（3）：152–154.

［66］梁庭望.西瓯骆越关系考略［J］.广西民族研究，1989（4）：23–28.

［67］叶浓新.武鸣马头古骆越墓地的发现与窥实［J］.广西民族研究，1989（4）：
95–101.

［68］李秀国.瓯骆关系新论［J］.中山大学学报（社会科学版），1992（1）：111–
118.

［69］王超超.越南东山文化及其起源的有关问题概述［J］.东南亚，1992（2）：40–
44.

［70］罗长山.骆越人创造过自己的文字［J］.广西社会科学，1992（5）：55–61.

［71］周继勇，广西壮族自治区文物工作队.广西崖洞葬调查报告［J］.文物，1993
（1）：51–61.

［72］谷因.骆越之“骆”义何在［J］.贵州民族研究，1993（3）：124–132.

［73］谷因.骆是夏越民族最早的名称［J］.贵州民族研究，1994（3）：89-97.

［74］覃晓航."骆越"、"西瓯"语源考［J］.中央民族大学学报（哲学社会科学版），1994（6）：49-51.

［75］吴伟峰.壮族历史上的纺织业［J］.广西民族研究，1995（2）：51-57.

［76］梁敏.论西瓯骆越的地理位置及壮族的形成［J］.民族研究，1996（3）：102-107.

［77］廖国一.论西瓯、骆越文化与中原文化的关系［J］.民族研究，1996（6）：55-61.

［78］刘美崧.雒越铜鼓与东山文化：驳"越南北部是铜鼓的故乡"说［J］.中南民族学院学报（哲学社会科学版），1996（6）：62-64.

［79］陈国强.论百越民族文化特征［J］.中华文化论坛，1999（1）：26-30.

［80］蒋廷瑜.铜鼓研究一世纪［J］.民族研究，2000（1）：27-37.

［81］陈国保.周秦时期交趾与蜀、滇区域间的密切交往及其与中原联系的发展［C］//"红河流域社会发展国际论坛"首届国际学术研讨会论文集.昆明：云南大学出版社，2006：251-260.

［82］陈国保.恩抚与制约：汉初的南部边疆政策［J］.贵州民族研究，2007（3）：125-131.

［83］陈国保.汉代交趾地区的内地移民考［J］.广西民族大学学报（哲学社会科学版），2007（4）：67-71.

［84］梁庭望.花山崖壁画：古骆越文明的画卷［J］.传承，2008（21）：34-35.

［85］谢崇安.关于骆越族的考辨［J］.广西民族师范学院学报，2011（2）：6-11.

［86］杨清平.东周时期两广地区瓯骆墓葬文化因素浅析［J］.广西民族研究，2001（3）：92-97.

［87］赵明龙.中越民间始祖信仰重构比较研究：以布洛陀信仰和雄王信仰为例［J］.广西民族研究，2011（3）：116-124.

［88］陈果，胡习珍.简论越南的东山文化［J］.长江文明：第十辑，2012（2）：55-73.

［89］叶少飞，田志勇.越南古史起源略论［J］.东南亚南亚研究，2013（2）：83-89.

［90］黄丽英.越南青铜文化研究初探［J］.黑龙江史志，2013（11）：13-15.

［91］陶子凯. 对研究古城和瓯雒社会的意见（越文）［J］. 历史研究（越南），1968，109.

［92］黄春征，褚文晋. 东山文化的内容、类型和年代（越文）［J］. 考古学（越南），1969（3/4）.

［93］丁文日. 雄王时期的雒田（越文）［J］. 历史研究（越南），1978，180.

［94］范明玄. 东山文化的复杂性与多样性（越文）［J］. 考古学（越南），1991（3）.

［95］裴文廉. 东山木船：年代、各发展阶段及墓主（越文）［J］. 考古学（越南），2000（2）.

［96］赖文到. 古螺城遗址出土的东山文化青铜器（越文）［J］. 考古学（越南），2006（5）.

［97］来万东. 古螺王国的历史（越文）［J］. 考古学（越南），2010（3）.

［98］郑生. 古越人形成过程的语言学类型（越文）［J］. 考古学（越南），2011（3）.

后　记

　　骆越是先秦至东汉时期生活在岭南西部（包括今越南北部）地区的古老民族，曾创造过丰富灿烂、别具特色的文化，并且对其后裔乌浒、俚、僚以至壮侗语族文化产生深远影响。因此，无论是华南历史学、考古学还是民族学的研究者，骆越历史和文化都是不能绕开的论题。作为一个多年从事华南民族考古的学者，笔者1982年开始加入百越民族史研究会，并于1985年参加由广西民族研究所组织开展的左江流域岩画考察。历时三个多月的田野考察完成后，便开始对岩画的相关问题进行研究。首先要解决的是岩画的绘制年代和作画民族问题。确定了岩画的绘制年代，作画民族也就易于解决了。笔者通过查阅有关骆越起源、分布及社会发展和文化方面的文献史料，再综合前人的研究成果，确定战国至秦汉时期生活在左江一带的居民是骆越人，于是可以断定绘制左江流域岩画的应是骆越人。通过这一阶段的研究，逐步增加了对骆越历史文化的了解。此后，通过考古出土的各种青铜器，对骆越创造的青铜文化和青铜铸造工艺等问题进行了研究，分别在《广西民族研究》（1986年第2期）发表了《骆越青铜文化初探》、《贵州民族研究》（1987年第1期）发表了《试论骆越青铜铸造工艺及其艺术特征》等论文。得益于此前对骆越历史和文化的研究和学术积累，2014年11月，国家哲学社会科学规划办公室委托广西壮族自治区党委宣传部哲学社会科学规划办公室组织开展骆越文化研究系列课题研究时，徐高潮主任希望笔者牵头，负责设计研究选题、物色学者承担相关课题的研究。2015年度提出了6项课题，分别推荐6位学者申报。申报的6项课题经过专家评审，被立项为国家哲学社会科学基金特别委托项目，其中的"骆越文化研究"课题由笔者承担。

　　由于史籍中有关骆越历史和文化的记载既少且零散，而考古资料虽然较为丰富，但其特性是见物不见人，如何在众多的遗址和遗物中梳理或甄别其族属，确认哪些遗存或遗物是骆越人制作、使用留下的，存在较大难度。此外，要从整体上（包括骆越先民分布的我国岭南和越南北部）对骆越文化进行全面、系统和深入的研究与揭示，不仅工作量大，而且难度也高。在历时两年多的时间里，笔者一方面要开展田野调查（包括中国广西、广东、云南和越南北部），收集骆越时期的考古资料；另一方面查阅大量的文献史料及前人的研究成果（包括中国和越南学者的研究成果）。通过对文献资料的深入挖掘，对考古资料的仔细梳理和甄别，对前人的研究成果的阅览及对民族学资料的借鉴，完成了对骆越社会、文化发展脉络的勾勒和骆越文化成果的归纳与提炼，最终揭示了骆越文化系列的整体面貌。但由于主观和客观原因，在对骆越文化的归纳、总结、提炼和揭示的过程中，不足之处在所难免，有的问题有待于进一步拓展、细化和深化。

在本书即将付梓之际，特别要感谢"骆越文化研究"课题组团队的精诚合作、相互支持和资料共享的精神；真诚感谢广西科学技术出版社领导的热情支持和编辑同志认真细致、精益求精的编辑、核校；真诚感谢广西民族研究中心办公室的同事为本书的顺利出版提供了后勤支持；感谢荆室董柳英女士长期以来的默默支持；向一直为骆越历史文化研究筚路蓝缕、付出辛劳与智慧并取得丰硕成果的前辈们表示敬意！

覃彩銮

2019年12月28日